Gerhard Rott
Lernprozesse im interkulturellen Management
dialogischer Entwicklungsarbeit

Gerhard Rott

Lernprozesse im interkulturellen Management dialogischer Entwicklungsarbeit

Der Autor
Gerhard Rott, Jg. 1966, Dr. phil., ist Experte für internationale Kooperationen nichtstaatlicher Organisationen im Bereich der Entwicklungszusammenarbeit. Seit 2008 lehrt er Internationale Soziale Arbeit an der Katholischen Universität Eichstätt-Ingolstadt.

Die vorliegende Arbeit wurde von der Universität Hildesheim als Dissertation angenommen.
Gutachterin: Prof. Dr. Leonie Wagner
Gutachter: Prof. Dr. Wolfgang Schröer
Datum der Disputation: 02.07.2018

Das Werk einschließlich aller seiner Teile ist urheberrechtlich geschützt. Jede Verwertung ist ohne Zustimmung des Verlags unzulässig. Das gilt insbesondere für Vervielfältigungen, Übersetzungen, Mikroverfilmungen und die Einspeicherung und Verarbeitung in elektronische Systeme.

Dieses Buch ist erhältlich als:
ISBN 978-3-7799-6034-8 Print
ISBN 978-3-7799-5310-4 E-Book (PDF)

1. Auflage 2019

© 2019 Beltz Juventa
in der Verlagsgruppe Beltz · Weinheim Basel
Werderstraße 10, 69469 Weinheim
Alle Rechte vorbehalten

Herstellung: Hannelore Molitor
Satz: Helmut Rohde, Euskirchen
Druck und Bindung: Beltz Grafische Betriebe, Bad Langensalza
Printed in Germany

Weitere Informationen zu unseren Autor_innen und Titeln finden Sie unter: www.beltz.de

Vorwort

Demütig zurückblickend danke ich an dieser Stelle einigen Männern und Frauen, die mich auf dem wissenschaftlichen Weg betreut, begleitet und angespornt haben.

Frau Prof. Dr. Leonie Wagner und Herr Prof. Dr. Wolfgang Schröer von der Stiftung Universität Hildesheim haben durch das Interesse an der Fragestellung, ihre kritisch-konstruktive Kommentierung und zugleich aufmunternde Begleitung meine interdisziplinäre Forschungsarbeit zu einer wissenschaftlichen Publikation werden lassen. Meinen beiden Betreuungsdozenten gebührt mein erster und ausdrücklicher Dank!

Der Begegnung mit Prof. Dr. Horst Sing, bis zu seiner Emeritierung an der Fakultät für Soziale Arbeit an der Katholischen Universität in Eichstätt-Ingolstadt (KU) tätig, verdanke ich wichtige Anregungen zur Grundfrage nach der Internationalen Sozialen Arbeit. Die gemeinsamen Fahrten u. a. nach Indien und Kuba waren erkenntnisreiche Bildungsreisen, er hat mir zu vielen Kontakten verholfen, dazu gehören aus Indien Dr. Walter Fernandes SJ und Prof. Dr. Francis X. D'Sa SJ sowie der gebürtige Kubaner Prof. Dr. Raúl Fornet-Betancourt. Den Professoren Dr. Stefan Schieren und Dr. Ulrich Bartosch danke ich für vielfältige Momente der Ermunterung.

Der schon verstorbene Theologieprofessor Dr. Bernhard Mayer, langjähriger Bischöflicher Beauftragter für die Weltkirche im Bistum Eichstätt, hat mich dazu inspiriert, neben der hauptberuflichen Tätigkeit im Referat Weltkirche des Bistums Eichstätt und vielen Ehrenämtern auch wissenschaftlich zu arbeiten. Von ihm übernehme ich die Erkenntnis, dass Ziele häufig unumstritten sind, man aber um die Wege dahin ringen muss. Dies gilt sowohl, wenn es um die Organisationsgestaltung einer kirchlichen und dialogischen Entwicklungsarbeit geht, als auch um die Erstellung der vorliegenden Arbeit.

In besonderer Weise möchte ich mich bei den Studentinnen und Studenten bedanken, die seit dem Jahr 2008 meine Veranstaltungen als Lehrbeauftragter im Bereich Interkulturelle/Internationale Soziale Arbeit an der Katholischen Universität Eichstätt-Ingolstadt besuchen. Ihre kritischen Fragen halfen, das Niveau meiner Reflexionen zu verbessern.

Aus der Reihe der Freunde und Freundinnen, die mir immer wieder motivierend und Kraft spendend zur Seite standen, möchte ich das Pfünzer-Hüttenlager-Team hervorheben. Die Leitung dieser großen, von Klaus Wolf, dem Pionier kirchlicher Jugendarbeit im Bistum Eichstätt, konzipiert Kinderfreizeit, hat zwar immer viel Energie gekostet, aber auch meiner Regeneration gedient. Des Weiteren sind es die vielen unvergessenen internationalen Gäste und Referenten, die zusammen mit ihren Dolmetscherinnen jedes Jahr für einige Wochen mit mir durch das Bistum reisen, um im Face-to-face-Kontakt den weltkirchlichen Dialog mit Leben zu erfüllen. Viele wurden zu meinen Freunden.

Ohne die jahrelange vertrauensvolle Zusammenarbeit mit meinen Ansprechpartnern in Poona / Indien, Gitega / Burundi und Leitmeritz / Tschechische Republik – namentlich möchte ich Salvador D'Souza, Father V. Louis, Abbé Jean Marie Kazitonda und Jana Hovorkova hervorheben – sowie den dortigen Bischöfen und wertvollen Projektpartnern, wie z. B. Assunta Pardhe, der Leiterin der indischen Frauenrechtsorganisation Chetna, würde ich nicht über die Erfahrungen im internationalen Management dialogischer Entwicklungsarbeit verfügen, die für mich eine Quelle der Inspiration während dieser wissenschaftlichen Anstrengung waren.

Die Fachgespräche mit den Kolleginnen und Kollegen in den Diözesen Deutschlands sowie bei den kirchlichen Hilfswerken waren immer ein Ort kritisch-konstruktiver Diskussionen. Die Zusammenarbeit mit den Mitgliedern des Sachausschusses Mission-Entwicklung-Friede des Diözesanrats der Katholiken im Bistum Eichstätt, allen voran dessen geistlichem Beirat Bruno Fischer, stellt für mich einen Moment gelungener dialogischer Kooperation dar. Ich möchte mich in besonderer Weise bei Michael Heberling, dem Chefredakteur der Eichstätter Kirchenzeitung sowie Daniela Olivares und Anika Taiber-Groh von der Stabsstelle Medien und Öffentlichkeitsarbeit des Bistums Eichstätt bedanken, die dazu beitragen, dass diese internationalen und interkulturellen Dialoge medial wahrgenommen werden und die mich auf vielen internationalen Reisen begleiteten. Einer weiteren Journalistin und Politikwissenschaftlerin, Dr. Petra Hemmelmann, danke ich für das finale und akribische Korrekturlesen.

Die letzten Zeilen des Dankes möchte ich meiner Familie widmen, meinen Eltern, meiner Schwester, meinen Schwiegereltern, meiner Frau Monika und unseren beiden Kindern Ben und Sarah. Worte des Dankes sind zu wenig, um das auszudrücken, was ich sagen möchte. Neben der Familie, einem voll ausfüllenden Beruf, Lehraufträgen, Ehrenämtern u. a. bei Kolping und einer gepflegten Nachbarschaft über viele Jahre hinweg diesen Weg zu gehen war nur möglich, weil ich wusste, mit mir meinen es alle gut.

Eichstätt im Sommer 2018
Gerhard Rott

Inhalt

0	Einleitung	13
1	Dialog als Basis interkulturellen Managements	20
	1.1 Zur spezifischen Relevanz des Dialogs	21
	1.2 Andragogische Implikationen des betrieblichen Führungshandelns	29
	1.3 Das dialogische Prinzip Bubers	34
	1.3.1 Die Grundworte Ich – Es, Ich – Du	35
	1.3.2 Das „ewige Du"	39
	1.3.3 Fazit	41
	1.4 Das Dialogkonzept Bohms	43
	1.4.1 Dialog nach Bohm	44
	1.4.2 Grundprinzipien des Bohmschen Dialogs	45
	1.4.3 Fazit	49
	1.5 Interkulturelle Philosophie als Impulsgeberin des interkulturellen Dialogs	51
	1.5.1 Kulturbegriff und Kontextualität	51
	1.5.2 Zur Hermeneutik interkultureller Begegnungen	54
	1.5.3 Kulturpluralismus und die Menschenrechte	56
	1.5.4 Lateinamerikanische Perspektive: Fornet-Betancourt	57
	1.5.5 Indische Perspektive: Mall	63
	1.5.6 Fazit	65
	1.6 Fazit: Dialogkonzepte und Interkulturalität	67

Teil I
Lernprozesse auf der Ebene der Organisation 69

2	Das dialogische Prinzip als Paradigma der Internationalen Sozialen Arbeit	71
	2.1 Dialog und Soziale Arbeit – Aspekte für das Management	76
	2.2 Soziale Arbeit als Menschenrechtsprofession	85
	2.3 Internationalität Sozialer Arbeit als Erkenntnispotential	89
	2.4 Soziale Arbeit des Südens	92
	2.5 Soziale Arbeit in der Entwicklungszusammenarbeit	96
	2.6 Transnationale Soziale Arbeit als Entwicklungszusammenarbeit	99
	2.7 Primat der Kontextualität in der Internationalen Sozialen Arbeit	103
	2.8 Fazit und Ausblick: Kontextualität, Diversität, Partizipation, interdisziplinärer Dialog	105

3 Auswirkungen des Dialogs auf die Kirche als Träger von
  Entwicklungsarbeit ... 107
  3.1 Zur Entwicklung des Missionsverständnisses ... 108
    3.1.1 Von der Apostelgemeinde bis zum Mittelalter ... 109
    3.1.2 Europäische Expansion und Mission in der Neuzeit ... 110
  3.2 Paradigmen des heutigen Missionsverständnisses ... 111
    3.2.1 Wandel zur positiven Sicht anderer Religionen und
         Kulturen ... 114
    3.2.2 Missionarische Verantwortung aller Ortskirchen ... 120
    3.2.3 Mission als holistische Bezeugung des Evangeliums –
         Option für die Armen ... 125
4 Aspekte eines vom Dialog geprägten Paradigmenwechsels in der
  Entwicklungszusammenarbeit ... 134
  4.1 Definitionen: Entwicklung, Entwicklungspolitik und
      Entwicklungszusammenarbeit ... 135
    4.1.1 Entwicklung ... 135
    4.1.2 Entwicklungspolitik, Entwicklungshilfe und
         Entwicklungszusammenarbeit ... 138
  4.2 Entwicklungspolitik als globale Strukturpolitik ... 141
  4.3 Entwicklungszusammenarbeit im Diskurs ... 146
    4.3.1 Aspekte der aktuellen Kritik im EZ-Diskurs ... 148
      4.3.1.1 „Dead Aid" und „Afrika wird arm regiert" ... 148
      4.3.1.2 Warum Nationen scheitern ... 151
      4.3.1.3 Wir retten die Welt zu Tode ... 153
      4.3.1.4 Die Mitleidsindustrie ... 157
    4.3.2 Die Wirkungsdebatte ... 161
    4.3.3 Der EZ-Diskurs im historischen Wandel ... 165
      4.3.3.1 1950er- und 1960er-Jahre ... 167
      4.3.3.2 1970er- und 1980er-Jahre ... 167
      4.3.3.3 1980er- und 1990er- Jahre ... 168
      4.3.3.4 Ab Mitte der 1990er-Jahre ... 170
      4.3.3.5 Seit den 2000er-Jahren ... 171
      4.3.3.6 Fazit der Dekaden-Typisierung ... 172
  4.4 Ausblick: Dialogische Entwicklungsarbeit für eine globale
      Partnerschaft am Ende des Nord-Süd-Paradigmas ... 174

Teil II
Lernprozesse auf der Ebene der Person ... 181
5 Bildung der Person – andragogische Grundzüge und Konzepte ... 182
  5.1 Grundlegende Aspekte einer reflexiven Andragogik ... 182
    5.1.1 Röhrs: Friedenspädagogik ... 183

		5.1.2 Freire: Pädagogik der Unterdrückten	186
		5.1.3 Illich: Entschulung der Gesellschaft	190
		5.1.4 Arnold/Siebert: Kompetenzorientierung und Ermöglichungsdidaktik	194
5.2	Bildungskonzepte im Wandel von Entwicklungsleitbildern		199
	5.2.1	Bildung im Kontext des Modernisierungs-Leitbilds	201
		5.2.1.1 Der moralisch-appellative Ansatz	201
		5.2.1.2 Der sozio-ökonomische Ansatz	202
	5.2.2	Bildung in der Zeit der neoliberalen Strukturanpassungsleitbilder	203
		5.2.2.1 Der ideologiekritische Ansatz	203
		5.2.2.2 Dependenzia-geprägte Pädagogik	204
	5.2.3	Bildung vor dem Hintergrund des Nachhaltigkeitskonzepts	206
		5.2.3.1 Entwicklungspädagogischer Ansatz	206
		5.2.3.2 Neuer Lebensstil-Ansatz	207
	5.2.4	Bildung in Zeiten der Globalisierung: Globales Lernen	208
		5.2.4.1 Definitionen	209
		5.2.4.2 Handlungsorientierung oder Systemtheoretische Akzentuierung	210
		5.2.4.3 Dualität mit der Bildung für eine nachhaltige Entwicklung	216
		5.2.4.4 Abgrenzung zu Lobbyarbeit und Anwaltschaftlichkeit	219
		5.2.4.5 Globales Lernen in der Erwachsenenbildung	220
		5.2.4.6 Globales Lernen in der Personalentwicklung in Unternehmen	224
		5.2.4.7 Fazit: Globales Lernen	226
	5.2.5	Interkulturelles Lernen	229
		5.2.5.1 Definitionen	230
		5.2.5.2 Ziele und Motive	232
		5.2.5.3 Methodik	234
		5.2.5.4 Erwachsenenbildung als interkulturelle Bildung	235
		5.2.5.5 Fazit: Interkulturelles Lernen	237
5.3	Das Entwicklungspolitische Bildungskonzept der Bundesregierung in der 17. Wahlperiode		240
5.4	Fazit zur entwicklungsbezogenen Bildung der Person		242

Teil III
Lernprozesse auf der Ebene des Managements 245
6 Grundlagen eines dialogisch interkulturellen Management-Ansatzes internationaler sozialer Einrichtungen 246
   6.1 Globales Management nach Hofstede 247
      6.1.1 Kulturdimensionen 248
         6.1.1.1 Machtdistanzindex: Ungleichheit in der Gesellschaft (MDI) 249
         6.1.1.2 Individualismus vs. Kollektivismus (IDV) 249
         6.1.1.3 Maskulinität vs. Femininität (MAS) 251
         6.1.1.4 Unsicherheitsvermeidungsindex: Toleranz gegenüber der Komplexität (UVI) 252
         6.1.1.5 Lang- vs. Kurzzeitorientierung (LZO) 252
      6.1.2 Sechs Dimensionen von Organisationskulturen 254
         6.1.2.1 Prozessorientiert – Ergebnisoffen 254
         6.1.2.2 Personenorientiert – Aufgabenorientiert 255
         6.1.2.3 Organisationsgebunden – Professionell 255
         6.1.2.4 Offenes System – Geschlossenes System 256
         6.1.2.5 Schwache Kontrolle – Strenge Kontrolle 257
         6.1.2.6 Normativ – Pragmatisch 258
      6.1.3 Zusammenfassung: Bedeutung für das dialogische Management 258
   6.2 Nonprofit, Internationalität und Dialogik als Aspekte des Managements 260
      6.2.1 Kirchenmanagement 262
         6.2.1.1 Kirche als Organisation 263
         6.2.1.2 Alleinstellungsmerkmale der Organisation Kirche 264
         6.2.1.3 Management durch die Balanced Church Card 265
      6.2.2 Nonprofit Governance Ansatz 267
      6.2.3 Interkulturelles Management nach Koch 270
         6.2.3.1 Definitionen 271
         6.2.3.2 Interkulturelle Managementkompetenz 272
         6.2.3.3 Interkulturelle Steuerungsgrundsätze für Entwicklungskonzepte 273
         6.2.3.4 Managementstil Süd und Kulturdimensionen 276
         6.2.3.5 Zusammenfassung: interkulturell-dialogisches Management 280
      6.2.4 Dialogisches Management nach Petersen 280
         6.2.4.1 Definition, Aufgaben und Ziel des Dialogischen Managements 281

		6.2.4.2 Instrumente des Dialogischen Managements	283
		6.2.4.3 Zusammenfassung: Durch Dialog transformiertes Management	287
7	Neuer, multireferentieller Ansatz internationalen Managements als Leitungsmodell dialogischer Entwicklungsarbeit: MRAGM		289
	7.1 Anthropologische Grundlagen des MRAGM-Modells		291
	7.2 Disziplinär begründete Implikationen des MRAGM-Modells		295
		7.2.1 Ableitungen aus der ISA	295
		7.2.2 Ableitungen aus der Missionswissenschaft	296
		7.2.3 Ableitungen aus der Entwicklungszusammenarbeit	298
		7.2.4 Ableitungen aus der Pädagogik	300
	7.3 Managementtheoretische Erkenntnisse für das MRAGM-Modell		305
8	Fazit und Ausblick		308
	8.1 Über die Analyse mehrschichtiger Lernprozesse zu einem multireferentiellen und interkulturellen neuen Managementmodell		308
	8.2 Forschungsausblick		310

Abkürzungsverzeichnis 312
Abbildungsverzeichnis 314
Literatur 315
Anhang 333

0 Einleitung

Die Welt befindet sich auch in der zweiten Dekade des 21. Jahrhunderts in einem Prozess der Globalisierung, der unaufhaltsam alle Lebensbereiche zu durchdringen scheint und individuell, pädagogisch, ökonomisch und politisch höchst differenziert erfahren und bewertet wird. Einerseits assoziiert man mit ihm nach wie vor große Erwartungen hinsichtlich weltweiter Kommunikation, Kooperation und Solidarität, wirtschaftlichen Wachstums, globalen Wohlstands und Weltfrieden. Die Dynamik dieses Prozesses löst aber andererseits nicht selten vielfältige, kausal identifizierbare Sorgen und Ängste aus. Fast überall auf der Welt wird ein gnadenloser Wettbewerb wahrgenommen, der wenig Rücksicht auf menschliche Belange nimmt.[1] Kaum weniger ausgeprägt ist vor allem in den Ländern der früher sogenannten *Dritten Welt* die Angst vor einer Welteinheitskultur, hinter der ein westlicher Kulturimperialismus vermutet wird, der für andere Kulturen und deren Werte wenig Wertschätzung aufbringt.

Unter *Globalisierung* soll ein unaufhaltsamer welthistorischer Megatrend verstanden werden, der ein weltweites Netz von Interdependenzen und Vulnerabilitäten entstehen lässt, in das sowohl Wirtschaft, Politik und Kultur als auch Staats- und Völkerrecht eingebunden sind. Die neuen Möglichkeiten der Telekommunikation sind dabei eine Facette der Globalisierung, andere sind die internationalisierte Warenproduktion, grenzüberschreitende Wirtschafts- und Finanzaktivitäten, die Deregulierung der Märkte und der Souveränitätsverlust der Nationalstaaten. Eine international anerkannte Weltordnung (z. B. Völkerrecht) ist erst in Umrissen erkennbar und durchsetzbar.[2]

Nationale Gesellschaften unterliegen mehrdimensionalen Transformationsprozessen, wie Individualisierung, Pluralisierung, verstärkter sozialer Ausdifferenzierung. Wachsende Mobilität begünstigt einen weltweiten Tourismus, der ferne Städte und Strände erreicht, aber nur selten dem vertieften Kennenlernen anderer Kulturen und Religionen dient. Die Entwicklung zur Weltgesellschaft kann als Resultat einer zunehmenden funktionalen Differenzierung beschrieben werden, die mit der europäischen Moderne begann.[3]

Weltkirchliche Solidaritätsarbeit und die damit eng verbundene entwicklungsbezogene Bildungsarbeit kann als Herausforderung und Chance begriffen werden, um ein Modell oder zumindest eine Variante einer menschengerechteren Globalisierung zu formulieren. Die Realisierung dieses Anspruches einer

---

1 Wagner, Leonie, 2015, S. 86–88. Die Autorin skizziert Faktoren dieses Prozesses und formuliert Herausforderungen für die Soziale Arbeit.
2 Nuscheler, Franz, 2012, S. 41
3 Lang-Wojtasik, Gregor, 2012, S. 12–14

menschengerechteren Globalisierung, der in seiner Vollständigkeit freilich immer eine Utopie bleiben wird, hat seitens der katholischen Kirche[4] – wie auch anderer weltgesellschaftlicher Akteure – einen prozesshaften Charakter. Die Kirche hat dabei wegen ihrer weltweiten und zugleich dezentralen Struktur einen besonderen Vorteil, wenn es ihr gelingt, auf der Basis der kirchlichen Soziallehre Globalisierungsprozesse mitzugestalten und negative Entwicklungen unmittelbar zu thematisieren.[5] Die inhaltliche Ausrichtung des kirchlichen Engagements als Anwältin der Menschenrechte[6], des Weltfriedens und sozialer Gerechtigkeit ist durch die von den lateinamerikanischen Bischöfen 1979 formulierte *Option für die Armen* vorgegeben. Dabei sucht sie besonders die ökumenische und interreligiöse Kooperation, aber auch die Zusammenarbeit mit Regierungen und nichtstaatlichen Organisationen.[7] Die Konzepte der kirchlichen Solidaritätsarbeit erheben für sich dabei den Anspruch, dialogisch ausgerichtet zu sein, wodurch wechselseitige Lernprozesse möglich sind. Um den Beitrag der Kirche zu einer menschengerechteren Globalisierung zukunftsfähig auszugestalten, bedarf es aber neben den qualifizierten Konzepten auch einer adäquaten Administration. Um dies zu gewährleisten ist eine tiefere Erforschung der Grundlagen des Managements kirchlicher Entwicklungsaktivitäten im internationalen und interkulturellen Kontext angezeigt. Die Forschungsfragen der vorliegenden Arbeit lauten daher:

- Ist eine richtungsgebende Wirkung der Dialogik im Bereich des Managements der Entwicklungszusammenarbeit festzustellen, wie dies in den für diese Disziplin relevanten Bereichen Soziale Arbeit – insbesondere Internationale Soziale Arbeit (ISA) – Missionstheologie und Pädagogik nachgewiesen werden kann?
- Wie lässt sich dieser Lernprozess beschreiben?
- Welche Auswirkungen auf die Ausgestaltung des Managements hat er?

Die Ausgangslage für eine wissenschaftliche Beantwortung der Frage nach den Lernprozessen im interkulturellen Management dialogischer Entwicklungsarbeit stellt sich im Kontext der katholischen Kirche, einem der ältesten *global player*, zunächst relativ klar strukturiert dar. Die Kirche war und ist ihrem Namen, Auftrag und Selbstverständnis folgend traditionell schon immer international und global ausgerichtet und verfügt über eine lange Tradition der gegen-

---

4   Im Folgenden wird von der Katholischen Kirche kurz als „Kirche" gesprochen. Sind andere christliche Kirchen gemeint, so wird dies explizit erwähnt.
5   Müller SJ, Johannes, 1999, S. 317–328
6   Zur historisch-philosophischen Grundlegung der Menschenrechte vgl. Brieskorn SJ, Norbert, 1997
7   Sekretariat der DBK, 2004, S. 16

seitigen Beziehungen und Interaktion, die häufig auf Missionare zurückgeht und neuerdings in Form von Partnerschaften weitergeführt wird.[8]

Gerade die weltkirchlichen Fachstellen der katholischen Kirche in Deutschland sowie ihre Werke Adveniat, Caritas international, Misereor, missio Aachen, missio München, Kindermissionswerk (Die Sternsinger) und Renovabis verfügen über national und international unbestritten hohe Kompetenz in nahezu allen Fragen der Entwicklungszusammenarbeit (EZ) bzw. weltkirchlich missionarischer Solidarität. Der lerngemeinschaftliche Charakter der weltkirchlichen Solidaritätsarbeit ist bereits beschrieben und begründet.[9] Die real existierenden Probleme deuten auf ein Defizit an anderer Stelle hin. Es fehlt an präzisen Überlegungen, wie diese dialogisch-interkulturellen Lernprozesse zu organisieren sind, um kulturelle Unterschiede angemessen zu berücksichtigen, ohne dass die am Dialog beteiligten Seiten die gemeinsamen Ziele aus den Augen verlieren. Durch solche Überlegungen, durch die Fortschreibung bestehender Profile, könnten die einbezogenen Ortskirchen (Diözesen) als lernende Organisationen[10] zukunftsfähiger werden, offener und bereiter für Lernprozesse im eigenen System, in der eigenen Region, z. B. bedingt durch Erfahrungen mit Immigranten.

Die Relevanz des Dialoges für gelingende individuelle und gesellschaftliche Entwicklungen im Kontext der Globalisierung ist in unterschiedlichen wissenschaftlichen Disziplinen – z. B. der Sozialen Arbeit, der Theologie, der Entwicklungspolitik und der Pädagogik – theoretisch erkannt und konzeptionell implementiert. So betrachtet die ISA Diversität als Erkenntnispotential und versteht indigenes Wissen als Teil ihrer Fundierung. Die positive Sicht anderer Religionen und Kulturen ist theologisch begründet, darum erfährt der interreligiöse Dialog eine Aufwertung. Die EZ geht nicht mehr von einem Modell der Unterentwicklung aus, die durch das Wirken von Entwicklungshelfern behoben werden kann. Mehr Politikkohärenz und ein globaler Strukturwandel werden stattdessen postuliert. Die moderne Pädagogik schließlich hat das traditionelle

---

8   Sievernich SJ, Michael, 2010, S. 201–212
9   Piepel, Klaus, 1993
10 Der Begriff Organisation kann in dieser Arbeit nur sehr unspezifisch verwendet werden, da es die typische Organisation im Kontext der vorliegenden internationalen Fragestellung nicht gibt. National divergierende Gesetze führen zu divergierenden Rechts- bzw. Organisationsformen staatlicher, und nichtstaatlicher Organisationen. (vgl. Priller, Eckhard et al., 2012, S. 5). Die Problematik unterschiedlicher Zugänge zum Begriff Organisation im Allgemeinen findet ihren Niederschlag in der Pluralität konkurrierender Definitionen (vgl. Schäffter, Ortfried, 2010, o. S.; Springer Gabler Verlag, o. J). Im Unterschied zu Organisationen, die über ein Mandat der UN oder EU verfügen, könnte man diese kirchlichen Werke in einer zweiten Gruppe zusammenfassen, in der u. a. religiös motivierte Verbände und Vereine enthalten sind. (vgl. Graßhoff, Gunther; Homfeldt, Hans Günther; Schröer, Wolfgang, 2016, S. 10 f)

Lehrer-Schüler-Modell durch ein selbstreflexives, konstruktivistisches Lernverständnis ersetzt. Dennoch existieren in den Anwendungsfeldern der genannten Disziplinen mitunter defizitäre bzw. suboptimale Prozesse und daraus resultierende Realitäten. Laut Knoll befassen sich z. B. zu wenige Erziehungswissenschaftler in Forschung und Lehre mit den Auswirkungen der Internationalität, obwohl alle Bereiche der Andragogik bereits vom Prozess der Internationalisierung erfasst sind.[11] Die vorliegende Arbeit greift diese Herausforderung am Beispiel der EZ auf, einem Handlungsbereich der Andragogik, in dem die Internationalität sowohl auf der Mikroebene des personalen Lernens unter dem Stichwort „Globales Lernen"[12] als auch auf der Makroebene des Organisationsmanagements[13] integraler Bestandteil ist. Diese beiden Ebenen stehen in einem unmittelbaren Zusammenhang. Die Makroebene setzt die Rahmenbedingungen für die Lernprozesse auf der Mikroebene, z. B. in dem sie vorgibt, welche individuellen Lernprozesse institutionell gefördert werden.[14] Umgekehrt werden Lernarrangements von Organisationen, die nicht die Bedürfnisse der Person berücksichtigen, kaum auf Resonanz stoßen. Auch in der EZ finden sich Hinweise auf suboptimale Prozesse: Obwohl Entwicklungshilfeorganisationen in der Vergangenheit erhebliche Ressourcen einsetzten, ist keine grundlegende Veränderung der globalen Notlagen erkennbar. Als Ursache dafür werden u. a. asymmetrische Kommunikations- und Organisationsstrukturen bzw. die Dominanz angloeuropäischer Entwicklungs- und Managementleitbilder verantwortlich gemacht. Von erkenntnisleitendem Interesse ist daher in der vorliegenden multireferenziell-synoptischen Untersuchung die Frage, wie die Arbeit von Entwicklungshilfeorganisationen, einschließlich deren Bildungsarbeit in Deutschland, weiterentwickelt werden kann. Die Implementierung der Dialogik in das Management der EZ wird als Perspektive präsentiert, um einen Raum für einen kultivierten und konstruktiven Umgang mit anderen Meinungen, v. a. der Vertreter des globalen Südens, zu schaffen. Ob und inwieweit Managementtheorien sich mit der Erkenntnislage der anderen Disziplinen befasst haben und welche Ansätze es im Management gibt, um auf die interdisziplinäre Herausforderung zu reagieren, soll für die Schnittmenge der Geltungsbereiche der oben genannten Disziplinen untersucht werden. Dazu wird ein differenziertes Referenzsystem erarbeitet, das sich nicht nur auf die Ergebnisse einer wissenschaftlichen Disziplin stützt, sondern interdisziplinäre Verbindungen

---

11 Knoll, Joachim, 2014, S. 20
12 A. a. O., S. 21
13 A. a. O., S. 20 f
14 Die kirchlichen Hilfswerke haben z. B. im Jahr 2016 über 19 Million Euro für Bildungsarbeit ausgegeben (vgl. Konferenz Weltkirche, 2017, S. 27). Darüber hinaus haben sie im gleichen Zeitraum aus einem gemeinsamen Fond 323 entwicklungsbezogene Bildungsprojekte anderer Träger gemäß ihrer Richtlinien bezuschusst (vgl. Katholischer Fond, 2017, S. 12).

herstellt. Damit folgt die vorliegende Arbeit u. a. der interdisziplinären Grundausrichtung von Eggers, der den Nachbardisziplinen der Pädagogik in Bezug auf ihren Gegenstand eine erkenntnisfördernde Rolle zuschreibt[15] und deren produktive Korrespondenz als selbstverständlich betrachtet.[16] Interdisziplinarität, als methodisches Vorgehen verstanden, kann einen Beitrag dazu leisten, die zwischen den einzelnen hoch spezialisierten Disziplinen, darunter auch Ökonomie und Philosophie, existierende Sprach- und Verständnislosigkeit zu überwinden.[17] In der Erwachsenenbildung in Deutschland ist Interdisziplinarität sowohl Teil der Praxis als auch Wesensmerkmal der wissenschaftlichen Reflexion. Damit wird u. a. der Falsifizierbarkeit von Erkenntnissen, Unsicherheiten und den Paradigmenwechseln Rechnung getragen. Relativität produzierendes, forschendes Handeln folgt einem konstruktivistischen Verständnis und steht nicht in Konkurrenz zum disziplinären Profil.[18]

Interdisziplinäres Arbeiten und Forschen trägt zunächst dazu bei, der tendenziellen Abnahme der Fähigkeit entgegenzuwirken, die Erkenntnisse einzelner Fächer innerhalb einer Disziplin zusammenzuführen. Die Erkenntnisgrenze der Partikularität existiert auch zwischen den Disziplinen.[19] Da u. a. durch Globalisierung und Digitalisierung die Komplexität der Fragestellungen gestiegen ist, sind diese asymmetrischen Problemlagen nicht mehr ausschließlich durch disziplinäre Ausdifferenzierungen zu bearbeiten. Diese doppelte Funktion der Interdisziplinarität dient der Orientierung und der Generierung von Erkenntniszuwächsen innerhalb und zwischen den Disziplinen. Sie versteht sich als Forschungsstrategie, die fachliche und disziplinäre Engführungen aufzuheben versucht, um derartige Problementwicklung zu identifizieren und ein entsprechendes Forschungshandeln zu ermöglichen.[20] Die Fragen einer gerechteren globalen Entwicklung und des entsprechenden Managements lassen sich in diese Kategorie subsumieren. Das in der vorliegenden „verstehenden und erklärenden"[21] Untersuchung verwendete hermeneutische Verfahren einer kritisch-qualitativen Literaturanalyse ermöglicht es, multikausale, mehrdimensionale, interdisziplinäre und interkulturelle Facetten zusammenzufassen.[22]

---

15 Eggers, Philipp, 1970, S. 10
16 A. a. O., S. 56
17 Hablitzel, Hans, 1997, S. 625 f
18 Arnold, Rolf; Siebert, Horst, 2006, S. 132 f
19 Mittelstrass, Jürgen, 1996, S. 7 f
20 Mittelstrass, Jürgen, 2003, S. 8 f. Weil diese Vorgänge die klassischen Zuständigkeitsabgrenzungen dauerhaft überwinden, handelt es sich im Prinzip um einen transdisziplinären Forschungsansatz.
21 Fell, Margret, 1994, S. 289
22 A. a. O., S. 288 f

Der Aufbau der Arbeit orientiert sich in diesem Sinne an der Interdisziplinarität der Fragestellung. Durch den Versuch, Parallelitäten in unterschiedlichen Disziplinen herauszuarbeiten, ist es nicht immer möglich, bei der Beantwortung der Fragestellung nach den Veränderungen im Management der EZ aufgrund der Auswirkungen/Lernprozesse, die der Dialogik geschuldet sind, Redundanzen zu vermeiden. Durch die „*Perspektivität* des Wissens"[23] kann eine Disziplin mit ihren Theorien nur das erkennen, was sie mit diesen Instrumenten erkennen kann. Das führt zu einer Relativität ihrer Erkenntnisse. Durch die disziplinäre Breite des elaborierten Referenzrahmens soll einer Perspektivverengung entgegengewirkt werden.

Die Formulierung einer allgemeinen und in verschiedenen Disziplinen rezipierten theoretischen Grundlage wird durch die Auseinandersetzung mit Dialogtheorien im ersten Kapitel angestrebt. Da die Dialogphilosophie im Zusammenwirken mit der Erwachsenenbildung (EB), der betrieblichen Weiterbildung sowie der Personalentwicklung von Führungskräften und Entscheidungsträgern Lernprozesse auf organisatorischer und personaler Ebene initiieren und begleiten kann, bildet sie den Ausgangspunkt. Bubers Dialogkonzept wird dafür zu Grunde gelegt. Mit Bohms Überlegungen wird eine Konzeption aus dem englischsprachigen Raum in den Diskurs eingebracht und mit Fornet-Betancourts und Malls Theorien erfolgt eine Ausweitung auf den Bereich der Interkulturellen Philosophie, die im Kontext der Fragestellung gleichfalls relevant ist.

Im ersten Teil der Arbeit werden vom Dialog inspirierte Lernprozesse auf der Ebene der Organisationen bzw. von drei wissenschaftlichen Disziplinen systematisch nachgewiesen. Die Untersuchungen zu den kontextuellen Gegebenheiten und gewandelten Paradigmen für ein interkulturell-dialogisches Management im weltkirchlich-entwicklungsbezogenen Arbeitsbereich erstrecken sich auf die Internationale Soziale Arbeit (ISA), Missionstheologie und EZ. Begründet wird diese Auswahl mit der gemeinsamen Schnittstelle EZ, die ISA und weltkirchliches Wirken haben. Weitgehend auf den akademischen Raum beschränkt ist die Rezeption der Wiedererstarkung der internationalen Dimension der Sozialen Arbeit. Dennoch ist es unerlässlich, die ISA in die Untersuchung einzubeziehen, weil deren theoretische Erkenntnisse für die Praxis weltkirchlicher Solidaritätsprojekte von Relevanz und z. T. paradigmatischer Bedeutung sind (Kapitel 2). Für weltkirchlich tätige Organisationen ist eine Rückversicherung auf die Grundlagen des Selbstverständnisses in diesem Bereich unverzichtbar. Wegen der kontextuellen Bedeutung erfolgt eine kursorische Darstellung einiger wesentlicher Aspekte des aktuellen Missionsverständnisses (Kapitel 3). Der Streit um die EZ, die Frage um deren Effektivität und

---

23 Mittelstrass, Jürgen, 2003, S. 21

ggf. bescheidenere Neuausrichtung, genießen gegenwärtig die größte gesellschaftliche und wissenschaftliche Wahrnehmung aller drei hier dargestellten Systeme (Kapitel 4).

Die durch die Dialogik ausgelösten Lernprozesse auf der personalen Ebene werden in Teil II der vorliegenden Arbeit reflektiert. Eng mit der EZ verbunden ist die in Kapitel 5 bearbeitete Frage nach der entwicklungsbezogenen Bildungsarbeit, die sich in den letzten Jahrzehnten zum einen selbstreferenziell entwickelt hat und zum anderen durch die Erkenntnis der Interdependenzen (Stichworte: Leben auf Kosten von Menschen in anderen Ländern) stark an Bedeutung gewonnen hat. Unter den dabei verwendeten Schlüsselbegriffen *Interkulturelles Lernen* und *Globales Lernen* subsumieren sich verschiedene Vorstellungen, Erwartungen und Konzeptionen. Einige Aspekte können aus dieser Diskussion herausgearbeitet werden, die auch unter den Rahmenbedingungen der kirchlichen Solidaritäts- und Bildungsarbeit Gültigkeit besitzen.

Im dritten Teil der Arbeit werden Diskussionsstränge zum Thema internationales Management analysiert. Deren Relevanz wird kritisch betrachtet. Managementverständnis und Qualität der Dienstleistung werden auch für soziale und in der Entwicklungsarbeit tätige Organisationen immer entscheidender, um die Akzeptanz der Institutionen und der Hilfe sicherzustellen. Sie müssen ausführlich und tiefgehend durchdacht werden. Hierbei erscheint die Einsicht verifizierbar, dass nur ein im Dialog mit anderen Akteuren abgestimmtes aktives globales Handeln zu einem Qualitätsmerkmal zukünftiger EZ der Kirchen werden kann. Dabei geht es i. d. R. nicht um eine *Eins-zu-eins-Adaption* von aus der Ökonomie stammenden Ansätzen, da interkulturelle Lernprozesse unter der Prämisse des Dialoges differenzierter institutionalisiert werden müssen (Kapitel 6). In Kapitel 7 wird das Modell des mulit-referentiel approach of global management (MRAGM) vorgestellt. Darin sind die in dieser Arbeit gewonnenen Erkenntnisse für das interkulturelle Management dialogischer Entwicklungsarbeit zusammengefasst. Es soll gleichzeitig den Ausgangspunkt für einen zukünftigen Lernprozess bilden, der auf der Selbstreflexion aufbaut und eine Weiterentwicklung der aktuellen Leitungsleitbilder impliziert. Im abschließenden achten Kapitel werden übergreifende Fragen aufgegriffen und die Relevanz der vorliegenden Forschungsarbeit begründet.

1 Dialog als Basis interkulturellen Managements

Mit dem bereits in der Einleitung skizzierten Megatrend der Globalisierung geht bei vielen Menschen die Wahrnehmung einer zunehmenden Komplexität der Lebenswelten einher. Um unter diesen immer komplizierter, unübersichtlicher[24] und risikoreicher[25] werdenden Rahmenbedingungen angemessen zu agieren, wäre eine derart ausgewiesene Expertise von Nöten, über die ein einzelnes Individuum nicht mehr zu verfügen vermag. Gleichzeitig gilt: „(…) die totale Schau von Welt gehört in den Bereich anthropologischer Unmöglichkeiten. Menschliche Wahrnehmung unterliegt immer einem Selektionsprozess."[26] Wie also kann es der Menschheit gelingen, sich angesichts der Nicht-Existenz einer allgemein und global gültigen Gesellschaftsordnung Orientierung zu verschaffen?[27] Die Konstruktion einer gesellschaftlichen Ordnung lässt sich für Fell und Feuerlein-Wiesner durch einen immer wieder neu stattfindenden interpersonalen kommunikativen Aushandlungsprozess bewerkstelligen, der die paradoxerweise auch in modernen Informationsgesellschaften anzutreffenden kognitiven und emotionalen Defizite bezüglich des Zusammenlebens mit Fremden überwindet.[28]

Für die EB leitet sich daraus auf der Mikroebene des personalen Lernens die Herausforderung bzw. Chance ab, zu erforschen, wie es ihr gelingen kann, „Menschen zu sinnvollem, d. h. situationsorientiertem, flexiblem und zugleich verantwortungsvollem, an Kausalzusammenhängen orientiertem Handeln in alltäglichen und überalltäglichen Zeiten zu befähigen."[29] Der Mensch kann diese Komplexität nur dann besser erfassen und – so die Auffassung des Autors – auf der Makroebene der Organisationen verantwortlicher managen, wenn er durch die Angebote der EB dazu in die Lage versetzt wurde, „unter prinzipieller Voranstellung der Menschenwürde, mit der Vielfalt von Perspektiven im weltgesellschaftlichen Gesamtzusammenhang konstruktiv umgehen zu können,"[30] wobei es eines „grundsätzlichen Lernprinzip (-s bedarf, E. d. d. V.), das Gegenläufigkeiten des Gewohnten prinzipiell dialogisch zu ergründen sucht."[31]

Bevor auf die andragogischen Implikationen für die Leitungskräfte von Organisationen eingegangen wird und dabei eine Begründung für die Befassung aus Sicht der Andragogik mit den Lernprozessen im interkulturellen Manage-

---

24 Habermas, Jürgen, 1987
25 Beck, Ulrich, 1986
26 Fell, Margret; Feuerlein-Wiesner, Eva, 2002, S. 66 f
27 Waldenfels SJ, Hans, 1994, S. 53
28 Fell, Margret; Feuerlein-Wiesner, Eva, 2002, S. 66
29 A. a. O., S. 68
30 A. a. O., S. 69
31 A. a. O., S. 69

ment erfolgt, wird zunächst die Gestaltgebungspotenz der Dialogphilosophie für Lernprozesse aufgezeigt, die sich über die Ebene der Person hinaus auf die Ebene von Theorie und Organisation – verstanden als durch Abstraktion konservierte Lernerfahrung – erstreckt.

1.1 Zur spezifischen Relevanz des Dialogs

Über die einleitend erwähnten global zutreffenden Feststellungen hinaus kann man mit der Internationalen Sozialen Arbeit ISA, der weltkirchlichen Solidaritätsarbeit und der Entwicklungszusammenarbeit (EZ) zumindest drei wissenschaftliche Disziplinen benennen, in denen zwei Hinweise auf die spezifische Relevanz des Dialoges verfügbar sind. Erster Indikator ist das Eintreten krisenhafter Situationen aufgrund der beharrlichen Tradierung z. B. eurozentristischer, nicht-dialogischer Organisationsstrukturen und der entsprechenden Theoriebildung. Zweiter Indikator ist die Überwindung derartiger Krisen durch dialogphilosophisch inspirierte Lernprozesse sowohl auf der Makro- wie auf der Mikroebene, die z. T. schon ansatzweise realisiert, z. T. in der Theorie oder strukturell schon konzipiert sind.

Die Auswahl der Felder ISA, weltkirchliche Solidaritätsarbeit infolge des Wandels des Missionsverständnisses und EZ ist nicht unbegründet, schließlich verfügen sie in gewisser Weise über eine Schnittmenge bzw. ein weltweit relevantes gemeinsames interdisziplinäres Wirkungsfeld. Alleine die in Deutschland ansässigen katholischen Hilfswerke, Orden und (Erz-)Diözesen sind mit einem Budget von mehr als 600 Millionen Euro, die sie im Jahr 2016[32] für Projektarbeit zur Verfügung stellten, weltweit ein bedeutender Faktor in der EZ, die in den Teilen, die mit der Lösung der „Internationalen Sozialen Frage"[33] zusammenhängen, mit der ISA einhergeht. Nahezu identisch ist der Sachverhalt, wenn man an die bedeutende Rolle der kirchlichen Hilfswerke, der kirchlichen Bildungseinrichtungen, Rätestrukturen, Orden und Verbände auf der Ebene der personalen Lernprozesse bei den Aktivitäten zur entwicklungsbezogenen Bildungsarbeit innerhalb Deutschlands erinnert.[34] Orden und Hilfswerke investierten im Jahr 2016 für diese Aufgabe rund 19 Millionen Euro.[35]

Auf dem Feld der EZ wurde die Relevanz des Dialoges in den vergangenen Jahren verschiedentlich betont – gerade mit Blick darauf, was die Konsequenzen eines fehlenden bzw. mangelhaften Dialoges sind. So zeichnete sich die

---

32 Konferenz Weltkirche, 2017, S. 24
33 Sing, Horst, 1990
34 Heerde-Hinojosa, Eva-Maria; Jablowsky, Thomas, 2013, S. 55–66
35 Konferenz Weltkirche, 2017, S. 27

Krise der traditionellen Entwicklungshilfe u. a. deutlich auf der Konferenz im südkoreanischen Busan im November 2012 ab, bei der Vertreter von Entwicklungshilfeorganisationen, Politiker und Fachleute darüber diskutierten, wie sich die Wirksamkeit der Entwicklungshilfe weiter verbessern lassen könne. Für Tandon fehlen in diesem Diskurs perspektivische Aussagen, die auf organisatorische Lernprozesse innerhalb der EZ sowie ihrer Organisationen hinweisen. Darum negiert er jegliche Legitimation der Entwicklungshilfe. Das Scheitern des gängigen Prinzips der EZ wird von ihm jedoch nicht als Verlust betrachtet.[36] Diese dezidierte Meinung begründet er mit einem Mangel an echtem Dialog in der EZ. „Weil sich die Geber das ausgedacht haben, nicht die Leute, denen vorgeblich geholfen werden sollte. Es war kein gleichberechtigtes Verfahren."[37] Bei den staatlichen und nicht-staatlichen Trägerorganisationen der EZ, der von ihm so genannte „Hilfe-Industrie"[38] erkennt er klare Eigeninteressen zum Systemerhalt vor allem wegen der darin geschaffenen Arbeitsplätze und Ansätze von Korrumpierbarkeit. Die strategischen Ziele der EZ waren gemäß Tandon nie an den Interessen der Bevölkerung ausgerichtet, sondern vorrangig an der leichten Ausbeutung der Rohstoffe durch die ehemaligen Kolonialmächte.[39]

„Der Streit um die Entwicklungshilfe"[40], d. h. die Frage nach deren Effektivität und eine ggf. mögliche dialogischere Neuausrichtung, erfährt eine relativ breite öffentliche und mediale Beachtung. Begriffe wie „Wirkungsbeobachtung"[41], „Mitleidsindustrie"[42] und „Dead AID"[43] zeigen die Richtung der Debatte an. Hinter diesen Stichworten verbergen sich Thesen und Lernerfahrungen, die sich u. a. kritisch mit dem z. T. überbewerteten Einsatz europäischer und nicht ausreichend auf einen vorurteilsfreien Dialog mit der Kultur der Einsatzländer vorbereiteter Entwicklungshelfer befassen bzw. die Dominanz der Eigeninteressen von Hilfsorganisationen sowie die Rolle der in Europa ausgebildeten einheimischen Eliten in den Blick nehmen. Müller und Ziai erkennen bei ihrer Untersuchung des Eurozentrismus in der EZ neben den Experten und den Geberorganisationen eine dritte konstitutiv-asymmetrische Hierarchieebene: die kulturellen Normen. Ausgehend vom Zusammenwirken aller drei Phänomene kommt es bei den Projektverantwortlichen zu Interes-

---

36 Tandon, Yash, 2012, S. 8
37 A. a. O., S. 8
38 A. a. O., S. 8
39 A. a. O., S. 8 f
40 Niggli, Peter, 2008
41 Gohl, Eberhard, 2008, S. 26
42 Polman, Linda, 2010
43 Moyo, Dambisa, 2009

senskonflikten und einer Nichtbeachtung der Bedürfnisse der Betroffenen sowie der Potentiale des indigenen Wissens, z. B. in der Landwirtschaft.[44]

Es bedarf allerdings einer umfänglichen Verortung dieser Kritik, z. B. einer historischen Einordnung, sowie der definitorischen Abgrenzung zwischen Entwicklungs- und Katastrophenhilfe, um zu dem Nukleus vorzustoßen, der Lernprozesse zu initiieren vermag, die als zukunftsfähig bezeichnet werden können. Die bloße Existenz neuer Geber, die nicht dem europäischen Kontext entspringen, bedeutet noch keine qualitative Veränderung.

Auf die Relevanz des Dialogs im Kontext der EZ verweisen mehrere Autoren. Nigglis Diagnose der gegenwärtigen EZ-Krise findet auch deshalb eine breite Resonanz, weil sie auch die neueste Problemlage im Kontext von Armut und Hunger, den vom Menschen verursachten Klimawandel, umfasst.[45] Weithin bestätigt wird die These, dass diejenigen, die am wenigsten zu den Ursachen des Klimawandels beigetragen haben, zu den ersten und am massivsten betroffenen Opfern zählen.[46] Trotz der fast unbestrittenen Diagnose gibt es kaum Anzeichen eines Dialogs zwischen den beiden Gruppen, der nicht von Partikularinteressen und Voreingenommenheit massiv beeinflusst wäre.

Im Bereich der Fachdiskussion um die Ernährungssicherung ist die Bedeutung des Dialogs seitens entwicklungs- und agrarpolitischer Akteure laut Hagemann bereits erkannt worden, weil darin verschiedene Sektoren zusammengefasst werden konnten. Zu diesen gehören u. a. die Bekämpfung von Hunger, die Belange der kleinbäuerlichen Betriebe im Süden und in Deutschland, Fragen zur Nachhaltigkeit, zu verantwortungsbewusstem unternehmerischem Handeln und zu globalen Handelsverflechtungen.[47] Hagemann postuliert vor dem Hintergrund der unzureichenden Transparenz in den Herkunftsländern von Lebensmitteln und der auf Freiwilligkeit basierenden Deklaration derselben in den Verbraucherländern, drei Dialogelemente. Dabei berücksichtigt sie zudem die auf traditionellen Strukturen beruhenden Machtasymmetrien in den Erzeugerländern[48]. Als erstes benennt sie das „Dialogelement Machtkonzentration und Verbindlichkeit"[49], als zweites das „Dialogelement Bildung, Beratung und Bewusstsein"[50] und als drittes das „Dialogelement Informationsfluss und Aufgabenteilung"[51]. Insbesondere im zweiten Dialogelement identifiziert Hage-

---

44 Müller, Franziska; Ziai, Aram, 2015, S. 8–15
45 Niggli, Peter, 2008, S. 38–40
46 Potsdam-Institut für Klimafolgenforschung; Institut für Gesellschaftspolitik München, 2010, S. 21–55
47 Hagemann, Hildegard, 2012, S. 7
48 A. a. O., S. 54
49 A. a. O., S. 55
50 A. a. O., S. 55
51 A. a. O., S. 56

mann u. a. die Bildungsträger als wesentliche Akteure. Dieses Segment beinhaltet nämlich die Klärung der Zuständigkeit zwischen vom Staat getragenen Maßnahmen und privatwirtschaftlichem Handeln für jegliche Aktivitäten im formalen wie informellen Bildungssektor, also sowohl schulische als auch außerschulische Jugendbildung, EB „von Bewusstsein bildender Arbeit bis zur unternehmerischen Weiterbildung."[52] Nicht zuletzt deshalb ist es als wesentliche Herausforderung zu betrachten, beim interkulturellen Management der EZ nicht nur nicht auf den Dialog verzichten, sondern ihn als einen unersetzlichen Faktor zu betrachten.

In Bezug auf den Beitrag der personellen Zusammenarbeit zu einer nachhaltigen Entwicklungsagenda hebt Steeb die unmittelbare Bedeutsamkeit des Dialogs und der unmittelbaren zwischenmenschlichen Beziehung für die EZ hervor; gleichzeitig verweist er auf die Bedeutung des Anderen, des Fremden für wechselseitige personale Lernprozesse, die zur Entwicklung neuer Ansichten und Gestaltungsinteressen führen können. Zudem identifiziert er Lernprozesse in der Theoriebildung zu Entwicklungsfragen, in der Theologie und der emanzipatorischen Erwachsenenbildung, die durch Begegnungen von Menschen und Institutionen des Südens und Norden angeregt wurden.[53]

Die Verweise auf Steeb, Hagemann, Niggli etc. gelten als Belege der Relevanz des Dialogs in der EZ; speziell Steeb liefert Ansatzpunkte für die in dieser Arbeit anvisierte interdisziplinäre Betrachtung der Lernprozesse in verschiedenen Disziplinen und auf den Ebenen der Person und der Organisation.

Nachfolgend wird der Blick auf das Verhältnis von Dialog und ISA gerichtet. Die klassische Organisations- und Arbeitsweise zur gesellschaftlichen Befassung und Lösung von sozialen Problemlagen ist eng mit der im Land herrschenden Vorstellung von national- bzw. sozial- oder wohlfahrtsstaatlicher Souveränität und Zuständigkeit verbunden. Trotz einer von Kniffki festgestellten Zunahme von Publikationen, die sich im Zeitraum von 2007 bis 2009 mit internationalen Themen befassen[54], kann man noch nicht davon sprechen, dass diese ausreichen, um das vorherrschende Paradigma schon als abgelöst zu bezeichnen. „Soziale Arbeit bleibt im Wesentlichen nationalstaatlich konnotiert."[55] Aus dieser z. T. selbst auferlegten Eingrenzung und Horizonteinschränkung ergibt sich zwangsläufig, dass die daraus abgeleiteten Maßnahmen in Zeiten einer pluraler bzw. heterogener und kulturell-religiös differenzierter werdenden Klientel bzw. Adressaten nur noch von eingeschränkter Reichweite sein können. Rehklau und Lutz fassen das Lernpotential für die Makroebene

---

52 A. a. O., S. 55
53 Steeb, Michael, 2014, S. 1 f
54 Kniffki, Johannes, 2010, S. 107 f
55 Homfeldt Hans Günther; Schröer, Wolfgang; Schweppe, Cornelia, 2008b, S. 7

der ISA, das in der Öffnung für einen interkulturellen Dialog und dem damit möglich werdenden Perspektivwechsel liegt, zusammen: „Andere Welten – andere Lösungen."[56]

Ohne eine Öffnung der Sozialen Arbeit für Lernerfahrungen aus grenzüberschreitenden, d. h. in diesem Kontext internationalen bzw. transnationalen fachlichen und entsprechend professionellen Dialogprozessen wird die ISA nicht in der Lage sein, sich den aktuellen und zukünftigen Herausforderungen, z. B. der Migration in Folge zunehmender Armut oder durch den Klimawandel hervorgerufenen prekären Lebensperspektiven, und der damit verbundenen Verantwortung zu stellen, adäquate Antworten zu formulieren, die nicht weiter wie bisher an den staatlichen, gesetzlichen Vorgaben und den dahinter stehenden kulturellen Mechanismen ausgerichtet sind. Von Nöten ist in gewisser Weise einer Renaissance, weil bereits in den Ursprüngen der Professionalisierung der Sozialen Arbeit die Internationalität, „das unbefangene Interesse der Sozialarbeit der Gründerjahre (1900-1920) am Fremden"[57], ein fester Bestandteil des Selbstverständnisses war, diese allerdings später fast vollständig in Vergessenheit geriet.

Die grundsätzliche Erkenntnis bezüglich der Potentiale von Kontextualität, Partizipation und interdisziplinärem Dialog auf dem Gebiet der ISA[58] spiegeln sich z. T. in der nationalen Debatte um die Sozialraumorientierung wider. Exemplarisch dafür stehen die Aussagen von Schneider, der eine induktive Methodik zur Bildung von Aktionsbündnissen präferiert.[59]

Erath zufolge finden gegenwärtig jenseits der nationalen Diskussion in Europa mehrere „intrasystemische Dialogprozesse"[60] innerhalb der Sozialen Ar-

---

56 Rehklau, Christine; Lutz Roland, 2007a, S. 9
57 Erath, Peter, 2012, S. 18
58 Vgl. Kapitel 2.8
59 „Sozialraumorientierung meint (...), dass Ämter und Büros keine Probleme lösen. Wer dies tun will, muss sich bewegen, er muss aufbrechen in die Lebensräume der Menschen. Damit verbunden ist die Grundhaltung des Verstehens. Sozialräumliche Ansätze sind skeptisch gegenüber von außen (von oben) kommenden Planungen und Lösungen. Sie setzen von unten, bei den Menschen, ihren Fähigkeiten, Ressourcen und Bedürfnissen an. Ziel ist es, bei der Bewohnerschaft vorhandene Potentiale und Aktivitäten zu stärken (empowerment). Von innen heraus soll ein Blick dafür entwickelt werden, worin die Potentiale eines Gebiets zu sehen sind und wo sich Ressourcen für eine Entwicklung erschließen lassen (Ressourcenorientierung). Man verspricht sich davon eine (Re-)Aktivierung kleinräumiger Unterstützungssysteme und Bindungsstrukturen (...) neben der Handlungsorientierung und der Ressourcenorientierung erfordert Sozialraumorientierung ein vernetztes Denken und Handeln. In sozialraumbezogenen Ansätzen werden Maßnahmen des Infrastrukturausbaus, der Jugend-, Familien-, und Sozialpolitik, der Wirtschafts- und der Arbeitsmarktpolitik sowie der Kultur- und Bildungspolitik nicht einfach nur addiert, sondern koordiniert und integriert.", Schneider, Martin, 2014, S. 25
60 Erath, Peter, 2012, S. 14

beit statt. Dabei werden u. a. die Themen „Wissenschaftsentwicklung"[61], „Professionalisierung"[62], und „Praxisentwicklung"[63] aufgegriffen. Trotz seiner Fokussierung der europäischen Ebene entwickelt Erath eine Verbindung zur weltweiten Perspektive der ISA. Für ihn ist Europa eine Art Zwischenebene, auf der die ISA lernen kann, den Fachdialog gemeinsam zu praktizieren: „(...) möglicherweise ist die Sozialarbeit in Europa erst dann wissenschaftlich angemessen in der Lage, sich national zu bewähren und global auszutauschen, wenn sie sich auf ein gemeinsames europäisches Niveau begibt!"[64]

Im dritten Referenzbereich der katholischen Kirche, die als Akteur und Träger sowohl in der EZ wie auch der Sozialen Arbeit national wie international von erheblicher Relevanz ist, sind auf verschiedensten Ebenen und in vielfältigen Bereichen ebenfalls einerseits krisenhafte Tendenzen, andererseits Entwicklungen hin zum Dialogischen erkennbar.

Karrer bilanziert u. a. ausgebliebene theologisch mögliche und pastoral nötige Reformschritte[65], eine höfisch-antiquierte Kommunikationsstruktur und eine vorkonziliare organisatorische Innenarchitektur der römisch-katholischen Kirche. Seiner Meinung nach führten diese Versäumnisse zu einer Krise sowohl in der Weitergabe des Glaubens als auch bei der Akzeptanz kirchlicher Positionen im zivilgesellschaftlichen Leben.[66] Aus Karrers Ausführungen kann man darüber hinaus entnehmen, dass es zum einen um eine Krise geht, deren Ursachen zum einen in einer Art von verweigertem Dialog mit der Welt liegen, zum anderen aber auch in einer wenig dialogisch-kommunikativen Praxis innerhalb kirchlicher Strukturen. Ein Blick auf die Errungenschaften des Vatikanum II in Kapitel 3 wird zeigen, dass es hier schon theologisch-konzeptionelle Vorlagen als Resultat von z. T. interkulturellen Lernprozessen gibt, die einer größeren Verantwortlichkeit der kleineren Einheiten (Ortskirchen) und einem Dialog mit der Welt und den Kulturen zuträglich sind.

Karrer postuliert schließlich eine weltoffene und weltzugewandte Pastoral, die sich nicht auf vermeintlich sichere, geschlossene Milieus und bewährte bzw. tradierte pastorale Räume beschränkt, wenn er sagt: „Vielleicht bedeutet dies auch Abschied von einer volkskirchlichen Pastoral der satten Ernte und das mühsame Lernen einer Pastoral des Säens."[67] Dazu bedarf es – um im Bild des Landwirts zu bleiben – der Bereitschaft, sich im „Humus (und damit auch dem

---

61 A. a. O., S. 103
62 A. a. O., S. 141
63 A. a. O., S. 159
64 A. a. O., S. 226
65 Karrer, Leo, 2012, S. 428
66 A. a. O., S. 428
67 A. a. O., S. 430

»Dreck«) des Lebens"[68] die Hände schmutzig zu machen, um Neues einpflanzen zu können. In vergleichbarer Weise regt Papst Franziskus an, offen zu sein für neue Wege der missionarischen Pastoral und der kreativen Zuwendung zur nicht perfekten Welt. Entsprechend lautet für die missionarischen Pastoral der Aufruf zum Verlassen der Komfortzone: „(...) alle sind wir aufgefordert, diesen Ruf anzunehmen: hinauszugehen aus der eigenen Bequemlichkeit und den Mut zu haben, alle Randgebiete zu erreichen, die das Licht des Evangeliums brauchen."[69] Die Gegenwart wird demnach als eine Zeit der Krise und des Umbruchs aufgefasst.

Für die Kirche in Deutschland ist gegenwärtig wegen der bereits von Karrer aufgezeigten großen Defizite der innerkirchliche Dialog von zentraler Bedeutung. Bei Glück finden sich Positionen, die vom Dialoggedanken geprägt sind und terminologisch darauf zurückgreifen. Er erwartet für die anstehenden Strukturdiskussionen ein vertrauensvolles, angstfreies, fruchtbares und Vielfalt bejahendes Dialogklima. Verbindende Grundlage dafür soll die gemeinsame Sorge von Bischöfen, Priestern und Laien um die Weitergabe des Glaubens an alle Bevölkerungsgruppen sein.[70] Durch diese Akzentuierung zeichnet sich eine Weichenstellung ab. Statt auf alte Schemata und Schablonen aufzubauen, sollen kreative innerkirchliche Dialogprozesse initiiert werden, die schließlich in dialoggeleitete Lernprozesse münden und z. B. Einfluss auf die Ausgestaltung von Strukturen nehmen sowie die Wahrnehmung von Führung und Leitung kirchlicher Organisationen neu herausfordern.

Verlässt man die Ebene der binnenkirchlichen Organisationsreflexion, so kann man feststellen, dass in vielen Weltregionen bereits intensive Erfahrungen mit dem Dialog der Religionen vorliegen. Dieser ist nicht frei von Schwierigkeiten. Die Reflexion eigener Erfahrungen in Nigeria, das von einer äußerst turbulenten Geschichte der christlich-muslimischen Beziehungen geprägt ist, veranlassen Erzbischof Kaigama zu der Aussage, der interreligiöse Dialog sei zuweilen eine mühsame und gefährliche Angelegenheit. Trotz der von vielen Seiten geäußerten pessimistischen Einschätzungen kommt er unter Berücksichtigung der Gesamtproblematik allerdings zu dem Ergebnis, dass es jetzt und in Zukunft keine Alternative zum interreligiösen Dialog gibt, wenn man gewaltlos miteinander vorankommen möchte.[71] Seitens des kirchlichen Amts liegt also ein klares Bekenntnis zum interreligiösen Dialog vor, der allerdings noch nicht als globale Realität betrachtet werden kann und folglich noch der Implementierung in viele organisatorische Gestalten der Kirche bedarf.

---

68 A. a. O., S. 428
69 Papst Franziskus, 2013, S. 22 f
70 Glück, Alois, 2012a, S. 509 f
71 Kaigama, Ignatius, 2012, S. 154

Aus der wissenschaftlichen Theologie kann gleichfalls ein Beleg für die Virulenz des Dialogischen angeführt werden, der im Kontext der Herausforderungen bezüglich des religiösen Pluralismus verortet ist. Gutiérrez sieht in diesem Dialog die Basis des Engagements zugunsten einer gerechteren Welt und hält die Gerechtigkeitsfrage wiederum für das zentrale Thema des interreligiösen Dialogs. Er bezieht sich v. a. auf den interreligiösen Dialog mit den traditionellen Religionen Afrikas, wenn dieser eine wirkliche Tiefe erreichen will, ohne dafür auf intellektuelle Reputation und friedenspolitische Auszeichnungen hoffen zu dürfen.[72]

Diese vorgelegte kursorische Darstellung der spezifischen Relevanz des Dialogs in unterschiedlichen Wissenschaftsdisziplinen – der Philosophie, der Sozialen Arbeit, der Theologie, der Pädagogik und Andragogik und der Wirtschaftswissenschaften – bildet eine Art Matrix für die synoptische Analyse. Aber sie wirft auch Fragen auf: Ist der Dialog nur ein Vorgang zwischen Personen? Oder auch zwischen Organisationen und Kulturen? Welche Verknüpfungen gibt es?

Eine ausführliche Darlegung der durch die Dialogphilosophie veranlassten organisationalen bzw. konzeptionell-theoretischen Lernprozesse in den drei Bereichen erfolgt in den Kapiteln 2 bis 4. Durch die differenzierte Aufarbeitung der Hintergründe dieser Prozesse soll verdeutlicht werden, dass der Dialog zumindest eine Lösungsoption der krisenhaften Phänomene ist, weil er bei entsprechender Verwendung seiner Prinzipien in der Lage ist, neue Perspektiven zu schaffen, indem er zu einem Perspektivwechsel befähigt, ermutigt, provoziert. Am Dialogkonzept lassen sich die Grundprinzipien der gegenwärtigen europäischen Haltung zu anderen Kulturen und Religionen entfalten, die heute nicht mehr von Konflikten sondern von Assimilation geprägt ist.[73] Wesentlich dabei ist der Gedanke der Kongruenz: Nur wenn die Akteure auf der Makro-Ebene den Dialog präferieren und ihn durch die Bereitstellung von Ressourcen und vertrauensvolle Freiräume ermöglichen, kann der Dialog auf der Mikro-Ebene, z. B. in den Lernprozessen des interkulturellen bzw. globalen Lernens dauerhaft Einzug halten und im Zwischenmenschlichen alltäglich gelebte Praxis werden. Der Dialog muss auf der Leitungsebene gewollt werden, er muss von dort aus zum organisatorisch-konzeptionellen Paradigma gemacht werden. Dazu benötigen Entscheidungsträger eine Befähigung. Diese zu vermitteln, kommt nicht zuletzt der Andragogik zu.

---

72 Gutiérrez, Gustavo, 2012, S. 124
73 Waldenfels SJ, Hans, 1994, S. 55 ff

1.2 Andragogische Implikationen des betrieblichen Führungshandelns

In der Diskussion um die betriebliche Weiterbildung und die damit verbundene Personalentwicklung, eine der wichtigsten Aufgaben des betrieblichen Führungshandelns, gilt aus Sicht der Andragogik die grundlegende Forderung, dass diese nicht einseitig „utilitaristisch und pragmatisch"[74] begründet werden darf, sondern im Gegenteil vielmehr erziehungswissenschaftlicher Erkenntnisse zu ihrer Begründung bedarf. Für Fell stellt die Rückbesinnung auf ein geisteswissenschaftlich geprägtes Bildungsverständnis, das im Gegensatz steht zu einer auf unmittelbaren Nutzen orientierten Wissensanhäufung, eine große Herausforderung für alle empirisch angelegten Disziplinen, darunter die Ökonomie, dar.[75]

Dieses Spannungsverhältnis lässt sich zurückverfolgen. Während sich die Erziehungswissenschaften seit rund 30 Jahren darum bemühen, „die Vorrangstellung des Menschen im Bildungsprozess"[76] abzusichern und „den Subjektbezug und die Reflexivität im Bildungsprozess zum unverrückbaren Maßstab pädagogischer Identität auch der betrieblichen Weiterbildung zu setzen"[77], entwickelten sich auf der Gegenseite „betriebswissenschaftliche Diskussionen um die effektivsten Möglichkeiten von Bildungscontrolling."[78] Eine vergleichbar empirielastige Tendenz, wie sie im Bildungscontrolling erkennbar ist, liegt auch in der mit dem Führungshandeln befassten Forschung vor.[79] Fell vertritt entgegen dem vom Behaviorismus geprägten Mainstream einen ganzheitlichen Ansatz von Führung, der die Führungskraft zu einer Art Entwicklungshelfer seiner Mitarbeiter macht.[80] Ihr Modell von Führungsverhalten umschreibt sie mit dem Begriff der „Hilfe zur Selbsthilfe"[81], der auch in der EZ ein feststehender Begriff ist. Durch seine Verwendung in den unterschiedlichen Kontexten kann der Begriff als Indikator dienen, um die hinter allen Veränderungen in den verschiedenen Bereichen stehende philosophische Grundausrichtung zu verdeutlichen. Es handelt sich dabei um die von Buber vorgedachte Dialogphilosophie,[82] die die Perspektiven aller Beteiligten erweitert. Sie setzt Vertrauen in

---

74 Fell, Margret, 2003, S. 122
75 A. a. O., S. 123
76 A. a. O., S. 125
77 A. a. O., S. 125
78 A. a. O., S. 124
79 A. a. O., S. 123
80 Fell, Margret, 1994, S. 286–303
81 A. a. O., S. 288
82 Auf die an dieser Stelle nur kurz verwiesen wird, weil sie im anschließenden Kapitel ausführlicher untersucht werden soll.

den Anderen[83], erkennt bei ihm Problemlösungskompetenzen bzw. lässt diese entstehen, sie baut auf die gestalterische Kraft der Partizipation und hinterfragt u. a. traditionelle monokausale Argumentationen und Durchsetzungsverfahren, zentralistische Strukturen und asymmetrische Kommunikationen kritisch, aber auch hermeneutisch. Dieser Ansatz will im Ergebnis eine offenere, dialogische Beziehung und damit wechselseitige, reflexive Lernprozesse erreichen.

Fells erste zentrale These ist, dass sich zum ersten aufgrund des in der Gesellschaft gefestigten demokratischen Selbstverständnisses die mündigen Bürger in ihrem beruflichen Alltag nicht mehr durch „Dirigismus und Disziplin"[84] sowie von traditionellen „hierarchischen Ordnungen und neuen Kontrollsystemen"[85] von der Entdeckung der „Sinnhaftigkeit ihres Tuns"[86] abhalten lassen. Zum zweiten habe die Einführung „derjenigen neuen Technologien, die ganzheitliches, vernetztes, innovatives, eigenständiges, integratives, problemlösendes, selbstgestalterisches, teamorientiertes Denken und Handeln in der Anwendung voraussetzen"[87], dazu geführt, die klassische tayloristische Arbeitsteilung als unzeitgemäß herauszustellen. Deren gegensätzliche Ausrichtung war von einer „Simplifizierung und Sinnentleerung der Tätigkeit bei gleichzeitiger Handlungsentmündigung, weil durch dirigistische Arbeitsanweisungen die Entscheidungsspielräume des einzelnen Arbeitnehmers nahezu gen null liefen"[88], gekennzeichnet. Entsprechend gestaltete sich das Verhalten der Vorgesetzten. „In diesem Sinne korrespondierte Führungs*verhalten* in behavioristischer Manier mit Verstärkung und Kontrolle und damit Steuerung der zur (sic!) Führenden auf vordefinierte, nicht hinterfragbare Ziele hin."[89]

Analog zum beschriebenen Wandel auf Arbeitnehmerseite musste sich auch – so Fells nächste These – das Agieren der Vorgesetzten einer Modifikation unterziehen bzw. sich weiterentwickeln. Fell baut ihr Konzept des „dialogischen Führungsverständnis(es) (E. d. d. V.)"[90] auf dem Fundament der „sozialethische(n) (E. d. d. V.) Verantwortung"[91], genauer hin auf dem „Prinzip des ‚Dialogischen' "[92], auf, weil dieses „als Sollensforderung für das pädagogische

---

83 Erinnert sei an Bubers Rede anlässlich der Verleihung des Friedenspreises des deutschen Buchhandels 1953, in der er die ganz wesentliche Rolle des Vertrauens hervorhebt. Online unter http://www.friedenspreis-des-deutschen-buchhandels.de/sixcms/media.php/1290/1953 buber.pdf, Zugriff am 08.02.2014
84 Fell, Margret, 1994, S. 290
85 A. a. O., S. 290
86 A. a. O., S. 290
87 A. a. O., S. 291
88 A. a. O., S. 291
89 A. a. O., S. 291 f
90 A. a. O., S. 293
91 A. a. O., S. 292
92 A. a. O., S. 293

und andragogische Handeln regulative Ideen beinhaltet, an denen sich die stets unvollkommene andragogische Praxis im Alltag orientieren kann."[93] Führung definiert sie als „die dialogische Koordination unterschiedlicher Handlungsintentionen um einer reflexiven Willensbildung und einer gemeinsamen Zielfindung willen."[94] Eine wesentliche begriffliche Unterscheidung führt sie infolgedessen auch ein: Anstatt von „Führungs*verhalten*"[95] spricht sie von „Führungs*handeln*"[96], um einen dahinter stehenden „Normen- und Wertebezug"[97] zu verdeutlichen, der es erst ermöglicht, sich zwischen Handlungsoptionen zu entscheiden.

Zu den Wesensmerkmalen der „Dialogischen Führung"[98] zählen für Fell, dass das Konzept „die sinnhaft subjektiven Handlungsantriebe des Menschen im betrieblichen Sozialgefüge (berücksichtigt, E. d. d. V.), weil diese Handlungsantriebe ja nicht am Eingangstor eines Betriebes abgegeben werden", und dass es „auf der Akzeptanz eines geistigen Pluralismus im Betrieb"[99] basiert. Indem sich Fell dagegen verwahrt, von harmoniebetonten Unternehmenskulturkonzepten vereinnahmt zu werden, stellt sie eine Verbindung her zu den „Besonderheiten sozialer Wahrnehmung, die grundsätzlich aufgrund unterschiedlicher Sozialisationshintergründe selektiv ist und zumeist sehr stabile Ausprägungen von Deutungs- und Handlungsmustern zur Folge hat."[100] Zusammenfassend lässt sich das Modell des dialogischen Führungshandelns von Fell beschreiben als ein anthropologischer Ansatz, weil er die Würde des mitarbeitenden Mit-Menschen als Ausgangs- und Mittelpunkt nimmt. Im Kern steht das konstitutive Mensch-Mensch Verhältnis zwischen allen im Betrieb Tätigen, das den Raum schafft für Vertrauen, Widerspruch und gewaltfreien Dissens. Gerade der abweichenden Meinung kommt es zu, die Begründung der eigenen Position zu hinterfragen und diese ggf. zu verstärken oder zu ihrer Modifikation beizutragen.[101]

Selbst durch die beste dialogische Führungspraxis können nicht alle Interessenskonflikte zwischen und Motivationsdefizite bei den unterschiedlichen Akteuren für alle Zeit aus der betrieblichen Realität verbannt werden. Dieser Einschränkung gilt es sich zu stellen. Die Befähigung zum dialogischen Miteinander von Arbeitgebern und Arbeitnehmern, Vorgesetzten und Mitarbeitern

---

93 A. a. O., S. 293
94 A. a. O., S. 292
95 A. a. O., S. 289
96 A. a. O., S. 289
97 A. a. O., S. 292
98 A. a. O., S. 294
99 A. a. O., S. 294
100 A. a. O., S. 294
101 A. a. O., S. 295 f

bedarf auf allen Seiten einer „hohen Sensibilität der sozialen Wahrnehmung"[102] und „setzt (den) unbedingten Respekt vor der Würde des Mitarbeiters als Person voraus"[103]. Nur so kann in dieser prinzipiell asymmetrischen Struktur – ein Strukturelement, das auch in der EZ von Bedeutung ist – auf die Artikulation des Anderen eine angemessene Antwort gegeben werden. Mittels umfassender Lernprozesse müssen beide Seiten auf diese Herausforderung vorbereitet werden[104], wobei es laut Fell vor allem darauf ankommt, dass die Führungskräfte die andragogischen Anteile an ihrer Vorgesetzten-Praxis selbst erkennen, weshalb eine besondere andragogische Qualifizierung des Führungspersonals vorrangig indiziert ist.[105] Als spezifischen Beitrag der Andragogik zu dieser hermeneutisch-sozialen Qualifizierung definiert Fell die „Reflexivität",[106] bei der es sich um „das Wesensmerkmal des Menschen schlechthin"[107] handelt und „ohne deren pädagogische Integration in einen Lernprozeß es beim Menschen zu unüberschaubaren Verhaltensausfällen, wie z. B. zu Dialog-, Verantwortungs-, Entscheidungsunfähigkeiten usw. kommt."[108] Fell grenzt sich ab von den weit verbreiteten klassischen Führungskräftetrainings, bei denen schablonenhafte, nicht situativ angepasste Verhaltensanweisungen vermittelt werden. Sie erkennt neben der Fachkompetenz andere Faktoren, die notwendig sind, um der komplexen Gestaltungsaufgabe des betrieblichen Führungshandelns gerecht zu werden. Zu diesen reflexiven Erfahrungen auf sozialer wie personaler Ebene gehört vorrangig echte Dialogfähigkeit, aber z. B. auch die Schulung der Streitkultur, der Kreativität, des leidenschaftlichen Einsatzes für eine Sache und des Verantwortungsbewusstseins.[109]

Eine „Qualifizierung, die zum Verstehen der Person und zum Verständnis der Situation führt"[110] – so wie es als Primat der Befähigung zum dialogischen Management betrachtet werden kann – wird in Zeiten der Globalisierung, der zunehmenden Komplexität der Herausforderungen an das Management und der Konsequenzen von Managemententscheidungen zum ausschlaggebenden Wesensmerkmal einer nachhaltigen Führungskräftequalifikation.

Ein Aspekt, der dabei von Fell nicht ausdrücklich artikuliert wird, sind die Herausforderungen, die z. B. in der Konferenzleitung oder der Moderation von Diskussionen, aber auch der Steuerung von Gruppenprozessen zutage treten,

---

102 A. a. O., S. 297
103 A. a. O., S. 297
104 A. a. O., S. 297
105 A. a. O., S. 299 f
106 A. a. O., S. 301
107 A. a. O., S. 301
108 A. a. O., S. 301
109 A. a. O., S. 301
110 A. a. O., S. 302

sobald diese vor einem interkulturellen Hintergrund stattfinden. Zwar kann argumentiert werden, mit der prinzipiellen Qualifikation zum situativ angepassten und auf individuelle Wahrnehmung ausgelegten Führungshandeln wäre bereits eine Kompetenz vorhanden, um bereits adäquat auf diese Problemstellung reagieren zu können. Im Kapitel zum interkulturellen Dialog und zum Einsatz in anderen Ländern kann allerdings die Existenz spezifischer Aspekte, z. B. die in anderen Kulturen anders ausgeprägte Sicht auf Kontinuität und Verlässlichkeit einer beruflichen Beziehung, als Indikator hervortreten, der für eine andere Qualität der Herausforderung spricht.

Der aufgezeigte Wandel im Führungsverständnis hin zu einem dialogischen Führungshandeln und die damit verbundenen Implikationen, z. B. hinsichtlich der Handlungsfelder[111] sowie der Dialogbefähigungsprozesse auch der Mitarbeiter[112], stellen den Anlass, die Begründung und die Rechtfertigung für die Andragogik dar, sich mit Fragen des interkulturellen Managements in der EZ, dem *Globalen Lernen* in der EB[113] und der Personalentwicklung[114] umfassend zu beschäftigen. Denn es entspricht dem modernen Selbstverständnis der Andragogik, „den Menschen zum eigenständigen Handeln zu befähigen."[115]

Der Dialog[116] bzw. das dialogische Prinzip stellt keine Erfindung der Neuzeit dar, seine Wurzeln sind bis zu den antiken Philosophen rückvollziehbar. Besonders bei Sokrates bzw. dessen Überlieferungen bei Platon finden sich ausgeprägte Schilderungen von dialogischen Prozessen zur Klärung der Bedingungen der Möglichkeiten zur Lösung gemeinschaftlicher Probleme. Er gibt dabei nicht vor, aufgrund einer ihm zuteil gewordenen grundsätzlichen Position die richtige Lösung vor allen anderen zu kennen; vielmehr versucht er in Form von Fragen seine Athener Mitbürger dazu zu bringen, selbst nachzudenken und eine begründet bessere Antwort zu finden und zu formulieren, die über das

---

111 A. a. O., S. 298 f
112 Fell, Margret; Feuerlein-Wiesner, Eva; Korn, Tanja, 2004, S. 288–299
113 Vgl. Kapitel 5.2.4.5
114 Vgl. Kapitel 5.2.4.6
115 Fell, Margret, 1994, S. 291
116 Die an der griechischen Herkunft orientierte Erklärung der Wortbedeutung kommt zu dem Schluss, dass sich aus der Kombination der Vorsilbe *dia* (durch, mittels) mit *logos* (Wort, Begriff, Mitteilung) ein Prozess der Selbstmitteilung und Weltaneignung beschreiben lässt. Vgl. Birkenbeil, Edward-Jack, 1984, S. 24–29
Folgt man der – etymologischen nicht korrekten – Interpretation von Krause/Rätz-Heinisch, wonach *Dialog* aus den griechischen Bestandteilen dia für zwei und logos für Wort gebildet wird, so könnte man argumentieren, Bubers dialogisches Prinzip befasse sich primär und grundlegend mit seinen beiden Grundwörterpaaren und den daraus resultierenden Beziehungen und weniger mit alltäglichen und beruflichen Gesprächssituationen, die i. d. R. in der Es-Welt verortet sind, sich mit Gegenständlichen befassen müssen und selten reflektiert die Sphäre der Transzendenz tangieren. Vgl. Krause, Hans Ullrich; Rätz-Heinisch, Regina, 2009, S. 11

hinaus reicht, was auf der Grundlage des bisher schon darüber Gedachten und der daraus abgeleiteten Praxis zu erwarten war.[117]

Krause und Rätz-Hanisch charakterisieren den sokratischen Dialog folgendermaßen: „Der Dialog ist hier also eine kommunikative Methode der Suche nach gesichertem Wissen, nach Wahrheit (…). Der Dialog dient bei Sokrates der Erkenntnisgewinnung im gemeinschaftlichen öffentlichen Raum."[118] Methodisch betrachtet handelt es sich dabei um ein personales Gespräch von konkret in Raum und Zeit anwesenden Menschen. Ergänzend kommt Hubner in Bezug auf die sprachliche Selbstmitteilung und begriffliche Weltaneignung zu der Feststellung: „Beides ist mittels der Sprache und Vernunft möglich und ist Ausdruck der durch den Vernunftlogos motivierten Suchbewegung des Menschen: Der Mensch will die Welt und sich selbst erkennen."[119]

Auch moderne Gesellschaftstheoretiker wie Habermas haben sich mit dem Dialog auseinandergesetzt. Dieser entwickelt daraus sein Diskurs-Konzept zur Realisierung eines höchstmöglichen Maßes von Vernunft bei kommunikativ ausgehandelten gesellschaftlichen Entscheidungen. Im Unterschied zum klassisch antiken personalen Dialog-Verständnis ist der Diskurs bei Habermas aber nicht an die konkrete Präsenz einer Person gebunden. Vielmehr löst er den Inhalt des Gesagten von seinem Sprecher und spricht der Sachbotschaft eine eigenständige Wirksamkeit zu.[120]

1.3 Das dialogische Prinzip Bubers

Im deutschsprachigen Raum ist der Begriff *Dialog* mit Buber[121] und dessen Auslegungen bezüglich des Dialog-Gedankens und der interkulturellen Verständigung verbunden.[122] Bubers Intention ist es, nicht über eine abstrakte Dialogsituation zu schreiben, sondern er nimmt vielmehr den unmittelbaren dialogischen Moment in Begegnung von zwei Menschen in den Blick.[123] Somit ist es legitim davon auszugehen, dass Buber sich in seinen Ausführungen unmittelbar auf den interpersonalen Dialog bezieht und nur mittelbar auf den

---

117 Platon, 1958
118 Krause, Hans Ullrich; Rätz-Heinisch, Regina, 2009, S. 10
119 Hubner, Markus, 2007, S. 61
120 Habermas, Jürgen, 1981, S. 148 ff.
121 Biografische Angaben sind u. a. zu finden unter http://buber.de/de/biographie und bei der Martin Buber-Gesellschaft unter http://buber-gesellschaft.de/biographie, Zugriff am 19.01.2014.
122 Zur Abgrenzung der Dialogphilosophie von anderen philosophischen Richtungen vgl. Hubner, Markus, 2007, S. 61–64
123 Buber, Martin, 2012a, S. 17

interkulturellen. Bubers Menschenbild ist differenziert; er sieht den Menschen nicht immer als wesensgleich an. „Das Ich des Menschen (ist, E. d. d. V.) zwiefältig"[124], weil sich seine Identität aus der Art der Abgrenzung ermöglichenden Interaktion mit seinem Kontext entwickelt. Sein Wesen entsteht aus der Reaktion auf die nicht einfältige, sondern komplex bezeichnete Welt und ihre Interdependenzen und reziproken Realitäten.

1.3.1 Die Grundworte Ich – Es, Ich – Du

Diese Interaktion mit dem Kontext ereignet sich in und mit zwei vollkommen unterschiedlichen Qualitäten. Bei der einen Form handelt es sich um ein alltägliches, triviales, i. d. R. monokausal gedachtes und mit einer gewissen Distanz praktiziertes Ich-Es-Verhältnis. In dieser Relation herrscht die Erfahrung des Etwas vor. Und jedes Etwas hat es an sich, sich von etwas anderem abzugrenzen und damit den Bereich des Es zu konstituieren.[125] Diese Form des Verhältnisses bezeichnet Buber mit dem Wortpaar Ich-Es; es bildet eines der beiden für ihn relevanten Grundworte. Wobei er feststellt, dass eine das ganze Wesen umfassende Aussage in dem Modus des Grundwortes Ich-Es nicht getätigt werden kann.[126]

Völlig anders ist es dagegen um das zweite Wortpaar Ich-Du bestellt: „Das Grundwort Ich – Du kann nur mit dem ganzen Wesen gesprochen werden."[127] Buber hebt die Interaktion der beiden Dialogpartner hervor, die sich nicht um eine dingliche Fragestellung dreht. Wesentlich ist die Beziehung, nicht die Sachlage.[128] Der Mensch wird nach Buber erst richtig Mensch, wenn er lernt, in diesem Sinne Du zu sagen. Das Du komplettiert das Ich, das ansonsten Fragment bleiben würde. Der ganzheitliche Mensch kann nur in dieser Ich-Du-Beziehung realisiert werden. Für Buber existiert kein Ich jenseits der Verbindung mit Du oder Es. Umgekehrt ist es genauso. Mit jedem Du oder Es wird immer auch ein Ich zum Ausdruck gebracht.[129] Folglich ist aus Bubers Sicht die Zwiefältigkeit des menschlichen Wesens als bewiesen zu betrachten, analog zu den unterschiedlichen Ichs in den Grundworten.

Der Begriff der Beziehung ist einer der Schlüssel zum Dialogverständnis von Buber. Die Beziehung konstituiert sich aus dem Ich-Du Grundwort[130], sie ist

---

124 A. a. O., S. 7
125 A. a. O., S. 8
126 A. a. O., S. 7
127 A. a. O., S. 7
128 A. a. O., S. 8
129 Buber, Martin, 2012a, S. 8
130 A. a. O., S. 10

eine unmittelbare interpersonale Begegnung[131], die Beziehung wird zum Nukleus des wirklichen Lebens[132] und sie beruht auf Gegenseitigkeit.[133] Allerdings darf diese Gegenseitigkeit nicht derart verstanden werden, als sei bei beiden Dialogpartnern die Intensität der Erfahrung gleich stark. Die Existenz der Beziehung ist kein Indikator für den jeweiligen Grad der Erfahrung der Beziehung durch eine Person. Auch der Grad der Erfahrung des Anderen kann variieren.[134] Der Modus des Zustandekommens der Beziehung kann für Buber sowohl aktiv als auch passiv sein.[135]

Von Bedeutung für den interkulturellen Dialog ist die von Buber getroffene Aussage, wonach es in der Ich-Du-Beziehung eine Art vorurteilsfreier Zone gibt, in der keine vorgefassten Meinungen übereinander und über eine Sache von Geltung sind, sich einseitige Interessenlagen aufheben und somit nicht mehr von der Dominanz einer Weltinterpretations- und Gestaltungspräferenz ausgegangen werden kann. Die Ich-Du-Beziehung hat eine besondere Qualität, weil es in ihr nicht zwangsläufig zu einer Verbrüderung der Standpunkte kommen muss, aber zu einer Verschwisterung der Personen, die sich begegnen. Das Ertragen und Austragen von gegensätzlichen Standpunkten auf eine dem Homo sapiens angemessene Art und Weise ist eines der zentralen Elemente der Dialogik Bubers. Es geht nicht um falsch verstandene Harmonie-Inszenierung oder selbstverachtend devote Unterordnung, sondern um die richtige Balance der Bewertung der Standpunkte und vor allem um den richtigen Umgang mit dem Gegenüber auf der Beziehungsebene.[136]

Der respektvolle und empathische Austausch zwischen gleichwertigen Partnern konstituiert eine Form der Reziprozität, die auch die Bereitschaft umschließt, sich zu ändern und den Anderen zu verändern. Diese Haltung des gegenseitigen Gebens und Nehmens[137] kann nur einnehmen, wer seine Standpunkte und Interessen geklärt hat. Wer keine Position in den Dialog einbringt verhindert einen Gedankenaustausch.[138] In der Begegnung mit dem anderen Menschen erfährt und erprobt das menschliche Ich sein eigenes Selbstbewusstsein und seine individuellen Handlungsoptionen unter der Voraussetzung einer Beziehung zwischen Gleichwertigen und unverwechselbar Einzigartigen.[139]

---

131 A. a. O., S. 15
132 A. a. O., S. 13
133 A. a. O., S. 12
134 A. a. O., S. 13
135 A. a. O., S. 15
136 Buber, Martin, 1953, S. 9.
137 Vgl. Kapitel 4.2. Die globale Transformation ist ein Projekt auf Gegenseitigkeit, das Bild des gegenseitigen Gebens und Nehmens wird auch häufig in kirchlichen Bistumspartnerschaften verwendet.
138 Waldenfels SJ, Hans, 1994, S. 57
139 Brieskorn SJ, Norbert, 2000, S. 38

Fell und Feuerlein-Wiesner sehen in dieser Form des Dialogs, der die Möglichkeit des Dissenses mit einer offenen menschlichen Begegnung verbindet, für beide Seiten die Chance zur Gewinnung von Einsichten in völlig andere Lebensentwürfe.[140] Dies ist ein Aspekt, der u. a. dann seine Relevanz entfaltet, wenn z. B. wegen der kulturell oder national verschiedenen Herkunft von Kooperationspartnern, Mitarbeitern oder Team-Mitgliedern die Personen in Leitungsverantwortung sich in andere Realitäten hinein denken und fühlen müssen. Für diesen dialogischen Lernprozess ist in erster Linie die innere Bereitschaft zur Gegenseitigkeit ausschlaggebend, die verbalen Formen des Ausdrucks und der Interaktion können dagegen in den Hintergrund treten.[141]

Würde man die Kulturen aufgrund ihres tradierten Wissens als Mittler zwischen Menschen und durch die Kraft der in ihr verborgenen Visionen als Gestaltgeber der zwischenmenschlichen Begegnungen betrachten, so wäre deren Rolle im Dialog nach Buber eher negativ zu beurteilen, da er davon ausgeht, in der Ich-Du-Beziehung stehe nichts zwischen den Personen, die Beziehung sei absolut unvermittelt.[142] Die Übertragung der Buberschen Dialogik auf den interkulturellen Dialog ist dennoch legitim. Seine Prämissen erfahren auch dort Gültigkeit, da Kulturen nie abstrakt aufeinandertreffen, sondern immer nur in Form von Personen als Repräsentanten einer Kultur. Jeder interkulturelle Dialog ist im Kern interpersonaler Dialog.

Die Prämissen der Buberschen Dialogik sind neben der bereits dargestellten rückhaltlosen Offenheit die unbedingte Wahrheit und damit einhergehend der Verzicht auf überzogene Selbstdarstellung. Wenn alle drei gegeben sind, kann sich das volle dynamische Potential der Ich-Du-Beziehung entfalten und es kann zu einer Entdeckung unentdeckter Ansichten kommen. Der andere bereichert das Ich, setzt verschlossene Möglichkeiten frei.[143] Folglich bedarf der nicht auf die Vereinnahmung des Anderen abzielenden interpersonale Dialog auf beiden Seiten einer Grundhaltung, welche die eigenen Interessen und Werte nicht verabsolutiert, sondern sich für den Anderen und so für die volle „gegenseitige Umfassungserfahrung"[144] öffnet. Diese Umfassung an sich ist für Buber konstitutiv in Bezug auf den dialogischen Charakter einer Beziehung, deren Intensität dagegen nur sekundär.[145] Er definiert sie als „die volle Gegenwärtigung des Unterworfenen, des Begehrten, des ‚Partners', nicht mit der Phantasie, sondern mit der Aktualität des Wesens."[146]

---

140 Fell, Margret; Feuerlein-Wiesner, Eva, 2002, S. 69
141 Buber, Martin, 2012b, S. 149
142 Buber, Martin, 2012a, S. 15 f
143 Buber, Martin, 2012b, S. 295
144 Buber, Martin, 1926, S. 42
145 A. a. O., S. 35
146 A. a. O., S. 34

Diese Unmittelbarkeit der dialogischen Beziehung erfährt eine Differenzierung, indem er drei Formen voneinander unterscheidet. Neben der abstrakten, d. h. „sich auf den Menschen nur als geistige Person"[147] beziehenden Form der „gegenseitigen Umfassungserfahrung"[148] benennt Buber das „erzieherische Verhältnis"[149], das im Unterschied zum ersten Typus die ganze Bandbreite der menschlichen Realität abdeckt, aber eine „einseitige (…) Umfassungserfahrung"[150] bleibt. Buber erkennt ein Dilemma innerhalb des Erzieher-Erzogener-Verhältnisses, wodurch dessen Umfassung nicht wechselseitig ist: „Er (der Erzieher, E. d. d. V.) erfährt das Erzogenwerden des Zöglings, aber der kann das Erziehen des Erziehers nicht erfahren. Der Erzieher steht an beiden Enden der gemeinsamen Situation, der Zögling nur an einem."[151] Als vollkommenste Form des Einander-Umfassens der menschlichen Seelen führt Buber schließlich die „Freundschaft"[152] als dritte Kategorie der dialogischen Verhältnisse ein, da sie auf „konkrete und gegenseitige Umfassungserfahrung gegründet (ist) (E. d. d. V.)"[153].

Die Umfassung kann man sich auch räumlich bzw. bildlich vorstellen. Sie kann sich nur ereignen, wenn man zumindest einen Teil der eigenen Substanz von der eingenommenen Position wegnimmt, um sie einem Schal gleich um den Anderen zu legen und gleichzeitig einen Schal vom Anderen umgelegt zu bekommen, der aus seiner Substanz besteht. Die Farbe und das Material des Schals sind dabei egal, sie können auch nicht wirklich zueinander passen. Im Vollzug der Gegenseitigkeit werden die Differenzen nicht aufgehoben bzw. relativiert, aber existentiell erfahrbar und als Wesenseigenschaft des Anderen Teil der Realität.

Bei aller Trennschärfe, mit der Buber das *Es* und das *Du* mit dem jeweils korrespondierenden *Ich* fundamental voneinander abgrenzt, erkennt er doch, dass diese Unterscheidung nicht mit aller Konsequenz durchzuhalten ist, sondern es immer auch zu zeitlichen Überlappungen und damit zu verwirrenden mehrdeutigen Zuständen kommen kann.[154] Die darin enthaltene Option der Möglichkeit der Existenz einer Mischform erinnert an die Idee der Gleichzeitigkeit des Ungleichzeitigen.[155] Sie könnte damit eine teilweise Begründung der gleichzeitigen Gültigkeit von unterschiedlichen Weltinterpretationspräferenzen

---

147 A. a. O., S. 40
148 A. a. O., S. 39
149 A. a. O., S. 40
150 A. a. O., S. 40
151 A. a. O., S. 42
152 A. a. O., S. 42
153 A. a. O., S. 42
154 Buber, Martin, 2012a, S. 21
155 Zur Begriffs- und Ideengeschichte vgl. Brose, Hanns-Georg, 2010, S. 555 f

darstellen, soweit diese auf Toleranz und von Neugierde getragener Offenheit basieren.

Eine weitere ansatzweise Begründung dieser Annahme ergibt sich aus der Interpretation der Momente der Du-Erfahrung, die Buber als extrem, in Frage stellend, provozierend und verunsichernd charakterisiert.[156] Nimmt man die darin enthaltene Aussage ernst, so ist es eigentlich nahezu unmöglich, nach einem Moment der Ich-Du-Erfahrung weiterhin ausschließlich auf die Erfüllung bzw. Durchsetzung der eigenen Position zu drängen, schließlich erfährt diese Position fundamentale Erschütterungen und Provokationen, die zu einer gewissen Form der Relativierung führen könnten. Buber wendet sich allerdings gegen diesen Begriff, weil der eigene Standpunkt nicht geschmälert werde durch die unmittelbare Beziehung mit dem Du.[157]

In dieser Arbeit wird nicht der Anspruch erhoben, Bubers Konzeption der Grundwörter abschließend und umfassend dargestellt und analysiert zu haben. Vielmehr ist intendiert, die für die Fragestellung der Arbeit relevanten Aspekte herauszuarbeiten und in eine schlüssige Argumentation einzubauen. Weil für Buber die Ich-Du-Beziehung auch in einer transzendenten dritten Sphäre[158] von ausgesprochen großer Bedeutung ist, soll auf diese im Besonderen eingegangen werden.

1.3.2 Das „ewige Du"

Buber rückt, geprägt durch den Chassidismus[159] und dessen intensives Studium, die Begegnung mit Gott bei der Erledigung alltäglicher Aufgaben in den Vordergrund. Damit stellt er die Ansicht in Frage, ausschließlich durch Gesetzeserfüllung und intellektuelles Bestreben eine Gottesnähe herstellen zu können. Für Buber spielt die Dimension des Göttlichen und die lebendig-dialogische Beziehung zu diesem „ewigen Du"[160], „das seinem Wesen nach nicht Es werden kann"[161] und in dem sich die „verlängerten Linien der Beziehungen schneiden"[162], eine herausragende Rolle. Indiz für den seinem dialogischen Prinzip inhärenten religiös-pluralen Inklusivismus ist seine These, wonach alle von

---

156 Buber, Martin, 2012a, S. 37
157 Buber, Martin, 1926, S. 39
158 Buber, Martin, 2012a, S. 10
159 Chassidismus ist eine religiöse Bewegung innerhalb des Judentums, gegen 1750 in der Ukraine und in Polen entstanden. Sie ist von tiefem religiösem Gefühl und Gottessehnsucht getragen, betont Gemütswerte, Frömmigkeit, Demut, aber auch Freude und tätige Liebe, ausgehend von der nahezu pantheistischen Gewissheit, dass das Göttliche allen Dingen innewohnt.
160 Buber, Martin, 2012a, S. 76
161 A. a. O., S. 76
162 A. a. O., S. 76

Menschen erdachten Gottesbezeichnungen letztlich nur unterschiedliche Ausdrücke für das dahinterliegende universelle Prinzip[163] des ewigen Du seien.[164]

Damit kann man einerseits Buber als Vordenker und Wegbereiter des interreligiösen Dialogs bezeichnen, weil er mit seinem Konzept in der Lage ist, die menschengemachten und z. T. macht- bzw. interessengeleiteten interpretatorischen Unterschiede in den Gottesbildern der Religionen und Konfessionen zu dechiffrieren und zugleich auf die gemeinsame Basis zurück zu führen. Andererseits kann man ihm aus der Perspektive anderer Religionen mit dem Vorwurf konfrontieren, er würde die für den Anderen vielleicht unüberbrückbaren Unterschiede und Alleinstellungsmerkmale nicht genügend würdigen und in gewisser Weise die Gottesnamen und die damit einhergehenden Gottesbilder der verschiedenen Religionen zu sehr vereinnahmen und vereinheitlichen. Dieser Vorwurf der Harmonisierung des Disharmonischen würde dann schwer wiegen, wenn es zur Grundintention gehören würde, nicht die friedliche Koexistenz, sondern auf lange Sicht die Dominanz eines Gottesbildes über die Anderen anzustreben, was in letzter Konsequenz nur durch unfriedliche Mittel zu erreichen ist. Dem ist zu entgegen, dass sich aus Bubers Schriften zwar eine Rechtfertigung der religiösen Toleranz ableiten lässt, diese aber unter keinen Umständen mit einer Übernahme der Kulte anderer Religionen oder gar mit einem Einheitskult verwechselt werden darf. Im Gegenteil: Der Dialog ist der dem Menschen adäquate Modus, um mit Unterschiedlichkeiten friedlich und gewaltlos umzugehen.

Für Buber liegt der eigentliche Urgrund des religiösen Glaubens des Menschen in der unmittelbaren Ich-Du-Beziehung zum ewigen göttlichen Du: „In jedem Du reden wir das ewige an, in jeder Sphäre nach ihrer Weise."[165] In dieser Beziehung, die Buber auch als „absolute Beziehung"[166] und als „vollkommene Beziehung"[167] bezeichnet, ereignet sich eine ganz eigene Form der Verschmelzung von Weltlichem und Transzendentem: „Nichts ausschalten, nichts dahinter lassen, alles – all die Welt mit dem Du begreifen, der Welt ihr Recht und ihre Wahrheit geben, nichts neben Gott, aber auch alles in ihm fassen, das ist vollkommene Beziehung."[168]

Buber erwirkt mit seiner ständig auf die Existenz des Menschen fokussierenden Fragestellung eine Neuausrichtung der Theologie. Aufgrund der Hinwendung zum Leben der Menschen kann man diese als anthropologische Wende bezeichnen. Nach Buber kann man keine Aussage über Gott treffen, die

---

163 Vgl. die Vorstellungen von Mall in Kapitel 1.5.5
164 Buber, Martin, 2012a, S. 76
165 A. a. O., S. 10
166 A. a. O., S. 80
167 A. a. O., S. 80
168 A. a. O., S. 80

nicht gleichzeitig eine Aussage über den Menschen ist. Die Frage nach dem gelingenden Vollzug menschlicher Existenz, nach dem Beitrag, den die praktische Pastoral dazu leisten kann, erhält mit Buber eine neue Relevanz. Gottesbegegnung und Religion sind für ihn kein kultisches Getto, sondern Auftrag zur Bewährung in Mitten einer zerrissenen Welt. Somit kann man von ihm einen weiten Bogen hin zu den weltkirchlich-solidarischen Aktivitäten der Hilfswerke und deren Management schlagen. Dieser Bogen kann durch ein zweites Argument untermauert werden, das sich auf den Inhalt – konkret auf die Lebenslagen vieler Menschen im Zeitalter der Globalisierung – bezieht und die Reaktion darauf. Sich bewähren in Verantwortung heißt für Buber, aufmerksam zu sein für die Geschehnisse im Umfeld, der Es-Welt, und mit entsprechenden Entscheidungen zu antworten.[169]

Diese Verantwortung muss, wenn sie ihr Potential als „denkwürdige, nirgendwo sonst sich einstellende gemeinschaftliche Fruchtbarkeit"[170] abrufen will, in der Lage sein, auf jeweils neue Offenbarungen, wie sie sich im Dialog erweisen können, von neuem und ggf. auch anders als zuvor zu reagieren. Für Buber können darum feste Moralsätze und religiöse Dogmen zur Verhinderung von Innovationen beitragen, die aus der Kraft des Dialoges entspringen. Er begreift Moral und Religion als einen „Krieg gegen die dialogische Gewalt der Situation"[171], weil sie den Moment des „Gefeitseins gegen die Offenbarung"[172] des Dialoges optimiert und perfektioniert haben.

1.3.3 Fazit

In konsequenter Weiterführung der Ansicht Bubers, wonach *Beziehung* und *Begegnung* in unmittelbarer Nähe zueinanderstehen, kann sein Ansatz, alles wirkliche Leben ereigne sich in Begegnungen, weil sie die unmittelbarsten Beziehungen stiften[173], auf den Bereich der Mitarbeiterführung umformuliert werden: Alles Leben ist Beziehung. Darum ist auch in der Arbeitswelt die Pflege der Beziehungen von unübertreffbarer Wichtigkeit, nicht zuletzt im Verhältnis des Managements zu den Mitarbeitern und zu anderen Kooperationspartnern. Alles Leitungshandeln hat sich diesem Paradigma unterzuordnen, mitunter mit gravierenden Konsequenzen für die Organisation innerbetrieblicher und außerbetrieblicher Kommunikation, Kooperation und Partizipation. Konsequente Reaktionen darauf wären dann z. B. Transparenz der Entscheidungsprozesse und Kontinuität des Personals, das in einem gewachsenen Vertrauensverhältnis

---

169 Buber, Martin, 2012c, S. 161
170 Buber, Martin, 2012b, S. 295
171 Buber, Martin, 2012c, S. 165
172 A. a. O., S. 165
173 Buber, Martin, 2012a, S. 15

mit den Kooperationspartnern steht und gleichzeitig Anspruch auf Weiterentwicklung hat.

Ergänzt man diesen Aspekt mit Bubers Aussagen zur Verantwortung kann man ihn als Vordenker einer dialogischen Entwicklungsarbeit bezeichnen, die sich ständig im Austausch mit anderen reflektiert. In diesem Spezialfall geht es um die institutionalisierte Beziehung mit dem räumlich fernen Du, welches im Zeitalter moderner Kommunikation und sozialer Netzwerke aber für viele vermeintlich unmittelbar ist. Hinzu kommt die gemeinsame Verantwortung für das, was sich mit diesem Fremden ohne direkte Kommunikation und Interaktion ereignet und entwickelt. Die Begründung nach Buber liegt in der „Gegenseitigkeit der inneren Handlung."[174]

Zweitens liefert Bubers Erkenntnis der Zwiefältigkeit der Welt und deren Begründung, die nicht auf die Faktizität der Es-Welt, der Welt des Gegenständlichen, gestützt ist, eine auf Philosophie basierende Grundlage für das Reden über die Komplexität der Welt, die Interessengegensätze, die zunehmenden Interdependenzen, die ausdifferenzierten Kontexte und für kontextbezogene Relativismuskonzepte. Der Dialog wird zum Modus, um mit der faktischen Existenz der Differenz friedlich und gewaltlos umzugehen und eine konstruktiv-bereichernde Perspektive zu entwickeln. Buber selbst erkennt das Dilemma der sich wandelnden Begrifflichkeit und schreibt deshalb: „Der Gegensatz der zwei Grundworte hat in den Zeiten und Welten viele Namen; aber in seiner namenlosen Wahrheit inhäriert er der Schöpfung."[175]

Drittens kann sein für die Transzendenz offenes Dialogkonzept auch als allgemeinster gemeinsamer Nenner für den *interreligiösen Dialog* betrachtet werden. Und Buber bleibt dabei nicht stehen. Mit der Perspektive, die Menschen könnten nur im Miteinander eine Antwort auf die Sinnfrage finden, gibt er sich nicht zufrieden. Er wendet sich gegen die Ansicht, dass aufgeklärte Menschen bei der Suche nach dem, was Wahrheit verspricht, Sinn stiftet, die Leere erträglich macht und die Vernunft zur Geltung bringt, nur den Mitmenschen als Antwort finden können. Buber geht über die menschliche Selbstreferentialität hinaus. Er benennt und betont eine metaphysische Sphäre des Dialogs. Deshalb ist er im Kontext des jüdisch-christlichen Dialogs anerkannt und anschlussfähig.

Bei all der Buber bis heute erwiesenen Wertschätzung als maßgeblichem Dialogiker kann kritisch angemerkt werden, dass er keine konkreten Verfahrensanweisungen z. B. bezüglich einer Gruppengröße oder eines sonstigen Settings gibt.[176] Sein Verdienst liegt in der Erkenntnis der Zwiefältigkeit, der

---

174 Buber, Martin, 2012c, S. 149
175 Buber, Martin, 2012a, S. 27
176 Im Unterschied zu Bohm, wie sich im folgenden Unterkapitel zeigen wird.

Zerrissenheit des Menschen, die sich aufgrund der beiden Grundworte unausweichlich in jeder menschlichen Existenz und damit in jeder menschlichen Interaktion einstellt.

Von Buber ausgehend kann man sagen: Der Dialog, ohne ihn ausschließlich verzwecken zu wollen, ist ein Instrument, das es dem Management ermöglicht, wertvolle Einsichten zu lernen, die auf keinem anderen Weg erschlossen werden können. Nur so kann ein verantwortliches Leitungshandeln in einem umfassenderen Sinn praktiziert werden. Der Dialog stellt damit einen Lernprozess dar, bei dem sich Leitungshandelnde durch den Dialogpartner Neues zu Eigen machen können oder auch nicht. Sie können wie bisher mit einer Situation umgehen, oder vom Dialogpartner eine andere Form des Umgangs ganz oder zum Teil erlernen. Der Lernprozess kann am Bisherigen anknüpfen oder Innovation hervorbringen. Diese Entscheidungen müssen die Leitungshandelnden sich sowie den Anderen bewusst machen und im Dialog begründen.

1.4 Das Dialogkonzept Bohms

David Bohm gilt neben Buber als einer der grundlegenden Theoretiker und Praktiker des Dialogs des letzten Jahrhunderts. Im Gegensatz zu Buber ist seine Perspektive aber die Interaktion von Gruppen.[177] Er betrachtet „den Dialog als Möglichkeit, Unbewusstes und Unterschwelliges sichtbar zu machen und dadurch zu neuen Verstehens-Prozessen und sozialen Innovationen zu gelangen."[178] Die Sorge um die durch das vermeintlich freie menschliche Denken negativ beeinflusste Zukunft der Menschheit war Bohms innere Triebfeder. Bohm will es dem Menschen nicht einfach zugestehen, Herr über seinen freien Willen zu sein. „Zu tun, was einem gefällt, ist selten Freiheit, denn was einem gefällt, wird durch die Gedanken bestimmt, und die folgen oft einem festgelegten Muster."[179] Er bemüht sich im persönlichen Dialog u. a. mit indischen Philosophen um eine Überwindung der gedanklich erzeugten Grenzen zwischen den Menschen. Es geht ihm um das Erkennen von Ganzheit und die Einsicht in die Wechselwirkungen vermeintlich getrennter Systeme. Inzwischen ist der Bohmsche Dialog nach Ansicht von Geiser „weltweit eine Art von verbindender Vision geworden und wird, interessanterweise vor allem im Bereich der Unternehmenskultur (,lernende Organisationen'), immer mehr praktiziert."[180] Aufgrund der Relevanz dieses Ansatzes und der z. T. in Unternehmen

---
177 Krause, Hans Ullrich; Rätz-Heinisch, Regina, 2009, S. 12
178 A. a. O., S. 12
179 Bohm, David, 2011, S. 62
180 Geiser, Christine, 2000, S. 2

und Organisationen praktizierten Umsetzung soll Bohms Werk auf seine Aussagekraft für die hier untersuchte Fragestellung hin analysiert werden.

1.4.1 Dialog nach Bohm

Nach Bohms Verständnis ist der Dialog nicht ausschließlich auf das Zweiergespräch reduzierbar. Er hält es für legitim davon auszugehen, dass sowohl ein Einzelner einen „gewissen inneren Dialog mit sich selbst pflegen"[181] kann, als auch eine „beliebige Anzahl von Leuten"[182] in der Lage ist, einen Dialog zu führen. Auch grenzt er sein Dialog-Konzept von anderen Formen der Kommunikation, z. B. der Diskussion[183] bzw. anderen Schein-Dialogen mit fester Tagesordnung und Zielsetzung, z. B. Verhandlungen während UN-Konferenzen[184], ab. Dazu merkt er an: „Bei einem Großteil von dem, was heutzutage als Dialog gilt, geht es ums Verhandeln, aber wie wir schon sagten, ist das nur eine Vorstufe."[185]

Nach Bohms Verständnis ist es das Ziel des Dialogs, „dem Denkvorgang auf den Grund zu gehen und den kollektiven Ablauf der Denkprozesse zu ändern."[186] Es ist Bohms unmittelbare Absicht, die z. T. unbewussten Motive hinter den Gedanken herauszuarbeiten. „Der Punkt ist: der Dialog muß all den Zwängen auf den Grund gehen, die hinter unseren Annahmen stehen. Der Dialog befaßt sich mit den Denkprozessen *hinter* den Annahmen, nicht nur mit den Annahmen selbst."[187] Bohm ist dabei in seiner Grundausrichtung optimistisch. Er glaubt an die Möglichkeit der Weiterentwicklung des Individuums und der Menschheit, die zur Überwindung der gegenwärtigen Probleme führt, wenn Kommunikation, Partizipation und Dialog gewährleistet sind.[188]

Den Vertretern eines rein individualistischen Veränderungskonzepts, die nur auf die eigene Lebensgestaltung achten und meinen, damit die Welt retten zu können, ist mit diesem Gedanken Bohms ein großes Fragezeichen ins Pflichtenheft geschrieben. Die gesellschaftliche Transformation erfolgt nicht automatisch infolge einer individuellen Transformation, sondern zeitgleich. Folglich muss viel Energie und müssen zahlreiche Ressourcen – z. B. in der Bildungsarbeit – darauf verwendet werden.

---

181 Bohm, David, 2011, S. 33
182 A. a. O., S. 33
183 A. a. O., S. 26
184 A. a. O., S. 34
185 A. a. O., S. 52
186 A. a. O., S. 37
187 A. a. O., S. 36
188 A. a. O., S. 174

Und Bohm geht noch einen Schritt weiter, über die Ebenen des Individuums und des Kollektivs hinaus ins Kosmische. Auch hier erkennt er die Potentiale seines Dialog-Gedankens und eine Verbindung zum Christentum mit seinem partizipativen *communio*-Gedanken. „Die frühen Christen hatten ein griechisches Wort dafür, *koinonia*, dessen Wurzel ‚teilhaben' bedeutet – teilhaben am Ganzen. Nicht nur an der ganzen Gruppe, sondern am *Ganzen*."[189] Nichol interpretiert das Bohmschen Konzept darum auch als die Eröffnung eines Prozesses, in dem überlieferte Vorstellungen vom menschlichen Zusammenleben und der alltäglichen Kommunikation kritisch hinterfragt werden sowie gleichzeitig kollektiv neue Perspektiven entwickelt werden.[190]

In ihrem Resümee bezüglich Bohm stellen Krause und Rätz-Heinisch zwei Aspekte heraus. Erstens gelinge es ihm, sich von anderen Kommunikationsformen abzugrenzen, und zweitens begreife er den Dialog als kreativen Prozess, durch den auf die hinter den oberflächlichen Argumenten liegenden Problemstellungen zugegriffen werden kann.[191] Beide Zusammenfassungen spiegeln die grundlegenden Gedanken von Bohms Dialogkonzeption wider und bilden zugleich den Ansatzpunkt für weitere Untersuchungen. In einem nächsten Schritt werden daher die Schlüsselkomponenten des Dialogs nach Bohm erläutert, da sie mitunter Implikationen für das dialogische Management beinhalten.

1.4.2 Grundprinzipien des Bohmschen Dialogs

Einige der von Bohm benannten Grundprinzipien gehen auf seine Fragmentierungsthese zurück, die als Dreh- und Angelpunkt zum Verständnis des gesamten Werkes begriffen werden kann. Während Bohms Ansicht nach die gesamte Welt „aus ineinanderfließenden Übergängen"[192] besteht, begeht der Mensch durch sein Denken „zunächst aus Bequemlichkeit"[193] den angelernten Fehler, diese miteinander eigentlich untrennbar verwobene Gesamtheit in Teile zu zerlegen. Beispiele dafür sind Staaten, religiöse Konfessionen und Wissenschaftsdisziplinen. Der zweite Teil des Fehlers besteht darin, diese Resultate der Fragmentierung als absolute Größen bzw. eindeutige Wahrheiten zu überinterpretieren. So kommt es in der Folge zu partiellen Problemlösungen, die wegen der Nichtbeachtung der Komplexität und Interdependenzen des Kontextes zu neuen, teils noch schwerwiegenderen Problemen führen. Als Fehlerursache sieht Bohm die Langzeitwirkung früherer Gedanken, „thoughts"[194], die in Form

---

189 A. a. O., S. 100
190 Nichol, Lee, 2011, S. 8 ff
191 Krause, Hans Ullrich; Rätz-Heinisch, Regina, 2009, S. 12
192 Bohm, David, 2011, S. 38
193 A. a. O., S. 38
194 A. a. O., S. 108

der Kultur erhalten bleiben und die gefühlte Wahrnehmung der Gegenwart sowie deren Interpretation beeinflussen. „Denken und Fühlen sind ein und derselbe Prozeß, nicht zwei verschiedene. Beide kommen aus dem Gedächtnis, wo sie wahrscheinlich untrennbar miteinander vermischt sind."[195] Eine Trennung – sprich Fragmentierung – beider ist demzufolge nicht möglich und wenn sie aufgrund kultureller Determinationen dennoch erfolgt, werden unzutreffende, inkohärente neue Gedanke generiert.

Von allen Dialogteilnehmern erwartet Bohm eine gewisse Distanz zur eigenen Position. Bohm nennt das „Annahmen in der Schwebe halten"[196]. Damit beabsichtigt er, bei jedem Teilnehmer eine Art Spannung zu erzeugen, die es ermöglicht, sich weder völlig von der eigenen Position vereinnahmen zu lassen, noch diese ganz aufzugeben. Für Bohm gilt es, Zeit und Abstand zu gewinnen, um in einer selbstreflexiven, allerdings wertungsfreien Phase die dahinterliegenden, kulturell festgelegten Muster bei sich selbst und beim Anderen zu erkennen. So geht es in dieser Phase nicht darum, den Anderen von der eigenen Meinung zu überzeugen oder sich im Sinne eines Kompromisses überzeugen zu lassen, sondern um die bewusste Erkenntnis der Gedanken und der dahinterliegenden Motive beim Dialogpartner. Erst durch die Formulierung einer Antithese durch den Anderen wird auch dem Anderen die Existenz derselben bewusst.[197] Deutlich wird abermals das Interesse Bohms, die Gedanken und Annahmen als eine Art Offenbarung der eigentlichen Antriebe und Prägungen zu begreifen und diese dazu zu nutzen, die mächtigen kulturellen Muster zu erkennen und zu interpretieren, ohne sie in irgendeiner Art zu taxieren.

„Der Impuls der Notwendigkeit"[198] ist nach Bohm einer der wirkmächtigsten Gedanken überhaupt. Das englische Wort „necessary" verweist mit seiner lateinischen Wurzel „ne-cesse" darauf, dass eine Sache kein Ausweichen erlaubt, absolut alternativlos ist. „Sobald man das Gefühl hat, daß etwas notwendig ist, entsteht ein Impuls, etwas zu tun oder zu lassen. Der Impuls kann sehr stark sein."[199] Der Extremfall dieser optionslosen Situation ergibt sich dann, wenn der oder die Dialogpartner in der gleichen Sache eine ebenso alternativlose andere Ansicht haben. Daraus resultieren ernsthafte Konflikte und ein hohes Bedrohungspotential für den Dialog. Bohm betont, solche vollkommenen Unausweichlichkeiten seien der Kern von Konflikten. „Die Konflikte im Dialog, sowohl individuell als auch kollektiv (das ist wichtig), drehen sich um die Vorstellung der Notwendigkeit."[200] Der Widerstreit vermeintlich absoluter

---

195 A. a. O., S. 109
196 A. a. O., S. 55
197 A. a. O., S. 56 f
198 A. a. O., S. 58
199 A. a. O., S. 59
200 A. a. O., S. 56 f

Notwendigkeiten kann starke Emotionen wecken. Als Ausweg aus dieser Situation baut Bohm auf die während des In-der-Schwebe-Haltens gestellte Frage nach dem Preis, den man bereit ist, für die Durchsetzung seiner Annahme zu bezahlen. Letztlich geht es um die Aufdeckung der den eigenen Annahmen inhärenten Inkohärenzen, die sich aufgrund der Fragmentierung und Selbstreferentialität ergeben. Die sich dabei vollziehende Relativierung der Prioritäten trägt zu einer Entspannung der Gegensätze bei und öffnet Horizonte für eine kreative Phase der Kooperation.[201] Bei den Dialogpartnern hat sich in dieser Phase zunächst eine Ablösung von den vorgegebenen Mustern bezüglich dessen, was man als notwendig zu betrachten hat, ereignet und in einem zweiten schöpferisch-freien Schritt ist die Schaffung einer eigenen Ordnung und Bewertung der vermeintlichen Sachzwänge erfolgt. Nur wer dazu in der Lage ist, kann sich mit Recht als frei bezeichnen. Wer lediglich die Muster anderer reproduziert, ist hingegen nicht frei.

Verstärkt werden die Effekte der Fragmentierung durch einen Mangel an „Propriozeption des Denkens"[202], also einer unzureichenden Eigenwahrnehmung und der vermeintlich daraus resultierenden Notwendigkeiten. Die unzureichende Spiegelung des eigenen Denkens hat ihre Wurzeln in einem ungenügend langen In-der-Schwebe-Halten bzw. einer mangelnden selbstkritischen Distanz. „Wir können sagen, daß praktisch sämtliche Probleme der Menschheit auf die Tatsache zurückzuführen sind, daß das Denken nicht propriozeptiv ist."[203] Bohm erkennt im Dialog, der gemäß seinen hier dargebrachten Vorstellungen vollzogen wird, das einzige Konzept, um den Untergang der Menschheit zu verhindern.[204]

Betrachtet man seine Biographie als Physiker, die auch geprägt war vom Kontakt mit den Entwicklern der ersten Atombombe, lässt sich gut nachvollziehen, was er eigentlich meinte. Die aus der Fragmentierung entstandenen Wissenschaften hatten sich weiter spezialisiert; die Physik erschuf – getrieben von der Notwendigkeit, eine ultimative Waffe für die Demokratie zu generieren, allerdings ohne erforderliche Distanz zum Machbaren und mit einer nur eingeschränkten Eigenwahrnehmung – letztlich eine Waffe, die zu Lebzeiten Bohms die Weiterexistenz der Menschheit ernsthaft infrage stellte. Innerhalb der eigenen Disziplin konnte er keine vollumfänglichen Antworten auf dieses Dilemma erhalten. Folglich musste er darauf drängen, die systemisch bedingte Selbstreferentialität durch einen Dialog über die Grenzen der eigenen Disziplin zu überwinden. Dies ist aber nur möglich, wenn seine eigene Wissenschaft, die

---

201 A. a. O., S. 56 f
202 A. a. O., S. 62
203 A. a. O., S. 65
204 Vgl. A. a. O., S. 174

Physik, anderen wissenschaftlichen Disziplinen und außerwissenschaftlichen Systeme die Möglichkeit zugesteht, zu ganz anderen Ansichten kommen zu können. Damit kommt er einer dialogischen Wissenschaftstheorie teils sehr nahe.

Während des In-der-Schwebe-Haltens ereignet sich nach Bohms Beobachtungen noch ein weiterer Prozess: Indem der einzelne Dialogteilnehmer nicht nur seine Annahmen und Standpunkte sowie die der Anderen distanziert betrachtet, sind alle mit demselben befasst. Es entsteht ein Gruppenbewusstsein – Bohm nennt es *„partizipierendes Bewußtsein"*[205] und an anderer Stelle „kollektive Partizipation"[206]. Damit spricht er geradezu eine Einladung an Andersdenkende aus. Bohms Dialog braucht den nicht-konsentierenden Anderen, damit der Einzelne aus der Spannung der unterschiedlichen Positionen heraus seinen eigenen Standpunkt in kollektiv erwirkter Freiheit von prägenden individuellen oder kollektiven Mustern artikulieren kann. „Jeder einzelne partizipiert, hat teil an der Gesamtheit der Bedeutungen der Gruppe und beteiligt sich daran. Das können wir als wahren Dialog bezeichnen."[207]

In seiner „Vision vom Dialog"[208] geht Bohm noch einen Schritt weiter und dringt dabei in die Sphäre des Metaphysischen vor. Er propagiert die Existenz eines kollektiven Bewusstseins in der Phase des Unentschieden seins, weil bei allen Dialogpartnern die Meinungen, Ideen, Argumente und Motive aller einen identischen Inhalt bilden, der die Differenzen überwiegt. „Dann sind wir alle in gewissem Sinn ein Leib und ein Geist."[209] Man kann Bohm an dieser Stelle vorwerfen, das Individuum in seiner Unverletzbarkeit und Einzigartigkeit nicht ausreichend zu respektieren und die Autonomie des Subjekts für ein vermeintlich besseres Kollektiv preiszugeben. Bohm selbst versucht diese Vorwürfe zu antizipieren und betont, er biete erstens dem Individuum mehr Freiheit, erzeuge zweitens weniger Konformitätsdruck und drittens führe die überbewertete Individualität sowieso zur Isolation. Berücksichtigt man das dialogische Konzept, ist es nicht zielführend, eine der beiden Positionen als absolut richtig zu bezeichnen. Es kommt darauf an, die dahinterliegenden Gedanken zu dekodieren und zu relativieren. Dann muss jeder individuell-schöpferisch für sich den eigenen Standpunkt beziehen. Eine abschließende Bewertung dieser Frage ist trotz Konsultation unterschiedlichster Referenzquellen im Rahmen dieser Arbeit nicht möglich; weitergehende politisch-philosophische Untersuchungen sind hier nötig.

---

205 A. a. O., S. 67
206 A. a. O., S. 65
207 A. a. O., S. 67
208 A. a. O., S. 74
209 A. a. O., S. 75

Schließlich sei noch auf die „Sensibilität beim Dialog"[210] hingewiesen, die Bohm sehr wichtig ist. Seiner Meinung nach ermöglicht sie es, sich wahlweise auf angemessene Art in eine Konversation einzubringen oder sich aus ihr herauszuhalten. Außerdem ist es durch sie möglich, die kleinen unscheinbaren Signale der Körpersprache und der Gruppendynamik wahrzunehmen. Diese Sensibilität erlaubte es ggf. mit Humor eine Spannung zu lösen, um das Verstehen des Anderen zu erleichtern.[211]

1.4.3 Fazit

Die Frage der Sprache des Dialogs wird in Bohms Werk nicht aufgegriffen, obwohl dies eine sehr grundsätzliche Frage ist und eine schwerwiegende Problematik darstellt. Da es beim Übersetzen in eine andere Sprache nicht nur um ausgesprochene Worte geht, deren richtiges, aber keinesfalls wertendes Erfassen schon eine große Herausforderung darstellt, sondern vielmehr um die dadurch transportierten kulturell geprägten Muster von Weltsichten geht, ist es i. d. R. nur in der Muttersprache möglich, die jeweils mitschwingenden Konnotationen zu begreifen. Da zudem eine Lingua Franca nicht zur Verfügung steht und die Verwendung einer von beiden Seiten nicht sicher beherrschten Fremdsprache Quelle zusätzlicher Missverständnisse sein kann, bedarf es zu diesem Punkt weiterer Überlegungen.[212]

Bohm hat sich keine Gedanken gemacht, ob und wie Dolmetscher in diesen Dialog eingebunden werden können, schließlich sind diese de facto nicht neutral-technologische Worttranslatoren, sondern immer auch Teil des Dialoges. Speziell bei Fragen der Sensibilität kommt es nicht nur auf die genaue Übersetzung des Wortes an, sondern auch auf die Bilder und Emotionen, die dabei mitschwingen (Tonlage, Sprechgeschwindigkeit, Blickkontakt und vieles mehr). Dialogbegleiter und Facilitatoren, die sich dieser Herausforderung stellen oder in der beruflichen Realität stellen müssen, benötigen aus dieser Perspektive eine zusätzliche Qualifikation zur Kooperation mit Dolmetschern, wenn es zur beruflichen Praxis gehört, mit mehreren Fremdsprachen zu operieren. Den Anspruch an einen Dialogbegleiter zu richten, mehrere Fremdsprachen in dieser dialogsicheren – und dies meint mehr als verhandlungssicheren – Perfektion zu beherrschen, könnte nur zu Lasten anderer Kompetenzen realisiert werden. Wenn zudem noch eine gewisse Konstanz in der Pflege der Beziehungen erforderlich ist, erscheint eine Begrenzung auf weniger Fremdsprachen und dafür mehr soziale Kompetenz zukunftsfähiger.

---

210 A. a. O., S. 87
211 A. a. O., S. 88–91
212 Müller, Stefan; Gelbrich, Katja, 2014, S. 307 f

Sehr präzise artikuliert Bohm seine Vorstellungen über die Rolle professioneller Dialogbegleiter. Im Bereich der dialogischen Entwicklungsarbeit könnten diese wegen der partiellen Deckungsgleichheit in der Ausgestaltung der Tätigkeit mit einem zeitgemäßen Verständnis von externen oder internen Experten gleichgesetzt werden. „Anfangs kann ein Dialogbegleiter nützlich sein, der die Gruppe eine Zeit lang im Auge behält und von Zeit zu Zeit erklärt, was gerade geschieht. Aber seine Aufgabe ist es, sich selbst überflüssig zu machen."[213] Das muss nicht zwingend gleichbedeutend sein mit dem Verlassen des Dialoges an sich oder z. B. des vom Dialogbegleiter aufgebauten Netzwerks. Der Dialogbegleiter bleibt ggf. in einer anderen Rolle und Funktion gleichwertiges Mitglied.

Ein Management, das sich auf Bohm zu beziehen versucht, hat es sehr schwer mit der Aufrechterhaltung des Anspruchs einer eigenen Fachkompetenz, schließlich ist alle Erkenntnis fragmental und inkohärent, solange sie nicht im Dialog entstand. Mit derartiger Ungenauigkeit ausgestattet kann keine Entscheidung durch die traditionellen Verantwortungsträger getroffen werden. Die einzige Lösung liegt in der Verfahrenskompetenz, d. h. der Fähigkeit, die richtigen Prozesse zur richtigen Zeit anzubahnen und mit den entsprechenden Ressourcen auszustatten und zu begleiten, sei es im Unternehmen oder der Organisation. Eine derartige Aufgabe stellt aber fast zwangsläufig eine Überforderung für jedes Individuum dar, erst recht, wenn es sich um einen interkulturellen bzw. internationalen Kontext handelt. Zudem steht in der betrieblichen Praxis nicht unbegrenzt Zeit zur Verfügung, um die gegenläufigen Argumente in der Schwebe zu halten – Entscheidungen müssen getroffen werden. Und wer sich dem entzieht wird u. U. mit dem Vorwurf konfrontiert, führungsschwach zu sein und Probleme nur auszusitzen. Andererseits können sich vermeintlich alternativlose Entscheidungsoptionen als sehr teuer erweisen. Zudem lässt sich mit einem autoritären *Basta* nicht jede Diskussion beenden. Bei Petersens *Dialogischem Management*[214] wird sich zeigen, wie wichtig die – bei Bohm hinter der Propriozeption erkennbare – Selbstreflexion bzw. die eigenständige reflexive Lernfähigkeit und -bereitschaft für die Entscheidungsträger ist.

Für die Soziale Arbeit von Bedeutung ist Bohms These zur Aufgabenstellung der von ihm präferierten Dialoggruppen. „Die Gruppe ist nicht in erster Linie für die individuellen Probleme da, da es hauptsächlich um kulturelle Konditionierungen geht (…). Es ist wichtig zu verstehen, daß eine Dialoggruppe keine Therapiegruppe ist."[215] Damit ist bei ihm eine Schnittstelle zur sozialen Gruppenarbeit aber auch zur (inter)kulturellen und internationalen

---

213 Bohm, David, 2011, S. 47
214 Vgl. Kapitel 6.2.4
215 A. Bohm, David, 2011, S. 48 f

Sozialen Arbeit (ISA) vorprogrammiert, die von anderen Autoren weiter ausgebaut werden kann.

Die anschließende Befassung mit der interkulturellen Philosophie hat aus der bisher erarbeiteten dialogischen Perspektive eine Berechtigung im Rahmen des hier zugrundeliegenden erkenntnisleitenden Interesses. Allerdings wird auch von ihr, wie vom Dialog, keine vollumfängliche Gültigkeit gewährleistet. Dies ist im Sinne Bohms, der die Verabsolutierung jeglicher Wahrheit infrage stellt und stattdessen den letzten Grund des Dialogs in der Sinnfindung sieht.[216] Doch auch der Relativismus kann sich nicht auf diese Thesen berufen, schließlich erkennt Bohm ein Paradoxon: Wenn alles relativ ist, ist auch der Relativismus relativ. Folglich wäre der Relativismus sonst das, was er nicht sein will, nämlich ein Beweis für die Existenz einer nicht relativen Wahrheit.

1.5 Interkulturelle Philosophie als Impulsgeberin des interkulturellen Dialogs

Ausgehend von den in den letzten beiden Dekaden des vergangenen Jahrhunderts feststellbaren diametral gegenläufigen Tendenzen einer einerseits immer schneller voranschreitenden Globalisierung und einer andererseits zunehmend feindseligen Konfrontation von Kulturen[217] etablierte sich in der Philosophie eine Denkrichtung, die sich u. a. mit den Fragen der Kontextualität kritisch-reflektorisch auseinandersetzte. Wie bereits einleitend in Bezug auf die Interdisziplinarität dargestellt, müssen sich die Wissenschaften der Erkenntnis stellen, wonach keine Wissenskultur beanspruchen kann, die Welt vollständig zu erschließen.[218] Die Übertragung dieser Perspektivität und Relativität auf die Kulturen im Allgemeinen zu reflektieren und perspektivisch zu gestalten ist eine Aufgabe, die die interkulturelle Philosophie übernimmt.

1.5.1 Kulturbegriff und Kontextualität

Der Begriff Kultur wird von den wissenschaftlichen Disziplinen unterschiedlich definiert.[219] Prinzipiell lassen sich aus den vorliegenden Definitionen verschiedene Gruppen bilden, je nachdem, welchen Akzent (z. B. deskriptiv, historisch,

---

216 A. a. O., S. 84
217 Huntington, Samuel P., 1996
218 Mittelstrass, Jürgen, 2003, S. 21
219 Zu den Ursachen des Pluralismus und der damit einhergehende Problematik vgl. Müller, Stefan; Gelbrich, Katja, 2014, S. 37 f

strukturalistisch, normativ, konstruktivistisch, räumlich usw.) sie hervorheben.[220]

Beispielsweise wird Hofstede in die Gruppe derer eingereiht, die „Kultur als Konstruktion einer gemeinsamen sozialen Realität"[221] betrachten, wobei er den Aspekt der Kognition herausarbeitet. Er definiert Kultur als „die kollektive Programmierung des Geistes, die die Mitglieder einer Gruppe oder Kategorie von Menschen von einer anderen unterscheidet."[222] Diese Definition lässt u. a. die Frage offen, ob die Kultur als mentale Software ihre einzelnen programmierten Handlungsschritte an einer Wertetabelle orientiert. Tatsächlich nämlich wird Kultur in den meisten Definitionen als ein mehrdimensionales System von Werten beschrieben, das Einfluss auf das Handeln des Menschen hat und ihm nur teilweise bewusst ist.[223]

Für die in dieser Arbeit verfolgte Untersuchung von Lernprozessen ist es zudem wichtig, Kultur nicht als unveränderbar zu verstehen, sondern mit einem Entwicklungspotential zu versehen. Kultur ist diesem Verständnis zufolge kein naturgegebener Sachverhalt, sondern eine soziale und historische Konstruktion.[224] Auch die Definition des Staatsinstituts für Schulqualität und Bildungsforschung (ISB) enthält einen dynamischen Aspekt, wonach „Kultur nicht essentialistisch als statisches, homogenes, hermetisch geschlossenes System betrachtet werden darf in dem Sinn, dass z. B. das Wesen eines Volkes oder einer Kultur als feststehend und unveränderlich qualifiziert wird."[225]

Den veränderbaren Charakter von Kultur stellt Spanhel heraus. Gleichzeitig betont er die Bedeutung der jeweiligen kulturellen Identität für die Weltsicht und Weltinterpretation des Individuums und der jeweiligen sozialen Gruppe bzw. Gesellschaft in ihrem zeitlichen Kontext:

> „Kultur als ein gleichzeitig universelles und sehr typisches Orientierungssystem einer Gesellschaft beeinflusst das Wahrnehmen, Denken, Fühlen, Werten und Handeln aller ihrer Mitglieder. Kulturelle Schemata sind durchlässig, wandelbar und widersprüchlich. Die übereinstimmende Deutung gemeinsamer Symboldeutungen passt sich dynamisch den fortlaufenden gesellschaftlichen Veränderungen an."[226]

Ausgehend von diesem Verständnis liegt die Funktion der Kultur in der systematischen Gestalt- und Veränderbarkeit der gesamten Existenz des Menschen

---

220 Müller, Stefan; Gelbrich, Katja, 2014, S. 38-44
221 Müller, Stefan; Gelbrich, Katja, 2014, S. 39
222 Hofstede, Geert; Hofstede, Gert Jan, 2011, S. 4
223 Engelen, Andreas; Tholen, Eva, 2014, S. 18
224 Graßhoff, Gunther; Homfeldt, Hans Günther; Schröer, Wolfgang, 2016, S. 41
225 Staatsinstitut für Schulqualität und Bildungsforschung München, o. J., S. 5
226 Spanhel, Dieter, o. J., S. 3 f

und seines natürlichen Kontextes. Die Interpretation der Symbole repräsentiert die kommunikationsstrukturierende Funktion der Kultur.

Neben dem dynamischen Aspekt von Kultur ist aus andragogischer Perspektive ein weiterer Hinweis bedeutsam: Kultur und die damit verbundenen Grundannahmen und Werte sind keinem Individuum angeboren, sondern sie werden erlernt. Diese Enkulturation erfolgt wie auch die spätere Anwendung der erworbenen Grundannahmen und Werte teilweise unbewusst. Wesentliche Instanzen dafür sind zuerst das familiäre Umfeld und danach z. B. Schule und Arbeitsplatz, die den sozialen Bezugsrahmen vertreten.[227]

Der Kulturbegriff bei Arnold und Schüßler umfasst „alle nach einem kollektiven Sinnzusammenhang gestalteten Produkte, Produktionsformen, Lebensstile, Verhaltensweisen und Leitvorstellungen einer Gesellschaft."[228] Bezogen auf die Frage nach den Konsequenzen für eine konstruktivistische Lernkultur ergeben sich daraus zwei Ableitungen. Einerseits erfolgt durch traditionelle Muster und andererseits durch jede alltägliche Interaktion eine Einflussnahme auf die Mitglieder einer Gesellschaft und umgekehrt formt jede Kommunikation und deren reflexive Aufarbeitung die gesellschaftlichen Muster mit. Deshalb wird die Lernkultur nicht nur von den Lernenden im engeren Sinne geprägt, sondern auch von den Akteuren in den jeweiligen familiären und beruflichen Kontexten. Angesichts dieses Kulturbegriffs lässt sich für die Formulierung von Aspekten für ein interkulturelles Management dialogischer Entwicklungsarbeit, die auf einer Analyse personaler und organisationaler Lernprozesse basieren, eine Herausforderung erkennen. Zu berücksichtigen sind sowohl die Dimensionen der Ermöglichung des individuellen Erlernens von interkulturellen Kompetenzen (z. B. beim *Interkulturellen Lernen* oder dem *Globalen Lernen*), als auch die Weiterentwicklung einer Kultur durch organisationale Lernprozesse und Managementkonzepte, die zu einer Humanisierung der Gesellschaft beitragen wollen (z. B. das *Dialogische Management*).

In das Kulturverständnis muss auch der Einfluss des Kontextes auf die Kulturgenese einfließen. Unter Kontextualisierung versteht man im philosophischen Zusammenhang, „dass jede philosophische oder theologische Lehre oder Theorie einem ganz bestimmten Kontext in Form von sozio-kulturellen und politisch-ökonomischen Verhältnissen entwächst."[229] In ihrem Diskurs ist die interkulturelle Philosophie bemüht, keine traditionelle oder regional verortete philosophische Schule und deren Systematik zu präferieren, nicht zuletzt um den in der Philosophie vorherrschenden Eurozentrismus bzw. die Vorstellung von einer universal gültigen Philosophie zu überwinden. In diesem Zusam-

---

227 Müller, Stefan; Gelbrich, Katja, 2014, S. 45
228 Arnold, Rolf; Schüßler, Ingeborg, 1998, S. 3
229 Steffens, Elisabeth; Meuthrath, Annette, 2006, S. 8

menhang schreibt Marty: „Das Heil liegt nicht an einem einzigen Ort oder in einer bestimmten Kultur."[230] Intendiert ist somit ein bewusster und kritischer Dialog der philosophischen Kulturen als Grundlage für das Gelingen des globalen interkulturellen Dialogs. Wird der philosophietheoretische Begriff der Freiheit auf die Praxis der Philosophie selbst angewandt, impliziert dies zwangsläufig die Befassung nicht nur mit den Mainstream-Entwicklungen der Philosophie.

Hinsichtlich des Untersuchungsgegenstands dieser Arbeit, den Lernprozessen im interkulturellen Management dialogischer Entwicklungsarbeit im Horizont der gegenwärtigen globalen Tendenzen, erfordern die vorangegangenen Überlegungen zu Kulturverständnis und Kontextualität eine begriffliche Klärung. Der Terminus *Entwicklung* kann als ein Kernbegriff des abendländischen Diskurses betrachtet werden, weil er auf der Grundlage der jüdisch-christlichen Vorstellung eines globalen, linear-fortschreitenden Vervollkommnungsprozesses in Kombination mit der hellenistischen Konzeption einer universalen, zeitlos gültigen Wahrheit basiert.[231] Ganz im Sinne dieses Konzeptes formuliert Herrera einen Beleg für die Relevanz dieses Modells über den europäischen Kontext hinaus. Dabei bezieht sie sich auf ein Stufenmodell der gesellschaftlichen Entwicklung der Menschheit, wobei der Kultur-Begriff zur Einordnung der spezifischen gesellschaftlichen Befunde in das Stufenmodell herangezogen wird.[232]

1.5.2 Zur Hermeneutik interkultureller Begegnungen

Eine grundlegende Herausforderung für jede interkulturelle Begegnung ist es, Spannungen erzeugende Differenzen zu verhindern. Dafür ist die Verständigung auf gemeinsame Voraussetzungen und Regeln unabdingbar, methodische Überlegungen haben daher Priorität, der Inhalt ist allerdings nicht irrelevant. Wie verändert sich z. B. kulturelle Identität durch den Kontakt mit einer anderen Kultur? All dies führt zur Befassung mit einer Hermeneutik interkultureller Beziehungen.[233]

Weil in Zeiten der globalen Mobilität national-geschlossene Identitäten einer Neudefinition bedürfen und jede interkulturelle Begegnung auf einen friedlichen Konsens ausgerichtet sein sollte, bedarf es einer Klärung des Umgangs mit dem Anderen, der z. B. andere kulturelle und religiöse Auffassungen hat. Den entgegengesetzten Standpunkt verstehen zu können, setzt eine Her-

---

230 Marty, Paula, 2013, S. 12
231 A. a. O., S. 12
232 Herrera, María Luz Mejía, 2013, S. 6 f
233 Waldenfels SJ, Hans, 1994, S. 54

meneutik der Begegnung voraus. Diese umfasst die Fremdheit der anderen Sprache, deren Symbolik, unterschiedliche Logiken und Handlungsmuster sowie entgegengesetzte Gesellschaftsentwürfe.[234] Eine interkulturelle Hermeneutik kann zur Vereinbarkeit von kultureller Kontinuität und individuellem sowie gesellschaftlichem Wandel beitragen.

Sprachlich nicht verstanden zu werden konfrontiert den Menschen mit dem Fakt der Existenz des völlig anderen, das nicht verstehbar ist und von dem man nicht verstanden wird. Mit dieser Pluralität gilt es zurecht zu kommen. Die globale sprachliche Vielfalt vermittelt eine Erfahrung von Reziprozität, weil jeder sich in der Pluralität der Sprachen verliert, vertraute Rahmenbedingungen verlassen muss und zum Fremden wird. Jeder ist ein Fremder und zugleich doch nicht: Fremdheit ist eine Zuschreibung, die eine einseitige Perspektive wiedergibt. Ein Perspektivwechsel[235] trägt dazu bei, die normative Überhöhung des eigenen Standpunktes zu relativieren.[236]

Durch das Erlernen einer Fremdsprache verschafft man sich nicht nur ein Instrument der Kommunikation, sondern vielmehr einen Schlüssel zur Dechiffrierung der verdeckten kulturellen Orientierungspunkte, die eine Sprache und die Person, die sie spricht, prägen.[237] Das Erlernen einer Fremdsprache ist ein Indikator für die Bereitschaft, den Anderen zu verstehen, weil dadurch auch gelernt wird, wie er denkt und handelt.[238]

Eine interkulturelle Hermeneutik ist um Kenntnis und Verstehen bezüglich der Unterschiede in der Art der Sprachsymbolik bzw. des Schreibens bemüht. Das wechselseitige Verstehen im interkulturellen Austausch setzt von beiden Seiten voraus zu erkennen, welche Defizite und Vorzüge der eigenen und der fremden Symbolik, die andere Vorstellungen vom menschlichen Verhalten impliziert, zu eigen sind.[239] Das Wissen um Gemeinsamkeiten und Trennendes fördert den Einblick in die Logik des Anderen und schafft Vertrautheit trotz Differenz.

Die „Analyse der Kontextfaktoren"[240] beleuchtet innerhalb einer interkulturellen Hermeneutik die nicht sprachlich determinierten Faktoren der Unterschiede zwischen den Kulturen, v. a. das Verhalten und Denken, aber auch

---

234 A. a. O., S. 53
235 Im kirchlichen Kontext entspricht das den Worten von Bekehrung und Umkehr. Das Pfingstereignis beschreibt dieses Verstehen, obwohl jeder weiter seine Sprache spricht und seine kulturelle Orientierung behält. Vgl. Waldenfels SJ, Hans, 1994, S. 62
236 Waldenfels SJ, Hans, 1994, S. 61 f
237 A. a. O., S. 58 ff
238 A. a. O., S. 62
239 A. a. O., S. 65
240 A. a. O., S. 71

Erziehung, Religion und Weltanschauung.[241] Mit dem Wissen um die sich immer wieder ändernden Realitäten in der Geschichte einer Kultur oder eines Landes wächst der Grad des Verstehens seiner zukünftigen Entwicklungsoptionen.[242] Die Frage nach einer allgemein anerkannten Autorität, die über unterschiedliche Weltinterpretationsmodell urteilt, stellt eine weiterführende Fragestellung für eine interkulturelle Hermeneutik dar. Einzelne Nationen oder deren Regierungen verfügen in einer globalisierten Welt nicht mehr über die notwendige Legitimation. Nationale und kulturelle Orientierungsmuster sind zu Beiträgen geworden im alle vereinenden Bemühen um ein Weltgemeinwohl auf friedlicher Basis und Anerkennung der gegenseitigen Abhängigkeit.[243] Die Achtung der Prinzipien der allgemeinen Menschenrechte ist Teil dieser Perspektive.[244]

Basierend auf diesem Entwurf einer Hermeneutik stehen im Folgenden weniger die Sprache und die Symbolik im Fokus, sondern die Kontextfaktoren.

1.5.3 Kulturpluralismus und die Menschenrechte

In der strittigen Frage um die Universalität der Menschenrechte ergeben sich aus deren historisch-philosophischer Grundlegung einige Ableitungen.[245] Ihrem Selbstverständnis nach beschreiben die Menschenrechte die finale Konklusion eines globalen Mühens zur Vermeidung von Leid. Sie wurden zwar in Europa ausformuliert, sie sind allerdings nicht evolutionär, sondern revolutionären Ursprungs – d. h. sie mussten sich gegen die damals in Europa vorherrschenden Gesellschafts- und Menschenbilder konfliktiv durchsetzen. Von daher kann man sie nicht als Produkt des europäischen Kontextes bezeichnen und damit in ihrer Reichweite regional eingrenzen. Ihre ethisch-sittliche Rechtfertigung erfahren sie aus der gegenwärtigen Erkenntnislage, wonach kein vergleichbar qualifizierteres Instrument für den Schutz der Menschen zur Verfügung steht. Aufgrund der globalen Pluralität ist mit einem konsensfähigen Alternativkonzept z. Z. nicht zu rechnen und die Menschenrechtskultur als faktisch zu betrachten.[246]

---

241 Am Beispiel der Rolle der Intellektuellen in China, der beiden konkurrierenden Tendenzen von Charisma (Taoistisch) und Tradition (Konfuzianisch) sowie der damit einher gehenden Frage nach den gesellschaftlich akzeptierten Erziehungszielen erläutert Waldenfels kontextuelle Wechselwirkungen. A. a. O., S. 71–74
242 A. a. O., S. 73
243 A. a. O., S. 75. Vgl. die Zieldiskussion in der EZ im Kapitel 4.2
244 Vgl. die Diskussion zur Menschenrechtsorientierung der ISA bei Staub-Bernasconi in Kapitel 2.2
245 Vgl. Brieskorn SJ, Norbert, 1997
246 Brieskorn SJ, Norbert, 2000, S. 35 ff

Bei der „Suche nach einer möglichst breiten Basis der Verständigung mit den Menschen, Kulturen und Völkern"[247] gelten die Menschenrechte als Beitrag zur Ermöglichung der Kommunikation und zugleich als Inhalt derselben. Bubers Dialogik, insbesondere die Kommunikationsbedürftigkeit, einschließend und der Aufrichtigkeit verpflichtet verlangt dies von allen beteiligten Seiten, die eigenen „Einseitigkeiten und Voreingenommenheiten in Lebenssicht und Lebensführung zumindest in Frage zu stellen."[248] Die in allen Teilen der Welt anzutreffenden Notlagen drängen zu einem derartig pragmatisch-konstruktiven Vorgehen, das dem akuten Schutz der Menschenrechte Vorrang einräumt vor der Suche nach einer unwiderlegbaren Letztbegründung des Menschenrechtskatalogs.[249]

Dieser Realitätsbezug impliziert auch die Möglichkeit, in kulturell unterschiedlichen Kontexten die Ideen der Menschenrechte anders zu buchstabieren, solange die Menschenwürde nicht missachtet wird.[250] Die Menschenrechte könnten auf diese Art an Einfluss gewinnen. Damit wird einerseits dem Bemühen Rechnung getragen, dem Besonderen seinen Raum zu lassen und die globale Vereinheitlichung einzudämmen, um Diskriminierungen der Anderen zu verhindern. Andererseits sollte der Respekt vor den Menschenrechten nicht durch kulturell begründete Relativierungen in ihrer Kodifizierung verloren gehen.[251]

Der Kulturpluralismus und seine Implikationen auf die interkulturelle Philosophie besitzen demnach Aussagekraft auf viele Felder der gesellschaftlichen Realität, u. a. für Personen und Organisationen.

Im Folgenden werden die Ansätze von zwei Vertretern[252] der interkulturellen Philosophie und deren unterschiedliche Konzepte mit Fokus auf die Fragestellung der vorliegenden Arbeit näher betrachtet.

1.5.4 Lateinamerikanische Perspektive: Fornet-Betancourt

Fornet-Betancourt[253] zählt zu den Protagonisten der interkulturellen Philosophie. Das Feld seiner wissenschaftlich-philosophischen Reflexion und seine Zielausrichtung ist die Transformation der durch vermeintlich zivilisatorische

---

247 A. a. O., S. 37
248 A. a. O., S. 37 f
249 A. a. O., S. 38
250 Kesselring, Thomas, 2000, S. 54. Er unterminnt den Versuch einer Abstufung, indem er nach negative Rechten (Schutzrechten) und positiven Leistungsrechten differenziert.
251 Brieskorn SJ, Norbert, 2000, S. 28
252 Der Autor hat mit beiden Philosophen bei Tagungen in Eichstätt, Tutzing und Havanna gemeinsam bei Podiumsdiskussionen agiert, er hatte somit über das aus der Literatur verfügbare Wissen hinaus Einblick in deren Denken.
253 Zur Biographie siehe: Fornet-Ponse, Raúl, 2006, S. 11–14

Schritte globalisierten Welt, die von der Gleichzeitigkeit der in der klassischen Philosophiegeschichte als ungleichzeitig, d. h. aufeinander ab folgend betrachteten Epochen der Barbarei und der Zivilisation gekennzeichnet ist,[254] in eine von offener Interkulturalität geprägte Welt.[255] Nach Fornet-Betancourts hat die durch Maßstäbe aus der westlichen bzw. nördlichen Mainstream-Kultur geprägte neoliberale Variante der Weltentwicklung zu einer postzivilisatorisch-barbarischen, weil viele Probleme generierenden, Ausprägung der Globalisierung geführt, die „wir heute als zerstörerische Kraft, die die kulturellen Unterschiede erstickt und die Substanz des Lebens selbst angreift, erfahren, und zwar in den verschiedenen Bereichen, vom individualpsychologischen bis hin zu dem der Biosphäre."[256]

Freiheit und Befreiung im Sinne einer Emanzipation von Traditionen stellen die Leitmotive für diese Transformation dar; diese Begriffe sind prägend für das gesamte Schaffen Fornet-Betancourts, das von der Beschäftigung mit Karl Marx und Jean-Paul Sartre über die lateinamerikanische Philosophie, die Erörterung der interkulturellen Bedingungen der Philosophie bis schließlich hin zur Entwicklung einer interkulturellen Transformation der Philosophie reicht.[257] Der Prozess[258] des Dialogs der Theorien zwischen deutschen und lateinamerikanischen Philosophen wurde 1993 um eine Problemlösungsdimension ergänzt, um „die gleichberechtigte Pluralität philosophischer Positionen (zu) stärken und andererseits die Praxis der Interdisziplinarität (zu) ermöglichen."[259]

In seinem Werk greift Fornet-Betancourt das aus der Befreiungsphilosophie[260] stammende Prinzip der Kontextualisierung auf.[261] Er begründet dieses Prinzip u. a. durch einen Rückgriff auf die Anthropologie: „Wenn Geschichtlichkeit und Situativität zur Menschwerdung des Menschen gehören, dann ist doch Kontextualität eine (anthropologische) Notwendigkeit menschlichen Seins und Handelns."[262] Von Relevanz für sein Werk ist die Zuwendung der Philosophie zum Armen und Marginalisierten, „der als Subjekt der philosophischen Reflexion betrachtet wird. (...) (dies führt) zu einer Neupositionierung der Philosophie im wirklichen Leben der Gemeinschaft und (...) zur Relativie-

---

254 Fornet-Betancourt, Raúl, 1998
255 Steffens, Elisabeth; Meuthrath, Annette, 2006, S. 7
256 Fornet-Betancourt, Raúl, 1998
257 Fornet-Ponse, Raúl, 2006, S. 11 ff
258 Das von Fornet-Betancourt initiierte philosophische Dialogprogramm begann 1989 mit einer Tagung in Freiburg zur Begründungsproblematik der Ethik in Deutschland und Lateinamerika.
259 Fornet-Betancourt, Raúl, 1996, S. 11
260 Dusel, Enrique, 1996, S. 61–94
261 Fornet-Ponse, Raúl, 2006, S. 15
262 Fornet-Betrancourt, Raúl, 2006, S. 23

rung der eigenen Position."[263] Dabei greift er auf Marti[264] und dessen Überzeugung zurück, wonach „der Mensch, der wirklich Mensch sein will, sich mit den Armen und Unterdrückten solidarisieren müsse."[265]

Fornet-Betancourt entwickelt das Konzept einer interkulturellen Philosophie während der aktuellen Globalisierung, wobei seiner Auffassung nach zwei Herausforderungen zu Tage treten. Erste Aufgabe ist es, das Philosophieren neu zu lernen im Kontext eines nicht von Hegemonie geprägten Dialoges der Kulturen. Die zweite Herausforderung liegt in der Entwicklung eines Gegenmodells zur negativ konnotierten vorherrschenden Globalisierung. Diese tendiert dazu, aus kultureller Vielfalt durch Angleichungsprozesse immer mehr eine uniforme bzw. nivellierende Welteinheitskultur zu generieren sowie einen Dialog der Kulturen auf Augenhöhe zu sabotieren. Voraussetzung für das Gelingen des Dialogs sei ein breit gefächertes thematisches Tableau, das auch soziologische, politische, ökonomische, religiöse, militärische etc. Dimensionen umfasst.

Weil jede Kultur[266] zunächst Respekt verdient und keine Kultur automatisch als den anderen überlegen und absolut richtig gesehen werden kann, ist es auch das Recht einer jeden Kultur zu versuchen, ihre Werte und Normen in gesellschaftliche Praxis umzusetzen. Die Reichweite der Aussagen einer jeden Kultur ist zuerst einmal unbegrenzt; jede Kultur kann jedem Menschen etwas sagen bzw. zu dessen Weltverständnis beitragen wollen. Sie muss allerdings der Subjektwerdung, der Selbstverwirklichung des Menschen dienen und die Menschenrechte achten. Fornet-Betancourts Kulturverständnis ist nicht deterministisch; die jeweilige individuelle Herkunftskultur versteht er nicht als schicksalhaft vorgegeben, sondern vielmehr „im Sinne eines Anhaltspunkt (...) für Identitätsentwürfe"[267]. Jedem Subjekt bleibt es im Rahmen seiner eigenen Biografie in eigener Verantwortung überlassen, sich für die Aneignung bzw. Überwindung der Matrix dieses Orientierungssystems zu entscheiden.

Sein Kulturbegriff ist dabei nicht statisch, sondern veränderlich; jede Kultur ist Entwicklungen unterworfen, transitorisch, im Übergang begriffen, also nicht unantastbar: Der Rekurs auf das Reservoir an Optionen kultureller Diversität zeigt für Fornet-Betancourt einen Weg auf in der Frage nach der Weltgestaltung. Allerdings grenzt sich Fornet-Betancourt deutlich von einer romantisierenden Kulturinterpretation ab; er erkennt die jeder Kultur anhaftenden Unvollkommenheiten an: „Ich darf deshalb nochmals wiederholen, daß die Kulturen an sich keine Lösung darstellen, weil jede Kultur in ihrem historischen

---

263 Fornet-Ponse, Raúl, 2006, S. 15
264 José Marti war kubanischen Dichter und Philosoph, 1853–1895
265 Übersetzung bei: Fornet-Ponse, Raúl, 2006, S. 16
266 Kultur darf nicht mit Ideologie verwechselt werden. Ideologien können sich kultureller oder religiöser Aussagen bemächtigen, um damit ihre Machtinteressen zu begründen.
267 Fornet-Betancourt, Raúl, 1998

Prozeß ambivalent ist und ihre Entwicklung von Widersprüchen und Interessenskonflikten geprägt ist."[268] Da keine Kultur unfehlbar ist, ist Kritik an jeder Kultur nicht nur erlaubt, sondern sogar unabdingbar. Diese Kritik darf allerdings keinen absoluten Charakter jenseits der Menschenrechte tragen. Auf der kontextuell-hermeneutischen Meta-Ebene der Interpretation der Interpretationen wird die interkulturelle Philosophie zu einer Impulsgeberin des Dialogs der Kulturen.[269]

Klar wendet sich Fornet-Betancourt allerdings gegen eine einseitige und ausschließliche kontextuelle Konzeption der Solidarität. Sein alternatives Gestaltungsmodell – geprägt von der kulturellen Diversität – versteht die Interkulturalität als Korrektiv zur neoliberalen Globalisierung. Gleichzeitig folgt es der regulativen Idee, diese „alternativen Antworten in Form von einer universalisierbaren Strategie für die Verwirklichung eines würdigen Lebens für alle Menschen interkulturell zu artikulieren."[270] Für Fornet-Betancourt steht fest, dass Universalität keine konträre Dimension zur Kontextualität darstellt; es können sich sogar wechselseitige Lernprozesse im Bereich des politischen Agierens von Leitungskräften bei der Generierung neuer Formen der Nord-Süd-Solidarität aus diesem Spannungsverhältnis ergeben. Voraussetzung dafür ist es, die Universalität als die andere Seite der regional verorteten Kontextualität zu begreifen, weil durch erstere das Moment der Unsicherheit schaffenden Weite und Andersheit in den Prozess der individuellen Identitätsfindung einfließt. Diese Individuen gehen dann als prinzipiell Fremde solidarische Beziehungen ein und geben so ein Muster vor, politisch-solidarisches Handeln neu zu konstruieren.[271]

Der Sinn der Neustrukturierung des interkulturellen Dialogs liegt für Fornet-Betancourt in der dynamischen „Öffnung, Relativierung (der Traditionen) und des Bewußtwerdens über Möglichkeiten des Wandels (...) (um) die Kulturen darauf vor(zubereiten, E. d. d. V.), sich besser gegenseitig zu kennen".[272] Jede Kultur kann aus der Begegnung mit anderen Kulturen ihre Selbsterkenntnisse vermehren. Gerade weil in seinem Konzept das *Sich-kennen-Lernen* nicht nur die rein sachliche Information umfasst, sondern auch den aus der Informationsverarbeitung resultierenden reziproken Prozess, durch den sich alle beteiligten Kulturen verändern und somit eine neue gemeinsame Weltinterpretation erschaffen, ist es eine „Option (...) für die Artikulation der konkreten Hoff-

---

268 A. a. O., o. S.
269 Fornet-Ponse, 2006, S. 18 f
270 Fornet-Betancourt, Raúl, 1998
271 Fornet-Betancourt, Raúl, 2006, S. 24
272 Fornet-Betancourt, Raúl, 1998

nung derer, die es heute noch wagen, sich andere mögliche Welten vorzustellen und gar zu erproben."²⁷³

Elemente dieser neuen Weltinterpretation sind folglich nicht nur in den Kulturen bereits auffindbare Versatzstücke, die nur richtig komponiert werden müssen, sondern es werden im Dialogprozess auch völlig neue generiert.

Erkennbar wird aus den letztgenannten Aspekten die unmittelbare politische Ambition, die im gesamten Werk Fornet-Betancourts zum Tragen kommt. Er will die Welt nicht nur philosophisch reflektieren, sondern auch zur „Errichtung einer Praxis der Solidarität der Kulturen"²⁷⁴ beitragen. So unternimmt er den Versuch Stellung zu nehmen zu den von ihm analysierten Folgen der Globalisierung z. B. „Zerstörung der Kulturen, sozialer Ausschluß, ökologische Zerstörung, Rassismus, Verengung unserer Sicht der Schöpfung, aber auch am kosmischen Ungleichgewicht, welches unser von den Medien immer stärker verbreiteter Lebensstil mitverursacht, sowie die Katastrophen des Hungers und der Unterernährung usw."²⁷⁵ Deutlich wird diese politische Positionierung beispielhaft in der Auseinandersetzung um die Bedeutung der Erde in den Kulturen, also die Frage nach den ökologischen Grundlagen des Lebens. Für Fornet-Betancourt ist die ökologische Krise Ausdruck „unserer Probleme als Zivilisation eines bestimmten hegemonialen Entwicklungsmodells"²⁷⁶. Das heißt, das von Europa und Nordamerika weltweit kultivierte, propagierte und nahezu global realisierte wirtschaftliche Modell eines Wachstums ohne Grenzen und Rücksicht auf z. B. die nachhaltige Nutzung natürlicher Ressourcen ist wesentlich verantwortlich für die ökologischen Herausforderungen, vor denen die Menschheit steht. Alternative Perspektiven erhofft sich Fornet-Betancourt jenseits der in diesem System vorherrschenden Logik des Kapitals aus den „sogenannten archaischen Kulturen, die durch die Vorherrschaft der heute triumphierenden weltweiten Zivilisation in ihren eigenen Lebenswelten vertrieben und an den Rand gedrängt werden."²⁷⁷

Die Kritik am eurozentristischen Weltgestaltungsmodell findet sich auch an anderen Stellen. In der Erörterung der Dialektik von Kapital und global zunehmender Armut sowie von Entwicklungsperspektiven unternimmt Fornet-Betancourt den Versuch einer Antwort auf die Frage, welcher Form der Entwicklung die Menschheit zur Überwindung der Armut bedarf. Er resümiert, es bestehe eine enge Verbindung zwischen den durch den Norden etablierten Entwicklungsleitbildern und der existentiell bedrohlichen Zerstörung der Um-

---

273 A. a. O., o. S.
274 Fornet-Ponse, 2006, S. 19
275 Fornet-Betancourt, Raúl, 1998, S. 3
276 Fornet-Betancourt, Raúl, 2009, S. 21
277 A. a. O., S. 22

welt. Deshalb müssten zukünftige Modelle für ein gerechteres Zusammenleben der Menschheit die Harmonie mit der Natur beinhalten.[278]

Die Leistung Fornet-Betancourts für die interkulturelle Philosophie und für eine Synopse der Entwicklungen in verschiedensten mit Entwicklungsfragen befassten wissenschaftlichen Disziplinen lässt sich in vier Dimensionen gliedern:

- Enttabuisierung der Hegemonie einzelner Kulturen / Kritik an der Eurozentriertheit,
- Konstruktive Reorganisation der Beziehungen zwischen den Kulturen,
- Grundlegung der Öffnung hin zu einem Dialog verschiedenster Denkrichtungen, Welterklärungs- und Gestaltungsmodelle auf Augenhöhe mit dem Ziel der Genese eines Weltethos,
- Politisierung der Philosophie im Sinne einer Solidarisierung mit den Armen.

Neben all diesen Leistungen Fornet-Betancourts sei kritisch auf die Dialektik der Zuordnung von Kontextualität und Universalität hingewiesen. Deren vermeintliches Lernpotential kann u. U. bei unzureichender theoretisch-intellektueller Durchdringung eher konfliktgenerierende Effekte hervorbringen oder zu noch mehr Desorientierung beitragen und damit letztlich denjenigen in die Hände spielen, die mit einfachen Antworten versuchen, die Welt zu interpretieren. Zur letztendlichen Klärung dieses Dilemmas wären weiterführende Forschungen notwendig. Zweitens kann kritisch die Frage gestellt werden, ob die Hoffnung auf alternative Weltgestaltungsmodelle bzw. deren Realisierung als utopisch zu betrachten ist. Welche Autorität könnte in Zeiten von Relativismus, Pluralismus und Individualismus weltweite Veränderungen durchsetzen, unter der Prämisse, militärische Optionen seien unter keinen Umständen akzeptabel? Drittens haben sich die Kulturen in ihrer aktuellen Ausprägung nicht isoliert voneinander entwickelt, sondern sie können als Resultat von Interaktionen auf verschiedenen Ebenen (wirtschaftlich, intellektuell usw.) infolge von zeitlicher bzw. räumlicher Koexistenz aufgefasst werden. In den Anfängen dieser Koexistenz gab es nicht immer und überall unmittelbare Asymmetrien, dennoch sind sie heute strukturprägend. Wie wäre mit der Entstehung neuer Ungleichgewichte umzugehen, die sich trotz eines symmetrisch konzipierten Dialogs der Kulturen auf Augenhöhe einstellen? Auch diese Frage bleibt bei Fornet-Betancourt offen.

---

278 Fornet-Betrancourt, Raul, 2012, S. 22 f

1.5.5 Indische Perspektive: Mall

Im Gegensatz zu Fornet-Betancourt geht Ram Adhar Mall von der Präexistenz eines letztbegründeten tragfähigen Fundaments, der Philosophia perennis[279], aus. Sie bildet die allgemeine Grundlage für das menschliche Zusammenleben im Sinne einer Weltinnenpolitik[280], die durch alle Kulturen bzw. durch alle Philosophien ansatzweise erkannt werden kann. Durch die Betonung eines gemeinsamen Kanons unternimmt sie gleichzeitig den Versuch, eine zu starke Verallgemeinerung einer konkreten Ausdrucksform und eine Zentrierung darauf abzuwehren.[281] Wesentlich für die interkulturelle Philosophie ist dabei bei der Erfüllung ihrer Kontrollfunktion kein in einer Kultur entstandenes Begriffssystem in besonderer Weise zu bevorzugen und in Bescheidenheit die Begrenztheit des eigenen Zugangs anzuerkennen.[282]

Um die Herausforderungen des 21. Jahrhunderts friedlich meistern zu können bedarf es einer komparativen Zusammenschau zur Identifizierung der global gültigen Grundsätze.

Für Mall kommt diese Auffassung einem Paradigmenwechsel gleich, der für alle theoretischen wie praktischen Disziplinen der Philosophie neue Forschungsbereiche eröffnet.[283] Klar grenzt sich Mall von einem Eklektizismus ab, der verschiedenen Bestandteile unterschiedlicher Philosophien unvermittelt nebeneinanderstellt oder im Sinne einer Defizitkompensation das Verwertbare aus anderen Kulturen herauszieht, um mithilfe dieser Exzerpte den anderen überlegen zu bleiben; gleichfalls möchte er nicht missverstanden werden im Sinne einer schwärmerischen Ästhetisierung, die das unbekannte Exotische unkritisch-romantisch idealisiert.

In diesem Ansatz steckt Konfliktpotential, weil es sich um einen Emanzipationsprozess der außereuropäischen Weltinterpretationsmodelle handelt, die den Anspruch erheben, gleichberechtigte Handlungspraktiken zu entwerfen.[284] Entschärft wird diese Spannung durch die Relativierung jedweder Kultur. Für ihn ist es sachlich wiederlegbare „Fiktion, ein Mythos von der totalen Reinheit einer Kultur, Religion, Rasse und dgl. auszugehen."[285] Damit entwertet er auf gewisse Weise alle Lösungsvorschläge, weil er ihnen eine universale Reichweite abstreitet. Während Fornet-Betancourt zwar zu dem gleichen Ergebnis kommt und mittels der Generierung neuer Erkenntnisse einen Weg hin zu einem uni-

---

279 lateinisch für immerwährende Philosophie
280 Gansczyk, Klaudius, 2007, S. 16
281 Mall, Ram Adhar, 1998, o. S.
282 A. a. O., o. S.
283 A. a. O., o. S.
284 A. a. O., o. S.
285 Mall, Ram Adhar, 2007, S. 112

versalen Handlungskonzept weist, belässt es Mall bei der Relativität jedes Ansatzes.

Für Mall, der selbst indischer Herkunft ist, ist Gandhis Lehre der Gewaltlosigkeit von zentraler Bedeutung für das Verständnis der praktischen Relevanz der interkulturellen Philosophie. Im Besonderen gilt dies für die gegenwärtige Phase der Globalisierung, die laut Mall v. a. eine Globalisierung der Solidarität erfordere, weil die Ökonomie sich zum Zwecke der Gewinnmaximierung der Kontrolle durch nationale Rahmensetzungen weitgehend entzogen habe. Dabei kommen besonders Strategien der Produktionsverlagerung in Billiglohnländer mit niedrigen Sozialstandards zum Tragen.[286] Malls Gegenentwurf, der diese entsolidarisierende Wirkung umkehren soll, beruht auf dem Verzicht auf Gewalt und einem sehr reflektierten Umgang mit Macht.[287] Die Reichweite der potentiellen Umsetzung dieser Maxime ist für Mall unbegrenzt, da sich die Lehre der Gewaltlosigkeit eben auch auf das Ökonomische ausdehnen lässt in Form einer Integration moralischer Werte in die internationalen Wirtschaftsbeziehungen.[288]

Trotz aller empirisch belegten und real erfahrbaren Hegemonie der ökonomischen Globalisierung erkennt Mall die Zunahme der Zahl von NGOs als einen Indikator einer fortschreitenden universalen Ausbreitung der Idee der Gewaltlosigkeit und des dialogischen Umgangs der Kulturen.[289] Vollkommen unvermittelt wechselt Mall hier die Ebenen seiner Argumentation und bringt somit einen Aspekt in den Diskurs ein, den das dialogische Management interkultureller Lernprozesse beachten sollte, nämlich die inhaltliche Nähe der NGO-Leitungsfunktion zum Modell der Gewaltlosigkeit bei Gandhi.

Für die Bearbeitung des dieser Arbeit zugrundeliegenden Forschungsinteresses von besonderer Relevanz ist eine Aussage Malls, wonach die interkulturelle Philosophie neben der Philosophie drei weitere wissenschaftliche Disziplinen und deren Anwendungsbereiche tangiert: die Theologie, die Politik und die Pädagogik.[290] Der interdisziplinäre Ansatz dieser Arbeit wird damit gestützt.

Bezüglich des Verhältnisses von interkultureller Philosophie und Theologie kommt Mall zu dem Ergebnis, die Interreligiosität sei mit der Interkulturalität und deren positiven Attributen, wie Offenheit für Toleranz und Standhaftigkeit gegen jede Form von Fundamentalismus, gleichzusetzen. Dabei ist die Interreligiosität selbst keine Religion, der man angehören kann. Für Mall verbirgt sich hinter jeder religiösen Fassade der gleiche fundamentale philosophische Grund-

---

286 A. a. O., S. 102
287 A. a. O., S. 103
288 A. a. O., S. 108 f
289 A. a. O., S. 107
290 Mall, Ram Adhar, 1998, o. S.

stock.[291] Er begründet diese Position mit seiner Interpretation von Gandhis Toleranzbegriff. Zu dessen „Idee der Toleranz gehört die ur-religiöse, ja interreligiöse Grundüberzeugung, dass die eine göttliche Wahrheit zwar von allen Religionen verkündet wird, aber sie ist nicht ein exklusiver, absoluter Besitz irgend einer bestimmten Religion."[292]

Für die Politik und die Pädagogik – insbesondere für eine der Schnittmengen der beiden, die politisch orientierte EB – sind Malls Thesen von enormer Bedeutung. Schließlich findet sich darin zunächst eine philosophische Begründung für den freiheitlich-demokratischen Rechtsstaat als einzig adäquate Staatsform in einer offenen, pluralen Gesellschaft, die zwar nach dem Mehrheitsprinzip organisiert ist, dennoch aber die Berechtigung der anders denkenden Minderheit anerkennt: „Unter der politischen Optik ist die Interkulturalität ein anderer Name für eine pluralistisch-demokratische, republikanische Überzeugung, die auch die politische Wahrheit keiner Gruppe, Klasse, Partei allein zubilligt."[293] Zudem hebt er sehr optimistisch die Schlüsselrolle der Pädagogik in der Prävention gegen fundamentalistische, monokausale Ansprüche hervor und weist ihr zugleich die Aufgabe zu, die Erkenntnisse der interkulturellen Philosophie mittels entsprechender Strukturen in die Gesellschaft hinein zu multiplizieren.[294]

Konkreter als Fornet-Betancourt benennt er die strukturellen Akteure bzw. handelnden Systeme der intendierten Transformation, übersieht dabei allerdings den Strukturkonservatismus des Erziehungswesens. In dieser tendenziell optimistischen Einschätzung finden sich Parallelen zu einigen Vertretern des *Globalen Lernens*[295].

1.5.6 Fazit

Die beiden dargestellten Konzepte der interkulturellen Philosophie als Ausgangsbasis des Interkulturellen Dialogs weisen in wesentlichen Punkten auf die postmoderne Grundannahme hin, dass es – außer im Bereich des religiös begründeten Glaubens – kein absolutes Zentrum des Denkens und Handelns (mehr) gibt, das durch das Prinzip der Relativität nicht infrage gestellt wird. Zudem sind beide Konzepte deckungsgleich im Bereich der Wertschätzung von Welterklärungsmodellen, die an Orten, zu Zeiten und in Kulturen außerhalb der bisherigen Zentren entwickelt wurden und dort z. T. zwar eine gewisse Anerkennung als Partikularrationalität erreichen konnten, allerdings nicht in

---

291 A. a. O., o. S.
292 Mall, Ram Adhar, 2007, S. 125
293 Mall, Ram Adhar, 1998, o. S.
294 A. a. O.
295 Vgl. Kapitel 5.2.4

der Lage waren, die global betrachtet dominanten Denkschulen und die weltwirtschaftlich prägenden Regionen nachhaltig zu beeinflussen. Identisch sind die Positionen zur prinzipiellen Unvollkommenheit einer jeden Kultur, weshalb keine universalisierbar ist.

In der Summe hat Malls Ansatz nicht das dynamische Element des Fornet-Betancourtschen Ansatzes, der die Schaffung neuer philosophischer Erkenntnisse aus dem Dialog der Kulturen bzw. während seines Vollzuges konzeptionell als Zieldimension vorsieht. Dies kann als der wesentliche Vorzug des letzteren Ansatzes angesehen werden.

Unternimmt man den Versuch, ein verallgemeinerbares Fazit für die interkulturelle Philosophie zu ziehen, so könnte der Rückgriff auf Martys Formulierung legitim sein, wonach durch den „interkulturellen Perspektivwechsel der Blick nicht nur für das utopische Potential im (sic!, besser: in) bisher verdrängten indigenen Weltvorstellungen geschärft werden kann. Der Blick über den Tellerrand hinaus sensibilisiert auch für verdrängte Entwicklungen in der eigenen christlichen Tradition."[296]

Die gemeinsame Anstrengung des interkulturellen Dialogs soll die unterschiedlichen Lebensformen, Traditionen, Kulturen, Ethiken und Identitäten nicht gleichmachen oder gar auflösen. Gleichfalls werden die potentiellen Problemlösungsansätze nicht negiert werden, die in den jeweiligen gesellschaftlichen, geografischen, ökonomischen Kontexten von Kulturen und damit korrelierenden Religionen hervorgebracht werden konnten.

Für die Frage nach dem interkulturellen Management dialogischer Entwicklungsarbeit und der dazu sinnvollerweise vorgenommenen Synopse der Lernprozesse in verschiedenen Wissenschaftsgebieten, in denen nahezu zeitgleich Paradigmenwechsel festgestellt werden können, resultiert aus dem kritischen Diskurs mit zwei Vertretern der interkulturellen Philosophie als Voraussetzung für den interkulturellen Dialog noch ein anderer beachtenswerter Aspekt. Beide Protagonisten entstammen ursprünglich nicht dem europäischen Denken; als Wissenschaftler haben sie sich aber sehr intensiv mit den weltweit dominanten Denktraditionen Europas auseinandergesetzt und können so aus einer distanzierten und zugleich vertrauten Perspektive heraus äußerst qualifiziert über die Grenzen der eurozentristischen Welterklärungsmodelle urteilen. Ein Wissen über die Grundzüge und wesentlichen Kennzeichen ihrer Theorien zeugt von einem robusten Referenzrahmen, mit dem die verantwortlichen Entscheidungsträger bzw. Leitungshandelnden z. B. im Bereich der weltkirchlichen Bildungsarbeit ausgestattet sein sollten. Darüber zu verfügen stellt eine Kompetenz dar, die gerade im Kontakt mit Entscheidungsträgern aus anderen Kulturkreisen nicht zu unterschätzen ist.

---

296 Marty, Paula, 2013, S. 14

1.6 Fazit: Dialogkonzepte und Interkulturalität

Alle untersuchten Dialog- und Interkulturalitätskonzepte verweisen darauf, dass es keine absoluten Wahrheiten gibt, Wissen und Erkenntnis sind immer unvollständig und relativ. Keine Kultur kann für sich in Anspruch nehmen, schon immer so gewesen zu sein, wie sie sich gegenwärtig ausprägt und auch zukünftig unverändert zu bleiben. Der Einfluss des Kontextes fördert eine kulturelle Dynamik und Vielfalt, die sich als Teil der Komplexität der Moderne interpretieren lässt (1.5.1). Dieser Unvollkommenheit adäquat wäre eine selbstrelativierende Bescheidenheit. Sich demütig und zugleich lernbereit dem Anderen zuzuwenden und zu öffnen bedeutet aus Sicht der interkulturellen Philosophie, eine Chance, um Neues zu schaffen und das Zusammenleben zu gestalten (1.5.6). Durch den Dialog weitet sich die Weltsicht: Risiken werden – aus einer anderen Perspektive betrachtet – zu Möglichkeiten.

Aus Bubers oberster Prämisse, wonach alles Leben Beziehung ist (1.3.1), ergeben sich für die Mitarbeiterführung Konsequenzen (1.2): Ein Dialog als Modus der friedlichen und konstruktiven Überbrückung der interpersonalen Differenz kann nur stattfinden, wenn der Andere wirklich gleichwertig partizipieren kann und Transparenz herrscht.

Konstanz stellt eine weitere Ableitung für ein adäquates Agieren des Managements z. B. in der ISA und EZ dar (1.4.3). Denn ohne die Kontinuität der Dialogpartner können kein Vertrauensverhältnis, keine Verlässlichkeit und Berechenbarkeit entstehen. Buber wendet sich damit gegen ein technokratisches Menschenbild, in dem nur systemische Funktionen, Fakten und Organigramme relevant sind. Funktionäre dieser Kategorie wären unfähig, Einflussfaktoren außerhalb der für sie gültigen Geschäftsordnungen und Statuten zu realisieren. Da institutionalisierte Beziehungen aber existieren, sind sie eine große Herausforderung für die Verfahrenskompetenz von Managern; Bohm erwartet darum von ihnen die Kompetenz, die richtigen Prozesse zur richtigen Zeit anzustoßen und mit den entsprechenden Ressourcen auszustatten (1.4.3).

Im interkulturellen Kontext ist die Sprachkompetenz gleichfalls zu thematisieren. Damit ist nicht die Anzahl der beherrschten Sprachen gemeint, sondern die Fähigkeit, hermeneutisch mit dem Wissen um die eigene Begrenztheit aufgrund der Fremdheitserfahrung in den Begegnungen mit anderen Sprachen umzugehen (1.5.2). Dolmetscher sind in diesem Sinne besondere Dialogbegleiter.

Teil I
Lernprozesse auf der Ebene der Organisation

Die Erwachsenenbildung unterscheidet zwischen der personalen und der organisatorischen Dimension des Lernens – letzterer widmet sich der erste Teil dieser Arbeit.[297] Der Prozess des Lernens dient in einer Organisation u. a. der Schaffung einer komplexen Handlungslogik, die „die sachlichen, sozialen wie auch zeitlichen Erfahrungsmöglichkeiten von Einzelpersonen und deren individuelle Lernkapazitäten in dramatischer Weise überschreitet."[298] Zwar sind darin auch von Personen gemachte Erfahrungen und situationsabhängig gelernte Reaktionen Bestandteil, allerdings in abstrakter Form, weil durch die Einbeziehung des Kontextes die unmittelbaren Motive und Interessen der Person sowie die Lernergebnisse relativiert werden. Im Organisationslernen wird zudem das in einer Gesellschaft vorliegende Wissen, das in Bezug steht zum Zweck der Organisation, eingebunden und in die Handlungslogik integriert.[299] Die Organisation wird somit unabhängig von Wissensbeständen einzelner Personen, z. B. Managern, und ist in der Lage, von dem in der Organisation vorliegenden Handlungsmuster jederzeit und an jedem Ort eine Ableitung zu produzieren.

Abzugrenzen ist das Organisationslernen von der Organisationsentwicklung, weil in Organisationsentwicklung tendenziell ein Prozess zu sehen ist, der von einem externen Organisationsentwickler vorangetrieben wird. Das Lernen einer Organisation ist dagegen ein sich Entwickeln der Organisation selbst.[300] Für die Andragogik sind Lernprozesse auf der Ebene der Organisation eine Möglichkeit, sich in Betätigungsfeldern einzubringen, die über die personalen Lernprozesse und deren Management hinausgehen.

Organisationslernen wird i. d. R. als ein interdisziplinärer Diskurs betrachtet, da eine Disziplin alleine es nicht vermag mit ihren Erkenntnissen der Komplexität der Fragestellungen gerecht zu werden.[301] Für die Konzeption von Aspekten eines zukunftsfähigen interkulturellen Managements in der dialogischen Entwicklungsarbeit sollen im Folgenden zumindest die drei Bereiche der Internationalen Sozialen Arbeit, der Theologie und der Entwicklungszusammenarbeit in Bezug zur Erwachsenenbildung gesetzt werden.

---

297 Geißler, Harald, 1998, S. 163 ff
298 Schäffter, Ortfried, 2010, o. S.
299 A. a. O., o. S.
300 Geißler, Harald, 1998, S. 163 f
301 Geißler, Harald; Lehnhoff, Andre; Petersen, Jendrik, 1998, S. 7

2 Das dialogische Prinzip als Paradigma der Internationalen Sozialen Arbeit

Bevor gemäß dem forschungsleitenden Interesse der Stand der Implementierung des Dialoggedankens in die Internationale Soziale Arbeit (ISA) analysiert wird, soll die Frage nach der Präsenz des Dialogs in der Sozialen Arbeit allgemein und im Spezielleren in dessen Management untersucht werden.

Bereits die Definitionen von Sozialer Arbeit und ISA lassen Rückschlüsse auf den Stand der Diskussion in diesem Wissenschaftsbereich zu. Die von der International Federation of Social Workers (IFSW) und International Association of Schools of Social Work (IASSS) 2014 festgelegte international gültige Definition Sozialer Arbeit lautet:

> „Social work is a practice-based profession and an academic discipline that promotes social change and development, social cohesion, and the empowerment and liberation of people. Principles of social justice, human rights, collective responsibility and respect for diversities are central to social work. Underpinned by theories of social work, social sciences, humanities and indigenous knowledge, social work engages people and structures to address life challenges and enhance wellbeing. The above definition may be amplified at national and/or regional levels."[302]

Diese Definition beinhaltet für die vorliegende Fragestellung zwei relevante Aspekte, die mit zeitgemäßen Vorstellungen von Entwicklung[303] korrelieren: Zum einen enthält sie einen Hinweis auf die Wertschätzung des Wissens, das indigene Völker bezüglich der Lösung von sozialen Problemen selbst haben. Diese positive Sichtweise der traditionell geleisteten Unterstützungstätigkeiten bei individuellen oder kollektiven Notlagen erkennt die Potentiale und Kompetenzen an, über die nicht professionell ausgebildete Sozialarbeiter i. d. R.

---

302 http://ifsw.org/policies/definition-of-social-work/, Zugriff am 25.05.2015. Die deutsche Übersetzung, herausgegeben vom DBSH, lautet: „Soziale Arbeit ist eine praxisorientierte Profession und eine wissenschaftliche Disziplin, dessen bzw. deren Ziel die Förderung des sozialen Wandels, der sozialen Entwicklung und des sozialen Zusammenhalts sowie die Stärkung und Befreiung der Menschen ist. Die Prinzipien der sozialen Gerechtigkeit, die Menschenrechte, gemeinsame Verantwortung und die Achtung der Vielfalt bilden die Grundlagen der Sozialen Arbeit. Gestützt auf Theorien zur Sozialen Arbeit, auf Sozialwissenschaften, Geisteswissenschaften und indigenem Wissen, werden bei der Sozialen Arbeit Menschen und Strukturen eingebunden, um existenzielle Herausforderungen zu bewältigen und das Wohlergehen zu verbessern. Die obige Definition kann auf nationaler und/ oder regionaler Ebene noch erweitert werden." Online unter: http://www.dbsh.de/beruf/definition-der-sozialen-arbeit.html, Zugriff am 25.05.2015.
303 Vgl. Kapitel 4.1

aufgrund tradierten Wissens verfügen. Zum zweiten wird aus der Definition ersichtlich, dass sich die Soziale Arbeit nicht länger als eine von außen in ein System hinein intervenierende Profession versteht. Stattdessen sollen die betroffenen Menschen und Strukturen in den Veränderungsprozess aktiv eingebunden werden. Aus Objekten werden Akteure. Die Soziale Arbeit öffnet sich mit dieser Definition dem Dialog mit den traditionellen Gestaltern von Hilfe in anderen kulturellen Kontexten und mit den Menschen bzw. Strukturen, für die sie da ist, um mit ihnen zusammen Veränderungen prozesshaft voran zu bringen. Das Ringen um die Weiterentwicklung der eigenen Definition lässt sich als Versuch interpretieren, die international anzutreffende Vielfalt und Unterschiedlichkeit von Erkenntnis- und Handlungsmodellen im System der SA konstruktiv-dialogisch auszubalancieren.[304]

Die ISA, der Bereich der Sozialen Arbeit, der sich mit der internationalen Dimension dieser Profession befasst, ist zum gegenwärtigen Zeitpunkt durch einen Paradigmenwechsel gekennzeichnet. Nationale und internationale[305] Publikationen in diesem Bereich haben für eine nachhaltige Diskussion gesorgt. Dabei geht die Tendenz dahin, die von Globalisierung, Europäisierung und Transnationalisierung herausgeforderte Soziale Arbeit mit einem mehrfachen Mandat zu versehen und ihr eine gestaltende Rolle bei der Formulierung professioneller Standards zuzuschreiben.[306] Damit steht die ISA gegenwärtig vor der Herausforderung, die eigenen Positionen und Verflechtungen als gestaltende Kraft der Globalisierung unter Einbeziehung der globalen Andersartigkeit zu reflektieren. Damit treibt sie die Entwicklung einer globalen Sozialpolitik bzw. des globalen Gemeinwohls voran.[307] Einer der Ausgangspunkte für die Neuorientierung in der ISA ist nach Erath und Sing die Erkenntnis, wonach der westeuropäische Wohlfahrtsstaat und sein historisch gewachsener Gemeinwohl-Ansatz nicht geeignet ist als universalisierbares Modell für ein künftiges System sozialer Generalinklusion in den derzeitigen und zu erwartenden Globalisierungsprozessen,[308] womit auch die Vermutung nahe liegt, „dass das damit verbundene und in diesem Kontext entwickelte Verständnis der Sozialen Arbeit nicht per se globalisierbar ist."[309]

---

304 Wagner, Leonie, 2015, S. 93
305 Vgl. Healy Lynne: „Interest in international social work has expanded dramatically over the past few decades. Increase interest is evident throughout the world (...). There has been an explosion of relevant literature (...) the long-established journal International Social Work expanded from four to six issues per year" in: Healy Lynne, 2012, S. 3. Vgl. auch Mapp, Susan: „The term 'international social work' is becoming more common and encompasses several different concepts." Mapp Susan, 2008, S. VI
306 Pfaller-Rott, Monika; Rott, Gerhard; 2012a, S. 5
307 Graßhoff, Gunther; Homfeldt, Hans Günther; Schröer, Wolfgang, 2016, S. 9–14 und S. 148
308 Vgl. Erath, Peter; Sing, Horst, 2006, S. 345
309 Pfaller-Rott, Monika; Rott, Gerhard, 2012b, S. 9

Welche paradigmatische Wende sich in der ISA vollzogen hat, wird in den folgenden Unterkapiteln dargestellt. Wie in allen Bereichen der postmodernen Sozialen Arbeit[310] ist allerdings in Forschung und Praxis der ISA die Produktion von nicht überdeckbaren Ambivalenzen zu konstatieren – beginnend bei der primären Zieldefinition, über die Intervention bis hin zur Reflexion.[311]
Diese ambivalente Erkenntnislage trifft weitgehend für die hier diskutierte Frage nach den neuen Paradigmen der ISA zu; dennoch wird der Versuch unternommen, die Begründung der Entscheidungen zu analysieren, die „seitenneutrale Differenz bzw. seitenneutrale Distinktion"[312] in den jeweiligen Ansätzen aufheben.

Die Definitionen[313] für ISA sind nicht nur neuzeitlicher Natur – bereits 1928 wurde der Begriff erstmals bei einer Konferenz verwendet[314] – und haben sich im Lauf der Zeit verändert. Staub-Bernasconi[315] und Healy[316] haben den historischen Wandel der Definitionen und die darin inhärenten Veränderungen herausgearbeitet. Staub-Bernasconi erkennt große Unterschiede z. B. in Bezug auf den Praxisbezug und die kulturelle Weite.[317] Gemeinsam haben alle Definitionen das Bestreben nach der Aufhebung der Dichotomie zwischen lokalen und internationalen bzw. globalen Angelegenheiten.[318]

Healy greift bei ihrer Definition der ISA auf Rohdaten aus dem Jahr 1990 zurück. Die damals von der IASSW unter ihren Mitgliedseinrichtungen weltweit durchgeführte Befragung zeigt ein kompetenzorientiertes, aber in weiten Teilen professionsunspezifisches, tendenziell statisches, institutionen- und akteursbezogenes Verständnis der ISA.[319] Ihre von vielen anderen Autoren, z. B.

---

310 Vgl. Kleve, Heiko, 2007, 2. Auflage. Für den hier untersuchten interkulturellen/internationalen Bereich vor allem der Abschnitt: Zwischen den Kontexten, S. 210–221
311 Kleve, Heiko, 2007, S. 20
312 A. a. O., S. 23
313 Weitere Definitionen siehe: Mapp Susan, 2008, S. VI: „In this book it will be primarily used to refer to conducting social work to help with social issues faced by citizens of other countries in their home nation". Diese sozialräumliche Betrachtung verkürzt ISA allerdings auf die Tätigkeit in anderen Ländern. Watts, Thomas, D., 1997, S. 3 f: Dort werden mehrere Definitionen aus den 1980er und 1990er Jahren dargestellt. Cox, David; Pawar, Manohar, 2006, S. 20: Die Autoren stellen u. a. die Dringlichkeit der Implementierung dieser Themen in die Ausbildung von Sozialarbeitern heraus.
314 Healy, Lynne, 2012, S. 9
315 Staub-Bernasconi, Silvia, 2003, S. 5
316 Healy, Lynne, 2012, S. 9–15
317 Staub-Bernasconi, Silvia, 2003, S. 5
318 Staub-Bernasconi, Silvia, 2007, S. 431
319 Healy, Lynne, 2008, S. 9 „(…) cross-cultural understanding, comparative social policy, concern with global problems, a general worldview, knowledge of a common profession worldwide, international practice, intergovernmental social welfare and a sense of collegiality with social workers in others countries."

Staub-Bernasconi[320] und David Cox/Manohar Pawar[321] aufgegriffene mehrdimensionale Definition von ISA lautet:

> „International social work is defined as international professional action and the capacity for international action by the social work profession and its members. International action has four dimensions; internationally related domestic practice and advocacy, professional exchange, international practice, and international policy development and advocacy."[322]

Mit den vier Dimensionen (a) heimische Soziale Arbeit aufgrund internationaler Problemlagen und dazugehörige Anwaltsfunktion, (b) professioneller Austausch, (c) internationaler Einsatz, und (d) internationale Anwalts- und Lobbyfunktion, deckt Healy viele z. T. von anderen Autoren isoliert betrachtete Bereiche ab. Auffallend ist die synonyme Verwendung der Begriffe Internationale Soziale Arbeit und Internationale Aktion / Handlung. Die Wahrnehmungs-, Deutungs- und Bewertungsfunktion scheinen in dieser Definition eine untergeordnete Rolle zu spielen.

Healys zweite Definition unterscheidet sich von ihrer ersten und steht in einer historischen Tradition, da dabei die Bezugswissenschaften der Sozialen Arbeit, bzw. aktuelle globale Trends, die die ISA beeinflussen, zur Definition herangezogen werden:

> „International social work can also be defined as a composite of the major concepts that inform its practice. Along with the body of social work theories and practice skills, concepts central to international social work are globalization, development, human rights, and transnationalism."[323]

Die darin u. a. enthaltenen Aspekte von Entwicklung[324] und Menschenrechten[325] werden im Zuge der Forschung zu einem interkulturellen Management dialogischer Entwicklungsarbeit an anderem Ort beleuchtet. Sie fließen zudem in Healys neueste, praxis- und wertebasierte Definition von ISA ein:

> „– A way of looking at and appreciating the world (worldview)
> – Practice informed by international knowledge
> – Practice, concern, and action on globally experienced social issues
> – Participation in international professional organizations

---

320 Staub-Bernasconi, Silvia, 2007, S. 430
321 Cox, David; Pawar Manohar, 2006, S. 19
322 Healy, Lynne, 2008, S. 10
323 A. a. O., S. 16 f
324 Vgl. Kapitel 4.1.2
325 Vgl. Kapitel 2.2

- Understanding of the global profession
- Development and human rights
- A future and action-oriented movement for global change"[326]

Mit dieser nicht mehr vier- sondern multidimensionalen Konzeption von ISA will Healy zu mehr globaler sozialer Gerechtigkeit und menschlichem Wohlergehen sowie zum Fortbestand der Bedeutung von lokaler Praxis durch Hinweise auf globale Realitäten, die die lokalen Bedingungen beeinflussen, beitragen.[327] In dieser Definition lassen sich u. a. Anknüpfungspunkte zu den Diskussionen im deutschsprachigen Raum markieren, wie folgende vereinfachte Abbildung darstellt:

Abbildung 1: Darstellung der Anknüpfungspunkte an Healys ISA Definition

Definition Healy	deutschsprachige Autoren
A way of looking at and appreciating the world (worldview)	Schweppe
Practice informed by international knowledge	Rehklau/Lutz
Practice, concern, and action on globally experienced social issues	
Participation in international professional organizations	Homfeldt/Schmitt
Understanding of the global profession	Hecker
Development and human rights	Staub-Bernasconi
A future and action-oriented movement for global change	Pfaller-Rott/Rott

Durch die Einbeziehung von Werten wie sie z. B. in den Menschenrechten zum Ausdruck kommen und der Dimension der Weltsicht überwindet Healy ein Defizit ihrer vorherigen Definitionen.

Eine der konträrsten Positionen zu Healys Verständnis der ISA formuliert Akimoto, wobei er die von Healy aufgestellten Kriterien als nicht zwingend

---

326 Healy, Lynne, 2012, S. 4 f und nochmals S. 12. Übersetzung durch den Verfasser. An dieser Stelle wird eine Übersetzung eingefügt, da sie für die in der Abbildung geleistete systematische Zuordnung zu den deutschsprachigen Autoren relevant ist:
 - eine Art, die Welt zu betrachten und wahrzunehmen (Weltsicht)
 - Praxis, die durch internationales Wissen geprägt ist
 - Praxis, Sorge und Aktion/Handlung bei global erfahrenen sozialen Belangen
 - Beteiligung an internationalen professionellen (berufsständischen) Organisationen
 - Verständnis des weltweiten Berufsstands
 - Entwicklung und Menschenrechte
 - eine zukunfts- und handlungsorientierte Bewegung für einen weltweiten Wandel
327 A. a. O., S. 12

bezeichnet und eher als Indiz für die Internationalisierung der Sozialen Arbeit betrachtet. Stattdessen legt er einerseits einen starken Fokus auf die Problemlagen, die aus zwischenstaatlichen Ursachen und an den nationalstaatlichen Grenzen entstehen bzw. auf die Aktivitäten dahinter, um diese in den Griff zu bekommen. An dieser Stelle argumentiert er pragmatisch und gegenwartsorientiert. Andererseits ist er wenig trennscharf und verallgemeinernd, wenn er es als kennzeichnend für die ISA betrachtet, sich um das Wohlergehen der gesamten Menschheit in allen Ländern der Erde zu kümmern.[328] Gerade die zweite Facette seiner Definition führt für eine global und professionell agierende Soziale Arbeit den Bedarf nach Bescheidenheit und Klugheit vor Augen, um sich nicht als alleinige Hüterin der Menschheit zu verstehen. Diese Aufgabe kann ernsthaft keine Disziplin für sich alleine beanspruchen; nur im interdisziplinären Dialog wird es gelingen, dieser Verantwortung annähernd gerecht zu werden. Alleinvertretungsansprüche laufen diesem Ziel diametral entgegen und konterkarieren alle seriösen Bemühungen. Akimotos Definition ist daher in diesem Punkt zu wenig präzise und anschlussfähig.

Im Anschluss an diese grundlegenden Definitionen von Sozialer Arbeit werden nun der Einfluss der Dialogik auf die Soziale Arbeit und dessen Management dargestellt. Anschließend werden Autoren bzw. Autorengruppen aus dem Bereich ISA mit ihren wichtigsten Thesen diskutiert, um daraus Konsequenzen für ein interkulturelles Management dialogischer Entwicklungsarbeit abzuleiten. Systematisch werden dabei die einzelnen Indikatoren des Paradigmenwechsels hin zum Dialogischen in der ISA herausgearbeitet und dargestellt.

2.1 Dialog und Soziale Arbeit – Aspekte für das Management

Krause und Rätz-Heinisch haben die Rezeption der Dialogidee in der Sozialen Arbeit und deren Management v. a. in Deutschland untersucht.[329] Der aktuelle Forschungs- und Erkenntnisstand wird z. T. in Form von evaluierter Wirkung sowie reflektierter Praxis in ausgewählten Arbeitsbereichen der Sozialen Arbeit dargestellt und für die wissenschaftliche Behandlung zugänglich gemacht.

---

328 Akimoto, Tatsuru, 2013, S. 36: „I define international social work as follows: International social work is social work which deals with problems caused between nations or across national boundaries or efforts beyond national boundaries to solve those problems. International social work thinks of and acts for the well – being of all people on this earth, or 6.5 billion people in some 200 countries and districts. International social work does not attach any special meaning or importance in value to any specific country or people."
329 Krause, Hans Ullrich; Rätz-Heinisch, Regina, 2009

Ausgangsthese der Autoren ist ein Bedeutungszuwachs von Dialogkonzepten in der Sozialen Arbeit.[330] Belege für diese Tendenz sehen sie u. a. in den ihrer Meinung nach feststellbaren Einflüssen des Dialogischen auf die Soziale Arbeit bereits in den 1970er-Jahren im Bereich der emanzipatorischen Gruppenarbeit mit dem Ziel der gesellschaftlichen Demokratisierung. Des Weiteren in der Einzelfall- und Familienhilfe der 1980er Jahre durch die Betonung der Notwendigkeit der Partizipation und subjekthaften Rolle der Adressaten von Maßnahmen bzw. Konzepten der Sozialen Arbeit.[331] Als zentralen Indikator für die Implementierung des Dialoggedankens in die Soziale Arbeit definieren sie ein neues, selbstreflektierteres Verständnis der professionellen Fachkräfte, die sich in vordialogischen Konzepten als maßgebliche Akteure der Sozialen Arbeit verstanden. Zu diesem neuen Leitbild gehört u. a. die Offenheit, sich als Lernender zu begreifen, die Interaktion mit den Adressaten auf gleicher Augenhöhen gestalten zu wollen, die Reflexion der eigenen strukturellen Macht sowie die Interpretation des Alltagswissens der Adressaten als Teil der Lösungsstrategie und nicht als Teil des Problems zu betrachten.[332]

Die Decodierung der in Lebensbewältigungskonzepten anderer Individuen enthaltenen Überlebensstrategien erinnern an Thierschs Lebensweltorientierung[333] und an das in der interkulturellen Philosophie postulierte, hermeneutische Verstehen der Weltinterpretations- und Gestaltungsmuster anderer Kulturen. Im hier zur Erörterung stehenden Kontext bedeutet dies, dass von verschiedenen Zugängen Modelle für das Dialogische im Kommunikationsprozess von Kulturen und für den Dialog in der Sozialen Arbeit mit Individuen gefunden wurden. In beiden Fällen kommt es auf die Entschlüsselung der jeweiligen Systemlogiken an; in beiden Fällen ist diese Leistung mehr als eine unvermittelte Nebeneinanderstellung von – im Extremfall – Unvereinbarem. Die grundsätzliche Haltung und deren Praxis, dem Anderen und seinem So-Sein und So-Agieren eine mindestens gleich sinnhafte Relevanz zuzuschreiben wie der eigenen Existenz, konvergieren mit der dialogischen Entwicklungsarbeit. Auch hier kommt es darauf an, auf die Kraft und Alltagskompetenz der Armen zu vertrauen und deren endogene Prozesse zu unterstützen.[334]

Eingedenk der u. a. von Easterly und Portmann in der aktuellen Diskussion um die EZ formulierten Gefahr einer Vorrangstellung der Expertise der externen Macher, die die vorhandenen Potentiale nicht ausschöpfen, ist es aussagekräftig von Krause und Rätz-Heinisch, den Verantwortlichen ein Nachdenken

---

330 A. a. O., S. 7
331 A. a. O., S. 7
332 Krause, Hans Ullrich; Rätz-Heinisch, Regina, 2009, S. 8
333 Thiersch, Hans, 1986
334 Vgl. Kapitel 4.4

über die Machtasymmetrien nahe zu legen. Vergleichbar ist z. B. die Haltung, bei Katastrophen auf die allmächtigen Helfer von außen zu warten. Projiziert man diese kritische Reflexion auf das Feld der Organisationsentwicklung oder auf ein unkritisches Verhalten gegenüber externen Innovationen, erkennt man den Wert von systemimmanenter Erfahrung. Nicht immer bedeuten Innovationen, die von neuen Managern eingeführt werden, eine wirkliche Verbesserung der Abläufe in Organisationen. Häufig werden sie von Mitarbeitern eher als symbolische Gesten interpretiert, wonach der Neue sein Dasein rechtfertigen muss. Nicht jedes neue Logo, Organigramm oder Kampagnendesign ist eine Optimierung von traditionellen und bewährten Abläufen. Und nicht immer wird bei der Einführung von Neuerungen auf die Mitarbeiter, deren Kompetenzen und Erfahrungen Bezug genommen.

Andererseits merken Krause/Rätz-Heinisch für die Organisationsentwicklungstheorie an, dass eine unter dem Primat der Fehlervermeidung geführte Organisation sich ggf. selbst der Chance beraubt, Neues auszuprobieren, aus dem dialogischen Feedback zu lernen und so Fehler zu korrigieren.[335] Es geht ihnen also nicht um eine einseitige negative Beurteilung von Innovationen; im Gegenteil sind sie sogar Befürworter von Erneuerungen, wenn diese unter der Prämisse des Einbezugs der Mitarbeiter bzw. Adressaten auf – verstehender und anerkennender – Augenhöhe erfolgen und somit langfristig hierarchische Strukturen hin zu dialogischen Prozessebenen transformiert werden. Um es in Anlehnung an die Sprache der historischen Entwicklungstheorien stark verkürzt aber prägnant zu formulieren: Nicht *top-down* oder *bottom-up* heißt die Devise bei derartigen Innovationsprozessen, sondern *im Dialog*.

Biesel plädiert in diesem Zusammenhang für eine professionelle Leitungskultur, in der Anerkennung und Vertrauen gegenüber den Mitarbeitern gerade dann zum Tragen kommen müssen, wenn diese in Phasen des Umbruchs und der Neustrukturierung das Gefühl der Inkompetenz haben, weil sie Neues lernen müssen und bisheriges Wissen wertlos erscheint, wenn es nicht mehr zu Anwendung kommt.[336] Sein Verständnis von professioneller Leitungskultur beinhaltet eine Balance zwischen der Fortschreibung erfolgreicher Routinen einerseits und dem Suchen der z. T. unbewussten Grundannahmen und für selbstverständlich gehaltenen Überzeugungen andererseits, die in der Vergangenheit zum Erfolg der professionell organisierten Sozialen Arbeit beigetragen haben. Für Biesel verbergen sich dahinter gemeinsame Lernprozesse.[337]

---

335 Krause, Hans Ullrich; Rätz-Heinisch, Regina, 2009, S. 17
336 Biesel, Kay, 2009, S. 211
337 A. a. O., S. 208

Grundsätzlich fordert er eine „Organisationskultur der Fehleroffenheit"[338], um aus Fehlern das Richtige für die Zukunft lernen zu können. Aus seiner Sicht können mittels eines kritischen Dialogs über Unzulänglichkeiten die system- bzw. organisations- und institutionstypischen Standards, die er als relevante Fehlerquelle identifiziert, erkannt und fehleroptimiert werden.[339] Eine derart fehlerfreundliche Kultur erkennt Fehler als unvermeidlich an, da sie sogar „das Strukturmerkmal"[340] der Sozialen Arbeit sind.

Die von Biesel erkannten Fehler im Bereich des Managements – z. B. wegen ungenügender Recherche und bei der Kooperation – differenziert er nicht weiter aus, sondern verweilt auf der Ebene der Fachkräfte[341]. Dabei sind für ihn gruppenreflexartige Fehlentscheidungen marginal, weil bisher selten Teams an der Spitze einer Hierarchie stehen. Dafür ist es aus demselben Grund plausibel, von defizitären Entscheidungen einzelner Manager auszugehen, die unreflektiert, undifferenziert und zu sehr an persönlichen Präferenzen angelehnt sind. Schließlich stellt er in der Organisationskultur der professionellen Sozialen Arbeit bei den Entscheidungsträgern einen grundsätzlichen Mangel an Kommunikation und Dissens-Toleranz fest, der einher geht mit fachfremden, bürokratisch-mechanischen und ökonomie-dominierten Präferenzen. Dadurch wird das für die Soziale Arbeit relevante, nicht technisch und rational zu steuernde, inferente Denken in seiner Relevanz beeinträchtigt.[342] Demzufolge ist die Profession der Sozialen Arbeit wegen dieser Fremdbestimmung durch ein überproportional betriebswirtschaftlich ausgerichtetes Management immer mehr damit beschäftigt, sich zu rechtfertigen, indem sie zu beweisen versucht, welche positiven Wirkungen durch welchen ökonomischen Aufwand erzielt werden konnten. Ausschließlich die Kombination aus Effektivität der Hilfe und Ressourcen-Effizienz dient der Legitimation.[343]

Biesel vertritt die Annahme, in der Sozialen Arbeit gebe es i. d. R. kein methodisch geleitetes Vorgehen und Agieren.[344] Diese Pauschalisierung wird von ihm allerdings nicht mit empirischen Daten untermauert und stellt in ihrer Absolutheit ein unglückliches Beispiel für die Verhinderung von Dialog dar, da es nahezu unmöglich ist, hier auf Augenhöhe weiter zu argumentieren. Für ihn ereignen sich Fehler in der Sozialen Arbeit zwangsläufig, aber auch nicht überproportional häufiger als in allen anderen Bereichen, in denen Menschen agieren. Dadurch fällt der Blick auf die Ebene des Managements und man kann die

---

338 A. a. O., S. 203
339 A. a. O., S. 203
340 A. a. O., S. 205
341 A. a. O., S. 206 f
342 A. a. O., S. 209
343 A. a. O., S. 205
344 A. a. O., S. 206

Gültigkeit vieler seiner Thesen dort erkennen. Darum kann die Befassung mit ihm vor allem in den Bereichen der Organisationsentwicklung und Personalführung in Umbruchssituationen erkenntnisgenerierend sein.

In Bezug auf die gegenwärtig stark diskutierte Frage der Wirkungsmessung heben Krause und Rätz-Heinisch die Vorzüge des Dialogs hervor, weil dieser die Möglichkeit bietet, komplexe Prozesse und deren Resultate unter Verzicht auf monokausale Erklärungszusammenhänge bzw. vereinfachende Ursache-Wirkungsketten zu diskutieren.[345] Den verbreiteten Trend zur Ökonomisierung der Sozialen Arbeit, wie er u. a. auch von Biesel beschrieben wurde, betrachten die beiden Autoren als einen konträren Trend zur von ihnen favorisierten Ausbreitung des Dialogischen in der Sozialen Arbeit.[346]

Aus der veränderten Perspektive auf die Betroffenen als Subjekte des helfenden Handelns ergeben sich auch neue Blickwinkel für die Frage der Kooperation bzw. Allianzen zwischen Organisationen und Betrieben, weil es primär in der dialogisch ausgestalteten Sozialen Arbeit nicht darauf ankommt, das Individuum in seiner Autonomie zu beeinträchtigen. Vielmehr zielt professionelle Soziale Arbeit auf die Veränderung der Rahmenbedingungen ab, innerhalb derer die Menschen frei entscheiden. Dazu gehören nicht nur materielle, sondern gleichwertig auch soziale und kulturelle Aspekte, wie z. B. familiäre und außerfamiliäre Netzwerke, aber auch Zugänge zu Kultur und Wissen.[347] Weil diese allgemeinen Bedingungen nur über sehr komplexe mehrdimensionale und langwierige Prozesse zu erreichen sind, kann weder eine Regierung noch ein Unternehmen bzw. eine Organisation dies alleine bewerkstelligen. Omnipotenzkonstrukte bzw. monokausale Lösungsansätze werden dieser Diagnose nicht gerecht und stellen für die zukünftigen Entscheidungsträger keine ernstzunehmende Option dar.

Trotz eines ideengeschichtlich begründeten Optimismus', der berechtigten Orientierung an zahlreichen Best-Practice-Beispielen und einer langjährigen Rezeptionsgeschichte der Dialogidee im Bereich der Sozialen Arbeit sehen Krause und Rätz-Heinisch eine gewisse Begrenztheit ihres Konzepts. Sie begründen dies mit der Fragilität der im Dialog gefundenen Kompromisse, die die real vorhandenen unterschiedlichen Interessen nur begrenzt befriedigen. Das Ergebnis eines Aushandlungsprozesses ist zugleich der Anfang eines neuen; es gibt kein definitives Ende. Diese Perpetuierung des Dialoges kostet Ressourcen, v. a. Zeit.[348] Der Einsatz der materiellen Ressourcen lässt sich nach Ansicht der beiden Autoren rechtfertigen, gelingt es doch ausschließlich über den Dia-

---

345 Krause, Hans Ullrich; Rätz-Heinisch, Regina, 2009, S. 9
346 A. a. O., S. 17
347 A. a. O., S. 16
348 A. a. O., S. 18

log, eine Decodierung der Interessen des Anderen zu erzielen. Durch die Schaffung einer konfliktreduzierten, harmonischen Kommunikations- und Interaktionsatmosphäre wird das mitfühlende und kognitiv begreifende Nachvollziehen der Beweggründe des Anderen bzw. der anderen Kultur im Dialog gefördert.[349] An diesem Punkt lässt sich ein signifikanter Unterschied zu Bubers Dialogik erkennen. Für Buber kann der Mensch durch den Dialog seine eigene Position besser begreifen und dadurch seine Identität entwickeln. Bubers Dialog ist eine Abgrenzung ermöglichende Interaktion[350] und nicht zwangsläufig Harmonie bzw. Konsens generierend.

Bar-On[351] ist nach Ansicht von Krause und Rätz-Heinisch eine der international wichtigsten Quelle für die Rezeption des Dialoggedankens in der Sozialen Arbeit – allerdings speziell in den Bereichen Konfliktprävention und Trauma-Bewältigung in post-konfliktiven Situationen in Israel. Auf den ersten Blick ist die Bedeutung von Bar-Ons Ansatz für das Management nicht unmittelbar erkennbar, bei genauerer Analyse lassen sich aber managementbezogene Perspektiven ableiten, weil er neue Zugänge in der interkulturellen Verständigung eröffnet und damit monolithische Denkweisen überwindet. Er stellt direkte Interaktionen zwischen Menschen her, die entweder miteinander verfeindet und/oder ohne sprachliche Brücke zueinander sind. Dies erfordert von allen Seiten, traditionelle und Sicherheit gebende Gut-Böse-Polarisierungen zu überwinden und sich für widersprüchliche Denk- und Verstehensprozesse des Anderen zu öffnen.[352]

Bar-On liefert auf Basis empirischer Analysen und eines qualitativen lebensgeschichtlichen Forschungsansatzes die konzeptionellen Grundgedanken „für ein dialogisches Identitätskonzept (…), das für viele Bereiche unseres Lebens bedeutsam sein kann."[353] Es beruht auf der Vorstellung einer in vier Phasen stattfindenden „Entwicklung einer kollektiven israelischen Identität: die monolithische Phase, ihre Auflösung, die neomonolithische Phase und die Anfänge eines Dialogs zwischen den Teilen, die bei der Auflösung sichtbar werden."[354] Im Unterschied zu Identitätskonzepten, die Identität aus der Summe der Unterscheidungsmerkmale zum Gegenüber herleiten, begreift dieses Konzept die kollektive Identitätsentwicklung als einen internen Dialog zwischen den unterschiedlichen Teilen der Gesellschaft. Diese interpretiert Bar-On als Bausteine, die auf den ersten Blick nur teilweise zusammenpassen, vergleichbar den unterschiedlichen Facetten einer Persönlichkeit. Er verabschiedet

---

349 A. a. O., S. 18
350 Vgl. Kapitel 1.3
351 Bar-On, Dan, Hamburg, 2006.
352 Krause, Hans Ullrich; Rätz-Heinisch, Regina, 2009, S. 13
353 Kutz, Susanne, 2006, S. 10
354 Bar-On, Dan, 2006, S. 209

sich damit von der Vorstellung einer homogenen Bevölkerung und eröffnet der Nation den Weg zu einem offenen und tiefgreifenden Dialog.[355]

Mit diesem Verständnis macht Bar-On es möglich, den intrapersonalen Dialog zur Identitätsfindung mit dem intensiven und ergebnisoffenen intergesellschaftlichen bzw. interkulturellen Dialog zur Konfliktvermeidung in Einklang zu bringen.[356] Durch die Auflösung der vorhandenen, z. T. seit vielen Generationen tradierten Schwarz-weiß-Weltsicht – Bar-On nennt dies die „monolithische Struktur"[357] – in der man selbst nur gut, edel und rein, der Andere bzw. die Anderen dagegen nur böse sind, ergibt sich eine bedeutsame Chance für eine neue Qualität des Dialogs, der in der bisherigen Phase nur affirmative Effekte hatte. Dieser neue Dialog, der mit Ambivalenzen und der real vorhandenen Komplexität besser umzugehen erlaubt, ist charakterisiert durch die bisher verweigerte Einsicht, der Andere sei nicht nur Täter und man selbst nicht nur Opfer. Als Folge dieser Vorstellung kann in der Entwicklung der persönlichen und kollektiven Identität die Dichotomie von Opfer und Täter aufgeben werden, auf der das Selbstbild bisher basierte.[358]

Als erstes lässt sich daraus im Kontext der hier bearbeiteten Fragestellung die Anfrage an das Leitungshandeln ableiten, wie es sich selbst und die Mitarbeitenden versteht. Bilden die einen nur die Entscheidungs-, die anderen nur die Umsetzungsebene? In Bezug auf NGOs lässt sich fragen: Sind sie nur edle Geldgeber und Helfer, die Anderen nur Empfänger? Oder sind im ersten Fall nicht Fachwissen, Erfahrungen und Routine wichtige Faktoren, die in Entscheidungen mit einfließen müssen? Bei Fell[359] finden sich die entsprechenden Hinweise. Zudem ist mittlerweile in den Fachkreisen der EZ bekannt, dass das aus dem globalen Norden stammende System der Hilfe Probleme perpetuiert bzw. neue Problemlagen erzeugt.[360] Daraus ergibt sich zwangsläufig die Aufgabe, die eigene Funktion selbstkritischer zu sehen und sich damit auch zu öffnen für neue Allianzen. Damit deutet sich das Reflexionspotential an, das Bar-Ons Ansatz bei kritischer Übertragung in den Bereich des Managements inhärent ist.

Zweifellos treten des Weiteren sowohl im dialogisch angelegten interkulturellen Management als auch in der Leitung von NGOs, die sich der dialogischen Entwicklungsarbeit verschreiben, Zielkonflikte auf, die z. B. auf monokausalen oder für Divergenz unsensiblen Erklärungszusammenhängen beruhen und darum nicht leicht mit anderen Vorstellungen in Einklang zu bringen sein

---

355 Krause, Hans Ullrich; Rätz-Heinisch, Regina, 2009, S. 13
356 A. a. O., S. 13 f
357 Bar-On, Dan, 2006, S. 26
358 A. a. O., S. 153 f
359 Vgl. Kapitel 1.2
360 Vgl. Kapitel 4.3.1

werden. Folgt man aber den in diesem Abschnitt dargestellten Überlegungen, so kann dies zum einen nur ein Ausdruck der sich aktuell ereignenden Identitätsfindung innerhalb einer Organisation bzw. eines Unternehmens sein und zum anderen ein Hinweis auf die Polyvalenzen, innerhalb derer sich die Akteure zu vernetzen und neue Allianzen zu bilden versuchen.

Rosenfeld verweist auf eine ähnliche Aufgabe, die für das Management der ISA von herausragender Wichtigkeit ist, die Kompetenz, „Bündnisse zu mobilisieren und zu bilden."[361] An anderer Stelle umschreibt sie diese Dimension mit den Fähigkeiten, eine „Zusammenarbeit einzuleiten, zu koordinieren und zu verwalten".[362] Ganz ähnlich lautet eine These, die von Bolzan und Gale vertreten wird. Deren Ideen stammen zwar ursprünglich aus Überlegungen zur Optimierung des Managements von Katastrophenhilfe-Einsätzen, sind aber bei tieferer Betrachtung von fundamentaler Tragweite für die Dialogimplementierung in die ISA. Die beiden betonen: „Overwhelmingly the current best practice around disaster management is concerned with the experience of those people and their communities affected by it."[363] Gewarnt wird vor der Gefahr für die Betroffenen, durch das Katastrophenhilfe-Management zu vollständigen Opfern, d. h. unselbstständigen Objekten degradiert bzw. infantilisiert zu werden.[364] Als zielführend kann man im Gegensatz dazu die Ansätze betrachten, die am lokal vorhandenen Wissen der Betroffenen und ihrer Gemeinschaften ansetzen und deren Kompetenz respektieren. Zugleich sollten diese Akteure auch mit den entsprechenden Informationen ausgestattet werden, damit demokratische Prinzipien die Partizipation der Betroffenen ermöglichen.

> „It is a mark of respect and trust to engage the whole of a community in thinking through how it can best identify where threats may come from, how threats can be prepared for and how they may be responded to. It is a mark of respect when information is made available to all and not censored by those experts who choose to make decisions in isolation from the rest of the community, or who believe they know what is best."[365]

---

361 Rosenfeld, Jona M., 2009, S. 83
362 A. a. O., S. 85
363 Bolzan, Natalie; Gale, Fran, 2013, S. 51. Übersetzung durch den Verfasser: Mit überwältigender Mehrheit fußen die aktuell besten Beispiele des Katastrophenmanagements auf den Erfahrungen der betroffenen Menschen und ihrer Gemeinschaften.
364 Bolzan, Natalie; Gale, Fran, 2013, S. 52
365 A. a. O., S. 54, Übersetzung durch den Verfasser: Es ist ein Zeichen von Respekt und Vertrauen, eine ganze Gemeinschaft beim Nachdenken darüber einzubeziehen, wie man am besten erkennt, woher Bedrohungen kommen, wie man sich auf Bedrohungen vorbereitet und wie sie beantwortet werden. Es ist ein Zeichen des Respekts, wenn Informationen für alle zugänglich gemacht und nicht zensiert werden von den ‚Experten', die sich dazu ent-

Deutlich wird nun nochmals – allerdings aus einem weiteren Blickwinkel, nicht nur aus Sicht der Wirkungsoptimierung – warum die Auseinandersetzung mit Polmanns und Easterlys Thesen für die leitenden Akteure einer sich der dialogischen Entwicklungsarbeit verpflichtet fühlenden Organisation von grundlegender Notwendigkeit ist.[366] Neben dem Respekt und dem Vertrauen in den Anderen, die für den interpersonalen Dialog als eine Conditio sine qua non angesehen werden, entsteht daraus auch eine Implikation für das Management der ISA. Es kann nur dann berechtigterweise von Dialog gesprochen werden, wenn Respekt und Vertrauen auch den strukturierten Zusammenschlüssen der Betroffenen – also deren Bündnissen und Netzwerken sowie deren Repräsentanten – entgegengebracht werden.

Zu den notwendigen Voraussetzungen einer effektiven Arbeit dieser strukturierten Allianzen zählt Rosenfeld, dass „es eine minimale Hierarchie und eine gewisse gegenseitige Verbundenheit und Elemente der Solidarität gibt."[367] Außerdem betont sie die Notwendigkeit, beim Aufbau derartiger Bündnisse[368] eine längerfristige zeitliche Perspektive zu haben und mindestens „einen oder mehrere Personen, die eine gewisse Beständigkeit und Stabilität bieten und die Vision hochhalten."[369] Nur mittels dieser Beständigkeit kann nach Ansicht des Verfassers das von Bolzan und Gale geforderte zwischenmenschliche Vertrauen entstehen. Der respektvolle Umgang mit Strukturen und deren Repräsentanten kann dagegen auch zu großen Teilen kognitiv und mit simulativen Übungen vermittelt werden. Darum sollten diese erlernbaren Fähigkeiten auch Bestandteil der Qualifikationsprogramme für Leitungspersonal sein. Die Entwicklung und Aufrechterhaltung von Vertrauensbeziehungen ihrer Mitarbeiter zu Kollegen in anderen Organisationen muss durch die Entscheidungsträger gewollt und honoriert werden.

---

schieden haben, die Entscheidungen isoliert vom Rest der Gemeinschaft zu treffen oder die glauben zu wissen, was das Beste ist
366 Vgl. Kapitel 4.3.1.3 und 4.3.1.4
367 Rosenfeld, Jona M., 2009, S. 86
368 Als Bündnis definiert Rosenfeld: „Strukturen, die aus verschiedenen Betroffenen bestehen, deren tatsächliche Anwesenheit und deren spezifischer Beitrag erforderlich ist, um in Übereinstimmung die notwendigen Ressourcen für das Wohl solcher Einzelpersonen und Kollektive bereitzustellen, die aufgrund ihres Mangels an inneren oder äußeren Ressourcen auf die eine oder andere Weise am Rande der Gesellschaft leben." Rosenfeld, Jana M. 2009, S. 84
369 A. a. O., S. 86

2.2 Soziale Arbeit als Menschenrechtsprofession

Für Staub-Bernasconi ist „das sich allmählich formierende internationale Wohlfahrtssystem"[370] eine von insgesamt fünf Dimensionen der weltgesellschaftlichen Realität zu Beginn des neuen Jahrtausends. In dieser Phase der Globalisierung haben fehlende Strukturierungsregeln und damit einhergehende Risiken eine Abnahme der individuell empfundenen Handlungsoptionen trotz sozialem Interventionsbedarf zur Folge.[371] Ihrer Ansicht nach verfügt das Konzept der Weltgesellschaft über ausreichendes Potential, die Rahmenbedingungen der nationalen Gesellschaftsordnungen und die darin wirkenden individuellen und kollektiven Akteure zu verändern.[372] Zugleich konstatiert Staub-Bernasconi den Verlust der internationalen Perspektive in der Ausbildung von Sozialarbeitern und unternimmt den Versuch, diese globale Dimension dort wieder zu verorten.[373] Ihr zufolge befasst man sich zur Zeit weitgehend nur auf internationalen Konferenzen mit den internationalen Aspekten Sozialer Arbeit, dennoch kommt sie – unter Berücksichtigung einer Auswertung der Methodengeschichte – zu dem Zwischenergebnis, dass jede Epoche die Reichweite und die Gestaltung der Sozialen Arbeit auf Mikro-, Meso- und Makroebene neu interpretiert.[374] Für die Gegenwart stellt sie eine tendenzielle Engführung der Ausbildung der Studierenden auf die soziale Mikro-Ebene z. B. die Bereiche Einzelfall- und Familienhilfe fest. Sie erklärt damit die Stabilisierung der Trennung von Lokalem und Globalem bei den Studierenden sowie den nach diesem Schema ausgebildeten, bereits berufstätigen Sozialarbeitern.[375]

Wenn aber heutzutage durch direkte oder indirekte Verbindungen der Großteil der Klientel Sozialer Arbeit von der Struktur und Dynamik der Teildimensionen der Weltgesellschaft betroffen ist[376], müsse die beschriebene Dichotomie von Global und Lokal überwunden und beide Pole konzeptionell zusammengedacht werden. Dadurch würde eine Universalisierung der Gerechtigkeit[377] bzw. Globalisierung der Solidarität[378] forciert werden. Staub-Bernasconi greift hier einen Gedanken von Lorenz auf, der die Grenzen der professionell organisierten Solidaritätsarbeit über Europa hinaus auf den gesamten Glo-

---

370 Staub-Bernasconi, Silvia, 2007, S. 420
371 A. a. O., S. 420
372 Allerdings stellt Staub-Bernasconi infrage, ob die Weltgesellschaft zu einem relevanten Bezugs- und Aktionsrahmen für die Soziale Arbeit wird. Aus ihrer Sicht hängt dies mit der Nah- und Weitsicht der Sozialarbeiter und der Lehrenden dieser Profession zusammen.
373 Staub-Bernasconi, Silvia, 2007, S. 424–428
374 A. a. O., S. 434
375 A. a. O., S. 434 f
376 A. a. O., S. 423
377 Fornet-Betancourt, Raúl, 2006
378 Gemeinsame Konferenz Kirche und Entwicklung, 1999

bus ausdehnen will und damit zu einem Wandel vom bisher lokalen, d. h. nationalstaatlichen Wohlfahrtsdiskurs zu einem weltweiten Menschenrechtsdiskurs beitragen will.[379]

Wie aber kann die Orientierung an der Menschenrechtsprofession in der Ausbildung von Sozialarbeitern implementiert werden? Franger-Huhle vertritt die Position, dass ein entsprechendes Curriculum Sozialer Arbeit sowohl eine politische Artikulierung als auch die Befassung mit individuellen und strukturellen Formen der Unterdrückung und Benachteiligung erfordere.[380] Hinsichtlich der Struktur des Studiums erscheint ihr ein dialogischer Studienaufbau, der zivilgesellschaftliches Engagement fördert und aktive Partizipation ermöglicht, angemessen. Dabei betont sie die Notwendigkeit einer Kongruenz von Studieninhalten sowie Methodik und erkennt hierin eine noch nicht abschließend bewältigte Herausforderung.[381] Für eine Menschenrechtsprofession, die ihr Handeln ableitet aus der „Menschenwürde, der Anerkennung von Differenz und Diversität, den Menschenrechten und der Verwirklichung sozialer Gerechtigkeit"[382], sei es eine Frage der disziplinären Legitimation, diese Prinzipien bereits in der universitären Lernkultur zur Geltung zu bringen. Sie ausschließlich in der beruflichen Praxis anzuwenden, genügt nicht. Nur wenn diese Parallelität erzielt wird, kann die ISA sich mit qualifizierten Kräften den weiteren Herausforderungen, z. B. der Frage der Kontextualität, stellen.

Staub-Bernasconi nimmt kritisch Stellung zur Diskurs-Position des Kontextualismus, der in seiner Extremauslegung alles aus der jeweiligen Kultur heraus erklärt, jegliche Diversität hermeneutisch toleriert und keinerlei Standards als global und allgemein gültig akzeptiert. Sie bejaht hingegen den universellen Primat der Menschenrechte eindeutig und vorbehaltlos.[383] Man könnte den Vertretern dieses Ansatzes[384] der normativen Universalität der Menschenrechte vorwerfen, sie neigen vorschnell und ohne ausreichende Kultursensibi-

---

379 Lorenz, Walter, 1994, 167 f
380 Franger, Gabriele, 2011, S. 26
381 A. a. O., S. 27
382 A. a. O., S. 24
383 Staub-Bernasconi, Silvia, 2007, S. 437
384 Dazu gehört auch die Deutsche Kommission Justitia et Pax (Gerechtigkeit und Frieden). Sie stellt laut eigener Online-Darstellung das Koordinierungsforum all der katholischen Einrichtungen und Organisationen dar, die im Bereich der internationalen Verantwortung der Kirche in Deutschland tätig sind. Ihr gehören mehrere Bischöfe, Vertreter des Zentralkomitees der deutschen Katholiken, leitende Mitarbeiter der Deutschen Bischofkonferenz und des Katholischen Büros, aus den Hilfswerken und von katholischen Organisationen sowie schließlich Experten für internationale Politik an. Träger von Justitia et Pax sind die Deutsche Bischofskonferenz und das Zentralkomitee der deutschen Katholiken.

lität dazu, eine globale Gültigkeit der Menschenrechte zu vertreten.[385] Eine Auseinandersetzung mit der These Faschingeders – „Für die Menschenrechte, aber gegen verbindliche Wahrheitsansprüche aufzutreten – dies bleibt ein Balanceakt"[386] – würde dazu beitragen, diese Kritik beilegen zu können. Die Vertreter des Menschenrechtsprofession-Ansatzes sollten die Abhängigkeit der Menschenrechte anerkennen, schließlich kommen sie selbst nicht ohne ein Paradigma, wie z. B. das Grundgesetz, aus.[387]

Die Menschenrechtsorientierung stellt für die Großmaß zum einen eine klare Positionierung in der Professionalisierungs- und Eigenständigkeitsdebatte der Sozialen Arbeit zugunsten der Richtung dar, die sich weniger mit der Konzeption einer Wissenschaftsdisziplin befasst, sondern vielmehr mit den Fragen des Handelns und seiner professionellen Ausgestaltung.[388] Zum anderen versteht sie deren zentrales Anliegen in der normativen Legitimierung der Sozialen Arbeit als eigenständige Disziplin durch die Anerkennung der Menschenrechte als Referenzsystem: „Die fachliche Eigenständigkeit der Sozialen Arbeit ist dadurch gegeben, dass Soziale Arbeit die Menschenrechte als politischen, ethischen und inhaltlich-fachlichen Bezugspunkt gewinnt."[389] Allerdings betrachtet sie die Arbeitsbereiche der Sozialen Arbeit differenzierter und unterscheidet zwischen den Bereichen, in denen die Menschenrechte bereits in nationale rechtliche Kategorien überführt wurden, und denen, die aufgrund ihres internationalen Profils auf einer anderen Grundlage stehen. Dabei bezieht sie die Arbeit der NGOs als Teil des Systems Soziale Arbeit mit ein und erkennt Auswirkungen des Menschenrechtsdiskurses auf die NGOs.[390]

---

385 Vgl. Deutschen Kommission Justitia et Pax, 2013, S. 4 „Die Menschenrechte gründen auf der Annahme, dass alle Menschen ihr Leben frei und selbständig gestalten und darum grundlegende Chancen zu einem solchen Leben haben wollen. In der Perspektive der Menschenrechte heißt Freiheit, ein menschenwürdiges Leben führen und dies eigenständig gestalten zu können. Gleichzeitig beruhen die Menschenrechte darauf, dass alle Menschen gleichermaßen ihr Leben menschenwürdig gestalten wollen. Damit sind Freiheit und Gleichheit wechselseitig aufeinander verwiesen. Solidarität und Partizipation beinhalten wiederum, dass globale Probleme nur gemeinsam gelöst werden können und alle Menschen gleichermaßen hierzu verpflichtet sind. Dazu sind politische Institutionen und Verfahren notwendig, die gewährleisten, dass das Recht auf ein menschenwürdiges Leben gewährleistet wird. Menschenrechte stellen eine normative Basis für ein umfassendes Entwicklungsverständnis dar, in das besonders auch Friedens- und Nachhaltigkeitsaspekte integriert werden können. Unter den Menschenrechten werden dabei nicht nur die bürgerlich-politischen, sondern auch die wirtschaftlich sozialen und kulturellen Rechte verstanden, d. h. die Menschenrechte aller Generationen."
386 Faschingeder, Gerald, 2012, S. 03-3
387 Brieskorn SJ, Norbert, 2000, S. 36 f
388 Großmaß, Ruth, 2010, S. 21
389 A. a. O., S. 21
390 A. a. O., S. 33

Unzweifelhaft ergibt sich aus dieser Feststellung die Aufforderung an die Leitungsverantwortlichen in international tätigen NGOs, Lernprozesse innerhalb ihrer Organisationen zu etablieren bzw. zu forcieren, die es ermöglichen, die Umsetzung und Vertiefung dieser Menschenrechtsorientierung mit den Mitarbeitern im Dialog zu entfalten. Bringt man diese Anforderung zur Organisationsentwicklung mit dem Bild der ISA zusammen, das von Staub-Bernasconi entworfen wird, erkennt man die Dimension der Verantwortung bei der Steuerung dieses Lernprozesses. Zur Vielzahl der Facetten der Realität, mit der sich die ISA auseinanderzusetzen hat, gehören z. B. kulturell unterschiedliche Rechts-, Freiheits- und Gerechtigkeitskonzeptionen, religiöse Fragen, demokratisch-partizipative Kooperationsformen zwischen Vertretern verschiedener kultureller und struktureller Kontexte, Lobbying und Öffentlichkeitsarbeit.[391]

Im Kontext der hier untersuchten Fragestellung erscheint die Benennung der Fragen der religiösen Lebensorientierung und damit des interreligiösen Dialogs als ein wichtiges zukünftiges Feld relevant. Konsequenz für das interkulturelle Management dialogischer Entwicklungsarbeit ist es, sich mit den Paradigmen der kirchlichen Träger von ISA und EZ auseinander zu setzen. Dem trägt der interdisziplinäre Ansatz der vorliegenden Untersuchung Rechnung.

Zusammenfassend lässt sich feststellen, dass zunächst die Überwindung nationaler und damit auch kultureller Barrieren von Bedeutung ist, die Staub-Bernasconi nachhaltig mittels einer eindeutigen, in sich schlüssigen Argumentation gelingt. Eine derart verstandene Internationale Soziale Arbeit ist schließlich die erste Voraussetzung für den Aufbau internationaler Beziehungen mit dem Ziel der Generierung sozial-innovativer Entwicklungen[392] auf Grundlage der Erkenntnis der gegenseitigen Interdependenzen.[393]

---

391 Staub-Bernasconi, Silvia, 2003, S. 11
  In der überarbeiteten Fassung aus dem Jahr 2007 erweitert sie den Themenkanon u. a. noch um vergleichende Kontextstudien; anstatt Lobbying und Öffentlichkeitsarbeit fügt sie Konfliktschlichtung und Friedensarbeit hinzu, vgl. Staub-Bernasconi, Silvia, 2007, S. 441
392 Bereits 1990 publizierte Horst Sing unter dem Titel „Hilfe für die Armen in der Dritten Welt? Der Beitrag der katholischen Kirche in der Bundesrepublik Deutschland zur Bewältigung der „Internationalen Sozialen Frage"", zur gleichen Frage, allerdings unter Verwendung der damals einschlägigen Terminologie.
393 Nicht beachtet werden Staub-Bernasconis für die Soziale Arbeit relevanten Thesen zur Transnationalisierung.

2.3 Internationalität Sozialer Arbeit als Erkenntnispotential

Ausgangspunkt von Schweppes Beitrag zum Verständnis der ISA ist die Feststellung der Wirksamkeit globaler Prozesse auf die bisher vorwiegend nationalstaatlich konstituierte Soziale Arbeit und die daraus resultierende Einsicht, dass Soziale Arbeit „nicht unabhängig von Internationalität gedacht werden kann. Das Soziale kann zunehmend weniger verstanden werden, wenn es auf die nationale Ebene begrenzt wird, sondern nur, wenn die zunehmend internationale Verflechtung Berücksichtigung findet."[394] Zugleich warnt sie vor den Gefahren einer allzu naiven internationalen Kommunikation, die nicht selten scheitert, wenn die Akteure zwar über vermeintlich gemeinsame Gegenstände diskutieren, eine Verständigung aber dennoch oft nur schwer zustande kommt. Als Ursache dafür sieht Schweppe neue bzw. wieder auflebende dichotome bzw. asymmetrische Machtgefüge, in denen sich Rollenverständnisse[395] manifestieren, die dergestalt sind, dass „einige meinen zu wissen, zu können und zu haben und den anderen den Status der Unwissenden, Rückständigen, nicht Könnenden zuordnen und diese Rückständigkeit durch das eigene Können und Wissen meinen beheben zu müssen."[396] Im Gegensatz zur These von Beck, der von einer Vereinheitlichung der Lebensstile, kulturellen Symbole und transnationalen Verfahren ausgeht[397], versucht Schweppe vielmehr eine Durchmischung von Globalem und Lokalem, von Universellem und Partikularem zu belegen. Durch diese entstehen neue komplexe, vielfältige und differenzierte kulturelle und soziale Lebensformen und Problemlagen, die zugleich wesentlich zur Minderung der Relevanz nationalstaatlicher und damit einhergehend zur Steigerung der Bedeutung transnationaler Hilfsstrukturen beitragen.[398] Diese Konfrontation mit anderen, z. T. neu entstehenden Kontexten – die als fremd bezeichnet werden können – stellt das bisherige Ordnungssystem infrage und beinhaltet daher gleichzeitig ein wichtiges Potential zum Erkenntnisgewinn, aber auch zur Ablehnung des Außerordentlichen. Diese Ambivalenz lässt sich nur richtig aushalten und konstruktiv einsetzen unter der Prämisse „das Ich braucht den Anderen; ohne den Anderen wäre das Ich nicht denkbar. Er ist konstitutiv für das Ich und das Eigene."[399]

---

394 Schweppe, Cornelia, 2005, S. 575 f
395 In seiner langjährigen Arbeit mit Rückkehrern von Auslandspraktika hat der Autor einige Male – und das trotz guter Vorbereitungsphasen – erlebt, dass sich zunächst nahezu kolonialistische Mentalitäten antreffen lassen und diese einer intensiven Reflexionsphase bedürfen.
396 Schweppe, Cornelia, 2005 S. 576
397 Beck, Ulrich, Was ist Globalisierung, 6. Auflage, 1999, S. 81
398 Schweppe, Cornelia, 2005 S. 577
399 A. a. O., S. 578

Für Schweppe liegt das zentrale Erkenntnispotential internationaler Forschung, Kooperation und Begegnung in der Fokussierung der Differenz. Diese Differenz bietet die Option, Fremdes sowie Eigenes aufeinander zu beziehen und aus diesen Bezügen neue Perspektiven und Wissenszusammenhänge zu produzieren.[400] Die Differenzen unterschiedlicher Realitäten Sozialer Arbeit dienen als Erkenntnispotenzial, als Chance zur kontinuierlichen Weiterentwicklung und zu einem Prozess wechselseitigen Lernens. Auch Wagner betont die Möglichkeit der Verbesserung von Theorie und Praxis durch die Internationalisierung der SA, weil es dadurch gelingt, „das jeweils Vorhandene zu hinterfragen, andere Lösungsmöglichkeiten kennen zu lernen und damit die eigene Praxis konkreter zu bestimmen, bewährte Modelle zu übertragen und nicht zuletzt gemeinsam an der Verbesserung der fachlichen Grundlagen und gesellschaftlichen wie politischen Rahmenbedingungen zu arbeiten."[401] Wagner und Schweppe verwehren sich aber gegen eine simplifizierende Übertragung von Ansätzen. Vorherrschende Ambivalenzen dürfen nicht eliminiert werden im Sinne einer vorschnellen Nivellierung, Reduzierung bzw. Einpassung des Anderen in vertraute, eigene Systemlogiken.[402] Internationaler Austausch und internationale Forschung erhalten eine produktive Dimension, wenn sie der Vereinnahmung des Anderen entgegenwirken und so den Fortbestand von Differenzen ermöglichen. Auf dieser sensiblen Grundlage ereignet sich das Verstehen der kulturspezifischen Eigenheiten unterschiedlicher Auffassungen von normalem Leben, sozialen Problemlagen, abweichendem Verhalten, Hilfsbedürftigkeit und entsprechender Hilfsformen.[403]

Wesentlich für die Konstituierung von Gegensätzen sind die unterschiedlichen Kontexte. Erklärungs- und Handlungskonzepte der Sozialen Arbeit sind Schweppe zufolge „nicht orts-, zeit- und kulturunabhängig, sondern historisch entwickelt, gesellschaftlich produziert und kulturell überliefert."[404] Da die Soziale Arbeit in die soziale Wirklichkeit eingebettet ist, lässt diese sich als ihr Kontext bezeichnen, als der polypotente Sauerteig, aus dem sie sich entwickelt hat.

Ziel der Überlegungen von Schweppe im Bereich der ISA ist zum einen die Förderung eines komplexeren Verständnisses (inkl. Begriffen und Perspektiven) von Sozialer Arbeit – resultierend aus der Erkenntnis der Gemeinsamkeiten und Differenzen bezüglich der Sozialen Arbeit in verschiedenen Kulturen und Teilen der Welt. Zum zweiten geht es ihr um eine Relativierung der im

---

400 Vgl. A. a. O., S. 579
401 Wagner, Leonie, 2015, S. 89
402 Schweppe, Cornelia, 2005, S. 578 f; Wagner, Leonie, 2015, S. 89
403 Schweppe, Cornelia, 2005, S. 580
404 A. a. O., S. 580

eigenen Kontext gefundenen, nationalstaatlich geformten Selbstverständlichkeiten. Drittens will sie eine Perspektivenerweiterung in Gang setzen, die dazu beitragen soll, die andauernde „Begrenztheit und Borniertheit der eigenen kulturellen, sozialen und gesellschaftlichen Hintergründe zu überwinden"[405]. Dies gelingt, indem auch „Elemente aus dem Bedeutungsverständnis anderer Kulturen"[406] integraler Bestandteil des Denkens werden. Oder, um es weniger mit der Konnotation von Macht- und Beherrschbarkeit auszudrücken, weil es gelingt, die Dinge aus der Perspektive der Anderen zu betrachten und deren Antworten als gleichwertig anzuerkennen. Diese Erweiterung der Weltsicht über den Horizont der eigenen Kultur hinaus entzieht allen Antworten ihre verabsolutierenden Geltungs- und Wahrheitsansprüche.[407]

Als weitere Voraussetzung – neben dem Bemühen um diesen Perspektivwechsel – für ein besseres Verständnis der Kontextualität postuliert Schweppe eine Zurückhaltung, die neue Sachverhalte nicht primär aus der begrenzten Perspektive des bisher bekannten betrachtet. Stattdessen soll versucht werden, die Beurteilung der Sachlage auf Grundlage authentischer Informationen und von Selbstaussagen der Betroffenen vorzunehmen.[408] Als dritte und letzte Voraussetzung bezeichnet Schweppe – analog zu den Prinzipen der qualitativen Sozialforschung – „symmetrische, transparente und vertrauensvolle Kommunikationsstrukturen."[409]

Greding untersuchte die Reichweite des u. a. von Schweppe[410] vertretenen Verständnisses von ISA. Zunächst handelt es sich für ihn um eine Anpassung an die Arbeitsweise anderer wissenschaftlicher Disziplinen im Sinne einer Öffnung des wissenschaftlichen Diskurses. Folge dessen ist allerdings nicht nur eine Erweiterung des Kreises der Diskutanten. Speziell für die deutschsprachige Theoriebildung und Forschung in der Sozialen Arbeit bringt dieses Verständnis eine Hinwendung zu einzelnen Gegenstandsbereichen und deren Forschungsfragen mit sich.[411] Zugleich bedeutet es das Ende der Fokussierung auf die „großen Erzählungen".[412] Der Vorteil der Befassung mit konkreten Fragestellungen und darauf bezogenen Objekttheorien liegt für Greding in der leichteren Herstellbarkeit von erkenntnisfördernden internationalen Bezügen. Wie in anderen wissenschaftlichen Feldern auch sei diese Herangehensweise geeignet, um Ansatzpunkte für die Wahrnehmung von Gemeinsamkeiten und Differenzen zu

---

405 A. a. O., S. 586
406 A. a. O., S. 586
407 A. a. O., S. 585
408 A. a. O., S. 583
409 A. a. O., S. 584
410 vergleichbar auch bei Borrmann, Stefan; Klassen, Michael; Spatscheck, Christian, 2007
411 Greding, Daniel, 2012, o. S.
412 Wilhelm, Elena, 2006, S. 37–46

definieren. Daraus ergeben sich die Möglichkeiten, das Besondere der eigenen Konzepte zu bekräftigen oder diese auf der Grundlage des beim Anderen erkannten weiter zu entwickeln. Gemeinsam können Alternativen zum bisherigen und ganz neue Richtungen erarbeitet werden.[413]

Festzuhalten ist, dass Schweppe mit ihren Ansätzen zum Dialog innerhalb der Profession den Ausführungen zu den Grundlagen eines gelingenden interpersonalen Dialogs nach Buber sehr nahe kommt. Dies kann als Indiz für die Anschlussfähigkeit und Relevanz ihrer Theorie – besonders ihrer Überlegungen zur Kontextualität – für die Suche nach interdisziplinären Zugängen und Operationalisierungen eines dialogischen Managements interkultureller Lernprozesse gewertet werden. Eine Zusammenfassung für ihr Verständnis von ISA, das einem permanenten Lernprozess gleicht, liefert Schweppe selbst: „Das Vertrautwerden mit anderen, neuen Antworten ermöglicht Neues, Anderes, Fremdes, noch nicht Bekanntes zu erfahren. Dies kann zur Selbsterweiterung und zur Erweiterung von Weltsichten führen, weil dem bisherigen Selbst und der bisherigen Weltsicht Neues zugeführt wird."[414]

2.4   Soziale Arbeit des Südens

Rehklau und Lutz[415] verweisen mit ihrer Publikation „Sozialarbeit des Südens"[416] auf den Bedarf einer kulturdifferenzierten bzw. kontextbezogenen Sichtweise der Sozialen Arbeit. Sie interpretieren die Professionalität und Verwissenschaftlichung des Helfens als ein kulturelles Phänomen der Moderne des Nordens, das deshalb auch nur über eine relative Perspektive verfügt, weil die Moderne Freiheit, Vielfalt und Selbstbestimmung betont. Das impliziert die Legitimität der Frage nach anderen Formen der Moderne und des Helfens, wobei diesen potentiellen oder realen anderen Ausprägungen der gleiche Platz einzuräumen ist. Einen Automatismus zur Übertragung des modernen nördlichen Konstrukts von Sozialer Arbeit als Dienstleistungssystem lehnen sie ab und bewerten ein derartiges Vorgehen als nicht kultursensibel.[417] Es kann ihrer Ansicht nach andere Formen des menschlichen Verhaltens geben, die auf anderen kulturellen Grundlagen beruhen und andere Formen des Helfens kennen.

---

413 Greding, Daniel, 2012, o. S.
414 Schweppe, Cornelia, 2005 S. 585
415 Der Artikel „Sozialarbeit des Südens. Chancen, Dialoge und Visionen" aus dem Jahr 2007 wurde in überarbeiteter Form 2009 nochmals veröffentlicht unter der Überschrift „Partnerschaft oder Kolonialisation? Thesen zum Verhältnis des Nordens zur Sozialarbeit des Südens".
416 Rehklau, Christine; Lutz, Roland, 2007c
417 Rehklau, Christine; Lutz, Roland, 2007a, S. 9

Darum ist die moderne Form der Sozialen Arbeit des Nordens nur als *eine* mögliche Form zu betrachten.[418]

Rehklau/Lutz betrachten die Einführung der von europäischen bzw. amerikanischen Konzepten geprägten Sozialen Arbeit in den Ländern Asiens, Afrikas und Lateinamerikas weitgehend als Import im Kontext der Kolonialisierung und später der EZ.[419] Die Vorstellungen des wirtschaftlich und militärisch überlegenen Nordens bezüglich Sozialer Arbeit seien in vielen Ländern des Südens als Folge von Unterwerfungsprozessen verwirklicht worden und hätten die dortigen eigenständigen Muster im Sinne einer neokolonialen Dominanz nahezu vollständig verdrängt.[420] Demzufolge wurde die Soziale Arbeit theoretisch und methodisch praktisch vollumfänglich von außen implementiert und nicht in einem wechselseitigen Prozess indigenisiert. Als Ursache dafür kann die Vorstellung angesehen werden, die Länder dieser Kontinente würden sich den entwickelten Gesellschaften im Norden angleichen.[421] Deshalb benötigten sie identische Antworten auf ihre identischer werdenden Problemlagen. Zum anderen folgt dieser Trend der Intention, das Bewusstsein und die Ideen der Akteure im Süden zu kolonialisieren.

Indigenisierung verstehen Rehklau und Lutz als eine prozesshafte Form der Anpassung, wobei importierte Ideen und Praktiken modifiziert werden, um sie dem lokalen kulturellen Konzept anzupassen.[422] Diese Decodierung wird seit Längerem in vielen Sozialarbeitskulturen im Süden geleistet, mit dem Ziel „über die Reflexion eigener Wurzeln zu autochthonen Antworten auf eigene Probleme zu kommen, um eben im Prozess der Indigenisierung eigene, kulturtypische Fragestellungen und Problemlösungen zu entwickeln. Dabei stehen Entwicklung und Befreiung im Zentrum."[423] Sowohl die Indigenisierung als auch die Authentisierung, bei der die Gestaltung bestehender sozialarbeiterischer Praxis „am besten ganz von vorne angefangen werden"[424] soll, verbinden jedoch die Forderung nach kontextbezogenen, also pluralen, jeweils eigenständigen Entwicklungen in der professionellen Sozialarbeit des Südens (unter der Prämisse, die lokalen Rahmenbedingungen stärker zu fokussieren) mit dem Ziel der „Entwicklung von angemessenem/geeignetem/adäquatem Wissen,

---

418 A. a. O. S. 12 f
419 Rehklau, Christine; Lutz, Roland, 2007b, S. 26
420 Rehklau, Christine; Lutz, Roland, 2007a, S. 14
421 Vgl. die gegenwärtige Diskussion um Konvergenzen innerhalb der Sozialen Arbeit in Europa.
422 Vgl. Rehklau, Christine; Lutz, Roland, 2007b, S. 30
423 Rehklau, Christine; Lutz, Roland, 2009b, S. 243 f
424 Rehklau, Christine; Lutz, Roland, 2009a, S. 45

Methoden und Verfahren, welche mit lokalen Bedingungen und Bedürfnissen vereinbar sind."[425]

Die seit einigen Jahren etablierte Sozialarbeit des Südens hat sich mit praktischen Lösungsversuchen von besonderen Problemlagen (z. B. Armutsbekämpfung, bewusstseinsbildende und befreiende Bildungsarbeit) und von spezifischen – in der nördlichen Sozialarbeit kaum bekannten – Zielgruppen, wie z. B. Straßenkindern sowie dem Gender-Aspekt beschäftigt. Daneben erfolgte eine begleitende theoretische Auseinandersetzung, die weitaus stärker als die Ansätze der nördlichen Sozialarbeit an Ressourcen und Gestaltungsfähigkeiten des Gemeinwesens, z. B. an Modellen von Nachbarschaftshilfe, ansetzt. Damit entgeht die Sozialarbeit des Südens der in der anglophonen Sozialen Arbeit vorherrschenden Verengung auf Einzelfallhilfe. Entwicklungsarbeit des Südens wird im weiteren Sinne als Entwicklung des Sozialen, also der ökonomischen, sozialen und kulturellen Lebenswelten der Menschen verstanden.[426]

Mit ihrem anthropologischen Zugang ermöglichen Rehklau und Lutz einen international und damit auch kulturell vergleichenden Blick auf unterschiedliche Traditionen und Inhalte des Helfens. Aus der Auseinandersetzung mit anderen Kulturen Sozialer Arbeit erhoffen sie sich eine Verbesserung der Erkenntnisse bezüglich der eigenen. Gegen ein naives und allzu mechanisches Bild des Voneinander-Lernens im Sinne von Kopierens gewandt, weisen sie auf den eigentlichen Lernprozess und Lerninhalt hin. Es geht um die Relativierung der eigenen Konzepte, das Erkennen der kulturellen bzw. kontextuellen Bedingtheiten derselben und die Weitung des Horizonts durch den Dialog mit anderen. Diese Selbstreflexion in Verbindung mit neuen Impulsen steht im Mittelpunkt ihres Verständnisses von Lernen.[427] An anderer Stelle erweitern Rehklau und Lutz die Ausführung bezüglich des Lernens vom Süden: „Vom Süden lernen heißt deshalb auch das Denken in Unterschieden zu entwickeln – dies ist ein Plädoyer gegen eine Vereinheitlichung der Welt (…) gegen alle Versuche eine Theorie für Alle zu finden, es ist eine Aufforderung zur Kreation von Offenheit und Vielfalt."[428]

Zu den Beteiligten am Lernprozess und dessen Verknüpfung mit sozialer Entwicklung führen sie aus: „Wenn Entwicklung ein Prozess ist, dann ist die Konfrontation mit der ‚Sozialarbeit des Südens' ein Lernprozess für alle Akteure."[429] Dieses zirkuläre Modell der Lernprozesse innerhalb der ISA findet sich auch bei Straub. Ihrer Ansicht nach beginnt die Soziale Arbeit im Norden

---

425 Rehklau, Christine; Lutz, Roland, 2007b, S. 31
426 Rehklau, Christine; Lutz, Roland, 2009a, S. 40 f
427 Rehklau, Christine; Lutz, Roland, 2007a, S. 16
428 Rehklau, Christine; Lutz, Roland, 2009a, S. 52
429 Rehklau, Christine; Lutz, Roland, 2009b, S. 243

von den Praktiken und Konzepten der früheren Schüler in den ehemaligen Kolonien und dort lebender indigener Gemeinschaften zu lernen.[430]

Salustowicz wendet sich gegen eine einseitig positive Betrachtung von Ethnisierungstendenzen in der Sozialen Arbeit, wie sie Rehklau und Lutz vertreten. Unter Ethnisierung versteht er „die Anpassung der Sozialen Arbeit an die lokalen Besonderheiten."[431] Seine wesentliche These dazu lautet: „Das Problem der Ethnisierung der Sozialen Arbeit besteht darin, dass wir keine ausreichenden Erkenntnisse darüber haben und dass die Implementierung der kulturellen Muster (z. B. Interventionstechniken in der so genannten Ersten Welt) sich keineswegs immer dysfunktional erweist."[432] Er sieht in der Ethnisierung eine doppelte Reaktion auf die u. a. von Rehklau und Lutz beschriebene Kolonialisierung, wobei diese Reaktion zum einen eher symbolisch – als Gegenbewegung zum real feststellbaren Machtverlust des Nationalstaats – zum anderen eher rational – wegen der Erfahrungen in der Geschichte der Entwicklungshilfe – begründet ist. Diese Erfahrungen haben ihren Kern in der häufig dokumentierten Tatsache, „dass eine mechanische Anwendung von Lösungen aus der sog. Ersten Welt, ohne die Berücksichtigung lokaler Besonderheiten, sich eher dysfunktional auswirkt".[433] Allerdings steht diese Aussage über die feststellbare Dysfunktionalität in der EZ im Gegensatz zu seiner vorherigen, wonach sich Implementierungen von nördlichen Strategien keineswegs immer als dysfunktional erweisen.

Weiterhin erkennt Salustowicz in letzter Zeit „trotz der räumlich-kulturellen Unterschiede eine Reihe von bemerkenswerten Gemeinsamkeiten"[434]. Allerdings bleibt trotz der Schnittstellen die Frage offen, wann „die offensichtlich existierenden Gemeinsamkeiten in den Hintergrund treten und im Falle der internationalen Begegnung die regionalen Besonderheiten Kommunikation, Austausch, bzw. Kooperation bestimmen."[435] Er beschreibt – ganz im Sinne der Überlegungen von Straub, Schweppe sowie Rehklau und Lutz – die wechselseitigen kreativen Erkenntnis- und Lernchancen in der Begegnung relativ gleichgestellter Akteure als eine Lösung dieser Frage.[436] Die Lernprozesse sind keine Einbahnstraßen mehr, sondern Prozesse, in denen dialogisch der konstruktive Umgang mit dem Wissen des Anderen erfolgt.

Fazit ist, dass sich bei Rehklau und Lutz für die Frage des Interkulturellen Lernens – z. B. in Bistumspartnerschaften – und dessen dialogischen Manage-

---

430 Vgl. Straub, Ute, 2012, S. 48–55
431 Salustowicz, Piotr, 2009, S. 64
432 A. a. O., S. 66
433 A. a. O., S. 64 f
434 A. a. O., S. 64
435 A. a. O., S. 64
436 A. a. O., S. 66

ments eine These findet, die die Genese neuer Partnerschaften als Folge des Dialoges prognostiziert, z. B. in Form des Auftretens weiterer Akteure auf anderen Ebenen, wenn diese durch kommunikative und Mitwirkung ermöglichende Strukturen in die Kooperation einbezogen werden: „In diesem Dialog liegt zugleich die Chance des Lernens vom Anderen; daraus aber können sich neue Partnerschaften begründen."[437] Die existierenden Bistumspartnerschaften wurden i. d. R. weit vor dem Beginn von organisierten dialogischen Lernprozessen gegründet. Auch für die Verknüpfung mit den missionstheologischen Gedanken im nächsten Kapitel ist die These von Rehklau und Lutz zur Behebbarkeit der Begrenztheit des eigenen Horizontes und der eigenen Handlungen durch den damit intendierten Dialog wichtig.[438] Außerdem können die Überlegungen von Rehklau und Lutz förderlich sein, um die Motivation zu interkulturellen Lernprozessen zu steigern, weil diese einen doppelten positiven Effekt implizieren: für die Lernpartner in Norden mehr Selbsterkenntnis und für die Lernpartner im Süden mehr Autonomie und (zumindest symbolische – im Sinne Salustowicz) Würdigung ihrer eigenen Wege. Und schließlich bildet der Gemeinwesen-orientierte Ansatz der Sozialarbeit des Südens einen Ansatz für die kirchliche EZ und deren Ziele.

Es ist zudem sehr beachtenswert und für die vorliegende Arbeit von Bedeutung, dass Salustowicz in der argumentativen Auseinandersetzung mit der Sozialarbeit des Südens ausdrücklich die kritisch reflektierte Praxis der Entwicklungshilfe als Begründung für die Neuausrichtung der ISA heranzieht, weil dadurch auch die Verbindung von Paradigmen der EZ und der ISA in diesem Kapitel legitimiert wird.

2.5 Soziale Arbeit in der Entwicklungszusammenarbeit

Hecker stellt eine Verbindung zwischen postmoderner Sozialer Arbeit, Luhmanns funktional-struktureller Systemtheorie und der EZ her. In seiner Begründung für den Perspektivwechsel hin zu einer globalen Perspektive der Sozialen Arbeit bleibt er jedoch hinter Erath und Sing[439] sowie Schweppe[440] zurück, weil er hierfür lediglich „die Folgen eines modernen Zeitgeistes"[441] verantwortlich macht und seine Leitidee, die Soziale Arbeit in die EZ zu implementieren.

---

437 Rehklau, Christine; Lutz, Roland, 2007a, S. 15
438 A. a. O., S. 16
439 Vgl. Kapitel 2.0
440 Vgl. Kapitel 2.3
441 Hecker, Sebastian, 2010, S. 43

Kennzeichen der professionellen ISA sind für ihn die institutionelle Vernetzung und ein globaler Prozess der Kommunikation, des Austauschs, der Unterstützung und des voneinander Lernens. Grundlage dieses Prozesses ist das Prinzip der Partnerschaft und des beiderseitigen Respekts auf der Basis der Einheit in der Verschiedenheit. Hecker erkennt darin eine Chance, die Potentiale der ISA als Erkenntnisquelle zu erschließen.[442] Die Auseinandersetzung mit Fragen der ISA bedeutet für Hecker demnach eine unvermeidliche prozesshafte Konfrontation mit Pluralität, Differenz, Komplexität und Ambivalenz. Trotz weltweiter Interdependenzen akzeptiert die ISA in der Postmoderne in Anbetracht der gesellschaftlichen und globalen Heterogenität diese Differenz und versteht sie als positiven Wert – als Entwicklungsmöglichkeit, Chance und Freiheit.[443]

Aus diesem Grund eignet sich Hecker zufolge eine „postmoderne Profession Sozialer Arbeit, die sich systemisch-konstruktivistischer Konzepte und Methoden bedient, für eine Ergänzung des interdisziplinären Berufszweigs der Entwicklungszusammenarbeit."[444] Im Sinne einer postmodernen systemisch-konstruktivistischen Haltung kann es für Hecker keine einheitliche Soziale Arbeit geben.[445] Differenziert setzt er sich mit der Möglichkeit des Einsatzes von Sozialarbeitern aus dem Norden in der einer Suche nach möglichen neuen Potentialen.[446]

Aufgrund seiner Literatur-Recherche begründet Hecker die Relevanz der Sozialen Arbeit für die EZ anhand von sechs Merkmalen: (1) die soziale Dimension der EZ, (2) die Ausbildung der Sozialarbeiter als spezialisierte Generalisten und (3) Kommunikationsexperten, (4) die Etablierung der Sozialen Arbeit als gesellschaftliches Funktionssystem und (5) als Profession sowie (6) die Postmoderne als wahrnehmbar weltgesellschaftliches Faktum.[447]

In Bezug auf das hier vorliegende Forschungsinteresse lässt sich als Fazit ableiten, die postmoderne Profession der Sozialen Arbeit könne und solle als ein legitimer Akteur im Interkulturellen Dialog vertreten sein. Aufgrund der Expertise im Bereich der Kommunikation und der grundsätzlichen Generalität ist näher zu prüfen, ob diese Präsenz auch im Management derselben begründet ist.

Die Sozialwissenschaften sollten darüber hinaus als Teil der EZ etabliert sein, weil man sozialen Wandel – als Teil des globalen Entwicklungsprozesses – als eine prozesshafte Transformation jeder komplex-verflochtenen gesellschaft-

---

442 A. a. O., S. 60
443 A. a. O., S. 39
444 A. a. O., S. 10
445 A. a. O., S. 125
446 A. a. O., S. 92
447 A. a. O., S. 93 f

lich-sozialen Konstruktion, bezogen auf deren grundlegende institutionelle Organisationsform, die kulturellen Weltinterpretations- und Gestaltungspräferenzen und den daraus resultierenden sozialen Interaktionen und Bewusstseinsinhalten verstehen kann. So können Veränderungen gesellschaftlich-kultureller Makrostrukturen, z. B. die Rolle der Frauen, durch Veränderungen der säkularen Erwerbsarbeitsformen erkennbar werden. Aus dieser Perspektive liegt die Interpretation sozialen Wandels als evolutionärer Prozess und nicht als radikaler Neustart nahe. Die Ursachen für diese Entwicklung können u. a. in einer Abnahme der Machtdistanztoleranz (vgl. Kapitel 6.1.1.1), im Empowerment bisher schwacher gesellschaftlicher Akteure oder im Wirken interdisziplinär- und interkulturell kompetenter Entscheidungsträger in Institutionen liegen[448]. Aus dieser Sicht werden auch Religionen als Akteure sozialer Gestaltung zu einem Partner der ISA und der EZ (vgl. Kapitel 3).

Eine weitere Akzentuierung als Katalysator globaler sozialer Entwicklung und damit auch innerhalb der EZ erfährt die Soziale Arbeit im Kontext der „Social protection floor"[449]-Initiative (SPF bzw. SPF-I) von Fink. Diese vertritt die These, durch das SPF-Konzept läge ein globaler sozialpolitischer Ansatz zur Förderung integrierter Strategien für die Bereitstellung des Zugangs zu grundlegender sozialer Integration, für die Linderung von Armut und die Förderung von Gleichheit vor. Die Rolle der Sozialen Arbeit innerhalb der erst relativ neu entwickelten SPF-I ist laut Fink noch nicht ausreichend bzw. abschließend erforscht; dennoch ist sie aus ihrer Sicht wichtig, weil diese Profession in vielen Ländern wesentlich zum Empowerment der Bevölkerung, v. a. der Frauen und zivilgesellschaftlicher Organisationen beiträgt, damit diese eigenständig Lobbyarbeit für ihre Interessen machen und Anwaltschaft für sich selbst übernehmen. Die daraus resultierende Sozialgesetzgebung, Maßnahmen und Institutionen werden sich stärker an der Akzeptanz der eigentlich Betroffenen ausrichten und deren Notlagen effektiver bekämpfen. Die zweite Aufgabe der Sozialen Arbeit ist laut Fink auf der gesellschaftspolitischen Ebene zu finden und liegt z. B. in der gezielten Schulung von Mitarbeitern von Dachorganisationen, damit sich diese qualifiziert in die politische Diskussion um die soziale Grundsicherung einbringen können.[450]

Die Bedeutung von Finks Überlegungen liegt zum einen in der Positionierung der ISA als sozialpolitische Akteurin und zum anderen in der reflexiven Betrachtung der Machtstrukturen u. a. in den Organisationen, die soziale Unterstützung ermöglichen bzw. auch deren Grenzen definieren.

---

448 Pries, Ludger, 2014, S. 183–221
449 Fink, Nicole, 2013, S. 18–21
450 A. a. O., S. 19 f

2.6 Transnationale Soziale Arbeit als Entwicklungszusammenarbeit

Homfeldt und Schmitt greifen in ihrem Entwurf der Sozialen Arbeit als EZ auf den Transnationalismus-Ansatz zurück, in dessen subjekt- und handlungsorientierter Perspektive „sich globale Verflechtungsentwicklungen mit akteurspezifischen Alltagsrealitäten"[451] verbinden. „Dabei verlieren jene globalen Dimensionen individueller Praktiken nicht ihre territorialen Bezugspunkte, d. h. Globalität und Lokalität werden durch ihre Verbindung zu global-local-links".[452]

Ausdrücklich sei an dieser Stelle an den – gegen ein zu undifferenziertes Gleichsetzen von Kultur und Nationalstaat gerichteten – Einwand von Homfeldt und Schmitt erinnert, wonach Kultur- und Identitätsvorstellungen nicht immer automatisch an einen Nationalstaat gekoppelt sein müssen.[453] Wenn also im Folgenden von Kultur gesprochen wird, soll das nie einer absoluten Gleichsetzung mit Nation entsprechen und umgekehrt. Aus diesem Grund plädiert das Autorenpaar auch für eine Abwendung von dem Begriff der Internationalen Sozialen Arbeit und orientiert sich mehr am Begriff des Transnationalismus. Gemäß seiner Hypothese kann das Wissenschaftsfeld der Sozialen Arbeit durch die Transnationalisierung auf der einen Seite jene sozialen Probleme, die sich außerhalb des Gestaltungsbereiches eines Staats finden, besser erfassen und auf der anderen Seite zugleich den Bedeutungsverlust der Nationalstaaten zutreffender abbilden.[454]

Homfeldt/Schmitt gehen mit Schweppe, Rehklau/Lutz und Hecker konform in der Beurteilung des sich augenblicklich etablierenden Internationalisierung-Paradigmas in der Sozialen Arbeit. Sie diagnostizieren eine Überschreitung der bisherigen westlichen Konzept-Dominanz. Gegenwärtig gehe es darum, den Blick auf die Sozialarbeit des Südens sowie auf inter- und transnationale Dimensionen Sozialer Arbeit zu weiten. Hierdurch können neben der Fokussierung auf die Einzelfallhilfe auch Dependenzen von Mikro-, Meso- und Makroebene aufgearbeitet werden.[455] In den meisten Ländern des Südens ist Soziale Arbeit alltagsorientierte Entwicklungsarbeit, die vorrangig Gemeinwesen befähigt, für sich selbst zu sorgen. Homfeldt und Schmitt stellen damit Bezug zum *social development* her, weil durch die Teilhabe aller am Diskurs die Soziale Arbeit jenseits wohlfahrtsstaatlicher Handlungslogik und Zuständigkeit auf lokaler Ebene verortet wird.[456] Eine kritisch-analytische Betrachtung der ein-

---

451 Homfeldt, Hans Günther; Schmitt, Caroline, 2011, S. 4
452 A. a. O., S. 4
453 A. a. O., S. 15
454 A. a. O., S. 15
455 Vgl. Homfeldt, Hans-Jürgen; Schmitt, Caroline, 2011, S. 13
456 Vgl. A. a. O., S. 17 f

flusshabenden strukturellen Mächte[457] auf drei Ebenen ist dabei eine Ergänzung des Capability-Ansatzes, der vor allem die Ressourcenausstattung von Akteuren auf der Mikroebene in den Mittelpunkt rückt.[458] Diesen als agency-Theorien bezeichneten Ansätzen geht es um Prozesse zur Stärkung der Handlungspotenz von Gemeinwesen und um Transitionsphasen sozialer Konstellationen und sozialer Netzwerke sowie deren gesellschaftlich-politische Vorortung.[459] Als Aufgabe transnationaler Sozialer Arbeit definieren Homfeldt und Schmitt die „Identifizierung und Analyse agency-hinderlicher Strukturen auf disziplinärer, wie die Schaffung agency-förderlicher Strukturen auf professioneller Ebene."[460]

In diesem Zusammenhang kommt den NGOs – und hierbei natürlich in besonderem Maße den NGOs, die sich überstaatlich organisieren – eine wichtige Bedeutung in der Sozialen Arbeit zu, weil sie in ihrer Anwalt- und Lobbyfunktion in Zusammenarbeit mit lokalen Partnerorganisationen die Fragen von Armutsbekämpfung und Migration auf die globale Tagesordnung zu setzen vermögen. Durch die transnationalen Kooperationsprozesse der zivilgesellschaftlichen Akteure entstehen neue Netzwerke, die es der ISA auf Ebene der Praxis und der Forschung ermöglichen, sich intern als globale Menschenrechtsprofession zu erfahren und nach außen als solche darzustellen.[461]

Von besonderer Bedeutung ist im Kontext der untersuchten Fragestellung neben der Bezugnahme auf Staub-Bernasconis Menschenrechtsprofessions-Konzept die Aussage, die nichtstaatlichen, überstaatlich agierenden Akteure würden zur Wirksamkeit ihrer Programme die Kooperation mit lokalen Partnern benötigen. Die Feststellung der Parallelität dieses Strukturmodells mit dem Konzept von weltkirchlichen Bistumspartnerschaften, bei denen je eine Ortskirche im Süden und eine Ortskirche im Norden sich als Partnerorganisationen begreifen und zusammen Projekte der weltkirchlichen Solidarität durchführen, ist sehr wichtig, denn erst diese „Vernetzung über Ländergrenzen hinweg schafft die Ausgangslage, global zusammenhängende Problematiken ganzheitlich betrachten und angehen zu können."[462] Im Sinne Heckers handelt es sich für Homfeldt und Schmitt bei den transnationalen NGOs um attraktive Handlungsfelder für professionelle Sozialarbeiter.[463] Damit könnten in Kombination mit der Parallelitätsfeststellung im Bereich kirchlicher internationaler Kooperationen neue Tätigkeitsfelder erschlossen werden.

---

457 Homfeldt, Hans-Jürgen; Schmitt, Caroline, 2011, S. 13
458 Sen, Amartya, 1999, S. 30–53
459 Homfeldt Hans Günther; Schröer, Wolfgang; Schweppe, Cornelia, 2008, S. 224
460 Homfeldt, Hans-Jürgen; Schmitt, Caroline, 2011, S. 13
461 A. a. O., S. 11
462 A. a. O., S. 11
463 Vgl. a. a. O., S. 11

Die Übertragung des dialogischen Prinzips, das in anderen Teilen der Sozialen Arbeit bereits Anwendung findet[464], auf den Bereich der EZ bzw. transnationalen Sozialen Arbeit wollen Homfeldt und Schmitt durch Forschung und Praxis realisieren.[465] Die Rolle der Sozialen Arbeit auf Grundlage des dialogischen Prinzips innerhalb der EZ in Zeiten der fortschreitenden Globalisierung kommt durch die Beschäftigung mit helfenden Netzwerken auf Mikro-, Meso-, und Makroebene zum Tragen.[466]

In dieser Definition manifestiert sich die schon dargestellte Verbindung von Agency- und Capability-Ansatz; es geht nicht um Soll-Vorstellungen, sondern um die Analyse der Potentiale der Akteure und die strukturellen Rahmenbedingungen sowie die jeweiligen Netzwerkstrukturen.[467] Als dialogisch zu bezeichnen wäre hierbei der Umstand, dass durch die gemeinsame Betrachtung bei einem Ansatz ein Defizit erkannt wird und dieser im Sinne eines Lernprozesses um einen Aspekt eines anderen Ansatzes ergänzt wird.

Weitere Beispiele für die dialogische Ausrichtung der EZ auf den drei verschiedenen Ebenen nach Homfeldt und Schmitt lassen sich grafisch wie folgt darstellen:[468]

Abbildung 2: Ebenen dialogischer Ausrichtung der EZ nach Homfeldt/Schmitt

Mikroebene:	Anliegen, Deutungsmuster und Lebenswirklichkeiten der lokalen Akteure begreifen lernen, anerkennen und reflektieren. Verwendung erzählgenerierender Methoden, bei denen die Akteure zu Wort kommen.
Mesoebene:	Kooperationen von NGOs mit lokalen Partnern werden dialogisch ausgerichtet, asymmetrische Machtgefüge abgebaut. Gegenseitiges Lernen der Organisationen.
Makroebene:	Kooperation der Sozialen Arbeit mit Politik und Wirtschaft, um erweiterte Handlungsspielräume auf gestaltender Ebene zu erzeugen ist Inhalt und Methodik.

Zusammenfassend lässt sich feststellen, der unmittelbarste und wesentlichste Effekt der Implementierung des dialogischen Prinzips in die transnationale Soziale Arbeit ist für Homfeldt/Schmitt die Festigung bestehender und die Generierung neuer Netzwerke, weil diese Handlungsspielräume schaffen. So können national und international nicht behebbare Problemlagen durch entsprechende entlastende Prozesse reduziert werden.[469]

---

464 Krause, Hans-Ulrich; Rätz-Heinisch, Regina, 2009a, S. 7–19
465 Vgl. Homfeldt, Hans-Jürgen; Schmitt, Caroline, 2011, S. 19
466 A. a. O., S. 18
467 A. a. O., S. 18
468 A. a. O., S. 19
469 A. a. O., S. 19

Kniffki formuliert bei dem Versuch, einen Referenzrahmen für die transnationale Soziale Arbeit zu erstellen, eine Typisierung derselben. Um den gegenwärtigen Aufgaben zu entsprechen hält er eine unabhängig vom jeweiligen kulturellen, politischen und ökonomischen Kontext flexibel agierende und diese Rahmenbedingungen dennoch berücksichtigende Soziale Arbeit für unerlässlich. Zudem muss sie über theoretische und ethische Grundlagen verfügen, die eine gewisse Praxis begründen und andererseits durch dieselben Grundlagen innovative Ansätze hervorzubringen vermag.[470] Im Gegensatz zu Homfeldt/Schmitt vertritt Kniffki demnach eine dem dialogischen Prinzip diametral gegenläufige Ansicht, die in der Legitimation zur Selbstautorisierung kulminiert. Ohne Dialoge mit dem nationalstaatlichen bzw. zivilgesellschaftlichen Bezugsrahmen und den ethischen Instanzen und ohne disziplinäre Bemühungen ist seiner Ansicht nach die Soziale Arbeit berechtigt, sich selbst zu beauftragen, weil diese Bezugsgrößen für die gegenwärtigen Herausforderungen über keinerlei Relevanz mehr verfügen. Die Soziale Arbeit kann diesem Dilemmata nur entkommen, wenn sie erkenntnis- und handlungstheoretisch sowie praxisbezogen und zumindest ergebnisoffen bleibt.[471] Ein derartiges Verständnis kann in letzter Konsequenz zum Ende jeglicher interdisziplinärer Dialoge und der Anschlussfähigkeit eines Ansatzes bzw. eines Disziplin führen. Für die vorliegende Fragestellung lassen sich daraus keine konstruktiven Ableitungen treffen. Dagegen öffnen Kniffkis Formulierungen u. a. zur „Umweltgerechtigkeit"[472] den Diskurs mit der Theologie um die ökologische Sorge für das gemeinsame Haus.[473] Die Fragen der Sozialen Arbeit rücken in die Nähe des Weltgemeinwohls sowie der globalen Transformation[474]. Es lassen sich zudem Querverweise auf die neuesten Zielformulierungen in der EZ herstellen.

Fazit dieses Unterkapitels ist, dass Homfeldt und Schmitt die zuvor diskutierten Ansätze (Menschenrechtsprofession, Erkenntnispotential, Decodierung der Nord-Konzepte, Soziale Arbeit in der Entwicklungszusammenarbeit) aufgreifen und bündeln. Ihr Ansatz ruht auf der Annahme, das Wissen und die Handlungsformen der Sozialen Arbeit müssten sich zukünftig – z. B. aufgrund globaler Migrationsbewegungen – von nationalstaatlichen, gesellschaftlichen, engen sozialräumlichen und geographischen Konzepten und Theorien lösen, um neue transnationale Problemlösungsprozesse lernen bzw. entwickeln zu können. Die weltkirchliche Lerngemeinschaft erhält wichtige nicht-theologische Begründungen und Impulse, z. B. in Form des Vernetzungsgedankens, der

---

470 Kniffki, Johannes, 2010, S. 108
471 A. a. O., S. 110 f
472 A. a. O., S. 112
473 Papst Franziskus, 2015
474 Vgl. Kapitel 4.2

der bisher häufig nur bilateral strukturierten Solidaritätsarbeit Perspektiven zur Weiterentwicklung in Richtung multilateraler Netze aufzeigt. Als weitere Erkenntnis für das interkulturelle Management dialogischer Entwicklungsarbeit kann in Betracht gezogen werden, dass nicht ausschließlich die individuelle bzw. sektorale Förderung (z. B. Gesundheit, Bildung) im Sinne des Capability-Ansatzes zu einer nachhaltigen sozialen Entwicklung beiträgt. Kontextuelle Faktoren (z. B. rechtsstaatliche Sicherheit) sind gleichrangig und von nicht zu unterschätzender Bedeutung. Suboptimale Rahmenbedingungen können jeglichen individuellen Fortschritt konterkarieren.

2.7 Primat der Kontextualität in der Internationalen Sozialen Arbeit

Ausgangspunkt von Pfaller-Rott und dem Autor ist die grundsätzliche, an Rehklau und Lutz angelehnte Annahme des Vorhandenseins von z. T. unterschiedlich ausgeprägten Formen Sozialer Arbeit, wobei durchaus funktionale, nicht aber organisatorisch-institutionelle, Äquivalente zur Problemlösung (z. B. für die Versorgung von Waisenkindern) existieren bzw. existierten, bevor sie, bedingt durch die Dominanz nördlicher Modelle und Konzeptionen, in Vergessenheit gerieten. In ihrer vergleichend angelegten Untersuchung zur ISA als Antwort des Staates und anderer gesellschaftlicher Akteure auf soziale Defizite kommen Pfaller-Rott/Rott zu der Feststellung, dass in jedem politischen System Wechselwirkungen zwischen dort vorherrschen gesellschaftlichen Normen und Werten sowie Aufgaben und Funktionen seiner Subsysteme existieren.[475]

Zur Begründung des Primats der Kontextualität in der ISA greifen sie u. a. auf die Forschungen Fornet-Betancourts zurück. Dieser betont, dass die „im Kontext des Nord-Süd Konfliktes bewusst an der Seite der Armen stehende Solidarität eine kontextuelle Präzisierung"[476] ihrer selbst impliziert. Infolgedessen postulieren Pfaller-Rott und Rott für die ISA, diese kultursensible und kontextbezogene Inkulturationsperspektive zu entdecken, richtig zu interpretieren und entsprechend einzusetzen.[477] Sie ergänzen dieses Postulat um den Aspekt der Diversität[478] und nennen es ein „kultursensibles, Diversität akzeptie-

---

475 Pfaller-Rott, Monika; Rott, Gerhard, 2012b, S. 9
476 Fornet-Betancourt, Raul, 2006, S. 20
477 Pfaller-Rott, Monika; Rott, Gerhard; 2012b, S. 9
478 Mit der Diversität in Theorie, Praxis und Ausbildung der Sozialen Arbeit befassen sich u. a. die Beiträge der Fachzeitschrift International Social Work, des offiziellen Journals der International Association of Schools of Social Work, International Council on Social Welfare, International Federation of Social Workers, London, Thousand Oaks, New Delhi, Singapore, Washington DC, 56. Jg., Nummer 2, 2013

rendes Modell Internationaler Sozialer Arbeit"[479], das über eine für interkulturelle Lernprozesse offene Prämisse verfügt.

Wie Schweppe betonen sie die Erkenntnis- und Reflexionsdimension als impliziten Teil der ISA; von Homfeldt übernehmen sie den Blick auf die kontextuellen Gegebenheiten, die die Wirksamkeit transnationaler Sozialer Arbeit tendenziell fördern bzw. verhindern.[480] Aufgrund der Gefahr durch fehlende interkulturelle Kompetenzen in kulturell anders funktionierenden Netzwerken bestehende Machtverhältnisse und Beziehungsgefüge nicht zu beachten oder zu unterschätzen, verborgene Konflikte ausbrechen zu lassen und somit Kooperationen zu bedrohen, legen sie sich auf das Primat der Kontextualität fest.[481] Durch die Betonung des dialogischen Prinzips und seiner Leistungsfähigkeit bei der sensiblen Erschließung der kulturellen Ressourcen und bei der partizipativen Gestaltung des Gemeinwohls[482] grenzen sie sich teils von Rehklau und Lutz ab, insofern deren Primat auf der freisetzenden Decodierung der Hilfecodes in der jeweiligen Kultur und dem reflexiven Betrachten des eigenen Unterstützungssystems liegt.

Bilanzierend betrachtet ist die Forderung nach einer Vertiefung der Verbindung von EZ und ISA bei Pfaller-Rott/Rott hervorzuheben, wenn es darum geht, die ISA anschlussfähig zu konzipieren. Als besondere Herausforderung definieren Pfaller-Rott/Rott die Gleichzeitigkeit der unterschiedlichen Wirklichkeiten und Reflexionsebenen. Darin liegt auch der Grund, warum speziell die ISA einer Betrachtung unterzogen wird. Sie ist Teil des komplexen, interdisziplinär angelegten Systems der EZ und ist weniger durch den reinen akademischen Diskurs um das richtige Modell oder Konzept herausgefordert. Sie ist vielmehr mit der unvermittelten Partizipation in ihr wirkender Sozialarbeiter, Pädagogen, Politologen und Theologen, von Trägerorganisationen und Geldgebern verschiedenster Herkunft konfrontiert, die ihren jeweiligen kulturellen Kontext einbringen.[483] Gerade diese Entwicklungsorientierung verfügt über eine hohe Anschlussfähigkeit an die im Kapitel 3.2 aufgezeigten neuen Paradigmen des Missionsverständnisses, weil derartige Ansätze mit dort vorherrschenden Ideen in hohem Maß kongruent sind. Die Parallelität der beiden oben verwandten Begriffe Inkulturation und Kontextualität zur theologischen Diskussion der letzten Jahrzehnte[484] liefert einen wichtigen Hinweis auf die enge

---

479 Pfaller-Rott, Monika; Rott, Gerhard; 2012a, S. 5
480 A. a. O., S. 7
481 A. a. O., S. 7
482 A. a. O., S. 7
483 Pfaller-Rott, Monika; Rott, Gerhard, 2012b, S. 10
484 Vgl. dazu auch Heberling, Michael; Sing, Horst; Rott, Gerhard (Hrsg.), Inkulturation als Herausforderung und Chance. Dokumentation des 1. Dialogforums der Partnerdiözesen

Verflechtung mit der EZ, die zu einem nicht unerheblichen Teil durch kirchliche Positionen und Organisationen geprägt ist.

2.8 Fazit und Ausblick: Kontextualität, Diversität, Partizipation, interdisziplinärer Dialog

Aktuell ist durch die in diesem Kapitel diskutierte Literatur ein Perspektivwechsel – sowohl bei den staatlichen als auch den nicht-staatlichen Akteuren der Sozialen Arbeit des Nordens belegbar: Erstens hin zur verstärkten Wertschätzung einer Lernbereitschaft von der Sozialarbeit des Südens und zweitens hin zu einer größeren Sensibilität für die internationalen und zunehmend transnationalen Vernetzungen Sozialer Arbeit. Das Überspringen kultureller Barrieren und die nicht ganz unbestrittene gleichzeitige Gültigkeit universaler Menschenrechte (Staub-Bernasconi), die Offenheit für das Erkenntnispotential (Schweppe) von Lernprozessen trotz realer postmoderner Diversität (Hecker) innerhalb der ISA (Rehklau und Lutz), der begründete Einsatz von Sozialarbeitern innerhalb der komplexen EZ, die Anerkennung des kontextuellen transnationalen Rahmens sowie das Primat der Kontextualität können schlagwortartig als Summe aus der vorliegenden Analyse der o. g. Autoren bezeichnet werden.

Einig sind sich alle Autoren in der Forderung, die bisherigen Objekte systemisch produzierter Hilfe müssten zu eigenständigen Subjekten/Ownern/Stakeholdern werden und an erster Stelle der am Dialog Partizipierenden stehen. Unübersehbar ist zweitens eine Annäherung der ISA hin zur EZ (Rehklau/Lutz, Hecker, Homfeldt/Schmitt, Pfaller-Rott/Rott). In diesem Kontext ist auch die innerhalb der führenden internationalen Zusammenschlüsse der Sozialen Arbeit – der IFSW, der IASSW und dem ICSW – gegenwärtig diskutierte „Global Agenda for Social Work and Social Development: Commitments to Actions"[485] zu betrachten. In einer Art Selbstverpflichtung wird die gemeinsame Zielsetzung dieser wichtigen Akteure auf der Ebene der ISA folgendermaßen definiert:

> „We commit ourselves to supporting, influencing and enabling structures and systems that positively address the root causes of oppression and inequality. We commit ourselves wholeheartedly and urgently to work together, with people who use services and with others who share our objectives and aspirations, to create a

---

Poona und Eichstätt. Grundfragen. Pastorale Herausforderungen. Erfahrungen aus Partnerschaften. Aachen, 2001
485 IFSW, IASSW, ICSW, 2012.

more socially-just and fair world that we will be proud to leave to future generations"[486]

Deutlich ist dem Text die Absicht zu entnehmen, auf struktureller Ebene die Ursachen von Armut, sozialer Not und Ungleichheit anzugehen und dabei mit den Betroffenen als den eigentlichen Akteuren im Sinne einer vertieften Partizipation zusammenzuarbeiten. Außerdem ist gleichzeitig die Intensivierung des Dialogs mit allen anderen relevanten Akteuren, also anderen Professionen aber auch z. B. den Regierungen, den Parlamenten, der Opposition, staatlichen und nichtstaatlichen, zivilgesellschaftlichen, kirchlichen und gewerkschaftlichen Einrichtungen und Organisationen, intendiert. Damit hat die ISA ein deutliches Signal gegeben in Richtung der anderen Beteiligten. Es kommt nicht zuletzt auf die Fähigkeit der Verantwortlichen im interkulturellen Management dialogischer Entwicklungsarbeit an, darauf adäquat zu reagieren.

Mit diesen Ausführungen ist auf der Basis einer Literatur-Recherche hinreichend belegt, wie zielführend eine stärkere Kooperation von Fach- und Führungskräften der EZ mit denen der ISA sein kann. Die Erkenntnisse der ISA sind von großer Relevanz für den weltkirchlich-entwicklungsbezogenen Arbeitsbereich der Kirche. Gleichzeitig ist es darüber hinaus wichtig, in einem nächsten Schritt die weiteren Grundlagen des Selbstverständnisses weltkirchlich tätiger Organisationen zu betrachten. Im folgenden Kapitel steht daher als wissenschaftliche Disziplin die Theologie im Fokus.

---

486 A. a. O., S. 1, Übersetzung durch den Verfasser: Unser voller Einsatz gilt der Unterstützung, Beeinflussung und der Befähigung von Strukturen und Systemen, die die Ursachen und Wurzeln von Unterdrückung und Ungleichheit in positiver Weise ansprechen. Mit ganzem Herzen und mit hoher Dringlichkeit verpflichten wir uns mit den Menschen zusammen zu arbeiten, die soziale Dienste beanspruchen und mit allen anderen, die unsere Ziele und Absichten teilen, eine sozial gerechtere und faire Welt zu schaffen, die wir stolz den nächsten Generationen übergeben können.

3 Auswirkungen des Dialogs auf die Kirche als Träger von Entwicklungsarbeit

Etwa 80 Prozent der Weltbevölkerung gehören einer Religion an. Viele Religionsgemeinschaften bemühen sich um die Gestaltung des gesellschaftlichen Zusammenhalts und tragen traditionell in weiten Teilen der Welt viele Institutionen zur Versorgung menschlicher Hilfslagen. Damit sind sie wesentliche Organisatoren des Sozialen und Impulsgeber für endogene Prozesse zur gesellschaftlichen bzw. sozialen Entwicklung. Nicht wenige der größten NGOs im Bereich der EZ haben zudem eine religiöse Motivationsgrundlage. Aus diesen Gründen ist es hilfreich, sich im Rahmen der Fragestellung nach einem bestmöglichen Management internationaler Hilfsorganisationen exemplarisch mit dem Wandel der Leitbilder innerhalb einer Religion zu befassen.[487] Für diese Arbeit ausgewählt wurde die Katholische Kirche, die auf eine lange Tradition internationaler und globaler Orientierung zurückblickt und in Deutschland mit den Hilfswerken Adveniat, Caritas International, Misereor, missio Aachen, missio München, Kindermissionswerk und Renovabis auch im internationalen Vergleich eine hohe Kompetenz in Fragen der EZ bündelt.

Das Zweite Vatikanische Konzil kann – ungeachtet der Tatsache, dass einige Bischöfe, schon weit davor die entsprechenden Grundlagen formuliert und praktische Aktionen ins Leben gerufen hatten – als zentrales Ereignis für ein stärkeres weltkirchliches Engagement der Diözesen angesehen werden.[488] Die Sorge um die Armen war immer ein Merkmal des christlichen Wirkens in der Welt. Sie ist nicht erst durch das II. Vatikanum und die Befreiungstheologie entstanden, z. T. nahm sie in der Lehre der Kirche allerdings eine untergeordnete Rolle ein.[489]

Die Beschäftigung mit dem II. Vatikanum anlässlich seines 50. Jubiläums hat neben einer Selbstvergewisserung auch neue Teilaspekte, wie z. B. den so genannten Katakombenpakt (siehe 3.2.3)[490], hervorgehoben. Kukah beurteilt das Konzil als revolutionäres Ereignis, als echten Paradigmenwechsel und nicht nur als Fortschreibung und Weiterentwicklung bisheriger theologischer Kon-

---

[487] BMZ, 2016, S. 8
[488] Die fundamentalen Richtungsentscheidungen hin zum modernen Missionsverständnis hat das Zweite Vatikanische Konzil getroffen. Es hat die Kirche in der Welt von heute neu positioniert und für die Zukunft ausgerichtet. Beim Konzil waren zum ersten Mal in der Geschichte Bischöfe von allen Kontinenten anwesend und repräsentierten die verschiedenen Sprachen und Völker der Welt. Hier vollzog die katholische Kirche erstmals öffentlich, was ihr seit dem Pfingstereignis ins Stammbuch geschrieben ist: Kirche aus allen Völkern und für alle Völker zu sein.
[489] Aquino Júnior, Francisco, 2015, S. 20
[490] Ohne Verfasser; Der Katakombenpakt: »Für eine dienende und arme Kirche«, S. 29 f

zepte.[491] Er vergleicht das II. Vatikanum mit der Geburt eines Kindes, das „die Geborgenheit und Sicherheit der Gebärmutter verlassen"[492] muss. Ähnlich sieht Amaladoss das II. Vatikanum als ein bahnbrechendes Ereignis.[493] Für Pesch stellt das II. Vatikanum das Ende der zentralistisch-monolithischen Festungskirche dar.[494] Stil und Form der päpstlichen Zentralregierung bzw. des Kirchenregiments vor dem II. Vatikanum beschrieb er Mitte der 1990er-Jahre folgendermaßen: „Nichts von einigem Belang überließ Rom den Teilkirchen, disziplinäre Angelegenheiten wurden zentral geregelt"[495]. Unter Berücksichtigung derartiger Analysen stellt die unter 3.2.2 beschriebene Aufwertung der Verantwortung der Ortskirchen eine deutliche Veränderung dar.

Schreijäck und Wenzel loben das II. Vatikanum als „Beitrag zum Lernprozess gelingender Kommunikation und Interaktion im globalen Horizont"[496]. Nach Ansicht von Luber „kristallisieren sich dialogische Mission und Katholizität als charakteristische Momente im Verhältnis von Kontextualität und Universalität heraus."[497] Zudem sieht er starke Hinweise darauf, Mission heute könne als „interkulturelle Kommunikation"[498] verstanden werden. Die Entwicklung des Missionsverständnisses der Katholischen Kirche von der Apostelgemeinde bis zu diesem heutigen Verständnis als interkulturelle Kommunikation soll in den folgenden Unterkapiteln nachskizziert werden.

3.1 Zur Entwicklung des Missionsverständnisses

Der Weg zum konziliaren Verständnis und die Entwicklung in den darauffolgenden Jahren, die im Folgenden herausgearbeitet werden, bieten eine adäquate Struktur, an der in weiteren Studien die Praxis weltkirchlicher Tätigkeit durchleuchtet werden kann. Eine solide Kenntnis der Entwicklung der weltweiten missionarischen Tätigkeit ist für die Auseinandersetzung mit der missionarisch-weltkirchlichen Bewusstseinsbildung sehr hilfreich. Den historischen Rückblick als Grundlage einer neuen Profilbildung zu beachten, ist notwendig, weil dadurch vermieden werden kann, die gegenwärtige Situation zu verabsolutieren. Die Betrachtung der unterschiedlichen Realitäten während der letzten Jahrhunderte schafft einen weiteren Horizont für alternative Entwürfe zukünf-

---

491 Teile des gegenwärtigen theologischen Mainstream verfolgen diese Ansicht.
492 Kukah, Matthew, 2012, S. 14
493 Amaladoss SJ, Michael, 2012, S. 19–23
494 Pesch, Otto Hermann, 2012
495 Pesch, Otto Hermann, 1994, S. 39
496 Schreijäck, Thomas, 2012, S. 8
497 Luber SJ, Markus, 2012, S. 9
498 A. a. O., S. 9

tigen Handelns bei der Evangelisierung aller Völker.[499] Würde man jede geschichtliche Epoche differenziert für sich betrachten, so könnte der Umfang einer solchen Publikation mehrere Regale einer Bibliothek füllen. Die Darstellung der Entwicklung des Christentums von den Katakomben in die Kathedralen bis hin zum II. Vatikanum und dem Heute kann hier nur skizzenhaft bleiben. Das Augenmerk liegt auf der Darstellung der großen Entwicklungslinien und den für die Fragestellung der vorliegenden Arbeit wesentlichen Faktoren.

3.1.1 Von der Apostelgemeinde bis zum Mittelalter

Christen haben von Anfang an die Weitergabe der Botschaft Jesu über die ursprüngliche Gemeinde hinaus an alle Völker (vgl. Mt 28,29) bis an die Grenzen der Erde (vgl. Apg 1,8; Lk 24,48) als unverzichtbare Verpflichtung verstanden. Die aus dieser Überzeugung gespeiste Dynamik hat das Christentum zur größten Glaubensgemeinschaft der Welt werden lassen.

Die Expansion des christlichen Glaubens im ausgehenden Altertum findet eine Begründung in der Privilegierung des Priesterstandes während der konstantinischen und theodosianischen Gesetzesinitiativen, die zu einer Klerikalisierung des kirchlichen Lebens[500] führte. Vor dem Hintergrund des Rückgangs kaiserlicher Macht erfolgte eine sukzessive Übernahme deren Funktionen durch die Kirche, genauer durch den Klerus[501]. Die Kirche wurde durch diese „Verweltlichungstendenzen"[502] staatstragend. Letztlich kumulierte dieser Prozess der Machterweiterung des Klerus in der Formulierung des Primatsanspruchs[503] des Bischofs von Rom.[504]

Trotz des heterogenen Tätigkeitsprofils der einzelnen Bischöfe als Seelsorger, geistlicher Führer, Schlichter, Theologe, Richter, Literat, politische Leitfigur oder Verwalter von Ressourcen kann ihre herausragende Bedeutung als wichtiger Teil der neuen Herrschaftselite konstatiert werden.[505] Infolge dieser vielfältigen Funktionen kann das Engagement und die Methodik der missionarischen Tätigkeit keine einheitliche Linie vorweisen. Die Intensität der Missionsbemühungen war in den verschiedenen Jahrhunderten recht unterschiedlich. In der Wahl der Mittel zur Ausbreitung des Glaubens wurde oft auch wider das Evan-

---

499 Sekretariat der DBK, 2004, S. 20 f
500 Barceló, Pedro, 2013, S. 17
501 A. a. O., S. 20
502 A. a. O., S. 20
503 Diese zentralistische Fokussierung ist in Teilen bis heute anzutreffen. Das gegenwärtig maßgebliche Missionsverständnis stellt dazu eine Gegenposition dar, die sich u. a. mit dem Hinweis auf die vorkonstantinische Epoche legitimieren kann.
504 A. a. O., S. 17
505 A. a. O., S. 21

gelium gehandelt. Abhängig von kirchlichen und politischen Gegebenheiten, theologischen Vorstellungen, der Selbsteinschätzung des Papsttums sowie der römischen Kurie und schließlich abhängig auch vom Selbstverständnis der europäischen Staaten als Höhepunkt menschlicher Entwicklung und Zivilisation, werden in der Transformation des Missionsgedankens unterschiedliche Aspekte und Akzente hinsichtlich Missionsauftrag und Missionsarbeit deutlich.[506]

In den ersten Jahrhunderten lässt sich planmäßige Missionsarbeit kaum feststellen.[507] Eine Betrachtung der Akteure, Strategien und Methoden ergibt ein heterogenes Bild. Träger der Mission waren Päpste aber auch reisende Kaufleute, in der Hierarchie weit oben stehende Bischöfe und einfache Mönche, Könige und Krieger, Frauen und Männer. Manche versuchten es mit einer Top-down Strategie und setzten deshalb beim jeweiligen Herrscher an, um mittels seiner Autorität anschließend das Volk zu christianisieren. Andere gingen den umgekehrten Weg, indem sie zuerst das Volk durch ein glaubwürdiges Zeugnis des eigenen Lebens von der Lehre Jesu überzeugen wollten. Auch die Missionsmethoden waren sehr unterschiedlich, sie reichten von der friedlichen Predigt bis zur militanten Eroberung, vom interreligiösen Dialog mit den traditionellen religiösen Autoritäten bis zur gemeinsamen Entscheidung eines Volkes.[508]

3.1.2 Europäische Expansion und Mission in der Neuzeit

Die christliche Mission wurde durch die europäische koloniale Expansion massiv beschleunigt. Als die iberischen Könige im Jahr 1492 nach dem Ende der islamischen Herrschaft auf ihrem Territorium ihre Entdeckungs- und Eroberungsunternehmungen ausweiteten, stand die Mission in den neu eroberten Gebieten in Afrika, Asien und Amerika unter königlicher Schutzherrschaft (Patronat).[509] Die Gründung der römischen Congregatio de Propaganda Fide, die Papst Gregor XV. mit der Bulle Inscrutabili divinae providentiae arcano am 22. Juni 1622 vornahm,[510] beruhte auf der Intention, das missionarische Wirken aus der politischen Umklammerung der spanischen und portugiesischen Patronatsmächte zu befreien und stärker der kirchlichen Hierarchie unterzuord-

---

506 Noggler OFMCap, Ottmar, o. J., S. 3
507 Sekretariat der DBK, 2004, S. 22
508 A. a. O., S. 24
509 A. a. O., S. 24 f
510 Noggler OFMCap, Ottmar, o. J., S. 5

nen.⁵¹¹ Die Trennung von Kolonialpolitik und Mission erwies sich jedoch als schwierige und langwierige Aufgabe.⁵¹²

Die Rolle der Laien im missionarischen Wirken war zu dieser Zeit unabhängig vom Bildungsniveau gelegentlich sehr unmittelbar und eigenverantwortlich, wenn auch z. T. ohne gezielte Vorbereitung, z. B., wenn sie als Schiffbrüchige zu predigen und zu taufen begannen.⁵¹³ Mit Ausnahme dieses letztgenannten Details kann aus dieser Epoche⁵¹⁴ wenig für die heutigen Herausforderungen und die vorliegende Fragestellung abgeleitet werden, da die Ausgangslage nach der Trennung von Staat und Kirche eine völlig andere ist.

3.2 Paradigmen des heutigen Missionsverständnisses

Die Grundzüge des heutigen Missionsverständnisses der katholischen Kirche gehen auf die Diskussionen und Beschlüsse während des II. Vatikanums zurück. Bevor anhand der neuen Sichtweise anderer Religionen, der missionarischen Verantwortung der Ortskirchen und der holistisch verstandenen Verantwortung für das Wohl der Menschen exemplarisch drei Facetten analysiert werden, sollen zunächst einige allgemeine Feststellungen dazu dienen, die Relevanz der Neuausrichtung besser einordnen zu können. Mit Hinweis auf diese Aspekte lässt sich zudem der Ertrag der missionstheologischen Neuorientierung der letzten Jahrzehnte knapp zusammenfassen.

Neuner⁵¹⁵ schreibt über die kirchliche Grundausrichtung, die während des II. Vatikanums erarbeitet wurde: „Wir bewegten uns eben auf einem Gebiet, das theologisches Neuland bedeutete."⁵¹⁶ Am deutlichsten zeigt sich für ihn der paradigmatische Wandel der katholischen Kirche in den Beziehungen zu den anderen Religionen; er vertritt die Position, die Konzilsdekrete hätten eine eindeutige Stellung zu diesen definiert: „Das Verhältnis zu den anderen Religionen sei nicht feindlich, sondern man suche die Zusammenarbeit im Dienste menschlicher Gemeinschaft."⁵¹⁷ Dieser neue Ansatz war laut Neuner nur möglich, weil die Kirche begann, sich inmitten einer pluralen Welt zu sehen,⁵¹⁸ wes-

---

511 Sievernich SJ, Michael, 2010 S. 201
512 Sekretariat der DBK, 2004, S. 27
513 Finger, Heinz, 2004, S. 19
514 Eine ausführliche Darstellung diese Epoche siehe: DBK, 2004, S. 24–32
515 Der Jesuit und deutschsprachige Konzilstheologe begleitende den Bischof der indischen Diözese Poona beim II. Vatikanum als Peritus. Er gehört zu den Autoren der Erklärung über das Verhältnis der Kirche zu den nicht-christlichen Religionen (*Nostra Aetate*) und des Missionsdekrets (*Ad Gentes*).
516 Neuner SJ, Josef, 2005, S. 75
517 A. a. O., S. 77
518 A. a. O., 2005, S. 73

halb das Konzil konsequenterweise darauf verzichtete, deren Einzigartigkeit zu behaupten, und nicht primär nach missionarischen Methoden fragte, „sondern in einem Geist der Solidarität, wie wir miteinander gemeinschaftlich in Verbindung treten könnten, um gemeinsam an der Erneuerung einer menschlichen Gesellschaft beteiligt zu sein, um Frieden und Solidarität in die Welt zu bringen."[519] Der durch das Konzil hervorgerufenen Paradigmenwechsel hat die katholische Kirche u. a. in die Lage versetzt, ihren Wahrheitsanspruch mit der modernen Freiheitsgeschichte zu verbinden. Weder werden religiöse Wahrheiten auf Kosten der Freiheit durchgesetzt, noch gibt die Freiheit ihre Wahrheitsanbindung auf.[520]

Coudray erkennt im neuen Missionsverständnis den Vollzug der Überwindung der Dichotomie von Dialog *oder* Mission durch die ganzheitliche Perspektive von Dialog *und* Verkündigung. Er begründet dies mit dem umfassenden Evangelisierungsauftrag, welcher all das impliziere, worin die Kirche ihre Berufung sieht.[521] Außerdem wurde durch das neue Missionsverständnis die lange Zeit vorherrschende territoriale und geographische Festlegung auf zu missionierende Länder und Objekte der Mission theoretisch aufgehoben.[522] Es ist ein Wandel von einer Mission durch die Institutionen der Kirche zur missionarischen Kooperation aller Getauften als vollwertige Subjekte.[523]

Die Konturen des heutigen Missionsverständnisses leiden aber trotz ihrer prinzipiellen Neuartigkeit an einer Geschichtslast[524] und einer historisch bedingten „Misere des Missionsbegriffs"[525]. Die Wahrnehmung der theologischen Leistungen des II. Vatikanums wird dadurch in der breiten Öffentlichkeit in Deutschland erschwert. Hier zeigt sich eine Aufgabe für die Bildungsarbeit. Im Gegensatz dazu lassen sich vor allem asiatische Theologen von dem Paradigmenwechsel leichter ansprechen, weil sie als Angehörige einer Minderheitenkirche ihren missionarischen Auftrag in der multikulturellen und multireligiösen Welt Asiens differenzieren als einen dreifachen Dialog mit den Kulturen, den Religionen und den Armen.[526]

Auch die Deutschen Bischöfe haben auf der Basis des neuen Missionsverständnisses drei Dimensionen des weltkirchlichen Handelns beschrieben, die mit der asiatischen Differenzierung im Wesentlichen übereinstimmen. Zuerst erkennen sie in der Weltkirche einen Bereich interkulturellen Lernens, weil sich

---

519 A. a. O., S. 70
520 Sievernich SJ, Michael, 2010 S. 207
521 Coudray SJ, Henri, 2006, S. 244
522 Estermann, Josef; Heidemanns, Katja; Nagler, Norbert; 2002, S. 9
523 Sekretariat der Deutschen Bischofskonferenz, 2006, S. 11
524 Sievernich SJ, Michael, 2005, S. 17 ff
525 Sievernich SJ, Michael, 2010, S. 201
526 Estermann, Josef; Heidemanns, Katja; Nagler, Norbert, 2002, S. 12 f

die Weltkirche aus einzelnen, kulturell unterschiedlich verwurzelten Ortskirchen zusammensetzt (vgl. Kap. 3.2.1 und 3.2.2). Aus den unterschiedlichen Herkunftskulturen der kirchlichen Akteure leitet sich ein besonderer innerkirchlicher interkultureller Lernbedarf ab.[527] Die gesamte Weltkirche kann als „kommunikative[n] Lerngemeinschaft"[528] betrachtet werden. Und diese interkulturelle Lerngemeinschaft bedarf eines adäquaten Managements.[529] Als zweite Dimension in dieser Differenzierung weisen sie der Weltkirche den Charakter einer „Gebetsgemeinschaft"[530] zu, eine spirituelle Dimension, die besonders in den Überlegungen von D'Sas eine Rolle spielt (vgl. Kap. 3.2.1). Die dritte Dimension bezieht sich auf die „Weltkirche als Solidargemeinschaft"[531], weil es in Zeiten fortschreitender Globalisierung von besonderer Bedeutung ist, auf die sozialen Ungleichheiten in Gesellschaft und Politik weltweit hinzuweisen, sowie eigene Ressourcen bei der Beseitigung prekärer Lagen einzusetzen (vgl. Kap. 3.2.3).[532]

Um den Kontext der Zeit angemessen zu berücksichtigen, folgt hier ein kurzer Exkurs zum Missionsverständnis der evangelischen Kirche. Tatsächlich stellt die Nachkriegszeit Mitte des 20. Jahrhunderts eine dem II. Vatikanum vergleichbare Zäsur innerhalb der evangelischen Theologie dar. Aufzeigen lässt sich die Entstehung kontextueller Theologien im nicht-westlichen Christentum zu Beginn der postkolonialen Epoche. Die politische Unabhängigkeit vieler Länder des globalen Südens schuf eine positive Aufbruchsstimmung. Diese bildete den Rahmen für die Entwicklung unterschiedlichster eigenständiger theologischer Ansätze.[533] Neben den vielfältigen neuen, in die unterschiedlichen Kulturkreise inkulturierten Christus-Bildern, die von Christus als Heiler, Häuptling oder Proto-Ahn sprechen und damit versuchen, dem Kontext der jeweiligen Kultur gerecht zu werden, ist für Heuser besonders in der Anfangszeit dieser neuen Theologien, die damit z. T. verbundene soziale Dimension eines schwarzen Messias bzw. Befreiers von besonderer Bedeutung.[534] Hierin zeigt sich eine Konvergenz zu einigen Prozessen in der katholischen Kirche (vgl. Kap. 3.2.3). Bemerkenswert ist des Weiteren, dass Reichel ein enges wech-

---

527 Sekretariat der DBK, 2004, S. 55
528 A. a. O., S. 60
529 Mit individuellen Lernprozessen im Bereich des interkulturellen Managements setzt sich Kapitel 5 aus pädagogischer Sicht auseinander. Auch eine theologische Anschlussforschung erscheint hier vielversprechend, vgl. dazu u. a. als Standardwerk: Rahner, Karl, Grundprinzipien der heutigen Mission der Kirche. In: Selbstvollzug der Kirche. Ekklesiologische Grundlegung praktischer Theologie, Freiburg 1995, S. 342–373
530 Sekretariat der DBK, 2004, S. 58
531 A. a. O., S. 59
532 A. a. O., S. 60
533 Heuser, Andreas, 2012, S. 11
534 A. a. O., S. 11

selseitiges Verhältnis von Mission und Entwicklung sieht.[535] Allerdings sei der intensive Zusammenhang von christlich verstandener Entwicklung und Mission in seiner Kirche über viele Jahre nicht ausreichend wahrgenommen worden. Damit verweist er auf ein Defizit, das in der katholischen Kirche weniger stark ausgeprägt ist.[536]

Dieser kurze Ausblick in die ökumenische Nachbarschaft dient der Komplettierung des Überblicks. Dabei weist das abstrakte Resultat eine gewisse Parallelität auf, obwohl der Ursprung der Veränderungsdynamik bei den Katholiken in einer zentralen Konferenz im Vatikan festgemacht werden kann, hingegen auf evangelischer Seite der Impuls dezentral aus den politisch unabhängig gewordenen früheren Kolonialstaaten kommt. Es zeichnen sich vor diesem ökumenischen Horizont weitere Forschungsfragen ab, die allerdings eigenständiger Studien bedürfen; die Fokussierung dieser Untersuchung verbleibt auf dem Feld der römisch-katholischen Kirche. Betrachtet werden im Folgenden drei zentrale Entwicklungen in Folge des II. Vatikanums.

3.2.1 Wandel zur positiven Sicht anderer Religionen und Kulturen

Die Anerkennung anderer Religionen als Antworten auf Menschheitsfragen nach Sinn, Glück, Sünde, Leid und Tod durch die Konzilsväter beschreibt angesichts der früherer Verurteilung dieser Religionen eine 180-Grad-Wende. Dem traditionellen exklusivistischen Religionsverständnis wird eine deutliche Absage erteilt. Die Menschheit bildet nun aufgrund des gemeinsamen Ursprungs in Gottes Schöpfung eine unauflösliche Einheit, die Aufteilung in Christen und Nichtchristen, Gläubige und Ungläubige kann nicht länger aufrechterhalten bleiben. Möglich wird dies durch die Verbindung des inkarnatorischen Prinzips mit der patrologischen Perspektive der Schöpfungsordnung.[537] Durch die Freiheitsfähigkeit des Gewissens und die Wahrheitsfähigkeit der Vernunft wird der Mensch Teil der Heilsgeschichte[538], die sich ausschließlich in konkreten zeitlichen und räumlichen Kontexten ereignet.

Missionarisches Wirken wird durch die Akzeptanz der Wahrheitsmomente in den anderen Religionen und die Kontextualität des Heilsgeschehens allerdings nicht entbehrlich, sondern ist herausgefordert, sich neu auszurichten.[539] Diese Neuausrichtung impliziert die Öffnung zu den Anderen, die aktive Überschreitung der Grenzen zu den Anderen hin, das glaubwürdige und zur Glau-

---

535 Reichel, Jürgen, 2014, S. 29
536 Vgl. Kapitel 3.2.3
537 Ostermann, Martin, 2012, S. 13
538 Sievernich SJ, Michael, 2005, S. 26
539 Sievernich SJ, Michael, 2010, S. 205

bensübernahme einladende Bezeugen und Verkünden des Evangeliums in Respekt vor ihrer Andersheit.[540]

Die positive Sichtweise anderer Religionen und des gemeinsamen Potentials zur Bewältigung u. a. globaler Krisen kommt auch in der entwicklungspolitischen Diskussion kirchlicher Träger um das Weltgemeinwohl[541] zum Tragen. Die Basis des gemeinsamen Solidaritäts-Potentials liegt allerdings nicht wie bei den Konzilstheologen in der Schöpfungsgeschichte verankert, sondern in der Tatsache, dass praktisch in allen Religionsgemeinschaften ohne Ausnahme ein Äquivalent zum christlichen Gebot der Nächstenliebe existiert. Diese primär auf den unmittelbaren Nächsten bezogene Bereitschaft zur Hilfe kann je nach kulturellem Kontext und aktueller Lage unter Umständen räumlich weit ausgedehnt werden und dabei die Grenzen der Religion überschreiten.[542]

Papst Franziskus entwickelt eine weitere Brücke zwischen allen Menschen neben der Schöpfungsidee und dem Konzept der Nächstenliebe. Er betont einerseits die einheits- und harmoniestiftende Bedeutung des Heiligen Geistes, der seiner Theologie zufolge jegliche kulturelle Differenz zu überbrücken vermag und andererseits zugleich der Ursprung der kulturellen Vielfalt ist. In besonderer Weise gilt dies zunächst für die Vielfalt des Christentums, das sich nicht auf ein monokulturelles und eintöniges Christentum reduzieren lassen kann, weil „eine einzige Kultur das Erlösungsgeheimnis Christi nicht erschöpfend darstellt."[543]

Letztlich bewirkt diese Neuentdeckung des universalen Wirkens des Heiligen Geistes in anderen Kirchen und Religionen eine Relativierung nicht nur der jeweils eigenen kultisch-religiösen Handlungen, sondern auch der moralisch-ethischen Entwürfe.[544] Folglich kann sich die Kirche nicht mehr nur mit sich selbst befassen, sondern muss ihre missionarische Sendung in der dialogischen Zuwendung zu Religionen erkennen.[545] Auch aus ökumenischer Perspektive wird der Respekt vor der Kultur anderer Menschen gewürdigt und auf das reflexive Moment der Begegnung mit einer anderen Kultur und v. a. der eigenen Kultur mit dem Evangelium verwiesen. Diese Konfrontation kann affirmativ oder provokant wirken, weil keine Kultur für sich postulieren kann, vollkommen zu sein.[546]

Folglich soll durch missionarisches Wirken nicht das Verschwinden oder Nivellieren pluraler Vielfalt intendiert werden. Das Konzil und dessen Missi-

---

540 Sekretariat der DBK, 2004, S. 37
541 Vgl. Kapitel 4.2
542 Müller SJ, Johannes, 2014, S. 26
543 Papst Franziskus, 2013, S. 109
544 Krätzl, Helmut, 2012, S. 15
545 Sievernich SJ, Michael, 2010, S. 210
546 EMW, missio, 2014, S. 15

onsverständnis erkennen positiv die Kulturvielfalt an. Damit wird das in nahezu allen Nationen und Kulturen verbreitete Grundmuster des Ethonzentrismus überwunden, eine Form der übersteigerten Selbstwahrnehmung bei gleichzeitiger abwertender Wahrnehmung des Fremden, die in der Geschichte der Mission sehr dominant war.[547] Wenn demzufolge keine Kultur, auch nicht die christlich-abendländische, absolut gesetzt werden kann, muss in Konsequenz daraus anderen Kulturen und analog dazu den dort anzutreffenden Religionen eine tolerantere Sichtweise und Offenheit bzw. Dialogbereitschaft entgegengebracht werden.

Aus der neu entstandenen positiven Sicht anderer Religionen folgt als Konsequenz im Umgang miteinander der interreligiöse und interkulturelle Dialog. Er ist damit Ausdruck der Wertschätzung und Instrument derselben zugleich. Gerth erinnert, bezogen auf das Bischofswort „Allen Völkern sein Heil – Die Mission der Weltkirche"[548], an den Buberschen Dialog und weist auf eine Wechselwirkung bzw. Rückwirkung eines dialogischen Missionsverständnisses auf die eigene Religion und Kultur hin: Er erkennt die Möglichkeit der Selbstevangelisierung durch die Begegnung mit dem Anderen bei der dialogisch konzipierten Evangelisierung des Anderen. Diese Wahrnehmung einer anderen Realität kann den eigenen Glauben beleben bzw. helfen, Facetten davon neu zu entdecken. Wer im Sinnen von Paulus dem Buddhisten ganz Buddhist und dem Muslim ganz Muslim wird (vgl. 1 Kor 9,22), wer sich also ganz auf den Anderen einzulassen vermag, sieht und erfährt seinen eigenen Glauben neu.[549]

Diese – die eigene religiöse Erkenntnis weitende – Wechselwirkung des interreligiösen Dialogs und die Chance, daraus gerechtere soziale Realitäten und einen globalen Frieden zu generieren, ist auch Papst Franziskus bewusst. Darum betrachtet er den interreligiösen Dialog als Pflichtaufgabe aller Religionsgemeinschaften. Dabei ereignet sich der Dialog nach Ansicht des Papstes zunächst auf der pragmatischen Ebene bei der gemeinsamen Gestaltung von sozialem Frieden und Gerechtigkeit. Der Dialog kann auch eine ethisch-religiöse Ebene erreichen und auf beiden Seiten die Einsichten weiterentwickeln.[550] Diese Auffassung wird von verschiedenen Seiten gestützt: Klinger kommt bezüglich der besonders aktuellen Relevanz des interreligiösen und interkulturellen Dialogs zu vergleichbaren Aussagen wie der Vatikan.[551] D'Sa erkennt in den Phänomenen des Zeitgeschehens Indizien für einen Prozess der Verschlechterung der Qualität der Beziehungen zwischen den Kulturen. Seiner Meinung

---

547 Sievernich SJ, Michael, 2010, S. 206
548 Sekretariat der DBK, 2004
549 Gerth, André, 2004, S. 4
550 Papst Franziskus, 2013, S. 215
551 Klinger, Elmar, 2008, S. 25

nach ist eine Intensivierung des Dialogs die einzige Handlungsoption zur Verbesserung der Verbindungen.[552]

Ähnlich Papst Franziskus sieht Amaladoss im unauffälligen und unspektakulären Dialog des Lebens und der dabei geförderten Zusammenarbeit der Menschen den Ort, um Vertrauen zu generieren und Missdeutungen und Irritationen abzubauen.[553] Und auch Müller optiert bei der Frage nach dem Ausgangspunkt des interreligiösen Dialoges zu einer Alltags- bzw. Erfahrungsorientierung, weil der Alltag und die darin geteilten Erfahrungen sich besser als Basis eignen als theoretische Diskussionen. Indirekt lässt sich daraus auch ein Hinweis auf die Frage nach den originären Akteuren des Dialogs ableiten.[554]

Den interreligiösen Dialog im Kontext des neuen Missionsverständnisses ausschließlich den Experten zu überlassen, in der Annahme, sie allein wären dafür zuständig und kompetent, verkennt nach D'Sa die Existenz zweier Richtungen, die zusammen gehören: die an die Ränder gehende, zentrifugale Bewegung der Mission und die zentripetale Bewegung auf ein zu entdeckendes Du hin, das zur Entdeckung des Ichs führt.[555] Der Dialog der Experten ist nicht vollständig verzichtbar. Diese Form des Dialogs bekommt aber eine neue Rolle, wonach diese zwar notwendig, aber in einem mehrstufigen Dialog-Verständnis nicht allein ausreichend ist. D'Sa entwickelt zur Verortung des Dialogs der Experten ein System von vier Ebenen des Dialogs, die er wie folgt beschreibt: „Dialog des Lebens, Dialog des gemeinsamen Engagements, Dialog der Experten und Dialog des spirituellen Austausches."[556] Im Anschluss daran definiert er sein Verständnis der Funktion der Ebenen: „Der Dialog des Lebens und des gemeinsamen Engagements sind grundlegend, weil sie erstens gegenseitiges Vertrauen schaffen und weil sie zweitens auf diese Weise zur Bildung einer politisch engagierten Gemeinschaft beitragen, die sich für Gerechtigkeit und eine neue Weltordnung einsetzt."[557] An dritter Stelle folgt der Dialog der Experten[558], dieser kann „große Dienste leisten, indem er Missverständnisse beseitigt und richtiges Verständnis fördert"[559]. Der spirituelle Austausch stellt den Höhepunkt von Mission und Dialog dar.[560] Diese Form des Dialogs hat eine heraus-

---

552 D'Sa SJ, Francis X., 2008, S. 36
553 Amaladoss SJ, Michael, 2012, S. 23
554 Müller SJ, Johannes, 2014, S. 26 f
555 D'Sa SJ, Francis X., 2008, S. 45
556 A. a. O., S. 47, vgl. auch Waldenfels SJ, Hans, 1994, S. 58. Waldenfels postuliert dabei auch die Übertragbarkeit des Modells von interreligiösen auf interkulturelle Begegnungen.
557 A. a. O., S. 47
558 Kritischer betrachtet Amaladoss den Dialog zwischen Intellektuellen und Führern, weil sich dieser nur selten ereigne und i. d. R. wenig förderlich sei. Vgl. Amaladoss SJ, Michael, 2012, S. 23
559 A. a. O., S. 47
560 D'Sa SJ, Francis X., 2008, S. 48

ragende Bedeutung. Hier ereignet sich eine Ich-Du-Begegnung, die bis in die Tiefe der jeweilligen Werte und Glaubenssätze vordringt, bis in die Dimension dessen, was beide an Wahrheit für sich erfahren haben. „Sie ermöglicht den Teilnehmern und Teilnehmerinnen, gegenseitig einen Blick auf und vielleicht sogar einen Eintritt in die spirituelle Welt des Dialogpartners zu gewinnen."[561] Der ganze moderne Missions-Prozess findet hier seinen Kern, sein Ziel. Eine derartige interreligiöse Kommunikation befördert die Auseinandersetzung mit einer andersartigen Religion und trägt durch die Auseinandersetzung mit fremden Deutungsmustern zur Entstehung gegenseitiger Toleranz bei. Die dabei an den Tag gelegte interreligiöse Kompetenz korreliert mit der interkulturellen Kompetenz.[562]

Im Folgenden ist zu untersuchen, welche Voraussetzungen und Kompetenzen gegeben sein müssen, um die Dialoge des Lebens, des gemeinsamen Engagements und der Spiritualität gestalten zu können. Diese müssen im kirchlichen Kontext auch nicht immer interreligiös oder interkulturell sein. Sie können auch innerkirchlich sein, schließlich handelt es sich bei der Kirche auch nicht um ein homogenes System. Die Kriterien bleiben in ihrer grundsätzlichen Aussagekraft in all diesen Fällen valide.

Glück postuliert einen Freiraum für das Gelingen eines Dialogprozesses in der Kirche, in dem jenseits der Theologen die vielfältigen Begabungen der Laien eingebracht werden können.[563] Daraus lässt sich zumindest die Option andenken, auch andere Professionen und Akteure mit in die verantwortliche Gestaltung des Dialogs einzubinden als ausschließlich die traditionellen bzw. durch Studium und Beruf dafür prädestinierten.

Körner reflektiert die unterschiedlichen Auffassungen von Dialogkompetenz in zeitgenössischen interkulturellen bzw. kontextuellen Theologien und macht dabei drei Strömungen[564] aus. Die erste ist die der „universalen Identifikation"[565]. In ihr sind Theologen anzutreffen, die bewusst nicht im vorkonziliaren Sinne kolonial-missionarisch auftreten wollen; sie verhalten sich laut Körner lernbereit, demütig und wertschätzend im Kontakt mit anderen Kulturen. Kritisch merkt er an, dass in dieser Haltung der Grundgestus einer theologischen Anthropologie vorherrscht, gemäß dem Motto: „Alle haben ja schon das Entscheidende, weil sie Mensch sind."[566] Die Fähigkeit Lehr-Übereinstimmungen zwischen verschiedenen Religionen nachzuweisen, wird als Dialog-

---

561 A. a. O., S. 48 f
562 Müller, Stefan; Gelbrich, Katja, 2014, S. 31
563 Glück, Alois, 2012, S. 3
564 Krömer spricht im Text von Stimmungen, hier wird alternativ der Begriff Strömungen verwendet.
565 Körner SJ, Felix, 2012, S. 21
566 A. a. O., S. 21

kompetenz interpretiert. Die zweite Strömung bezeichnet Krömer als „absolute Autorisation"[567]. Dabei werden gemäß dem postmodernen Leitbegriff „und"[568] Unterschiede einfach mit wohlwollendem Interesse bzw. sogar mit einer Art Lust am Exotischen in „referierender Kollokation"[569] nebeneinander gereiht, ohne zu werten oder zu klassifizieren. Dialogkompetenz bedeutet in dieser Strömung, Eigenes und Anderes rücksichtsvoll-korrekt darzustellen. Als „dogmatische Reaffirmation" beschreibt Körner drittens den Gegenentwurf zu den ersten beiden Strömungen. Vertreter dieser Auffassung verstehen sich als rechtgläubig; es erfolgt i. d. R. keine Auseinandersetzung mit anderen Religionen und Kulturen; das Andere stellt keine theologische Anfrage an den eigenen Glauben dar.[570] Die eigene Glaubenslehre mit ihren eigenen Ausdrucks- und Begründungsmustern referieren zu können, entspricht der hier dominierenden Auffassung von Dialogkompetenz.

Während das Andere in der ersten Strömung sozusagen gar nicht wirklich anders ist und in der zweiten nicht in Beziehung setzbar, ist es bei der dritten inhaltlich theologisch nicht relevant.[571] Den aufgezeigten Formen der aktuellen kontextuellen Theologie kann attestiert werden, die theologische Relevanz des Unterschiedes – hier zeigt sich eine Parallele zu Heckers positiver Sicht der Differenz in der EZ-affinen ISA[572]– nicht zu erkennen. So wird die Chance vergeben, in zwei Religionen inhaltlich verschieden gelagerte Ansichten miteinander zu kommunizieren und zu debattieren, weil gerade dies weltanschauungs- und glaubenserschließend sein kann.[573] Große Hoffnung setzt Körner auf einen neuen theologischen Ansatz, den er als „Komparative Theologie"[574] bezeichnet. Dieser bringt die Relevanz des jeweilgen kulturellen Kontextes[575] vor Ort in die Reflexion ein. Charakteristisch für diese Theologie ist die Erkenntnis der Chance, durch andere Kulturen den christlichen Glauben neu zu verstehen. Die Fragen der Menschen anderer Religionen, ihre lebensordnenden Riten und wirklichkeitsordnenden Kategorien seien eben nicht nur Objekte missionstheologischer Übersetzungsarbeit und mit christlichen Inhalten zu füllende Gefäße.[576]

---

567 A. a. O., S. 21
568 Beck, Urich, 1993, S. 9
569 Körner SJ, Felix, 2012, S. 21
570 A. a. O., S. 21
571 A. a. O., S. 22
572 Vgl. Kapitel 2.5
573 Körner SJ, Felix, 2012, S. 22
574 A. a. O., S. 22
575 Vgl. die Übereinstimmung mit Kapitel 2.7 im Bereich der ISA.
576 Körner SJ, Felix, 2012, S. 23 f

Die Anerkennung der Tatsache, dass ein Christ einen Dialog mit Nicht-Christen braucht, um immer wieder auf neue Art seinen Glauben und seine spirituelle Vielfalt entdecken zu können, kann als letzte Ableitung aus der positiven Sichtweise anderer Religionen betrachtet werden, die ihren Ursprung im II. Vatikanum hat. In Form des interreligiösen und interkulturellen Dialoges hat diese Bedürftigkeit eine konzeptionelle Konkretion erlebt.[577] Die neue Offenheit für das Andere, das Fremde stellt eine nicht zu unterschätzende Ausgangsbasis für einen interkulturellen und interreligiösen Dialog auf gleicher Augenhöhe dar. Dies impliziert eine besondere Verantwortung bei der konzeptionellen Entwicklung des Dialoges, schließlich sollen auch Nicht-Experten die Möglichkeit haben, am Dialog ebenen-adäquat teilhaben zu können. Solche Begegnungen, vor allem auf der Ebene des Alltags, gehen allerdings wegen der Quantität über das menschlich Plan- und Berechenbare hinaus.

Für die vorliegend Fragestellung ist es angebracht, darauf hinzuweisen, dass erstens zu einem Dialog und Brückenschlag auf der Ebene des individuellen Lernens das Konzept des Interkulturellen Lernens befähigen will und zweitens auf der Ebene der Organisation das adäquate Modell zur Ausübung verantwortungsbewusster Leitung dieser Prozesse nur in Form eines interkulturell-dialogischen Managements konzipiert sein kann.

3.2.2 Missionarische Verantwortung aller Ortskirchen

Die zweite im Kontext der untersuchten Fragestellung wesentliche Neuorientierung durch das II. Vatikanum ist die Feststellung der Teilhabe des gesamten Gottesvolks an der missionarischen Aufgabe. Das Konzil „greift die Verantwortung der Ortskirchen wieder auf und unterstreicht jene des Papstes zusammen mit dem Bischofskollegium für die Missionsarbeit der Kirche."[578] Das neue Verständnis einer missionarischen Weltkirche hat Konsequenzen für ihre regional wichtigsten Teile, die Diözesen, im kirchlichen Sprachgebrauch i. d. R. als *Ortskirche* bezeichnet. Sie sind durch ihre Mitglieder eingebunden in unterschiedlichste Kulturen, die im Laufe einer „kontextuellen Inkulturation"[579] derart weiterentwickelt wurden und werden, dass sie gleichsam immer wieder eine Optimierung bezüglich ihrer kulturellen Anschlussfähigkeit erfahren. Die im II. Vatikanum wieder entdeckte multipolare und gut ausdifferenzierte Verantwortlichkeit der Ortskirche als Teil der Weltkirche für andere Ortskirchen

---

577 Die große interdisziplinäre Nähe zu den Grundlegungen Schweppes in Kapitel 2.3 über den Anderen (hier: Nicht-Christ) als Erkenntnispotential für das Ich (hier: Christ) ist an dieser Stelle sehr deutlich.
578 Noggler OFMCap, Ottmar, o. J., S. 11
579 Sievernich SJ, Michael, 2010, S. 206.

erfährt von vielen Seiten eine Wertschätzung, nicht zuletzt dann, wenn diese Verbundenheit sich in einer solidarischen Dimension wiederspiegelt.[580]

Diese Entwicklung während des II. Vatikanum wurde von verschiedenen Theologen vorbereitet. So hatte sich Schröffer[581] bereits im Vorfeld des Konzils mittels einer substantiellen Eingabe für eine Ausweitung der Kompetenzen der Ortsbischöfe ausgesprochen. Darum u. a. bezeichnet ihn Hentschel[582] als einen prägenden Architekten des Konzils, „wenn auch auf eine mehr verborgen gebliebene Art."[583] Eine weitere wichtige Figur ist der Kölner Kardinal Frings, der in Deutschland nach der Erfahrung der totalen Zerstörung und des Elends nach 1945 als erster Bischof im Jahr 1954, also zehn Jahre vor Verabschiedung der entsprechenden Konzilsdokumente, ein eigenständiges diözesanes weltkirchliches Engagement begründete. Trippen führt zu den Beweggründen von Frings aus: „Ein zweiter leitender Gedanke war die Erkenntnis, dass ein Bischof seine Pflicht noch nicht ganz erfüllt hat, wenn er für seine Diözese gut gesorgt hat, sondern er muss sich bewusst werden, dass er auch an der Aufgabe des Papstes, das Evangelium in der ganzen Welt auszubreiten, teilhat und darum auch das Seine tun muss, den Papst darin zu unterstützen."[584] Frings war damit der Wegbereiter für in den Diözesen angesiedelte, weltkirchliche Arbeitsstellen, die zwar mit päpstlichen Werken kooperieren, aber dennoch eigenständig sind.

Die Beispiele von Schröffer und Frings zeigen, dass die dezentrale Tendenz keineswegs aus dem Nichts kam. Aber erst mit dem II. Vatikanischen Konzil wurde sie zu einer in der gesamten katholischen Kirche verbreiteten Grundorientierung. So ist auch für Amaladoss die Stärkung der Ortskirchen eine der drei wesentlichen Orientierungen, die das Konzil der Kirche gab: „Während das I. Vatikanische Konzil sich auf den Papst konzentrierte, richtete das II. Vatikanische Konzil den Fokus auf die Bischöfe. Es bejahte die kollegiale Verantwortung der Bischöfe. Neue Strukturen wie nationale und regionale Bischofskonferenzen entstanden in Folge."[585] Für Neuner ist diese neue Identität der Bischöfe gegenüber der Römischen Kurie bereits in den Verhandlungen und Diskussionen des II. Vatikanums erkennbar gewesen, z. B. bei der Erstellung der Listen für die Mitarbeiter in den jeweiligen Unterkommissionen. Aber auch darüber hinaus konnten die Bischöfe ihre unabhängige Position während des gesamten Konzils aufrechterhalten.[586]

---

580 Marx, Reinhard Kardinal, 2012, S. 6
581 Schröffer war während des Konzils Eichstätter Bischof und wurde später Kardinal.
582 einer der Schröffer-Experten des Bistums Eichstätt.
583 Hentschel, Werner, 2012, S. 19
584 Trippen, Norbert, 2004, S. 179 f
585 Amalados SJ, Michael, 2012, S. 19
586 Neuner SJ, Josef, 2005, S. 63

Neben der Verantwortung der Bischöfe als Subjekte mit Bereichen definierter Kompetenz und einer gewissen authentischen Lehrautorität, kann als Konsequenz aus dem II. Vatikanum die Relevanz der Laien im missionarischen Prozess geschlussfolgert werden.[587] Diesen Aspekt beleuchtet Sievernich mit dem Hinweis auf die Weiterentwicklung, die sich von der Missionstätigkeit der europäischen Kirchen über die Jahrhunderte hin zur missionarischen Verantwortung aller Ortkirchen vollzogen hat. Sie kulminiert in der Bereitschaft der noch vor kurzem selbst missionierten Teile der Weltkirche, Kräfte für die missionarische Weltkirche zur Verfügung zu stellen.[588]

Folgt man D'Sas These, wonach Sinn und Bedeutung einer Kultur jedoch nicht ohne Weiteres durch Mission weitergegeben werden könne, weil sie u. a. eingebunden sind in die jeweilige Sprache und deren Konnotationen („Verkündigungs-Sprache"[589] und „Kulturwelt"[590]), dann ergibt sich daraus eine Aufgabe für jede religiöse Tradition. Sie muss in jedem kulturellen Kontext neu in der Lage sein, „ihre Heilsüberzeugung so auszudrücken, dass sie dialogfähig und dialogfördernd wirkt."[591] Dennoch bleibt es bei der bis heute ungelösten Spannung zwischen Kontextualität und Universalität, die im Christentum im Vergleich zu den anderen Religionen am deutlichsten feststellbar ist.[592] Zur Eigenständigkeit der Ortskirchen bei pastoralen Ausrichtungen bzw. zur Begrenztheit der römischen Zentralgewalt in diesem Bereich erklärt Papst Franziskus, die Aussagekraft des päpstlichen Lehramts erstrecke sich nicht auf alle Fragen der Kirche und der Welt. Er interpretiert das Verhältnis des Bischofs von Rom zu den anderen Bischöfen tendenziell eher kollegial. Aufgabe des Papstes sei es nicht, alle Probleme zu lösen, die in den Zuständigkeitsbereichen der Bischöfe auftauchen: „In diesem Sinne spüre ich die Notwendigkeit, in einer heilsamen ‚Dezentralisierung' voranzuschreiten."[593] Freilich impliziert diese Wortwahl, die Aufwertung der Peripherie habe trotz der bereits seit dem II. Vatikanum bestehenden Bestrebungen noch nicht faktische Gültigkeit erlangt, sondern sie müsse zum jetzigen Zeitpunkt als Zieldimension weltkirchlichen Handelns gesehen werden. Zur den dafür herzustellenden Rahmenbedingung gehört nach Auffassung des Papstes z. B. eine Satzung der Bischofskonferenzen, „die sie als Subjekte mit konkreten Kompetenzbereichen versteht, auch einschließlich einer gewissen authentischen Lehrautorität."[594] Diese Äußerung

---

587 Sekretariat der DBK, 2004, S. 11 f
588 Sievernich SJ, Michael, 2010, S. 206
589 D'Sa SJ, Francis X, 2008, S. 41
590 A. a. O., S. 42
591 A. a. O., S. 41
592 Schreijäck, Thomas; Wenzel, Knut, 2012, S. 7
593 Papst Franziskus, 2013, S. 18
594 A. a. O., S. 33

ist ein Beleg dafür, wie wichtig Papst Franziskus neben der kognitiven Erfassung der Reformgebiete auch deren Verankerung in Strukturen, Regularien und Satzungen ist. Das wiederum hat große Relevanz für die weltkirchlichen Strukturen, Institutionen, Werke und die jeweiligen Akteure.

Die Gedanken des Papstes hinsichtlich Dezentralisierung, Subsidiarität und kollaborativer Leitung wurden auch kritisch rezipiert und diskutiert. Dowling beispielsweise ist skeptisch, ob auf der Ebene der Bischöfe Lösungen komplexer Probleme, wie ungerechte Gesellschaften, gefunden werden können. Die Konsequenz daraus wäre die Weiterdelegation der Entscheidungsfindung von den Bischöfen an die Gläubigen, weil diese entsprechend befähigt und erfahren sind.[595] Eine Ambiguität prägt die Rolle der Bischöfe in diesem Kontext, weil sie sowohl in Richtung Weltkirche wie auch in Richtung Ortkirche jeweils zusammen mit anderen führen und entscheiden sollen.[596] Damit zeichnet sich als zentrale Aufgabe ab, an dieser Schnittstelle die unterschiedlichen Interessen und Arbeitsweisen moderieren zu müssen. Für den außerkirchlichen Sektor der EZ bedeutet das folglich analog betrachtet, dass dem mittleren Management eine zentrale Funktion als Verbindungsachse bzw. Transmissionsriemen zwischen der obersten Verantwortungsebene und der dezentralen Entscheidungsfindung zukäme.

Dass ein gemeinsames Leiten und Entscheiden des Bischofs mit anderen Klerikern und Gläubigen im Kontext der Ortkirche durchaus plausibel ist, lässt sich mit der prinzipiellen Unzulänglichkeit eines jeden Individuums begründen. Eine einzelne Person kann trotz guter Qualifikation wegen der komplexen Verantwortungsbereiche nicht in der Lage sein, alles abzudecken. Darum sollte sich jedes Mitglied einer mittleren oder oberen Leitungsebene darum bemühen, eine gute Beziehung zu seinen haupt- und ehrenamtlichen Mitarbeitern aufzubauen, weil es auf deren Rat und konstruktive Kritik angewiesen ist, um für seine lebenslangen Lernprozesse einen Bezugspunkt zu haben.[597]

Vor allem wegen des Aspekts des Lernens und der Entscheidungsfindung im Dialog mit anderen ist diese Überlegung hier von Relevanz. Bei Meyer finden sich keine Aussagen zur Strukturierung dieser Lern- und Austauschprozesse, lediglich der Verweis auf „das Vertrauen gewählter Gremien"[598] und den „Dialog mit Eheleuten"[599]. Hingegen liefert Dowling einen Maßstab zur Relativierung der Bedeutung von Strukturen: „Der zentrale Wert einer Struktur zeigt sich darin, ob sie uns ermöglicht, in wirklichen Kontakt mit dem Leben

---

595 Dowling, Kevin, 2014, S. 18
596 Meyer, Hans Joachim, 2014, S. 8
597 A. a. O., S. 9
598 A. a. O., S. 9
599 A. a. O., S. 9

der einfachen Menschen zu treten, ob sie es uns ermöglicht, diese Menschen zu erreichen und zu berühren."[600] Damit deutet sich an, hinsichtlich welcher Parameter die Bemühungen des interkulturellen Managements dialogischer Entwicklungsarbeit z. B. im kirchlichen Kontext zu bewerten sein werden. Priorität hat vor allem die Sorge um eine gute Qualität der Beziehungen zwischen den Menschen, weniger die Statuten, die diese formal regeln. Die (manchmal informelle) menschliche Begegnung und die sich dabei ereignenden Prozesse müssen Beachtung finden, erst dann die Formulierung oder Einhaltung von z. B. selbstgemachten, organisationsinternen Organigrammen.

Die Umsetzung dieser Ansprüche auf der Beziehungsebene in die Praxis weltkirchlich-missionarischer Solidaritätsarbeit kann als ein Indikator für die Erreichung von Partizipation im Management kirchlich-interkultureller Lernprozesse betrachtet werden. Abstrahiert auf das interkulturelle Management dialogischer Entwicklungsarbeit außerhalb kirchlicher Strukturen kann man daraus ableiten, die Entscheidungskompetenzen immer möglichst nahe an der Umsetzungs-Ebene zu belassen bzw. dorthin zu delegieren. Das Vertrauen in die Kompetenzen der Mitarbeitenden und deren verantwortungsbewusstes Umgehen mit Entscheidungsspielräumen kennzeichnen dieses Leitungsverständnis.

Das Feld der Akteure weltkirchlich-missionarischen Wirkens hat sich z. B. um die Bistümer erweitert. Sie treten neben die klassischen missionierenden Orden, die im Auftrag Roms die Weitergabe des Glaubens bislang v. a. verantworteten. In den überarbeiteten Statuten der Päpstlichen Missionswerke spiegelt sich diese neue Konstellation. Darin werden explizit diözesane Mitarbeiter (Priester sowie haupt- und ehrenamtliche Laien), verbandliche Aktivitäten sowie partnerschaftliche Strukturen begrüßt.[601] Diese Akteure entwickeln neue und ergänzende Aktivitäten, z. B. Austauschprogramme für Freiwillige und Fundraising-Kampagnen.

Abastoflor analysiert die Realisierbarkeit des hohen Anspruchs globaler-weltkirchlicher Verantwortungsübernahme für jedes Bistum. Dabei erkennt er die Möglichkeit einer exemplarischen Verwirklichung in Form von i. d. R. bilateralen Bistumspartnerschaften.[602] Ein Bistum wäre überfordert, mit allen anderen Bistümern auf der Welt konstruktiv zu interagieren. In einer bilateralen Partnerschaft bestehe hingegen die Möglichkeit, z. B. intensive, langfristige solidarische Beziehungen aufzubauen, Begegnungen von Menschen zu organi-

---

600 Dowling, Kevin, 2014, S. 19
601 Sekretariat der DBK, 2006a, S. 11
602 I. d. R. handelt es sich um Beziehungen von (Erz-)Bistum zu (Erz-)Bistum, selten von einem (Erz-)Bistum zu mehreren Bistümern eines Landes oder im weitest gehenden Fall von einem (Erz-)Bistum zu allen Bistümern eines Landes, wie z. B. Freiburg zu Peru, München zu Ecuador.

sieren und spirituelle Lernprozesse in Bezug auf den Glauben in unterschiedlichen Kulturen.[603] Anders formuliert könnte man sagen, vielschichtige kirchliche soziale Vernetzungen stellen zugleich ein wichtiges Sozialkapital dar. Sie ermöglichen wechselseitige Kontakte zu verschiedenen Lebenswelten sowie den Austausch darüber und sind gleichzeitig von globaler Wirksamkeit.[604]

Bei der Analyse des weltkirchlichen Engagements der Bistümer lassen sich aber auch Defizite identifizieren. Ohne eine turnusgemäße Überprüfung der Ziele, Umsetzungsprogramme und der dafür eingesetzten Mittel kann es zu unreflektiert-gewohnheitsmäßigen Routinen kommen, die neue bzw. kreative Wege verhindern. Diese fachliche Reflexion und Fortschreibung kann in Kooperation mit den Missionskräften aus dem Bistum und den bundesweiten Fachstellen, also den kirchlichen Hilfswerken erfolgen. Angesiedelt sollten diese systemimmanenten Mechanismen der Qualitätskontrolle in den weltkirchlichen Abteilungen oder Referaten der Bistümer sein.[605] Das bedeutet auch, dort sollten die dafür notwendigen Ressourcen v. a. personeller Art zur Verfügung stehen.

Aus der jedem Bischof durch die paradigmatische Wende im II. Vatikanum zugeschriebenen Verantwortung lässt sich die Konsequenz ableiten, dass es in jeder Bistumsverwaltung eine entsprechend ausgestattete Fachstelle bzw. einen verantwortlichen Mitarbeiter geben müsste, die ihn bei der Wahrnehmung dieser Aufgabe unterstützen und weltkirchliche Partnerschaften verantwortlich mitgestalten bzw. vom Ortsbischof diese Aufgabe delegiert bekommen. Hier zeichnet sich ein wichtiger Ansatzpunkt für die Legitimation und Verortung eines interkulturell-kompetenten Managements innerhalb der Bistumsleitung ab, der eine perspektivische Entwicklungsdynamik inhärent ist. Zieht man in diesem Zusammenhang noch die Aussagen im Statut der Päpstlichen Missionswerke in Bezug auf Laien und deren – historisch gesehen nicht neue – Partizipation in der Leitungsebene auf diözesaner, nationaler und internationaler Ebene zu Rate[606], deuten sich für die Besetzung entsprechender Stellen im interkulturellen Management kirchlicher Entwicklungsarbeit Perspektiven jenseits des Klerus an.

3.2.3 Mission als holistische Bezeugung des Evangeliums – Option für die Armen

Alt stellt einen Zusammenhang zwischen der im vorherigen Kapitel erörterten Abgabe von Macht bzw. deren Dezentralisierung und der Armutsfrage fest,

---

603 Abastoflor, Montero Edmundo, 2010, S. 10
604 Wissenschaftliche Arbeitsgruppe für weltkirchliche Aufgaben der DBK, 2012, S. 64
605 Sekretariat der DBK, 2004, S. 64
606 Sekretariat der DBK, 2006a, S. 17 f

indem er den Verzicht auf Macht als eine strukturelle Form der Armut bezeichnet. In den daraus entstehenden Partizipationsmöglichkeiten für untergeordnete Ebenen und Mitarbeiter erkennt er die einzige Möglichkeit zur erfolgreichen Umstrukturierung von großen Betrieben und Institutionen, die z. B. im Kontext der Armutsbekämpfung tätig sind.[607] Im Folgenden wird beleuchtet, wie die Zuwendung zu den Armen vom II. Vatikanum gedacht wurde und welche Auswirkungen diese paradigmatische Neuerung, die Wahrnehmung materieller Armut, auf die Kirche hat.

Durch die in Kapitel 3.2.1 beschriebene offene Hinwendung zu anderen Kulturen und damit zu den realen Lebenswelten der Menschen rückte nicht nur der kulturelle Reichtum, sondern auch die materielle Armut vor allem der Menschen in Asien, Afrika und Lateinamerika in den Fokus der Kirche. Not und Elend der Menschen in anderen Erdteilen wurden als moralische und theologische Motive kirchlichen Handelns identifiziert und spielten in der Folgezeit eine wichtige Rolle für die pastorale Ausrichtung der Kirche.

Bereits während des II. Vatikanum gab es erste konkrete Manifestationen eines neuen, armutsorientierten theologischen Denkens – exemplarisch dafür steht der Katakombenpakt. Diese Selbstverpflichtung[608] wurde am 16.11.1965 in den Domitilla-Katakomben von 40 Konzilsbischöfen aus 18 Nationen und vier Kontinenten unterzeichnet. Später schlossen sich weitere 500 Bischöfe an. Dennoch ist der Pakt bis heute unter Katholiken weitgehend unbekannt. Die Bischöfe griffen einen Impuls Papst Johannes XXIII. gegen den Konstantinismus der Kirche auf, der dazu aufforderte, sich zur gesellschaftlichen Lage der Armut in der Welt zu verhalten, um „aus der Kirche ein Zeichen der Liebe Gottes zu jedem Menschen ohne Ausnahme (…) zu machen und zugleich daran zu erinnern, dass Gott sich den Unterdrückten und Armen vorrangig zuwendet".[609] Krause bemerkt dazu: „So viel (Herzens-)Nähe der Kirche zur Welt hatte es seit Jahrhunderten nicht gegeben."[610] Allerdings blieb, so Arntz, der Einfluss der Gruppe *Kirche der Armen* auf den Verlauf der Beratungen des Konzils gering. Nur in Abschnitt 8,3 der Kirchenkonstitution *Lumen gentium*[611]

---

607 Alt, Jörg, 2015, S. 282
608 Ihr Titel lautete: Für eine dienende und arme Kirche
609 Arntz, Norbert, 2012, S. 24
610 Krause, Vera, 2012a, S. 14
611 Die Passage lautet: „Wie aber Christus das Werk der Erlösung in Armut und Verfolgung vollbrachte, so ist auch die Kirche berufen, den gleichen Weg einzuschlagen, um die Heilsfrucht den Menschen mitzuteilen. Christus Jesus hat, „obwohl er doch in Gottesgestalt war, (…) sich selbst entäußert und Knechtsgestalt angenommen" (Phil 2,6); um unseretwillen „ist er arm geworden, obgleich er doch reich war" (2 Kor 8,9). So ist die Kirche, auch wenn sie zur Erfüllung ihrer Sendung menschlicher Mittel bedarf, nicht gegründet, um irdische Herrlichkeit zu suchen, sondern um Demut und Selbstverleugnung auch durch ihr Beispiel auszubreiten. Christus wurde vom Vater gesandt, „den Armen frohe Botschaft zu bringen,

identifiziert Arntz ein spürbares Ergebnis ihrer Bemühungen.⁶¹² Dennoch ist das Wirken der armutsorientierten Bischöfe kirchenpolitisch nicht ohne Folgen geblieben. So haben z. B. die Bischöfe Lateinamerikas die *vorrangige Option für die Armen*, die später auch in anderen Kontinenten aufgegriffen wurde, formuliert und postuliert.⁶¹³ Eine nachhaltige Wirkung des Katakombenpakts in Lateinamerika konstatiert Krause⁶¹⁴ bis heute.

Nothelle-Wildfeuer erkennt dagegen eine regional unspezifische Wirkung des II. Vatikanums hinsichtlich der Armutsfrage. Der Einsatz für die Armen stelle für das Christentum ein konstitutives Fundament dar, weil sich Christen schon immer karitativ um Arme gekümmert hätten und dies von Andersgläubigen wahrgenommen werde. Trotzdem bedeute das II. Vatikanum für die Pastoral eine Neuausrichtung. Die Antwort auf die Frage, wie man den Glauben lebt und weitergibt, erfolgt laut Nothelle-Wildfeuer nun hermeneutisch aus der Perspektive des Armen⁶¹⁵: „Und dazu gehört nicht nur das, was auf der privatpersönlichen, zwischenmenschlichen Ebene geschieht, sondern auch alles, was politisch, gesellschaftlich und wirtschaftlich Einfluss auf sein Denken und Handeln, Glauben und Leben nimmt."⁶¹⁶

In der Diktion der lateinamerikanischen Theologie gesprochen kommt Gutiérrez zu einem vergleichbar universalen Ergebnis wie Nothelle-Wildfeuer: „Die vorrangige Option für die Armen und Ausgeschlossenen, eine Kernaussage der biblischen Botschaft, ist heute ein Hauptelement der christlichen und kirchlichen Identität."⁶¹⁷ Karrer betont gleichfalls diese Dimension der Weltkirche als Gemeinschaft der Gläubigen: „Zudem ist sie eine globalisierte Solidaritätsgemeinschaft aus so vielen Frauen und Männern, die alle versuchen, glaubwürdig Kirche zu praktizieren, und um die zu wissen einfach dankbar macht."⁶¹⁸

Mit diesem neuen Aspekt des Missionsverständnisses erfolgt erstens eine Änderung in der Betrachtungsweise von Armut und Armen, wie sie – inspiriert durch das II. Vatikanum – in der Befreiungstheologie und der Option für die

---

zu heilen, die bedrückten Herzens sind" (Lk 4,18), „zu suchen und zu retten, was verloren war" (Lk 19,10). In ähnlicher Weise umgibt die Kirche alle mit ihrer Liebe, die von menschlicher Schwachheit angefochten sind, ja in den Armen und Leidenden erkennt sie das Bild dessen, der sie gegründet hat und selbst ein Armer und Leidender war." Online unter: http://www.vatican.va/archive/hist_councils/ii_vatican_council/documents/vat-ii_const_19641121_ lumen-gentium_ge.html, Zugriff am 29.10.2012

612 Arntz Norbert, 2012, S. 25
613 Sievernich SJ, Michael, 2005, S. 230
614 Krause, Vera, 2012a, S. 14 und Krause, Vera, 2012b, S. 18–35
615 Nothelle-Wildfeuer, Ursula, 2012, S. 23
616 A. a. O., S. 22
617 Gutiérrez, Gustavo, 2012, S. 125
618 Karrer, Leo, 2012, S. 428

Armen zum Ausdruck kommt. Die Armen sollen demnach nicht länger Objekte sozialfürsorglich-wohlfahrtsstaatlicher bzw. karitativer Aktivitäten sein, sondern Armut wird infolge dieses paradigmatischen Wandels für die Kirche zum Dreh- und Angelpunkt der gesellschaftlichen Analyse und der daraus resultierenden Aktionen; die Armen werden selbst zum Subjekt, zum Akteur bzw. Hauptdarsteller bei der Bewältigung ihrer prekären Lebenslagen. Diese Charakterisierung der Armut als hermeneutischer Ausgangspunkt verbindet alle Strömungen der Befreiungstheologie. Sie ist nach Ansicht von Scannone, einem der Vertreter der „Theologie des Volkes"[619], ein wesentliches Fundament der Pastoraltheologie seines Schülers Papst Franziskus, der damit das karitative Wirken seiner Vorgänger weiter entwickelt.[620]

Zweitens indiziert auch dieser Aspekt des neuen Missionsparadigmas eine Verteilung der Verantwortung auf viele Schultern im gläubigen Volk Gottes. Nicht nur Bischöfen und Priestern obliegt die Aufgabe, die weltkirchliche Solidaritätsarbeit zu gestalten, weil „die Anerkennung des Glaubenssinns des Gottesvolkes und darin die Aufwertung der Rolle der Laien"[621], die mit einer neuen theologischen Wertschätzung bzw. „Wiederaufwertung der Volksfrömmigkeit"[622] einhergehen, zum Zentrum der befreiungstheologisch ausgerichteten Volkspastoral gehören. Scannone bezieht sich dabei auf Papst Franziskus und dessen theologisch begründete Wertschätzung des Glaubenssinns eines Volkes, wonach das ganze Volk Gottes immer durch ein gegenwärtiges Wirken des Heiligen Geistes mit einem unfehlbaren Glaubensinstinkt ausgestattet ist.[623]

Durch diese dynamische Wirkungsgeschichte ist es möglich, den Respekt vor Unterschieden innerhalb eines generationenübergreifenden fortschreitenden Prozesses[624] zur kulturellen Integration durch eine „Kultur der Begegnung"[625] zu konstruieren, deren Darstellung an Buber erinnert.[626] Darüber hinaus stellt diese Wertschätzung der im Volk anzutreffenden religiös-kultischen Praxis eine Verbindungslinie zu den Überlegungen der interkulturellen Philosophie und des interkulturellen Dialogs her, denn das prinzipiell ahistorische und utopische „Volk Gottes nimmt in den Völkern der Erde Gestalt an, und jedes dieser Völker besitzt seine eigene Kultur"[627]. Diese Konkretion er-

---

619 Scannone SJ, Juan Carlos, 2014, S. 1, in Argentinien entwickelte befreiungstheologische Strömung.
620 A. a. O., S. 14
621 A. a. O., S. 14
622 A. a. O., S. 14
623 Papst Franziskus, 2013, S. 109
624 Scannone SJ, Juan Carlos, 2014, S. 9
625 Papst Franziskus, 2013, S. 194
626 Vgl. Kapitel 1.3.1
627 Papst Franziskus, 2013, S. 104

laubt es, real existierenden Kulturen als Ausdruck göttlichen Wirkens zu betrachten und damit die Vorrangstellung einer Kultur zu relativieren.

Drittens wird mit der Entwicklung und Ausdifferenzierung der verschiedenen Strömungen der Befreiungstheologie in den Ländern Lateinamerikas bereits das Paradigma der Verantwortung der Ortskirchen für die Weitergabe des Glaubens eingelöst. Die Kirche in Lateinamerika hat sich von der Kirche Europas emanzipiert und einen eigenen kirchlichen Standpunkt formuliert; sie ist nicht mehr eine Reflex-Kirche, sondern eine „Quelle-Kirche"[628], aus deren Erkenntnissen andere Teile der Kirche schöpfen können.

Bezogen auf die Rezeption der Option für die Armen in der Kirche in Deutschland kommt Bauer ausgehend von der Frage nach der Repräsentanz von Armen und Marginalisierten in den katholischen Pfarrgemeinden zu dem Schluss, diese Verbindung sei kaum gegeben. Über die kirchlich organisierte, vom alltäglichen Gemeindeleben allerdings outgesourcte und i. d. R. mit professionellen Sozialarbeitern arbeitende Caritas und deren Projekte ist das dagegen häufig der Fall. Ursache für diese sozial-pastorale Doppelstruktur ist die nahezu nur im deutschen Sprachraum anzutreffende Konzilsrezeption, mit ihrer starken Fokussierung auf Fragen der Liturgie und der kirchlichen Räte-Strukturen[629]. Letztgenannte sind zwar ein Moment der Partizipation von Laien, allerdings repräsentieren sie durch ihr Mehrheitsprinzip vor allem die Mainstream-Interessen.

Der Gegenentwurf für eine konzilsorient-missionarische, d. h. extrovertierte Kirche, die über das seit einigen Dekaden als klassisches Pfarrmilieu verengte Bildungsbürgertum hinausgeht, postuliert eine neue Grundhaltung, die sich mit einer Wende nach außen vergleichen lässt. Dazu muss die Kirche als weltgesellschaftlicher und nationaler Vorreiter in Sachen Inklusion aber eine Kommunikation mit den sozialen Milieus (wieder) aufbauen, die in den letzten Jahrzehnten neu entstanden sind bzw. nicht (mehr) im Mittelpunkt der kirchlichen Sorge standen.[630] Dies erkennt auch Papst Franziskus und benennt mit Bezug auf die vorrangigen Subjekte missionarisch-weltkirchlichen Handelns die Sorge um eine ganzheitliche Entwicklung der prekär lebenden Menschen und deren vollständige gesellschaftliche Integration als eine zentrale Aufgabe aller Gläubigen und damit auch der kirchlichen Hilfswerke.[631] An anderer Stelle formuliert er diesen globalen und alle Lebensbereiche des Menschen umfassenden Ansatz:

---

628 Scannone SJ, Juan Carlos, 2014, S. 12. Bezeichnend für die Wertschätzung der Laien ist hierbei, dass Scannone hervorhebt, Anleihe bei nicht schriftlich fixierten Gedanken des uruguayanischen Laientheologen Alberto Methol Ferré genommen zu haben.
629 Bauer, Christian, 2013, S. 30 f
630 A. a. O., S. 31
631 Papst Franziskus, 2013, S. 168 f

„Jesu Liebesgebot schließt alle Dimensionen des Daseins ein, alle Menschen, alle Milieus und alle Völker."[632]

Von einem anderen Ausganspunkt – im Rahmen seiner Überlegungen zur Friedensbotschaft Jesu – gelangt Mayer zu einem sehr ähnlichen Fazit bezüglich der bedingungslosen Nähe zu den Armen und Ausgegrenzten. „Wenn Jesus ohne deren vorausgehende Reue sich ihnen (den Sündern/Zöllnern/Armen/ Kranken, E. d. d. V.) zuwendet, bedeutet dies aber, dass Gott ihnen geschenkweise das Heil anbietet. (...) Sodann hat Jesus den Armen, den Kranken, den Unterdrückten durch konkretes Handeln erfahren lassen, dass der Anbruch der Gottesherrschaft Verringerung von Not, Gewalt und Unterdrückung bewirke."[633] Hierin wird erkennbar: Es kann keine Vorbedingungen gegenüber anderen Lebenswelten und Kulturen geben. Und in die Richtung von Entscheidungsträgern formuliert er: „Nicht Macht und Besitz zählen vor Gott, sondern die Hinwendung zum Mitmenschen, der Dienst an ihm."[634] Macht manifestiert sich in Organisationen u. a. in festgeschriebenen Kompetenzen und Zeichnungsberechtigungen. Mayers Exegese folgend kann man die bereits begründeten Indikatoren für ein in interkulturellen Situationen tragendes Management u. a. kirchlicher Entwicklungsarbeit unterstreichen. Sie lauten: Delegation, Vertrauen in die Kompetenz der Mitarbeiter sowie Ermöglichung zwischenmenschlicher Begegnung auf Augenhöhe.

Interdisziplinär denkende Entscheidungsträger von interkulturellen Lernprozessen können sich die Gedanken zur Milieuverengung innerhalb der Kirche zunutze machen, um – davon inspiriert – mindestens zwei Handlungsfelder zu identifizieren: Das erste bestände darin, die klassischen Bildungs-Konsumenten in internationalen Bildungsprogrammen nicht nur mit den exotischen Fremden, die in anderen Ländern leben, zu konfrontieren, sondern auch mit den Fremden in der unmittelbaren Nachbarschaft, mit dem Ziel, den Kulturoder zumindest Milieugrenzen übergreifenden Kontakt zu einem täglichen Ereignis und damit zur alltäglichen Routine werden zu lassen. Zweites Handlungsfeld ist das Going-out von jungen Erwachsenen durch internationale studentische Praktika oder Freiwilligenprogramme v. a. für Jugendliche, die für diese Angebote ein grundsätzliches Interesse zeigen.[635] Durch die dabei gemachten Erfahrungen kann es gelingen, die aus der Enge des klassischen pfarrlichen Milieus stammenden Teilnehmer von Bildungsprogrammen mit einer größeren Weite von existentieller Realität zu konfrontieren oder sogar vertraut zu machen und so eine Perspektivenvielfalt zu erzeugen.

---

632 A. a. O., S. 164
633 Mayer, Bernhard, 2006, S. 70
634 A. a. O., S. 71
635 Papst Franziskus, 2013, S. 97

Das ganzheitliche Verständnis des vom II. Vatikanum ausgehenden kirchlichen Missionsverständnisses wird nicht nur von Theologen postuliert. Mehrere Autoren[636] werten die Entstehung und die große Akzeptanz der in Deutschland und in anderen Ländern agierenden kirchlichen Hilfswerke als Indikatoren für eine gesellschaftliche Akzeptanz der „Mission der Kirche in einem holistischen Sinn, der Bezeugung des Evangeliums mit dem Einsatz für Bildung, Gesundheit und Gerechtigkeit verbindet"[637]. Ihr jeweiliger werkspezifischer religiös-missionarischer bzw. human-entwicklungspolitischer Charakter kann zwar partiell differenziert werden, ist aber immer aufeinander beziehbar.[638] Auch die Statuten der Päpstlichen Missionswerke sprechen sich für einen weiten Missionsbegriff aus, der in seiner Umfänglichkeit die Daseins-Sorge für das Individuum impliziert.[639]

Aber nicht nur die päpstlichen und bischöflichen Hilfswerke repräsentieren diese ganzheitliche Förderung der Menschen als neues unerlässliches Alleinstellungsmerkmal einer zeitgemäßen Missionsarbeit. Auch viele Ordensleute und Laien, organisiert in den kirchlichen Verbänden, Fairtrade- oder sonstigen Solidaritätsgruppen, setzen sich für Bildung und Gesundheit, für Daseinsvorsorge und Hilfe in Not ein. Dabei betrachten diese Akteure ihre Tätigkeit nicht als Alternative zur Glaubensverkündigung, sondern als deren integralen Bestandteil.[640]

Aus der beschriebenen positiven gesellschaftlichen Resonanz auf das neue Missionsmodell ergibt sich eine Chance zur Verbesserung der Kommunikation und Kooperation mit anderen Teilen der Zivilgesellschaft. Der Einsatz für Gerechtigkeit und Frieden oder das ökologische Engagement verfügen über das Potential, unterschiedliche und vor allem verschieden denkende Akteure und Gruppen zusammenzubringen, weil sie eine Vision verbindet, die über kirchliche Motive hinausgeht.[641] Verschiedene Autoren stützen die Vermutung, in diesem Bereich könnten z. B. ökumenische Bündnispartner gefunden werden.[642] Glück beispielsweise formuliert die These „Als Kirchen den Menschen dienen"[643] und spricht sich in diesem Kontext auch für die Bildung von Bündnissen zugunsten der Menschen, die Hilfe bedürfen, aus: „Der Dialogprozess ist eine ausgestreckte Hand von uns allen, um gemeinsam als Kirche den Men-

---

636 Sekretariat der DBK, S. 62 f
637 Sievernich SJ, Michael, 2010, S. 211
638 Sekretariat der DBK, 2000, S. 18 f
639 Sekretariat der DBK, 2006a, S. 9
640 Sekretariat der DBK, 2004, S. 29
641 D'Sa SJ, Francis X., 2008, S. 50
642 EMW, missio, 2014, S. 12
643 Glück, Alois, 2012, S. 2

schen zu dienen und das Evangelium zu verkünden und so Gott die Ehre zu geben."[644]

Die – auch politischen – Dimensionen dieser Vernetzungsaufgabe lassen sich darstellen am Beispiel der gegenwärtig virulenten Fragestellung, welches die besten Wege sind, um die weltweite Ernährungssouveränität abzusichern. Ihrem Selbstverständnis als Weltkirche entsprechend ist die Katholische Kirche besonders dazu angehalten, zum Wohl aller Menschen und Völker beizutragen.[645] Die dazu allerdings notwendigen globalen Strukturtransformationsprozesse ergeben sich nicht von selbst. Um diese Interessen durchzusetzen bedarf es der Unterstützung von breiten Bevölkerungsgruppen, sowohl in den reichen Ländern des Nordens, wie denen des i. d. R. armen globalen Südens und Ostens. Mehrheiten müssen diesen Veränderungswunsch mittragen und von den Politikern fordern.[646] Damit entsteht eine Verpflichtung für die Kirche bzw. ihre Hilfswerke, die Menschen zum notwendigen eigenen politischen Handeln zu befähigen.[647] Die Zuständigkeit für dieses politische Mandat als Anwältin der Armen und zur Verbesserung der globalen Rahmenbedingungen, einschließlich der politischen Bildungsarbeit innerhalb des weltkirchlich-solidarischen Handelns, ist in deren Selbstverständnis genauso explizit verankert wie die konkrete Hilfe im Einzelfall.[648] Dieses doppelte solidarische Mandat, einerseits unmittelbar helfend dem täglichen Elend zu begegnen und andererseits politisch-strukturell zu intervenieren, um eine ganzheitliche Verbesserung in der Lebensrealität ganzer Gruppen von Exkludierten zu bewirken, ist ein Wesensmerkmal kirchlicher dialogischer Entwicklungsarbeit.[649] Der international feststellbaren Akzeptanz dieses mehrfachen Mandats der Kirche und ihrer Hilfswerke, die als sogenannte *faith-based organizations* z. B. bei den UN eine Rolle spielen, kommt zudem eine zweite, nach innen gerichtete, Bedeutung bei: Sie wirkt identitätsstiftend und bewusstseinsbildend.[650]

Aus einer integral-holistisch konzipierten Bezugung des Evangeliums und der vorrangigen Option für die Armen erwachsen der amtlich verfassten Kirche und ihren Entscheidungsträgern Aufgabenfelder, die nicht adäquat mit einem Studium der Theologie bewältigt werden können, weil sie z. B. den Einsatz im Bildungs- und Gesundheitswesen und in der EZ umfassen.[651] Vielfach handelt es sich dabei um Tätigkeiten und benötigte Kompetenzen u. a. aus den Berei-

---

644 A. a. O., S. 2
645 Wissenschaftliche Arbeitsgruppe für weltkirchliche Aufgaben der DBK, 2012, S. 64
646 A. a. O., S. 65
647 A. a. O., S. 66
648 Sekretariat der DBK, 2004, S. 60
649 Papst Franziskus, 2013, S. 170 f
650 Müller SJ, Johannes, 2013, S. 27
651 Sievernich SJ, Michael, 2012

chen der Sozialen Arbeit und der Pädagogik. Darum werden in der synoptischen Betrachtung neben einigen Paradigmen des gegenwärtigen Missionsverständnisses mit den aktuellen Erkenntnissen der Management-Forschung auch Konzepte der ISA und des entwicklungsbezogenen, interkulturellen und globalen Lernens einbezogen. Kardinal Marx betont, dass die moderne, christlich inspirierte EZ und die Kirche nach der paradigmatischen Wende in der Missionstheologie Mitte der 1960er Jahre über sehr viele Schnittstellen verfügen.[652] Auch diese Feststellung unterstützt die Zusammenführung von Entwicklungsfragen bzw. dialogischer Entwicklungsarbeit und theologischen Aspekten, denn nach wie vor sind diese beiden Felder in der Praxis miteinander verwoben.

Der enge Zusammenhang von EZ, ISA, Teilen der Theologie und der Pädagogik heutzutage führt zu Kooperationen der Wissenschaftler dieser Disziplinen und entsprechender Organisationen. Einige der aktuellen Bedrohungen der Menschheit, die sich unter dem Vorzeichen der Migration noch verschärfen, werden dabei in einer kooperativen und wertschätzenden Arbeitshaltung im interdisziplinären Dialog diskutiert und sowohl partikulare als auch universale Lösungsperspektiven bedacht.[653]

Mayer hält ein gutes Management zur Realisierung der interdisziplinären Kooperation und des veränderten Missionsverständnisses „in diesem neuen und sich ständig erneuernden Kontext"[654] für unerlässlich: „Zur situationsgerechten Erfüllung dieser Höchstforderungen Jesu bedarf es außer dem ernsthaften Willen zum Gehorsam auch des verantwortungsbewussten Denkens und Entscheidens."[655] Diesem Postulat kann sich ein auf der Höhe der interdisziplinären Erkenntnis stehendes interkulturelles Management dialogischer Entwicklungsarbeit nicht verwehren. Verantwortungsbewusstes Denken und Entscheiden innerhalb der organisatorischen Gegebenheiten auf die richtige Ebene delegiert zu haben und die zusätzlich nötigen Spielräume für menschliche z. T. interkulturelle Begegnungen, die das Verstehen des Ich und des Du ermöglichen, zuzulassen sind zwei Konsequenzen aus den Überlegungen in diesem Kapitel.

---

652 Marx, Reinhard Kardinal, 2012, S. 6
653 Schreijäck, Thomas; Wenzel, Knut, 2012, S. 9
654 Sekretariat der DBK, 2006a, S. 6
655 Mayer, Bernhard, 2006, S. 83

4 Aspekte eines vom Dialog geprägten Paradigmenwechsels in der Entwicklungszusammenarbeit

Analoge globale Realitäten, d. h. weltweit vergleichbare Lebensverhältnisse, sind historisch betrachtet noch nie da gewesen, dennoch scheint die EZ genau darauf abzuzielen. Dies geschieht, obwohl noch nicht einmal moderne demokratische Industrienationen in der nördlichen Hemisphäre in der Lage waren oder sind, im Rahmen ihrer einheitlichen Gesellschafts-, Rechts- und Sozialordnung die Lebensverhältnisse national anzugleichen. Um ein besseres Verständnis für die EZ zu entwickeln, wird im folgenden Kapitel zunächst der Begriff Entwicklung definiert, sowie die abgeleiteten Begriffe Entwicklungspolitik, Entwicklungshilfe und eben EZ. Anschließend wird erläutert, welche Phasen und Paradigmenwechsel sich im Bereich der EZ vollzogen haben. Dabei soll die steigende Relevanz des dialogischen Prinzips in der EZ herausgearbeitet werden, die erst durch Lern- und Reflexionsprozesse möglich wurde. In diesem Kontext muss auch – ausgehend vom aktuellen Streit um die Entwicklungshilfe – nach den Zielen und der Wirksamkeit der Hilfe gefragt werden. Darauf baut die Auseinandersetzung mit den korrespondierenden Konzepten entwicklungsbezogenen, globalen bzw. interkulturellen Lernens auf, mit deren dialogischem Management sich diese Arbeit speziell durch den Vergleich verschiedener Konzepte beschäftigt.

Im Kontext der zugrundeliegenden Forschungsfrage wird in kursorischer Form und reduziert auf die wesentlichen Grunderkenntnisse zur Entwicklungs-Frage die Situation der Weltgesellschaft im Zeitalter der Globalisierung betrachtet. Die grundlegende Zeitdiagnostik liefert Becks „Weltrisikogesellschaft"[656], darin findet sich in allen Kapiteln der Dualismus von Gefahr/Risiko und Herausforderung/Chance. Diesen Dualismus greift Bröckelmann-Simon auf und bringt ihn in Bezug zu den Fragen der globalen Entwicklung. Demzufolge ist die gegenwärtige Lage der Welt gekennzeichnet durch eine komplexe Vernetzung früher isolierter Politikfelder, z. B. Innen- und Außenpolitik, und gesellschaftlicher Phänomene wie Integration und Exklusion. Gleichzeitig zeichnen sich auf der einen Seite Tendenzen einer globalen Einheitskultur ab, und andererseits wächst der Drang zu kultureller Eigenständigkeit.[657]

---

656 Beck, Ulrich, 2008
657 Bröckelmann-Simon, Martin, 2010, S. 374

4.1 Definitionen: Entwicklung, Entwicklungspolitik und Entwicklungszusammenarbeit

In der deutschsprachigen und internationalen Literatur findet sich eine Fülle an divergierenden Definitionen für *Entwicklung* und die damit korrelierenden Begriffe *Entwicklungspolitik, Entwicklungshilfe* bzw. *EZ*. Die notwendige Reduktion erfolgt unter den Prämissen wissenschaftlicher Verbreitung und ökumenischer Ausgewogenheit, wegen der interdisziplinären Grundausrichtung und der historisch gewachsenen Verbindung zu kirchlichen Akteuren innerhalb der EZ. Angemerkt werden soll an dieser Stelle, dass die Terminologie auch in der vorliegenden Arbeit keine komplett einheitliche ist, da in den verwendeten Zitaten die babylonische Vielfalt der Definitionen der Begriffe Entwicklung, Entwicklungspolitik, Entwicklungshilfe und EZ deutlich zum Vorschein kommt.

4.1.1 Entwicklung

Die Befassung mit Entwicklungsfragen ist u. a. methodologisch eine delikate – bzw. sehr differenziert zu betrachtende – Herausforderung. Sachs weist als einer der ersten Vertreter der radikalen Post-Development-Ausrichtung, die die klassischen Entwicklungsanstrengungen wegen unpräziser Ziele und vorrangig exogenen Instrumentariums für gescheitert erklärt, auf die Defizite der klassischen Konzepte hin.[658] Nuscheler hat in seinem Standardwerk „Entwicklungspolitik"[659] die Problematik von Definitionen des Begriffs *Entwicklung* herausgearbeitet[660] und grenzt sich dabei von radikalen Post-Development-Strömungen u. a. mit dem Argument ab, dass „mit einer Romantisierung des einfachen Lebens, der Subsistenzökonomie oder einer »Kultur der Armut« nicht das Überleben einer wachsenden Weltbevölkerung gesichert werden kann"[661]. In seiner ersten Definition von Entwicklung kommt ein aktives Element, die Subjekthaftigkeit, zum Vorschein, das als Indiz betrachtet werden kann, den Dialog *mit* den Menschen zu führen, die einen Entwicklungsprozess vor sich haben, statt nur über sie.

> „Entwicklung bedeutet nicht im Passiv Entwickelt-Werden (etwa durch Entwicklungshilfe), sondern im Aktiv **Sich-Entwickeln** durch das Auswickeln der eigenen Fähigkeiten, je besondere Problemlagen zu meistern. Es wäre deshalb auch kon-

---

658 Sachs, Wolfgang, 1989, S. 4
659 Nuscheler, Franz, 2012
660 A. a. O., S. 170–188
661 A. a. O., S. 170 f

sequent, den Singular von Entwicklung durch den Plural von je besonderen Entwicklungen zu ersetzen."[662]

Außerdem wird an dieser Stelle die Chance des Dialogs mit den eigentlichen Subjekten von Entwicklung für diese selbst verdeutlicht, mehr über sich selbst zu erfahren, neue Potentiale zu entdecken und traditionelle Verhaltensweise zu modifizieren. Eine Reduzierung von Entwicklung auf die Befriedigung der Grundbedürfnisse, wie es andere Autoren[663] vorschlagen, lehnt Nuscheler ab mit dem Verweis, dass es „nicht allein um die Sicherung des materiellen Existenzminimums, sondern auch um die Entfaltung von Fähigkeiten"[664] geht. Durch einen Rekurs auf die internationale Menschenrechtskonvention kommt er zu einem Fazit: „Entwicklung bedeutet demnach kurz und bündig die Verwirklichung der politischen, sozialen und kulturellen Menschenrechte oder die Herstellung von »menschlicher Sicherheit«."[665] Dabei räumt er jedoch ein, dass sich daraus eine Zielhierarchie nicht direkt ableiten lässt; folglich „ist es notwendig, das alle Zielkonflikte überragende Ziel, menschenwürdige Lebensbedingungen für alle Menschen herzustellen, in Teil-, Nah- und Fernziele zu zerlegen."[666] Eine ähnliche Vorgehensweise schlägt Müller mit seinen „Stufen der Operationalisierung"[667] vor.

Um konkretere Zieldimensionen von Entwicklung benennen zu können, greift Nuscheler auf ein gemeinsam mit Nohlen entwickeltes Modell des „entwicklungspolitischen Hexagon"[668] zurück. Dieses Verständnis von Entwicklung als „eigenständige Entfaltung der Produktivkräfte zur Versorgung der gesamten Gesellschaft mit lebensnotwendigen materiellen sowie lebenswerten kulturellen Gütern und Dienstleistungen im Rahmen einer sozialen und politischen Ordnung, die allen Gesellschaftsmitgliedern Chancengleichheit gewährt, sie an politischen Entscheidungen mitwirken und am gemeinsam erarbeiteten Wohlstand teilhaben lässt"[669] greift wiederrum den aktiven Charakter auf. Allerdings ist dieses Modell nicht einmal für wohlhabende, freiheitlich-demokratische Rechtsstaaten vollumfänglich realisierbar. Die von Hartmann vorgeschlagene Lösung für diese Überforderung der EZ besteht darin, „ihr weniger zuzumuten,

---

662 A. a. O., S. 171. Hervorhebung und Text in der Klammer stammen aus dem Original.
663 ILO, 1976, S. 7 f
664 Nuscheler, Franz, 2012, S. 176
665 A. a. O., S. 177
666 A. a. O., S. 177
667 Müller SJ, Johannes, 1997, S. 150
668 Nuscheler, Franz, 2012, S, 186. Das Vorläufermodell des magischen Fünfecks (Wachstum, Soziale Gerechtigkeit, Arbeit, Ownership/Eigenständigkeit, Partizipation/Good Governance) wurde unter dem Eindruck der Rio-Konferenz für Umwelt und Entwicklung von 1992 um den Aspekt der Ökologie/Nachhaltigkeit ergänzt.
669 Nohlen, Dieter; Nuscheler, Franz, 1992, S. 73

und nicht nur Instrumente sondern auch Ziele stärker nach Ländergruppen auszudifferenzieren"[670]. Hierin besteht der Konsens mit Nuscheler, der – wie oben aufgezeigt – gleichfalls für einen Plural an Entwicklungen eintritt.

Füllkrug-Weitzel und Sacher definieren aus Sicht eines evangelischen Hilfswerks Entwicklung „als einen Prozess, der es benachteiligten Menschen ermöglicht, ihre Potentiale zu entfalten, ihre Rechte einzuklagen und – mit Respekt vor der Umwelt und den Ansprüchen künftiger Generationen – für gleichberechtigte Erfüllung ihrer Bedürfnisse zu sorgen und dabei Hindernisse, die dem entgegen stehen Schritt für Schritt zu überwinden."[671] Ein sehr ähnliches Verständnis formuliert ein katholisches Hilfswerk, Entwicklung ist demnach langfristig angelegt, an der Bewahrung der natürlichen Ressourcen für kommende Generationen ausgerichtet und die eigentlich wichtigsten Akteure sind die jeweiligen Menschen. Darüber hinaus erkennt die Organisation für sich die Notwendigkeit zu politischer Einflussnahme und politischer Bildung, die langfristig angelegter dynamischer Lernprozesse bedarf.[672] Dieses prozesshafte und an den eigentlichen Akteuren orientierte Verständnis von Entwicklung, das in der Formulierung „Vertrauen auf die Kraft der Armen"[673] kulminiert, zeigt Parallelen zum Konzept von Homfeldt und Schmitt[674], beispielsweise mit der politischen Dimension.

Dieser zuletzt skizzierte Ansatz führt zur Überwindung einer Jahrzehnte alten Kultur der Abhängigkeit. Niebel würdigt diese konzeptionelle Ausrichtung ebenso wie die Kooperation der großen christlichen Kirchen in Deutschland dahin gehend: „Bei den Katholiken heißt das ‚People-led approach', bei den Protestanten ‚People-owned processes' – beides bringt schön diesen zentralen Punkt zum Ausdruck. Das ist sozusagen ein ökumenischer Gleichklang, der bezeichnend ist auch für die gute Zusammenarbeit zwischen den Kirchen."[675] Die Frage, ob Entwicklung primär ein exogener oder endogener Prozess ist, beantwortet Bröckelmann-Simon mit einem systemtheoretischen Verweis auf die grundsätzlich beschränkte Wirkung von Impulsen von außen auf ein anderes System. Der externen EZ[676] billigt er eine initiierende und begleitende Rolle bei Systemveränderungen zu.[677] Der Logik dieser Priorisierung widerspricht es

---

670 Hartmann, Christoph, 2011, S. 20
671 Füllkrug-Weitzel, Cornelia; Sacher, Danuta, 2008, S. 15
672 Misereor, 2012. Vgl. dazu die korrelierenden Aussagen zur entwicklungsbezogenen politischen Bildung im Kapitel 5.3
673 Verein zur Förderung der entwicklungspolitischen Publizistik e. V, 2012, S. 1–24
674 Vgl. Kapitel 2.6
675 Niebel, Dirk, 2012, S. 2
676 Die Begriffe Entwicklungsarbeit und Entwicklungszusammenarbeit werden von Bröckelmann-Simon synonym verwendet.
677 Bröckelmann-Simon, Martin, 2010, S. 372

nicht, wenn er das Engagement in Programmen und Projekten der unmittelbaren Armutsbekämpfung auf der einen Seite und die transnationale politische Lobbyarbeit zugunsten globaler Strukturveränderungen auf der anderen Seite nicht als Gegensatz betrachtet, sondern als notwendige wechselseitige Ergänzung.[678]

Die Relevanz des endogenen Entwicklungsansatzes und die begrenzte Reichweite extern formulierter Expertisen zu Entwicklungsfragen werden belegt durch neueste Untersuchungsergebnisse, wonach politische Entscheidungsträger im globalen Süden vor allem dann wissenschaftlich fundierte Empfehlungen zur Kenntnis nehmen, wenn die Ergebnisse auf Untersuchungsdaten beruhen, die von Wissenschaftlern und Institutionen in ihren Ländern selbst erhoben wurden. Zudem liegt die Akzeptanz höher, wenn es sich um länderspezifische Gutachten handelt statt um ländervergleichende. Auf die Ergebnisse von Studien wird tendenziell häufiger dann zurückgegriffen, wenn diese Schnittstellen bzw. inhaltliche Übereinstimmungen mit den politischen Zielen der Regierung aufweisen und den Entscheidungsträgern Erklärungsmodelle für Defizite liefern. Grundsätzlich können externe Ratschläge selten Widerstände gegen Reformen neutralisieren oder Allianzen für eine Veränderung der politischen Realitäten aufbauen.[679]

Fasst man den Diskurs um Definitionen und Inhalte des Entwicklungsbegriffs zusammen, erkennt man Hinweise auf eine fortschreitende Verankerung des dialogischen Prinzips. Indiz dafür ist die Betrachtung der Menschen im globalen Süden als Subjekte auf Augenhöhe, deren Lebenserfahrungen – im Sinne des Buberschen Du – wichtig sind im Ringen um eine passende Entwicklung.

Mit welcher Terminologie das vielfältige entwicklungsbezogene Engagement bezeichnet wird und wie sich die Unterscheidungen dabei darstellen, wird im nächsten Abschnitt untersucht.

4.1.2 Entwicklungspolitik, Entwicklungshilfe und Entwicklungszusammenarbeit

Im alltäglichen Sprachgebrauch werden die Begriffe *Entwicklungspolitik* und *Entwicklungshilfe/Entwicklungszusammenarbeit (EZ)* nicht selten synonym verwendet, wodurch die eigentlich notwendige Trennschärfe und definitorische Abgrenzung verloren geht. Für den Begriff Entwicklungspolitik soll folgende Definition gelten, die wissenschaftlich begründet und im Kontext kirchlicher Akteure anschlussfähig ist. Demnach ist

---

678 A. a. O., 2010, S. 373
679 Vgl. Parks, Bradley; Rice, Zachary; Custer, Samantha, Williamsburg, 2015

"Entwicklungspolitik der weiter gefasste Begriff, der die Gesamtheit aller Maßnahmen bezeichnet, mit denen eine bestimmte ‚Entwicklung' angestrebt wird. Hierzu zählen zunächst politische Maßnahmen auf der Ebene der einzelnen ‚Entwicklungsländer', aber auch Maßnahmen auf internationaler Ebene, etwa im Bereich der Gestaltung des internationalen Handels- und Währungssystems. Entwicklungspolitik soll Voraussetzungen für eine Entwicklung aller Menschen schaffen, die über eine minimale Existenzsicherung und das rein materielle Wohl hinausgeht. Sie umfasst neben den wirtschaftlichen genauso soziale, politische und kulturelle Bereiche."[680]

Die in dieser Definition enthaltenen unterschiedlichen Bereiche in der bi- und multilateralen politischen Kooperation verweisen im Zusammenhang mit den vielfältigen, nicht nur ökonomischen, Zielen auf die Komplexität der Aufgabe. Entwicklungspolitik ist demnach eine Querschnittsaufgabe, an der nahezu alle Politikbereiche mitwirken. Die Sicherstellung einer kohärenten Ausgestaltung kann nur gelingen, wenn diese unterschiedlichen Zugänge (z. B. Wirtschaft, Finanzen, Gesundheit, Bildung) interdisziplinär zusammenwirken und sich dabei gegenseitig helfen, die blinden Flecken der jeweiligen fachlichen Perspektive zu überwinden.

Entwicklungshilfe ist dagegen nur ein Teil der umfassenderen Entwicklungspolitik. Demzufolge handelt es sich um Entwicklungshilfe bzw. Entwicklungszusammenarbeit (EZ), „wenn Träger von Entwicklungszusammenarbeit langfristig Ressourcen zur Verfügung stellen, die für den Entwicklungsprozess wichtig sind und zwar zu Bedingungen, die zu Gunsten des Empfängers von den üblichen Marktbedingungen in einem politisch festgelegten Mindestumfang abweichen."[681] Damit wird der Ressourcentransfer zum wesentlichen Charakteristikum der Entwicklungshilfe/EZ gemacht. Der Begriff der Ressource umfasst i. d. R. neben Finanzen und materiellen Gütern beispielsweise auch Bildung und den Einsatz von Fachkräften.

Vor allem aus politischen Gründen ist die Verwendung des Begriffes *Hilfe* durch den Begriff *Zusammenarbeit* ersetzt worden. Als Motiv dafür gilt die Erkenntnis bezüglich des Primats der endogenen Entwicklung, wonach nur durch partnerschaftliche Kooperation, nicht aber durch paternalistische Hilfszuwendungen überhaupt ein Entwicklungsprozess in Gang gebracht und auf Dauer etabliert werden kann.[682] Aber die Terminologie der EZ ist ebenfalls problematisch, weil durch sie nicht selten selbst dann eine partnerschaftliche Kooperation assoziiert wird, wenn es sich in der Realität um eine unilaterale

---

680 Wissenschaftlichen Arbeitsgruppe für weltkirchliche Aufgaben der DBK, 2004, S. 9
681 A. a. O., S. 9
682 A. a. O., S. 9

Intervention z. B. nach einer Katastrophe handelt oder, wenn keine externen Ressourcen zur Verfügung gestellt werden.[683]

Wolff setzt sich kritisch mit dieser Terminologie-Problematik des *Partner*-Begriffs und der darin verborgenen Ideologie auseinander. „Ein Lieblingswort des Entwicklungsestablishment: Es vertuscht das Machtgefälle, das bei jeder Beziehung zwischen Gebern und Empfängern, also zwischen Reich und Arm, besteht."[684] Dieses real existierende Machtgefälle ist nur ein Aspekt in der EZ. Es stellt solange ein Hindernis für den Dialog auf Augenhöhe dar, bis man den Wert der Dialogteilnehmer nicht mehr ausschließlich an der Ressource Geld festmacht.

Eine auf die Kraft der Armen als Ressource vertrauende und darum entgegen der Kritik als partnerschaftlich bezeichnete EZ postulierte aus Sicht der Politik z. B. Altbundespräsident Gauck. Defizite früherer Ansätze, in denen ohne Einbeziehung der betroffenen Menschen aus der Distanz große Pläne gemacht wurden, sollen damit vermieden werden.[685] Kardinal Marx argumentiert in Bezug auf das Verständnis heutiger internationaler kirchlicher Entwicklungsbemühungen in dieselbe Richtung. Auch er ist sich der historischen Fehler bewusst und entwirft sogar – aus den Erfahrungen mit paternalistischen Hilfsprojekten lernend – ein essentiell dialogisches Modell, das die Verantwortung der Partner vor Ort hervorhebt und die Betonung hierarchischer Unterschiede von Geber und Nehmer beendet. Wie im dialogischen Prinzip kann prinzipiell jeder der beiden dem anderen etwas geben und vom anderen etwas empfangen.[686] Damit befindet sich Kardinal Marx im Einklang mit dem Mainstream des aktuellen wissenschaftlichen und politischen Diskurses.

Als begriffliches Neukonstrukt wäre aus Sicht des Verfassers die *dialogische Entwicklungsarbeit* in der Lage, die z. T. kritisierte fehlende Trennschärfe zwischen Entwicklungshilfe und EZ zu beheben, weil durch den Wegfall des Wortbestandteils *zusammen* in Entwicklungs*zusammen*arbeit zum einen deutlicher wird, dass diese Leistung in einer gewissen Zeitphase auch nur von einen der am Entwicklungsprozess beteiligten Akteure erbracht werden kann. Zum anderen bewirkt die Voranstellung des Begriffes *dialogisch* eine Klarheit bezüglich der Leistungserbringung/Arbeit, die von beiden Seiten in dieser Form intendiert, also partnerschaftlich verabredet und als zielführend angesehen wird. Die Ownership-Frage (Eignerschaft) im Sinne der Letztverantwortung bleibt davon unberührt. Zugleich bietet diese Formulierung durch die Führung des identischen Wortbestandteils *Arbeit* einen Brückenschlag zur Internationalen Sozia-

---

683 A. a. O., S. 9
684 Wolff, Jürgen H., 2011, S. 33
685 Gauck, Joachim, 2012, S. 4
686 Marx, Reinhard Kardinal, 2012, S. 7

len Arbeit,[687] und ebenso zur weltkirchlich-theologischen Sphäre, da dort das *dialogische Prinzip*[688] durchaus eine Verwurzelung vorzuweisen hat.

4.2 Entwicklungspolitik als globale Strukturpolitik

Die 2015 verabschiedeten 17 Sustainable Development Goals (SDGs)[689] der UN stellen den bisher konsequentesten Versuch dar, die traditionell im Bereich der EZ verhandelten Probleme als Symptome der weltweiten Interdependenzen zu begreifen. In Folge dessen können sie deshalb nur durch eine Änderung der globalen Strukturen nachhaltig bearbeitet werden.[690] Die SDGs bauen zwar auf den Millennium Development Goals (MDGs)[691] auf, entwickeln diese aber strukturell weiter. Mit dem MDGs wurde zu Beginn des neuen Jahrtausends ein Versuch unternommen, die Entwicklungspolitik neu zu ordnen bzw. einen neuen Referenzrahmen für sie zu erstellen. Dabei galt es, „eine Reihe von traditionell auf nationaler Ebene zu erreichenden Entwicklungszielen mit dem Ziel einer globalen Entwicklungspartnerschaft und einer gemeinsamen Definition der dringendsten Weltprobleme zusammenzubringen"[692]. Wie die SDGs hatten die MDGs gleichfalls einen zeitlichen Horizont von 15 Jahren und bestanden aus acht Hauptzielen.[693] Nach deren Verabschiedung wurde eine tendenzielle Ausweitung der klassischen Entwicklungspolitik prognostiziert.

Weil die MDGs die Armutsbekämpfung auf die politische Tagesordnung gebracht haben, stellten sie bereits einen grundsätzlichen Fortschritt dar. Allerdings lassen sich einige inhärente Nachteile benennen: Sie vernachlässigten einige politische und wirtschaftliche Fragen, z. B. die strukturellen Gründe der Ungleichheit, sowie die ökologische Nachhaltigkeit. Die MDGs schrieben die traditionelle EZ fort, verkannten aber die globalen Interdependenzen. Mit Hilfe der Geber-Länder sollten die Nehmer-Länder die Probleme in den Griff bekommen, während die Gesellschaften der Geber-Länder im Wesentlichen nicht tangiert waren. Die Lösungen für die Entwicklungsfragen, wie sie in den MDGs eins bis sieben dargestellt wurden, wurden ausschließlich in den Ländern des globalen Südens gesucht. Unpräzise waren dagegen die Aussagen im achten

---

687 Vgl. Kapitel 2
688 Vgl. Kapitel 3.2.1
689 Abbildung Nr. 3: BMZ, 2017 (siehe Seite 333)
690 BMZ, 2017
691 Die von politischen Kompromissen und Interessen gekennzeichnete Entstehungsgeschichte der MDGs und die Verbindung zur Millenniumserklärung der Vollversammlung der UN aus dem Jahr 2000 sind nachzulesen bei Andersen, Uwe, 2011, S. 50 ff
692 Hartmann, Christoph, 2011, S. 17
693 Abbildung Nr. 4: UN, 2008 (siehe S. 334)

MDG, in dem eine globale Partnerschaft in anderen Politikfeldern gefordert wurde.[694] Weitere Kritikpunkte an den MDGs bezogen sich auf deren ethisch wenig ausgeprägte Ambitionen, die unzureichende Verknüpfung der Armutsbekämpfung mit Fragen von Frieden, Sicherheit, Demokratie und guter Regierungsführung[695] sowie die fehlenden strategischen Aussagen z. B. zur Rolle von Religionen, Menschenrechten oder der sozialen Integration von Minderheiten.[696] Besonders die beiden letzten Punkte stellen einen unmittelbaren Bezug zur globalen Agenda der Sozialen Arbeit her und belegen damit die Verbindung von Fragen der ISA mit denen der EZ.

In die Bewertung der MDGs ist deren doppelte Fokussierung, einerseits bei der Zieldiskussion in der Entwicklungsdebatte und andererseits bei den Public-Relations-Aktionen, einschließlich schulischer Unterrichtsprojekte, zu berücksichtigen.[697] „Im Vergleich zu den vorausgehenden Entwicklungsdekaden waren die MDG ein neuer, innovativer Ansatz, der jedenfalls insofern erfolgreich war, als die MDG sich öffentlichkeitswirksam und als zentraler Bezugspunkt der entwicklungspolitischen Diskussion erwiesen haben."[698]

Autoren wie Müller und Sondermann erkannten, dass es Aufgabe der Entwicklungspolitik werden müsse, das Gemeinwohl zu fördern, anstatt den Interessen durchsetzungsstarker Gruppen nach zu kommen. Dazu sei es notwendig, die komplexen Zusammenhänge von Armut und Reichtum zu thematisieren und dafür weltweit ein Bewusstsein zu schaffen.[699] Eine als globale Strukturpolitik verstandene Entwicklungspolitik darf sich darum laut Nuscheler nicht regional auf eine Gruppe besonders armer Staaten oder sektoral auf die Armutsbekämpfung beschränken.[700] Konsequenterweise sei ein „Plädoyer für einen globalen Gesellschaftsvertrag"[701] die einzig relevante Option zur Neuausrichtung der internationalen Politik, die die Einengung auf südländer-zentrierte Entwicklungspolitik und EZ überwinden kann. Um eine mehrheitliche Zustimmung zu einer derartigen Neuausrichtung der EZ zu generieren bedarf es umfassender Lernprozesse auf personaler und auf staatlicher Ebene sowie wirtschaftlichen Organisationen. Dies kann als weiteres Argument für die Relevanz

---

694 Sondermann, Elena, 2012, S. 173
695 A. a. O., S. 176. Der Zusammenhang von Entwicklung und Frieden spielt bei den MDG-Indikatoren keine ausreichend relevante Rolle, obwohl gerade Staaten mit hohem Gewaltniveau von der Zielerreichung weit entfernt sind.
696 Deutschen Kommission Justitia et Pax, 2013, S. 1
697 Pfaller-Rott, Monika; Rott, Gerhard, 2011, S. 96–114
698 Andersen, Uwe, 2011, S. 59
699 Müller SJ, Johannes, 2005, S. 434 und Sondermann, Elena, 2012, S. 175 f
700 Nuscheler, Franz, 2012, S. 391
701 A. a. O., S. 400

eines multireferentiellen Ansatzes für das Management von Organisationen im Kontext der EZ betrachtet werden, wie er in dieser Arbeit entworfen wird.[702]

Ein Aspekt während der Ausformulierung der SDGs waren die immateriellen Faktoren. Als Alleinstellungsmerkmal kirchlicher EZ kann man deren christlich-ethische Motive und Inspirationen betrachten, die hinter den jeweiligen Zielen stehen. Aus diesem Fundament des Glaubens generieren die Träger kirchlicher EZ und ihre Partnerorganisationen ein grundsätzliches Vertrauen auf Veränderung, das über die Real- und Tagespolitik hinausreicht. Diese Visionen und Utopien sind entscheidend bei der Verarbeitung von frustrierenden Rückschlägen.[703] Dieses geduldige und zudem an großen spirituellen Leitbildern ausgerichtete Handeln und Agieren erscheint gerade für in Leitungsverantwortung Stehende eine Perspektive zu sein, um die Orientierung in einer hektischer werdenden Zeit mit immer neuen, oftmals kurzlebigen Zielformulierungen halten zu können. Auch wenn immaterielle Faktoren und subjektive Einschätzungen in der Diskussion insgesamt wenig berücksichtigt wurden[704], gab es im deutschsprachigen, kirchlich getragenen entwicklungspolitischen Diskurs eine Konzeption um diese Aspekte und Faktoren wissenschaftlich fundiert in die Debatte einzubringen. Leitbegriff dieser Überlegungen ist das „Weltgemeinwohl"[705]. Der Begriff baut auf dem Gemeinwohlgedanken der nationalen Sozialstaaten auf und stellt die Verbindung zwischen politischem und ethisch-religiösem Gedankengut her, das zur Lösung der Frage nach einem gerechten Zusammenleben in der Weltgesellschaft beitragen kann. Dieses Zusammenspiel hat sich z. B. bei der christlichen Soziallehre in der nationalen Sozialpolitik modellhaft durchaus bewährt.[706] Daneben postuliert der Weltgemeinwohl-Ansatz eine interdisziplinäre Beachtung von ökologischen und entwicklungspolitischen Konzeptionen. Dafür lässt sich im kirchlichen Kontext unter Rückgriff auf die Schöpfungstheologie und die damit verbundene gemeinsame Sorge um die soziale Situation der Geschöpfe eine spezifische Begründung herstellen.[707] Die Bezugnahme auf die Schöpfung als eine alle Menschen in Beziehung setzende Ausgangslage konnte bereits als ein Motiv für das neue Missionsverständnis nachgewiesen werden.[708] Abermals zeigt sich die Korrelation von EZ und zeitgemäßer Mission.

Mit den SGDs wurden zwei parallele globale Prozesse zusammengeführt, die beide auf eine ambitionierte Fortentwicklung der internationalen Entwick-

---

702 Vgl. Kapitel 7
703 Bröckelmann-Simon, Martin, 2010, S. 373
704 Sondermann, Elena, 2012, S. 189
705 Misereor, Institut für Gesellschaftspolitik an der Hochschule für Philosophie, 2014
706 Reder, Michael, 2014, S. 4
707 Müller SJ, Johannes, 2014, S. 27
708 Vgl. Kapitel 3.2.1

lungsagenda abzielen. Neben dem MDG-Prozess handelte es sich dabei um den mit Fragen der Nachhaltigkeit befassten *Rio +20* Prozess.[709] Die Vereinigung von Entwicklungs- und Nachhaltigkeitsziele in einem gemeinsamen Zielsystem stellt einen Paradigmenwechsel von der klassischen Entwicklungspolitik dar, hin zu einem globalen Transformationsprozess, dessen Agenda für die globale Partnerschaft die Verantwortung der Industrie-, Schwellen- und Entwicklungsländer mit ökonomischen, sozialen und ökologischen Dimensionen umfasst.[710]

Eine normative Letztbegründung der gemeinsamen Agenda-Zielsetzungen unter dem Primat der Menschenrechte kann als adäquat betrachtet werden, weil sich die allgemeinen Menschenrechte in der Praxis zu einem zentralen Orientierungspunkt bei ethischen und politischen Diskussionen über globale Probleme entwickelt haben.[711] Einschränkend muss natürlich die Ablehnung dieses aus ihrer Sicht westlich dominierten Wertesystems durch einige Regierungen, u. a. in Anbetracht ihrer ethisch-kulturellen Rückbindung, antizipiert werden.[712]

Auf der Grundlage dieser Position, die Menschenrechte als normativen Anker der Entwicklungsarbeit zu definieren, zeichnet sich eine große Schnittmenge mit der von Staub-Bernasconi[713] konzipierten Sozialen Arbeit als Menschenrechtsprofession ab, deren strategisches Potential für die Entwicklungsarbeit einer genaueren und tieferen Betrachtung wert zu sein scheint und damit eine weiterführende Forschungsfrage darstellt. Für die hier erfolgte Darstellung und Auswertung der interkulturellen Lernprozesse im Management dialogischer Entwicklungsarbeit liegt eine besondere Relevanz in der Frage nach den anvisierten Zielen und der Rolle der kirchlichen Akteure, genauer: der Art und Weise, wie diese ihre Programme und Projekte konkret gestalten, mit Ressourcen ausstatten und die Personalentwicklung ausrichten, aber auch ihr politisches Agieren konzipieren und dabei kooperieren. Ein menschenrechtsbasierter Ansatz impliziert zuerst eine Veränderung der Qualität der Entwicklungszusammenarbeit in Bezug auf die Beteiligung der Menschen, damit sie sich je nach gesellschaftlichem Kontext selbst ihre Wege, Lösungen und Perspektiven für ein gutes Leben erarbeiten.[714]

Um dies leisten zu können, müssen die Menschen gezielt u. a. durch Bildungsprogramme auf der Ebene der Person in die Lage versetzt werden, sich

---

709 Auch die Enzyklika *Laudato Si* von Papst Franziskus bemüht sich um die Verbindung von globaler sozialer Gerechtigkeit und der Bewahrung der Schöpfung.
710 BMZ, 2013, S. 1
711 Deutschen Kommission Justitia et Pax, 2013, S. 3
712 zur Menschenrechtskodifizierung vgl. Kapitel 1.5.3
713 Vgl. Kapitel 2.2
714 Deutschen Kommission Justitia et Pax, 2013, S. 6

einem Dialog, der Veränderung bedeuten kann, zu öffnen. Außerdem bedarf es der Transformation der gesellschaftlichen Rahmenbedingungen, damit die Artikulation von politischen Fehlentwicklungen und Alternativen gefahrlos möglich ist. Und drittens ist innerhalb der Organisationen der EZ ein Lernprozess notwendig, der die Relevanz des dialogischen Prinzips systemintern und in der nach außen gewandten Projektarbeit immer mehr zum Tragen bringt. Auf diese Fragestellung sollten Leitungsverantwortliche vorbereitet bzw. während der Tätigkeit additiv qualifiziert werden, wobei gemäß dem Buber'schen Dialogkonzept ein Einzelner alleine dazu überhaupt nicht in der Lage sein kann, sondern immer eines Gegenübers bedarf, um sich gegenseitig in der Sichtweise bereichern zu können.[715]

Die durch die SDGs geforderte neue globale Partnerschaft zur Beseitigung der Armut und zur Umgestaltung der Wirtschaft durch nachhaltige Entwicklung impliziert eine „globale strukturelle Transformation"[716]. Diese Formulierung kommt einem Postulat aus dem zivilgesellschaftlichen Kontext der EZ nach einer „globale(n) sozial-ökologische(n, E. d. d. V.) Transformation"[717] sprachlich und auch inhaltlich nahe. Ziel dieser Transformation soll ein gerechteres, sozialeres und ökologischeres Weltwohlstandsmodell auf der Basis der Menschenrechte sein. Auf Dauer könnte sich dieses Modell als wirtschaftlich nachhaltiger erweisen.[718]

Im Unterschied zu den MDGs sind die SDGs also nicht ausschließlich auf staatliches Handeln ausgerichtet, sondern offen für eine zivilgesellschaftliche Partizipation. Bei der Neufokussierung der Akteure wird die Rolle der Privatwirtschaft besser berücksichtigt; zudem ist der normative Rahmen der menschenrechtlichen Betrachtungsweise in der EZ angekommen. Man darf aber diese Ziele nicht als eine Art Master-Plan verstehen, der nur noch des politischen Willens bedarf, um umgesetzt zu werden. Dieser Ansatz geht tiefer und thematisiert Ziel- und Interessenskonflikte, weil es nicht mehr ausreichen wird, ein paar technische Stellschrauben zu optimieren und kosmetische Maßnahmen vorzunehmen, um im Endeffekt so weiterleben zu können wie bisher.

Der umfassende Strukturwandel wird nicht zuletzt durch Bildungsarbeit auf allen Ebenen auf die Veränderungen in der Zukunft vorbereiten: Er soll Bewusstsein für Neues öffnen und stark machen u. a. im Sinne des Resilienz-Gedankens. All dies geschieht im Dialog, damit die Menschen sich aktiv daran beteiligen und mitgestalten. Sie sollen nicht Objekte dirigistischer Maßnahmen sein. Dafür ist eine kognitive Transformationsleistung zu erbringen, um die

---

715 Vgl. Kapitel 3.2.2 speziell die Aussagen zum Bischofsamt.
716 BMZ, 2013, S. 2
717 VENRO 2013, S. 16
718 A. a. O., S. 16

sich abzeichnende Verbindungslinie zum Weltgemeinwohlkonzept intellektuell zu erfassen.[719]

Diese Zusammenführung von Fragen nach u. a. der ökologischen Nachhaltigkeit, der Friedenssicherung und der weltweiten sozialen Gerechtigkeit stellt eine beachtenswerte interdisziplinäre Erweiterung des Aufgabenfeldes der EZ dar. In letzter Konsequenz deutet dies bereits auf eine umfassende Transformation des Systems der EZ hin. Nur mit fachlicher Kompetenz werden die dabei leitenden Akteure alleine diese Aufgabe nicht bewerkstelligen können. Sie benötigen die Fähigkeit, auf die von Fell aufgezeigten andragogischen Implikationen im betrieblichen Führungshandeln zurückgreifen zu können, um auf diese Transformationen, diesen paradigmatischen Wechsel, diese kontextuelle Komplexität Antworten entwickeln zu können[720] oder um mit ihren Mitarbeitern und Partnern im Dialog diese Antworten formulieren und in der Praxis anwenden zu können, gemäß der Devise: „From dialogue to joint action!"[721] Zugleich sind Entscheidungsträger bzw. Leitungshandelnde gefordert, sich qualifiziert mit der an sie und das System Entwicklungshilfe herangetragenen mehrdimensionalen Kritik konstruktiv auseinanderzusetzen. Einige Aspekte dieser Kritik werden im Folgenden analytisch dargestellt.

4.3 Entwicklungszusammenarbeit im Diskurs

Die Süddeutsche Zeitung titelt „Wenn Hilfe nicht hilft"[722] und die Wochenzeitung Die Zeit befasst sich unter der Überschrift „Gut gemacht oder nur gut gemeint?"[723] mit den Erfolgen der deutschen Entwicklungshilfe. Die Kritik an Theorie und Praxis der EZ wurde mit solchen Artikeln einer breiten Öffentlichkeit zugänglich. In der Wissenschaft stechen im englischen Sprachraum Easterly[724] und Moyo[725] mit ihrer kritischen Betrachtung hervor, im deutschen Sprachraum publizierte Niggli[726] kritische Thesen zur EZ. Inhärent sind der z. T. seit Jahrzehnten in Wissenschaft und Praxis geführten Debatte um die richtige Konzeption und Umsetzung der EZ zum einen eine ideologische Di-

---

719 Misereor; Institut für Gesellschaftspolitik an der Hochschule für Philosophie, 2014
720 Vgl. Kapitel 1.2
721 Hagemann, Hildegard, 2014
722 Vyslozil, Wilfried, 2012, S. 2
723 Asche, Helmut, 2012, S. 38
724 Easterly; William, 2006
725 Moyo, Dambisa, 2009. Auf Deutsch erschienen unter den Titel: Dead Aid Warum Entwicklungshilfe nicht funktioniert und was Afrika besser machen kann, Hamburg, 2011
726 Alliance Sud (Hrsg.), Niggli, Peter, 2008

mension und zum anderen eine neuerdings mit dem Begriff der Wirkungsmessung belegte Auseinandersetzung um die Effekte der EZ.

Die grundsätzliche Dichotomie der Standpunkte bei der Beurteilung von Entwicklungshilfe – also die Ausgangspunkte der Entwicklungshilfekritik – beschreibt Wolff wie folgt: „Von Anfang an wird der Entwicklungspolitik aus liberaler Sicht Staatszentriertheit, der Glaube an den Großen Plan, an die Vorhersehbarkeit und damit auch Steuerbarkeit der Geschichte, folglich ein teleologisches Geschichtsbild, an die menschliche Rationalität, an die Weisheit, persönliche Uneigennützigkeit und Menschenliebe des Politikers und Technokraten vorgeworfen."[727] Der Zustand der realen Welt scheint liberalen Kritikern mit diesen Erwartungen nicht kongruent. Sie verweisen auf Interessenkämpfe, Unordnung, Irrationalität, Korruption und Gewalt als Konstanten menschlicher Geschichte und fordern von der EZ daher wesentlich bescheidener aufzutreten.[728]

Mit der Hoffnung auf „den richtigen umfassenden Plan zur Reform der Entwicklungshilfe, für mehr Wohlstand, Nahrung für die Hungernden und Rettung für die Todgeweihten"[729] befasst sich auch Easterly kritisch: „(…) all das Brimborium um den richtigen Plan ist an sich schon ein Symptom des irregeleiteten Ansatzes zur Entwicklungshilfe, den so viele in der Vergangenheit verfolgt haben und noch heute verfolgen. Der richtige Plan ist, auf einen Plan zu verzichten."[730]

Vyslozil beschreibt das Dilemma der Hilfsorganisationen anhand seiner Erfahrungen aus dem Wiederaufbau Haitis nach dem Erdbeben 2010 und kommt zu vergleichbaren Feststellungen bezüglich der Reichweite planbarer bzw. extern geplanter Hilfsaktionen. Ursache für das Scheitern dieser Pläne sei z. T. eine exogen vorgenommene Orientierung an Defiziten. Stattdessen könne dauerhafte Entwicklung nur erfolgen, wenn sie die Menschen in Not ernst nimmt, deren vorhandene Potentiale als Ausgangspunkt erkennt und geduldig unterstützt.[731] Auch wenn diese Aussagen aus dem Kontext der Katastrophenhilfe kommen, so muss dennoch die grundsätzliche Parallelität zum Verständnis der eigentlichen Akteure, wie es z. B. die kirchlichen Werke vorlegen, nämlich auf die Kraft der Armen im so genannten people-led approach, bzw. bei

---

727 Wolff, Jürgen H., 2011, S. 47
728 Auch die Erfahrungen des Autors mit den Motivationen junger Menschen, die als Freiwillige ins Ausland gehen, deuten darauf hin, dass oftmals der ungebrochene Glaube an das Machbare über eine differenzierte Sicht der Welt dominiert. Lange Vorbereitungs-, Begleitungs- und Nachbereitungs-prozesse derartiger Einsätze sind notwendig, um wirklich angepasste nachhaltige Entwicklungsverständnisse aufzubauen.
729 Easterly, William, 2006, S. 12
730 A. a. O., S. 13
731 Vyslozil, Wilfried, 2012, S. 2

people-owned processes (vgl. 4.1.1) zu vertrauen, in der Analyse gegenwärtig als konstitutiv anerkannt werden.[732]

4.3.1 Aspekte der aktuellen Kritik im EZ-Diskurs

Über die Debatten um die Ziele der EZ, dargestellt am Beispiel der MDGs, und um die Rolle der von externen Experten entworfenen Pläne hinaus existieren gegenwärtig noch einige andere kritische Diskussionsstränge, die für die vorliegende Untersuchung von Relevanz sind. Die Auswahl der kritisierten Aspekte erfolgt nach den Kriterien internationale bzw. nationale Reichweite, Aussagekraft für das interkulturelle Management der dialogischen Entwicklungsarbeit und Aktualität.

Die kirchlichen Hilfswerke greifen die im Folgenden dargestellte Kritik an einigen negativen Erscheinungsformen der Entwicklungshilfe (z. B. unkoordinierte Konzepte) auf und differenzieren die Analyse. Daraus leitet sich die Forderung ab, z. B. wegen Fehlern einzelner Akteure nicht gleich das gesamte Arbeitsfeld in Frage zu stellen[733]; stattdessen sollte aufgrund der beschriebenen Defizite u. a. mehr Kohärenz unter dem Primat der Armutsbekämpfung hergestellt werden. Zweitens muss die Befähigung der Menschen das Ziel haben, aktiv den notwendigen politischen und wirtschaftlichen Reformprozess mitgestalten zu können.[734] Dieser Umgang mit der artikulierten Kritik an einigen Erscheinungsformen der EZ erkennt in der Kritik die Chance für einen Lernprozess zur Neuausrichtung, bei der das dialogische Prinzip auf institutioneller und individueller Ebene eingebunden wird.

4.3.1.1 „Dead Aid" und „Afrika wird arm regiert"

Die These, wonach die nach dem Zweiten Weltkrieg entstandene Entwicklungshilfe wesentlich dazu beitrug, die Armen ärmer und die Entwicklung ihrer Länder langsamer zu machen, belegt Moyo mit Fakten.[735] Demnach fördert staatliche Entwicklungshilfe, die Moyo gleichsetzt mit den Geld-Transfers zwischen Regierungen, die Abhängigkeiten der Empfänger[736]. Sie zementiert die

---

732 Hickmann, Christoph, 2012, S. 6 Dort lässt sich auch im Bereich der militärischen Auslandseinsätze in Afghanistan eine vergleichbare Grundposition bezüglich der primären Akteure aufzeigen, wenn beschrieben wird, dass das afghanische Militär selbst „in der Führung" ist und nicht mehr von den Soldaten der Bundeswehr an die Hand genommen werden muss.
733 Bröckelmann-Simon, Martin, 2010, S. 372
734 A. a. O., S. 373
735 Moyo, Dambisa, 2009. S. XIX (Introduction)
736 A. a. O., S. 65 ff.

bestehenden Gegebenheiten, fördert Korruption[737] und finanziert sogar Kriege.[738] Sie zerstört jeden Anreiz, gut zu wirtschaften und die Volkswirtschaft anzukurbeln. Entwicklungshilfe zu beziehen sei einfacher, als ein Land zu sanieren. Moyos zentrale These lautet: „It's time to stop pretending that the aid-based development model currently in place will generate sustained economic growth in the world's poorest countries. It will not."[739] Sie erklärt nicht nur, was die negativen Folgen von Entwicklungshilfe sind und warum China für Afrika eine Lösung und nicht Teil des Problems ist; sie entwirft zudem einen Weg, wie sich Afrika aus eigener Kraft und selbstbestimmt entwickeln kann, indem sie die Rolle des privaten Sektors vor die staatliche Hilfe in den Vordergrund rückt.[740]

Tendenziell fallen die Analyse der Lage und die daraus resultierenden Konsequenzen bei Seitz gleich aus. Auch er diagnostiziert eine Lähmung der Eigenverantwortung der gesellschaftlichen Eliten Afrikas durch ein Übermaß an z. T. unkoordinierter externer Hilfe.[741] Konsequenterweise befassen sich drei der sechs von Seitz formulierten Postulate zur Entwicklungspolitik mit dieser Problematik. Er führt dazu u. a. aus: „4. Wir sollten so wenig Geld wie irgend möglich und nur so viel wie dringend nötig fließen lassen. (...) Ein Übermaß an Hilfe lähmt die Betroffenen."[742] Er verweist zudem auf die Verantwortung der inländischen Eliten/Regierungen und fordert: „5. Eine schlechte Regierungsführung muss Folgen haben. Wir dürfen afrikanische Politiker aus der Verantwortung für falsches oder unterlassenes Handeln nicht entlassen (...), die Eliten in den Ländern selbst haben es in der Hand, ihre eigene Zukunft zu gestalten."[743]

Im Unterschied zu Moyo stellt Seitz die Bedeutung der Teilhabe der gesamten Bevölkerung am Entwicklungsprozess heraus, womit Nuschelers Zieldimension der Partizipation und z. T. das von kirchlicher Seite favorisierte Vertrauen in die Kraft der Armen eingelöst wird. Von den afrikanischen Regierungen verlangt er die Ermöglichung dieser Mitgestaltung: „Sie müssen eine stärkere Teilhabe der Bevölkerung am Entwicklungsprozess wollen."[744]

Die Leistung der EZ, die von den christlichen Kirchen getragen wird, erkennt Seitz aus der diplomatischen Perspektive an. Zwar fordert er generell eine regelmäßigere Überprüfung der Arbeit von NGOs, jedoch nimmt er die kirchli-

---

737 A. a. O., S. 50 ff.
738 A. a. O., S. 59 f
739 A. a. O., S. 144
740 A. a. O., S. 153
741 Seitz, Volker, 2011, S. 52
742 A. a. O., S. 216
743 A. a. O., S. 217
744 A. a. O., S. 218

chen Projekte davon weitgehend aus durch seine Feststellung: „(...) generell effizienter sind nach meiner Beobachtung die Hilfswerke der Kirchen, weil hier meist die Wirksamkeit der Hilfen ausreichend geprüft wird."[745]

Bereits vor über 30 Jahren plädierte Braumann aufgrund seiner Beobachtungen für eine neue Entwicklungspolitik[746]. Seiner Kernthese zufolge spenden die Industrieländer vorrangig Lebensmittel, um die einheimischen Produzenten zu schädigen – Motivation ist die Eroberung von Absatzmärkten, also Eigeninteresse. Der „Kostenlos-Effekt führt in allen >>bedienten<< Ländern zu einem Verfall der Preise einheimischer Produkte."[747] Außerdem gingen die meisten Projekte an den Bedürfnissen der Afrikaner vorbei.[748] Als Konsequenz daraus fordert Braumann ein Ende der Entwicklungshilfe, „die auf Exportförderung ausgerichtet ist"[749], zweitens den „Stopp aller Nahrungsmittellieferungen – außer in Katastrophenfällen"[750] und drittens die „Produktionssteigerung der Grundnahrungsmittel auf der Basis garantierter Preise und Märkte".[751] Wie Moyo und Seitz bezieht sich seine Kritik v. a. auf staatliche EZ-Programme. Im letzten Punkt ist aber zugleich ein Unterschied zur aktuelleren Analyse Moyos erkennbar, die mehr auf die Schaffenskraft der Eliten setzt und nicht auf subventionierte bzw. regulierte Märkte.

Historisch rückblickend beurteilen Moyo und Seitz die Rolle der gesellschaftlichen Eliten kritisch, selbiges gilt auch für Eberlei.[752] Letzterer wie auch Auma Obama[753] kommen jedoch für die Gegenwart zu einer ausgewogenen Beschreibung der Rolle der Eliten, die weniger von Korruption und Vorteilsnahme gekennzeichnet ist, als vielmehr z. B. vom Einsatz für den Fortschritt des Landes. Zugleich erkennt Obama in der vorwiegend kritischen Betrachtung der Eliten eine pauschale Entschuldigung des Nordens, sich nicht mit den führenden Kräften des Südens in einen Dialog begeben zu müssen.[754]

Eberlei beurteilt die positive Umbrüche und Aufbrüche in verschiedenen Sub-Sahara Staaten im vergangenen Jahrzehnt nicht als zufällige Ereignisse, sondern als das Resultat einer neuen entwicklungspolitischen Ausrichtung.[755] Im Gegensatz zu früher, als die Hilfskonzepte unkoordiniert und an neolibera-

---

745 A. a. O., S. 216
746 Braumann, Randolph, 1988
747 A. a. O., S. 43
748 A. a. O., S. 65–83. Ausführlich schildert der Autor dort vier Beispiele.
749 Braumann, Randolph, 1988, S. 104
750 A. a. O., S. 105
751 A. a. O., S. 105
752 Eberlei, Walter, 2009, S. 13
753 Auma Obama ist die Halbschwester des ehemaligen US-Präsidenten Barack Obama.
754 Obama, Auma, 2012, S. 18
755 Eberlei, Walter, 2009, S. 12

len Strukturanpassungen ausgerichtet waren[756], sieht er drei zentrale Innovationen: „Erstens die neue Rolle des Staates (...) zweitens (...) ein zumindest teilweiser Abschied von neoliberalen Denk- und Handlungsmustern, die konsequente Ausrichtung von externe(n) Hilfe(n) an Armutsbekämpfung und (...) drittens, dass diese Politik in den Gesellschaften Afrikas zunehmend eingefordert wird."[757] Dieses Wirken der zivilgesellschaftlichen Akteure stellt für Eberlei ein Korrektiv zu den traditionellen Herrschaftseliten dar und trägt so zum Entkommen einiger Nationen Afrikas aus der Armutsfalle bei. Damit geht er über die mit Moyo gemeinsamen Analysemerkmale hinaus und identifiziert Aufbrüche, an deren Entstehen die Arbeit von NGOs beteiligt war. Die Elite des Landes wird zum neuen Dialogpartner.

4.3.1.2 Warum Nationen scheitern

Aufgrund ihrer global angelegten, teils historischen, teils zeitgeschichtlichen Analyse sprechen sich Acemoglu und Robinson gegen einige traditionelle Erklärungsmodelle von Armut aus, wie z. B. die geographische Lage bzw. das Klima, das kulturell-religiös geprägte Arbeitsethos eines Landes oder das Unwissen der Herrschenden bezüglich der richtigen Methoden zur allgemeinen Wohlstandsvermehrung, das nur durch externe Fachleute kompensiert werden kann.[758] In diesem Punkt gehen sie auf Distanz zu den MDGs und insbesondere deren Realisierung durch den Einsatz externer Berater.

Ihre Theorie zur Erklärung der Weltungleichheit zeigt auf, mit welch manipulativen wirtschaftlichen und politischen Mechanismen kleine Eliten zum Schaden der Bevölkerungsmehrheit ihre Vorteile zu mehren wussten bzw. wissen. Sie liefert auch Hinweise, wie es dennoch in einigen Ländern gelang bzw. zukünftig gelingen kann, diese „extraktiv bezeichneten Wirtschaftsinstitutionen, die keine sicheren Eigentumsrechte bieten, nicht für Gesetz und Ordnung und die Einhaltung von Verträgen sorgen und Innovationen nicht belohnen"[759], zu überwinden. An deren Stelle benötige man „inklusive Wirtschaftsinstitutionen, welche die Talente und die Ideen der Bürger eines Staates nutzbar machen können, indem sie geeignete Anreize und Gelegenheiten bieten, dazu gesicherte Einkommens- und Vertragsrechte, eine funktionierende Justiz sowie einen freien Wettbewerb"[760]. Folgt man ihrer Grundthese, so sind die Staaten selbst durch die von ihnen gewählten Regeln – oder Institutionen – ausschlaggebend

---

756 A. a. O., S. 12
757 A. a. O., 2009, S. 13
758 Acemoglu, Daron; Robinson, James A., 2013, S. 23
759 A. a. O., S. 15
760 A. a. O., S. 14

ob sie wirtschaftlich prosperieren oder nicht.[761] Acemoglu und Robinson verwenden dabei eine sehr allgemeine Definition des Begriffs Institution, diese sind für sie schlicht „das kollektive Ergebnis politischer Prozesse."[762] Darum ist eine genauere Zuordnung zu den institutionellen Realitäten einzelner Länder problematisch.

Acemoglu und Robinson unterscheiden inklusive Umgestaltungsprozesse mit positiven Folgen in Bezug auf Armutsreduzierung innerhalb einer breiten Bevölkerungsschicht von anderen Revolutionen, bei denen eine Herrschaftselite nur durch eine andere ersetzt wurde, z. B. in Ägypten bei der Ablösung des Osmanischen Reiches, der Britischen Kolonialherrschaft und 1952 beim Sturz der Monarchie.[763] Dies waren keine von der Zivilgesellschaft getragenen Umbrüche, sondern nur Wachablösungen an den Machthebeln von Politik und Wirtschaft, „um die extraktiven Institutionen an sich zu reißen."[764] Als idealtypisch für Inklusivität generierende Prozesse stellen die Forscher dagegen die von einer breiten bürgerlichen Opposition getragenen Umwälzungen in Großbritannien und den USA zugunsten eines Systems politischer Rechenschaft und individueller Chancenausnutzung dar.[765] Die „breite Koalition der Opposition"[766] ist für sie ein wesentlicher Faktor bei der Überwindung von Armut und den dahinter stehenden gesellschaftlichen Regeln und Institutionen.

Grundsätzlich sind für Acemoglu und Robinson endogene gesellschaftspolitische und in deren Folge wirtschaftliche Transformationsprozesse notwendig, „damit eine arme Gesellschaft reich werden kann."[767] Es stellt allerdings schon in einem demokratisch verfassten Land für den einzelnen Normalbürger eine Herausforderung dar, die Funktionsweisen der Institutionen seiner Gesellschaft zu optimieren oder gar persönlich wirkliche politische Macht zu erlangen.[768] Mit ihrer Studie zeigen sie auf, „dass derartige von der Mehrheit der Bevölkerung getragene Bewegungen eine Schlüsselrolle für jene anderen politischen Transformationen spielten."[769] Acemoglu und Robinson setzen daher auf eine Befähigung breiter Bevölkerungskreise, um etwas in Bewegung zu bringen in Richtung Minimierung der eigenen Armut. Befähigt werden könne die Bevölkerung u. a. durch individuell ansetzende Bildungsarbeit und Empowerment-

---

761 A. a. O., S. 14
762 A. a. O., S. 15
763 A. a. O., S. 25
764 A. a. O., S. 542 Auch die Krise des Arabischen Frühlings von 2011 beruht ihrer Ansicht nach in der Art, wie eine kleine Elite die politische Macht monopolisiert. A. a. O., S. 23
765 A. a. O., S. 24
766 A. a. O., S. 263
767 A. a. O., S. 25
768 A. a. O., S. 25
769 A. a. O., S. 25

Konzepte, wobei diese heutzutage um die Dimension der Medien ergänzt werden müssten, weil „das Empowerment der gesamten Gesellschaft (...) schwer zu koordinieren und aufrechtzuerhalten (ist, E. d. d. V.), wenn keine umfassenden Informationen darüber vorliegen, ob die Machthaber wirtschaftliche und politische Missbräuche begehen"[770]. Damit kann diese Studie als Beleg für die Verbindung einer transformativen EZ und einer entwicklungsbezogenen Pädagogik herangezogen werden. Zugleich kann aus ihr eine Bedeutung für das dialogische Prinzip abgeleitet werden, wenn es um den entwicklungspolitischen Diskurs zwischen Elite und Mehrheit geht.

Von Thadden hat die Studie von Acemoglu und Robinson rezensiert[771]. Als Schwächen arbeitet sie dabei heraus, dass zum einen unklar bleibt, „wer im Zusammenspiel von Demokratie und Wirtschaft wen kontrolliert."[772] Zum zweiten kritisiert sie die nicht genügend berücksichtigten und zum Teil der Argumentation widersprechenden deutschen und europäischen Erfahrungen einer von politischer Demokratie und entsprechenden Institutionen abgekoppelten prosperierenden Wirtschaft. Betrachtet man allerdings die im Jahr 2012 bis 2017 real festzustellenden wirtschaftlichen Probleme im Süden Europas (z. B. Finanz- und Schuldenkrise, hohe Jugendarbeitslosigkeit), so kann den Autoren zugutegehalten werden, die extraktiv wirkenden wirtschaftlichen Interessen würden mit den in der Realität noch nicht existierenden inklusiven europäischen Wirtschafts-, Finanz-, und Sozialinstitutionen konvergieren. Von Bedeutung ist der dritte Hinweis von Thaddens auf die Inhaltsleere des zugrunde gelegten Wohlstandsbegriffs, deutlich gemacht an der Unfähigkeit der wohlhabenden Länder des globalen Nordens, nachhaltig fundamentale und existenzbedrohende Probleme der Gegenwart, z. B. Klimawandel, Bewahrung der Biodiversität und Ressourcenzerstörung, anzugehen.[773] Hier ergeben sich weite Felder für eine internationale breit angelegte Anschlussforschung.

4.3.1.3 Wir retten die Welt zu Tode

Easterly entwickelte einen alternativen Ansatz zum aus seiner Sicht bürokratischen, von externer Expertise geleiteten planerischen Entwicklungshilfe-Konzept, wie er es z. B. glaubt in den MDGs und den damit einhergehenden 449 Einzelmaßnahmen entdecken zu können.[774] Für ihn ist es entscheidend, die Motivation und Mentalität der in der EZ Tätigen zu erkennen und daraus Rückschlüsse zu ziehen. Kennzeichnend für den von ihm kritisierten „Planer"-

---

770 A. a. O., S. 541
771 Tadden von, Elisabeth, 2013, S. 57
772 A. a. O., S. 57
773 A. a. O., S. 57
774 Easterly, William, 2006, S. 14

Typus[775] ist es, gute Absichten zu verkünden, das Angebot zu bestimmen, mit globalen Blaupausen zu arbeiten, an der Spitze zu wenig Wissen von der Basis zu haben, zu vergessen, jemanden für die Umsetzung zu motivieren und nie zu erfahren, ob die geplante Unterstützung wirklich beim Empfänger ankam. Zudem ist es für diesen Typus signifikant zu glauben, als Außenstehender die richtigen Antworten zu kennen, weil Armut immer ein technisches Problem ist, worauf man mit einer adäquaten Methodik reagieren könne.[776] Diese paternalistische Herangehensweise generiert langfristig ein latentes Überheblichkeitsgefühl bei Helfern, Experten und Finanziers[777] und kann damit als ein Verhinderungsgrund für einen gelingenden Dialog zwischen externen und internen Akteuren identifiziert werden.

Als Gegenmodell charakterisiert Easterly andererseits die „Sucher (, diese) tragen bereitwillig Verantwortung für ihr Handeln, (…) eruieren die Nachfrage, (…) passen sich an lokale Verhältnisse an, (…) stellen fest, wie die Wirklichkeit ganz unten aussieht, stellen fest, ob der Kunde zufrieden ist."[778] Typisch für diesen Ansatz ist es, in Bescheidenheit anzuerkennen, man habe zunächst keine Antwort, weil „Armut ein komplexes Geflecht aus politischen, gesellschaftlichen, historischen, institutionellen und technischen Faktoren"[779] ist. Schließlich führt diese Grundhaltung dazu, dass „Sucher" die Problemlösungskompetenz zuerst den Insidern zuschreiben, also den Armen, und diese als die eigentlichen Experten ihrer Entwicklung in den Mittelpunkt stellen. Diese Überlegungen sind durchaus anschlussfähig zu den bereits beschriebenen kirchlichen Positionen in diesem Themenfeld, da sie gleichfalls die endogenen Faktoren und Akteure der Entwicklung betonen und auf einen dialogischen Prozess erstens bei der Generierung, zweitens bei der Realisierung und drittens bei der Evaluierung setzen.

Die von Easterly beschriebenen Reinformen sind in der Praxis kaum anzutreffen, es gibt i. d. R. häufig Mischformen, die z. B. biografisch-temporären Priorisierungen unterliegen können oder von der Position in der Hierarchie einer Organisation abhängig sind. Diese Kritik antizipiert Easterly und räumt die Existenz unterschiedlicher Ausprägungen einer Typisierung ein, die sehr konfliktiv zueinander in Beziehung stehen können.[780]

Hauptkritikpunkt an Easterlys Überlegungen ist seine uneingeschränkte liberale Markt-Orientierung. Für den Markt spricht seine Unverfügbarkeit für

---

775 A. a. O., S. 13
776 A. a. O., S. 13 f
777 Faust, Jörg; Messner, Dirk, 2013
778 Easterly, William, 2006, S. 13
779 A. a. O., S. 14
780 A. a. O., S. 28

„Planer", weil Märkte nicht plan- und instrumentalisierbar sind.[781] Gleichzeitig ist die wirtschaftliche Freiheit die einzige wirksame Waffe im Kampf gegen Armut und Hunger, weil sie den „Suchern" ausreichend Spielräume einräumt, ihre individuellen Kompetenzen, z. B. in Form einer Spezialisierung, einzusetzen.[782] Easterly berücksichtigt jedoch bei dieser Einschätzung u. a. den Einfluss globaler Akteure auf lokale Kontexte nicht genügend und den damit einhergehenden Rückgang der Gestaltungsmöglichkeiten dezentral agierender Individuen und Organisationen.[783]

Ghosh bringt in die Diskussion um die wirtschaftliche Freiheit durch Märkte den Aspekt der unterschiedlichen Kulturen ein. Sie sieht z. B. das traditionelle Gesellschaftssystem Indiens als einen Hauptgrund für das Ausbleiben positiver wirtschaftlicher Effekte der Globalisierung für Teile der Gesellschaft.[784] Demzufolge wäre die Existenz eines freien Markts keine ausreichende Bedingung für die wirtschaftliche Entwicklung eines Individuums, solange z. B. kulturelle Rahmenbedingungen den Zugang verhindern. Aus afrikanischer Sicht belegt Obama diese Feststellung, wonach z. B. in der kenianischen Hauptstadt Nairobi und andernorts die meisten Menschen von einem wirtschaftlichen Aufschwung nichts merken und nur ein kleiner Prozentsatz der Bevölkerung zu den Profiteuren zählt. „Viele Kulturphänomene bremsen den Wandel"[785], lautet ihre Ursachenanalyse. Easterly muss sich also in seinem Ansatz vertiefter damit befassen, wie er den Armen in derartigen Gesellschaftsordnungen helfen will, wenn sie z. B aufgrund ihrer Kastenzugehörigkeit nicht derart frei und spezialisiert agieren können, wie dies ihren Fähigkeiten entspricht. Schließlich stellt sich auch die von Easterly unbeantwortete Frage, wie sich Hilfe für die von Armut und Hunger betroffenen Menschen ausgestaltet, deren Heimatländer von autoritären bzw. totalitären Regimen regiert werden bzw. die keine marktwirtschaftliche Wirtschaftsordnung zulassen. Wäre keine Hilfe die humanere Variante?

Zudem wird eine vorrangig neoliberale Ausrichtung der Entwicklungshilfe auf internationaler Ebene zunehmend kritisch betrachtet. Reinert z. B. argumentiert vor allem historisch, da aus seiner Sicht nur die Geschichte als Labor für die Wirtschaftswissenschaftler zur Verfügung steht.[786] Unter anderem am

---

781 A. a. O., S. 69
782 A. a. O., S. 78
783 Erinnert sei hier an die Bankenkrise 2008 und deren globale Konsequenzen für eine Vielzahl von klein- und mittelständischen Firmen weltweit, die per se gut gewirtschaftet haben, aber in der Folge von unkontrollierten Banken mit in den Abgrund gerissen wurden.
784 Ghosh, Jayati, 2012, S. 38
785 Obama, Auma, 2012, S. 18
786 Reinert, Erik, S., 2009, S. XVII (Introduction). In englischen Original lautet die Stelle: from the only laboratory available to economists-history.

Beispiel des Wiederaufbaus Europas nach den Zerstörungen des Zweiten Weltkriegs durch den Marshall-Plan belegt er seine These, der zufolge reiche Länder nicht durch freien Handel generiert wurden, sondern u. a. durch Handelsschranken, Schutzzölle und gesicherte Arbeitsverträge.[787] Für ihn war es eine Kombination aus Regierungsmaßnahmen, Protektionismus und strategischen Investitionen, die den Reichtum der Staaten in Europa begründet hat. Anstelle von neoliberalen markt- und freihandelsorientierten Ansätze sollten die Länder des globalen Südens vergleichbare Modelle als Option in Betracht ziehen.

Mit dem Einfluss unterschiedlicher Kulturen, z. B. in Gestalt von Rechtstraditionen und Sekundärtugenden, setzt sich Reinert allerdings an keiner Stelle intensiver auseinander. Deshalb ist auch hier die Frage nicht gänzlich von der Hand zu weisen, ob derartige Rahmenbedingungen unter Umständen von entscheidender Bedeutung für die Wirksamkeit des Marshall-Plans waren und daher Reinerts Konzeption zwar ein historisch gelungenes Beispiel nachzeichnet, seine räumliche und zeitliche Universalisierbarkeit damit aber noch nicht verifiziert ist.

Im Kontext der in dieser Arbeit behandelten Fragestellung ergeben sich daraus verschiedene Ableitungen. Erstens hat die Forcierung der individuellen Bildung als Weg aus der Armut durch den Zugang zum Markt weiterhin eine Berechtigung. Sie ist aber nicht der alleinige Schlüssel. Sie muss Teil einer umfassenden gesellschaftlichen Transformation sein, durch die z. B. kulturelle oder politische Hindernisse abgebaut werden. Diese Transformation wiederum kann z. B. innerhalb einer Gesellschaft oder zwischen zwei Kulturen nur dann erfolgversprechend sein, wenn beide Seiten die Perspektive des Anderen und vielleicht auch neue Perspektiven für sich im Dialog erkennen konnten. Das interkulturelle Management dialogischer Entwicklungsarbeit muss darüber hinaus diese doppelte Strategie erkennen und institutionell umsetzen.

Damit sind zwei wichtige Bereiche benannt: Erstens: Bildungskonzepte kulturell angepasst entwickeln, mit dem richtigen Personal und den richtigen Methoden umsetzen und partizipativ evaluieren, d. h. auch aus Fehlern zu lernen. Zweitens: Kulturelle und gesellschaftlich-politische Rahmenbedingungen u. a. durch Lobby- und Öffentlichkeitsarbeit reformieren, damit Räume entstehen, um die individuell erworbenen Kenntnisse auch anwenden zu können. Geschieht dieser zweite Schritt nicht, werden viele der gut Ausgebildeten in andere Länder migrieren, in denen sie ihre Kompetenzen einbringen können. Die angesprochene Öffentlichkeitsarbeit ist auch Teil der im folgenden Kapitel untersuchten Thesen.

---

787 A. a. O., S. 179 f

4.3.1.4 Die Mitleidsindustrie

Die Abgrenzung, wonach die Hilfe nach Katastrophenfällen im klassischen Sinne der Definitionen kein Bestandteil von Entwicklungspolitik und Entwicklungshilfe bzw. EZ ist, scheint immer mehr zu verschwimmen. Immer mehr NGOs aus dem Bereich der EZ bemühen sich, bei den Spendenaufrufen nach Katastrophen genannt zu werden. Damit verändert sich z. T. der Charakter der entwicklungsbezogenen NGOs.[788] Das effiziente Management der Spenden, die nach Katastrophen z. T. sehr kurzfristig und zweckgebunden eingehen, stellt die NGOs vor zusätzliche Herausforderungen.[789] Auf den Aspekt der Effizienz und Wirkungsbeobachtung wird unter Kapitel 4.3.2 noch ausführlicher einzugehen sein. Die Frage, ob NGOs nicht durchaus auch ein Eigeninteresse an der Spendenflut nach der eigentlichen Flut haben bzw. wie intensiv sich die Verstrickungen zwischen Helfern und Tätern darstellen lassen, ist schon mehrfach kritisch beleuchtet worden.

Die Rolle und die Verantwortung der Katastrophenhilfe als Teil der Kriegsführung bzw. Instrument von Konfliktparteien in der Zeit nach Ende des Kalten Krieges analysiert Polman.[790] Sie stellt eine explosionsartige Zunahme der Zahl von NGOs und UN-Organisationen in den Bereichen EZ und Katastrophenhilfe fest.[791] Neben der Vermehrung auf 37.000 international agierenden NGOs[792] erkennt sie eine neue Qualität bei der Kontrolle der Aktivitäten der NGOs, weil in den humanitären Notlagen nach militärischen Konflikten nicht selten lokale Kriegsparteien den NGOs Art, Ort und Zeit des Zugangs zu Hilfsbedürftigen diktieren.[793]

Polman zufolge leiden viel Opfer v. a. von Naturkatastrophen unter einer danach einsetzenden zweiten Flutwelle, bestehend aus inkompetenten Helfern, die im Gegensatz zu den professionellen internationalen Organisationen häufig als so genannte MONGOs (My Own NGO) strukturiert sind. Diese MONGOs verstehen sind selbst allerdings als eine „kolossale Gegenbewegung von Menschen, die davon überzeugt sind, dass sie das Kind schon schaukeln würden im Krisengebiet: schneller und billiger als ‚echte' humanitäre Helfer mit ihrer trägen Bürokratie und ihrem Eigennutz."[794]

Auch vonseiten traditioneller Akteure in diesem Bereich gibt es Kritik an den neuen Mitbewerbern auf dem Spendenmarkt, weil diese durch unkoordi-

---

788 Schindhelm, Michael, 2012, S. 2
789 A. a. O., S. 2
790 Polman, Linda, 2010
791 Polman, Linda, 2010, S. 20 f
792 A. a. O., S. 21
793 A. a. O., S. 20
794 A. a. O., S. 65

nierte, kulturell und klimatisch nicht angepasste Hilfslieferungen, z. B. Krankenhausapparate mit falscher Voltanzahl, Wintermäntel in Tropengebiete, u. a. wertvolle Transportressourcen verbrauchen und Umschlagplätze verstopfen. „Aber humanitäre Hilfe spielt sich nun einmal auf dem freien Markt ab, wo jeder, der möchte, seinen Laden aufmachen kann. Wer Lust hat, gründet eine Organisation und sammelt Geld."[795] Da die MONGOs wie alle Systeme dazu neigen, sich selbst erhalten zu wollen, lösen sie sich nach getaner Arbeit bzw. nach erfüllter Mission laut Polman nicht auf, sondern existieren weiter und springen bei der nächsten Katastrophe wieder auf, auch wenn sie auf dem betreffenden Erdteil noch nie waren und über keinerlei Kompetenzen und Kooperationspartner verfügen.[796] So wird jede neue Katastrophe zu einem wichtigen Baustein der „Mitleidsindustrie"[797].

Neben der für die Spender vermeintlich attraktiven schlanken Verwaltungsstruktur, bei der angeblich keine Kosten entstehen, sieht Polman auch die Schwäche der Autoritäten in den Empfängerländern als einen Grund, warum diesem dilettantischen Treiben, der „do-it-yourself-Hilfe"[798] kein Einhalt geboten wird.[799] Am Ende lässt Polman es offen, ob aus ihrer Sicht bürokratischprofessionelle NGOs oder MONGOs zu präferieren sind. Sie beschränkt sich darauf, die Dilemmata zu beschreiben.

Nahezu identische Probleme, wie z. B. die mangelnde Koordination der Hilfe oder die Konkurrenz zwischen den Hilfsorganisationen um das Beste, weil medial geeignetste Fundraising-Vorzeige-Projekt mit der plausibelsten Erfolgsgeschichte, beschreibt schon Jahre zuvor Knaup.[800] Seine Forderung: Die Organisation der Hilfe bedarf einer Meta-Struktur, die dem Einhalt gebieten könnte.[801] Neben der rein quantitativen Problematik liegt laut ihm noch eine qualitative Herausforderung vor: Viele Helfer meinten es gut und machten viel, aber sie vernachlässigten dabei die partizipative Einbindung der indigenen Bevölkerung. Ohne diesen endogenen Faktor sei die Akzeptanz und Nachhaltigkeit der Projekte begrenzt.[802]

In einer Helfer-Typologie kategorisiert Knaup unterschiedliche Motive und ordnet sie zugleich den unterschiedlichen Organisationsgraden von NGOs zu. Er differenziert zwischen drei Typen, wobei Typ 1 den des „unbedarften Helfers, der zu Hause die Katastrophenbilder sieht und spontan Hilfe leisten

---

795 A. a. O., S. 66
796 A. a. O., S. 69
797 A. a. O., Titel des Buches
798 A. a. O., S. 70
799 A. a. O., S. 75
800 Knaup, Horand, 1996, S. 45 f
801 A. a. O., S. 46
802 A. a. O., S. 46

will"[803], darstellt. Diesem Typ entspricht der Organisationsgrad der MONGOs. Zweitens kategorisiert er den „Abenteurer, der sonst die Rallye Paris-Dakar fahren würde"[804], also ein die Performance suchender Mensch. Typ 3 ist seiner Einteilung zufolge angetrieben vom Wunsch, etwas Einzigartiges getan zu haben und will sich mittels des Einsatzes ein Alleinstellungsmerkmal generieren.[805] Des Weiteren nimmt Knaup eine Differenzierung zwischen Zynikern und Ideologen vor, wobei der Ideologe „eher bei den kleinen, privaten Hilfswerken und in der Nothilfe tätig"[806] ist; er „ist oft relativ blauäugig, weil ihm die Auslandserfahrung fehlt. Er vertraut in seiner Unsicherheit den Leuten, die in den Katastrophenregionen zuhause sind und glaubt ans gesprochene Wort."[807] Der Zyniker arbeitet mit einem festen Arbeitsvertrag i. d. R. seit mehreren Jahren bei einer großen NGO oder einer halbstaatlichen Organisation, ist seit Jahren als Entwicklungshelfer im Ausland. Er kennt die Fehler im System und ist selbstkritisch. Allerdings will er auf die Vorzüge seines Status als Experte nicht verzichten.[808]

Aus diesen Erkenntnissen leiten sich wichtige Aspekte für Personalführung und Personalentwicklung in der dialogischen Entwicklungsarbeit bzw. dem dialogischen Management interkultureller Lernprozesse unmittelbar ab. So sollte u. a. die optimale Dauer der Auslandseinsätze durch eine weiterführende Studie eruiert werden.[809] Ein Rotationsprinzip sollte der Entwurzelung aus dem Entsendeland entgegenwirken und der Einsatz von externen Supervisoren die Psychohygiene der Helfer aufrechterhalten. Darüber hinaus hat sich im Bereich der Klimaforschung und der damit verbundenen Folgenabschätzung eine „Besorgnisindustrie (…) mit Organisationen, Karrieremustern, Wachstumsraten und allem Drum und Dran"[810] etabliert. Auch für deren leitende Mitarbeiter könnten vergleichbare Kompetenzen in der Personalentwicklung zentral sein, wodurch u. a. wegen des internationalen Aufgabengebietes ein weiteres Feld des dialogischen Personal-Managements aufzeigt werden kann.

Zur Frage des Vorteils einer konfessionellen Trägerschaft der Projekte hat Knaup eine überraschende Begründung. Seiner Ansicht nach verfügen Projekte in kirchlicher Trägerschaft über den Vorzug, nicht aggressiv am Spendenmarkt kurzfristige Effekte suggerieren zu müssen, sondern langfristig am strukturellen

---

803 A. a. O., S. 106
804 A. a. O., S. 106 f
805 A. a. O., S. 107
806 A. a. O., S. 108
807 A. a. O., S. 108
808 A. a. O., S. 108
809 Wie dies z. B. vom Zentralinstitut für Ehe und Familie in der Gesellschaft der Katholischen Universität Eichstätt-Ingolstadt schon für die Einsätze der Bundeswehr entwickelt wurde.
810 Welzer, Harald, 2013, S. 2

Aufbau ausgerichtet zu sein und sich dabei partizipatorischer Ansätze bedienen zu können.[811] Die Vorzüge dieses strukturellen Vorteils, der nicht zuletzt aus dem Einsatz von Kirchensteuermitteln entsteht, gilt es in der dialogischen Entwicklungsarbeit und deren Management präsent zu halten und alles daran zu setzen, diesen zumindest zu erhalten, wenn nicht sogar auszubauen. Wichtige Anknüpfungspunkte für den Dialog des Managements der EZ mit dem der Katastrophenhilfe sind die in Richtung *ownership* und *people-led development* gehenden Lernprozesse innerhalb der Katastrophenhilfe bezüglich des Primats der endogenen Potentiale.

Es ist eine Konsequenz aus der Kommerzialisierung des internationalen Systems von Hilfe, das sich inzwischen weitgehend zu einem globalen Geschäftsfeld entwickelt hat, dass sich die leitenden Akteure vorrangig an der Präsenz in den Medien ausrichten. Dabei sind eine manipulative Darstellung der Fakten und die Funktionalisierung der Menschen in Not anzutreffen.[812] Die Konvergenz der Interessen von Medien an aussagekräftigen Bildern und von NGOs an einer Spendengenerierung führt zu einem Zusammenspiel.[813]

Während Polman die Medienarbeit nur als Teil der Spendenakquise betrachtet, arbeitet Schindhelm einen weiteren für die vorliegende Untersuchung relevanten Aspekt heraus: Hilfsorganisationen haben demnach inzwischen ein doppeltes Mandat, einerseits die effektive Hilfe in Krisengebieten und bei Notlagen und andererseits die Förderung des *Globalen Lernens* im eigenen Land zur authentischen Vermittlung globaler Zusammenhänge. Begründet ist das durch die umfassende Länderexpertise, die in den professionellen Hilfswerken vorliegt.[814] Es deutet sich der Bedarf einer intensiven Auseinandersetzung innerhalb der einzelnen Hilfswerke und zwischen ihnen unter dem Dach von VENRO zur Neugestaltung der Inlands-Bildungsarbeit an, die weit mehr sein muss, als nur der Versuch, Spenden zu generieren und neue Zielgruppen als zukünftige Spender zu erschließen. Von besonderer Relevanz für das dialogische Management dieser interkulturellen Lernprozesse ist die Zusammenarbeit mit den Medien: „(…) darum müssen Medien und Hilfsorganisationen gemeinsam eine neue Sprache finden, um die Geschichte von der globalen Verantwortung aus der authentischen Perspektive jener zu erzählen, die oftmals weit von den Segnungen moderner Zivilisation entfernt im Einsatz sind (bzw. dort leben, E. d. d. V.)."[815] Auch die Medienmacher können von der globalen Expertise ihrer Kooperationspartner profitieren: Nicht selten lässt die in den

---

811 Knaup, Horand, 1996, S. 45 f
812 Simsa, Ruth, 2010
813 Polman, Linda, 2010, S. 31
814 Schindhelm, Michael, 2012, S. 2
815 A. a. O., 2012, S. 2

Medien stattfindende Art der Fragestellung Rückschlüsse auf die Vorkenntnisse des Journalisten zu.[816] Medienmacher sind somit eine besonders relevante Zielgruppe für die Inlands-Bildungsarbeit und eine Zusammenarbeit mit den Medien erscheint für die EZ notwendig und sinnvoll. Der Zusammenhang von EZ und Bildungsarbeit in den Geberländern wird in Kapitel 5 eingehende reflektiert.

4.3.2 Die Wirkungsdebatte

Eng mit dem Streit um die Entwicklungshilfe und die entwicklungspolitische Agenda (MDGs bzw SDGs) hängt die Debatte um die Wirksamkeit der EZ zusammen. Diese hat einen genuinen Wert – so ist Moyo der Auffassung, nicht betriebene Wirkungsbeobachtung sei eine Ursache für die geschlossenen Klüngel der gesellschaftlichen Eliten und die politische Instabilität.[817] Mit einer Systemanalyse[818] und 20 Fallstudien aus dem Bereich der von Staat, Kirchen, politischen Stiftungen und sonstigen NGOs getragenen EZ[819] hat das BMZ auf die Kritik reagiert[820]. Das Selektionskriterium für die Auswahl der Fallstudien war die Höhe der finanziellen Mittel.[821]

Die Autoren dieser Studien erkennen eine lange Tradition des Nachdenkens in der deutschen EZ über Wirkung und Evaluation. Allerdings wird eine „Zersplitterung des deutschen EZ-Evaluationssystems"[822] konstatiert, wobei die „unzureichende Systembildung in hohem Maße aus der allgemeinen institutionellen Fragmentierung der deutschen EZ resultiert, also exogen geprägt ist"[823]. Das EZ-Evaluationssystem ist von „enormer institutioneller, konzeptioneller, terminologischer und methodischer Heterogenität"[824] gekennzeichnet. Aus diesem Grund ist das Management der EZ-Trägerorganisationen eine der Hauptzielgruppen für die Umsetzung der Ergebnisse dieser Studie. Die Qualitätsverbesserung der in der EZ eingesetzten Programme und Projekte sowie eine öffentliche und transparente Darstellung der Mittelverwendung zugunsten erreichter nachhaltiger Wirkungen seine Aspekte, derer sich das interkulturell agierende Management dialogischer Entwicklungsarbeit bedienen könne.[825]

---

816   Obama, Auma, 2012, S. 18
817   Moyo, Dambisa, 2009. S. 152
818   Borrmann, Alex; Stockmann, Reinhard, 2009a
819   Borrmann, Alex; Stockmann, Reinhard, 2009b
820   Zur Beschreibung des Untersuchungsdesigns vgl. Borrmann, Alex; Stockmann, Reinhard, 2009a, S. 53–63
821   Borrmann, Alex; Stockmann, Reinhard, 2009a, S. 55
822   A. a. O., S. 5
823   A. a. O., S. 17
824   A. a. O., S. 17
825   A. a. O., S. 5

Diese beiden Aspekte, die Qualitätsoptimierung durch Lernprozesse und die gesellschaftspolitische Legitimation der verwendeten Steuergelder bzw. Spenden, sind die beiden Hauptanliegen bei Evaluationen.

Die Ergebnisse der Fallstudien erklären das Scheitern der Lernprozesse u. a. mit der mangelnden Partizipation der Projektpartner im Süden oder mit der einseitigen Ausrichtung der Evaluationen auf Geber-Interessen (Mittelverwendungsnachweis). Für den Bereich der kirchlichen EZ ergibt sich ein abweichender Befund, der deren intensiv gepflegte partizipatorisch-dialogische Grundausrichtung positiv hervorhebt. Die Einbeziehung der Partnerorganisationen führe bei diesen zu einer Bereitschaft, die Evaluationsergebnisse aktiv umzusetzen.[826] Viele der EZ-Organisationen der katholischen und evangelischen Kirche definieren diese enge Zusammenarbeit mit den Partnern als ein Alleinstellungsmerkmal:[827] „Die Partnerorientierung ist ein Qualitätsmerkmal von Brot für die Welt."[828] Als Indikator für eine vertrauensvolle Partnerbeziehung, die nicht einfach einer technisch-ökonomischen Input-Output-Logik folgt, kann die Freiheit zum Widerspruch und zur eigenen Lösung betrachtet werden. Sie belegen die Emanzipation der Empfänger von der Geber-Abhängigkeit und dessen Kontextsensibilität.[829]

Nach Borrmann/Stockmann kommt dem Management aller EZ-Organisationen u. a. die gemeinsame Verantwortung für die Erstellung eines widerspruchsfreien Gesamtsystems aus den heterogenen Evaluationskonzepten zu.[830] Konkrete Handlungsempfehlungen beziehen sich u. a. auf die Themen „Glaubwürdigkeit und Unabhängigkeit"[831], „Nützlichkeit"[832], „Qualität"[833] „Partnerschaftlichkeit"[834] sowie „Vernetzung, Systembildung und -veränderung"[835]. Der Vernetzung kommt dabei die Aufgabe zu, das Erkenntnispotential der Wissenschaft für die EZ-Organisationen besser zugänglich zu machen und die Umset-

---

826 A. a. O., S. 157
827 Der Bereich der weltkirchlichen Partnerschaften von Diözesen bräuchte die Erstellung einer Wirksamkeitsstudie nicht zu scheuen, weil der Befund von Borrmann/Stockmann zum Stichwort *Partnerschaftlichkeit* sehr positive Ergebnisse bei den in diesem Kontext durchgeführten Evaluationen in Aussicht stellt und diese außerdem auch das fünfte Pariser Prinzip unmittelbar realisieren.
828 Gohl, Eberhard, 2008, S. 26
829 Bröckelmann-Simon, Martin, 2010, S. 373
830 Borrman, Alex; Stockmann, Reinhard, 2009, S. 5
831 A. a. O., S. 145
832 A. a. O., S. 151
833 A. a. O., S. 153
834 A. a. O., S. 156
835 A. a. O., S. 157

zung der internationalen Vorgaben aus der Pariser Erklärung z. B. in Bezug auf die Geber-Harmonisierung herzustellen.[836]

Die Pariser Erklärung[837] von 2005 zur Wirksamkeit der EZ ist Teil eines umfassenden Prozesses, dessen Chronologie mit den MDGs begonnen werden kann.[838] Die beim zweiten hochrangigen Forum zur Wirksamkeit der EZ (High Level Forum HLF 2) in Paris beschlossene Erklärung stellt einen der Dreh- und Angelpunkte in der internationalen Debatte dar. Inhalt der Pariser Erklärung ist die Verständigung auf fünf Prinzipien, die sich hierarchisch gliedern und in ihrem Zusammenspiel die Wirkung der eingesetzten Ressourcen verbessern sollen. Sie lauten:

1. Ownership / Eigenverantwortung,
2. Alignment / Partnerausrichtung,
3. Harmonisation / Geber-Harmonisierung,
4. Managing of Results / ergebnisorientiertes Management
5. Mutual Accountability / gegenseitige Rechenschaftspflicht.

Diese fünf Prinzipien sind eine ordnungspolitische Innovation, weil sie zwölf Fortschrittsindikatoren[839] mit dazugehörigen Zielvorgaben verbindlich festlegen. Allgemein anerkannt wird der Ansatz, die Rolle der Entwicklungsländer zu stärken und ihnen primär die Verantwortung zu überlassen, die EZ partnerschaftlicher auszurichten und die staatlichen Geber zu verpflichten, ihre Programme multilateral abzustimmen.

Die Pariser Erklärung verdeutlicht den Willen der beteiligten Akteure, aus den bisherigen Erfahrungen zu lernen und in der Zukunft die Konsequenzen aus Fehlern und Erfolgen gemeinsam zu ziehen. Mit der Einführung eines ergebnisorientierten Managements ist die Verantwortung für die Realisierung des Lernprozesses und der organisatorischen Beachtung der Resultate Teil der Aufgaben der EZ-Leitungsebene geworden. Zusammen mit der Transparenz schaffenden gegenseitigen Rechenschaftspflicht, die u. a. als Moment der orga-

---

836 A. a. O., S. 169
837 OECD HLF, 2005 Die offizielle deutsche Übersetzung ist online unter: http://www.oecd.org/dac/aideffectiveness/35023537.pdf, Zugriff am 06.01.2013
838 Eine gute grafische Darstellung der Chronologie findet sich auf den Internetseiten des BMZ: Online unter http://www.bmz.de/de/publikationen/themen/entwicklungspolitik_allgemein/Materialie216_ Informationsbroschuere_09_20111.pdf, Zugriff am 06.01.2013
839 OECD, 2005, S. 6 Indikator 1 lautet z. B.: Die Partnerländer verfügen über operationelle Entwicklungsstrategien – Zahl der Länder mit nationalen Entwicklungsstrategien (einschließlich PRS) mit klaren strategischen Prioritäten, die in einen mittelfristigen Ausgabenrahmen eingebunden sind und sich im Jahreshaushalt widerspiegeln.

nisationsinternen Reflexion betrachtet werden kann, ist das ergebnisorientierte Management Anlass für ein Lernen in der Organisation.

Abbildung 5: Der Rahmen der Pariser Deklaration über die Wirksamkeit der Hilfe[840] – die fünf Prinzipien in Beziehung zueinander.

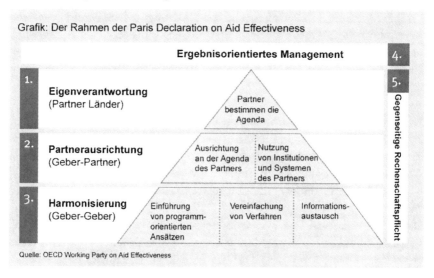

Quelle: OECD Working Party on Aid Effectiveness

Vonseiten der NGOs gab es dennoch unterschiedliche Kritikpunkte an der Pariser Erklärung. Diese beziehen sich u. a. auf die Gefahr der Schaffung eines unverhältnismäßig großen Kontrollinstrumentariums, der Überbetonung der staatlichen Exekutive, einer gleichzeitigen Vernachlässigung der Zivilgesellschaft und des Privatsektors und der eindimensionalen Sichtweise von Rechenschaft als Rechenschaft gegenüber den Geldgebern aber nicht gegenüber der eigenen Bevölkerung. Die Harmonisierung könne unter Umständen nachteilig wirken, wenn nur noch ein inhaltlicher Mainstream gefördert werde, aber spezifische Problemlagen dadurch förderunwürdig werden. Die Pariser Prinzipien dienten der Steigerung der Effektivität der Hilfe, nicht aber einer effektiven Entwicklung, weil sie die Rahmenbedingungen, z. B. die Rohstoffpreisentwicklung, außer Acht lassen würden. Und schließlich seien sie in Ländern mit schlechter Regierungsführung kaum umsetzbar.[841] Die NGOs sehen sich in ihrer Bedeutung für die EZ durch die Pariser Erklärung nicht ausreichend als eigenständige Akteure gewürdigt. Sie wollen von zwischenstaatlich vereinbarten Vorgaben unabhängig bleiben, weil sie sich qua Definition nicht als Erfül-

---

840 Bundesministerium für Wirtschaftliche Zusammenarbeit und Entwicklung, 2011, S. 3
841 Deutsche Welthungerhilfe e. V., 2008, S. 2

lungsgehilfen staatlicher Ziele verstehen. Gerade in der Pluralität liege die Stärke der NGOs.

2008 fand in Accra, Ghana, ein drittes hochrangiges Forum zur Wirksamkeit der EZ statt, woraus als Abschlussdokument der Accra-Aktionsplan[842] hervorging. In diesem wird die Zivilgesellschaft als eigenständiger Akteur[843] anerkannt. Im weiteren Prozess können damit deren Organisationen als gleichberechtigte Dialogpartner partizipieren.[844] Im Gegenzug erkennen international agierende NGOs die Pariser-Prinzipien für sich an. Im Busan-Abschlussdokument, entstanden beim vierten hochrangigen Forum zur Wirksamkeit der EZ, wird die Gültigkeit der Prinzipien der Wirksamkeitsagenda von Paris und Accra bestätigt und teilweise vertieft.[845] Erstmals ist es dabei gelungen, die so genannten *neuen Geber* China, Indien und Brasilien in die internationale Diskussion um gemeinsame Standards, wenn auch unter modifizierten Bedingungen, einzubeziehen.[846]

Die in diesem Abschnitt dargestellte Debatte zur Wirkung der EZ begründet die Forderung an ein interkulturell-dialogisches Management dialogischer Entwicklungsarbeit nach einer intensiven fachlichen Auseinandersetzung mit den Fragen der internationalen Entwicklungspolitik im allgemeinen sowie der Wirkungsforschung im Besonderen. Da die sowohl von Insidern als auch von externen Experten geäußerte Kritik an der EZ kein Phänomen der Gegenwart ist, sondern seit Anbeginn die Diskussion um die EZ begleitet, erscheint ein historischer Rückblick angebracht und Erkenntnis stiftend.

4.3.3 Der EZ-Diskurs im historischen Wandel

Kritisch beurteilt Büschel die Einteilung der Entwicklungspolitik bzw. EZ in Phasen bzw. Dekaden[847], weil diese Modelle jeweils eine neue Grundstruktur und damit verbundene konzeptionelle Innovationen für sich beanspruchen. Außer neuen Terminologien und eingängigen Schlagworten hätten sie aber nicht viel wirklich Neues mit sich gebracht.[848] Ein Beleg für die Langlebigkeit von Entwicklungsleitideen, die in der Praxis längst gescheitert sind, findet sich in der Beschreibung der sozialen Situation in Indien zu Anfang des zweiten Jahrzehnts des 21. Jahrhunderts. Die Ausrichtung an industriellem Wachstum

---

842 OECD, HLF, 2008, S. 5
843 Dafür wurde der Begriff Zivilgesellschaftliche Organisationen (ZGO) eingeführt.
844 Deutsche Welthungerhilfe e. V., 2011, S. 2
845 OECD, 2011
846 A. a. O., S. 3 ff.
847 Die UN proklamierte 1961 das erste Jahrzehnt für Entwicklung, auch erste Entwicklungsdekade genannt.
848 Büschel, Hubertus, 2010, S. 3

– eine der Prämissen der ersten Entwicklungsdekade – ist dort noch immer anzutreffen, obwohl z. B. die Ökologie und die Sicherstellung der Nahrungssouveränität durch kleinbäuerliche Betriebe aktuelle Herausforderungen sind.[849] Wegen der signifikanten Auswirkungen auf die konzeptionellen Vorstellungen und Methoden entwicklungsbezogener Bildungsarbeit bzw. interkulturellen Lernens, mit deren Management sich diese Arbeit zu befassen versucht, ist es trotz der Kritik an der Einteilung in Phasen notwendig, diese kurz darzustellen, um anschließend die damit korrespondierenden Konzepte der Inlandsbildungsarbeit verknüpfen zu können.

Die Darstellung der Phasen bzw. Dekaden soll anhand von drei Ansätzen erfolgen, berücksichtigt werden Nuscheler, Rauch und Hartmann. Ersterer wurde bereits in Kapitel 4.1 eingeführt. Rauch hat eine Beschreibung der Etappen und der sie jeweils prägenden Ideen vorgelegt, die mit der Entstehung der modernen Entwicklungspolitik in den 1950ern beginnt und bis zur Zeit der MDGs reicht und somit das gesamte relevante Zeitfenster abdeckt.[850] Er grenzt sich mit seiner ideengeschichtlichen Analyse von Nuscheler mit dem Argument ab, dieser würde die Genese der Entwicklungspolitik vor allem „aus makropolitischer Sicht als Resultat weltpolitischer Ereignisse (z. B. Mauerbau, Zusammenbruch des Ostblocks, 11. September 2001) von Regierungskoalitionen und von Ministern bzw. Ministerinnen"[851] betrachten.

Hartmann teilt die EZ ebenfalls in Etappen ein, wobei sein Konzept zur Feststellung von Veränderungen und Beständigkeit in den Zielbestimmungen der Entwicklungspolitik auf den „drei Variablen Entwicklungstheorie, überprüfbare Erfahrungen bei der Zielerreichung sowie Veränderung im realpolitischen Kontext"[852] beruht. Mit dieser dritten Variablen unterscheidet sich Hartmann wesentlich von Rauch, der für seine Einteilung einzig das konzeptionelle Kriterium, den „Diskurs der Fachleute darüber, auf welchem Weg welche Art von Entwicklung am besten erreichbar ist"[853], heranzieht. Während Nuscheler die Makroebene des realen politischen Kontextes und Rauch die konzeptionelle Debatte favorisiert, dabei allerdings auch „Erfahrungen der Umsetzungspraxis"[854] als relevant für die Strategiediskussion anerkennen, bemüht sich Hartmann um eine Synthese beider.

In der folgenden Epochalisierung werden Rauchs, Nuschelers und Hartmanns Ergebnisse zugrunde gelegt, um eine möglichst differenzierte Analyse unter Berücksichtigung verschiedener Prämissen zu erzielen.

---

849 Gracias, Oswald Kardinal, 2012, S. 68
850 Rauch, Theo, 2009
851 A. a. O., S. 65
852 Hartmann, Christoph, 2011, S. 12
853 Rauch, Theo, 2009, S. 65
854 A. a. O., S. 67

4.3.3.1 1950er- und 1960er-Jahre

Entwicklungstheoretisches Leitmotiv in der ersten Dekade waren nachholende Wachstumsstrategien, die Rauch zufolge auf der Annahme von Trickle-down-Effekten beruhten, also auf „Ausbreitungseffekten, die Massenarmut beseitigen werden"[855]. Nuscheler bezeichnet es als „Entwicklung durch Wachstum"[856], wobei Unterentwicklung als Kapitalmangel verstanden wurde und durch Kapital von außen, das in große Industrieanlagen investiert wird und allmählich von dort zu den Bedürftigen durchsickert, auszuradieren ist. Diese „auf der Grundlage einfacher Wirtschaftsmodelle"[857] basierenden Konzepte sahen aufgrund der häufig fehlenden nationalen wirtschaftlichen Akteure den Staat als vorrangigen Entwicklungsgenerator.

Zur Ausgangslage der Theoriebildung bilanziert Hartmann: „Eine Entwicklungstheorie in unserem heutigen Verständnis gab es bis dahin kaum, und die Entwicklungsforschung musste sich erst als eigenständige Teildisziplin innerhalb der Wirtschafts-, Politikwissenschaft oder Soziologie etablieren."[858]

In der „wachstumspolitischen Phase"[859] lagen naturgemäß noch keine Lernerfahrungen aus früheren Dekaden vor, allerdings zeichnete sich schnell eine Zunahme der Hungersnöte in Folge der Vernachlässigung der Landwirtschaft ab[860] und aus diesem Grund war dort gegenzusteuern. Indikatoren für eine Krise dieses Konzepts sieht Nuscheler, „weil es trotz eines beachtlichen Wirtschaftswachstums in der weltpolitischen Peripherie das Anwachsen der Armut nicht verhindern konnte."[861] Ursache dafür sind aus seiner Sicht die mit der Hilfe verbundenen politischen oder strategischen Interessen der Geberländer, denen daran lag, Exporte zu fördern oder andere Vorteile für sich zu erlangen.

Auch von Seiten der Kirche werden bei diesem Ansatz heute negativen Aspekte erkannt. Dabei steht u. a. das undifferenzierte Vertrauen auf die Marktmechanismen im Mittelpunkt der Kritik.[862]

4.3.3.2 1970er- und 1980er-Jahre

Bereits Ende der 1960er-Jahre erfolgte aus der Reflexion der ersten Dekade die für die 1970er-Jahre maßgebende Neuausrichtung. Industrielles Wachstum generierte entgegen der Hoffnung nicht Wohlstand sondern Armut, u. a. weil

---

855 A. a. O., S. 68
856 Nuscheler, Franz, 2012, S. 30
857 Hartmann, Christoph, 2011, S. 12
858 A. a. O., S. 12
859 Rauch, Theo, 2009, S. 67
860 A. a. O., S. 68
861 Nuscheler, Franz, 2012, S. 31
862 Papst Franziskus, 2013, S. 52 f

die i. d. R. staatlichen Betriebe ineffizient und bürokratisch gemanagt waren. Die Maschinen, deren Treibstoffe und Reparaturen, kosteten oft mehr Devisen, als sie erbrachten.[863] Nuscheler sieht eine Mitverantwortung des Wachstumskonzepts für das Anwachsen der absoluten Armut.[864]

Als Konsequenz daraus sollte zukünftig das Leitbild der Grundbedürfnis- und Armutsorientierung die Richtung angeben. Die EZ wurde durch die Grundbedürfnisstrategie vermeintlich neu erfunden. Die direkte Förderung Benachteiligter sollte nun zielgruppenspezifisch die Armut überwinden, z. B. durch Alphabetisierungsprogramme, berufliche Bildung im Bereich des Handwerks und Kleingewerbes, sowie Hygiene-Maßnahmen in Slums[865].

Parallel dazu entwickelte sich v. a. in Lateinamerika die Dependenzia-Theorie. Unterentwicklung wird hier erstmals aus der Perspektive einiger Länder des globalen Südens als eine Kumulation von exogenen und endogenen Ursachen definiert. Die Dependenzia-Theorie betont die vorrangig exogene Verursachung der Armut, dabei folgt sie den klassischen Imperialismus-Theorien. Demzufolge fordert sie die Ausgliederung aus dem Weltmarkt, weil ihre Vertreter in der starken Integration in eine arbeitsteilige Weltgesellschaft den wesentlichen Hinderungsgrund für die Entwicklung sehen. Die Rolle ihrer Länder als Rohstofflieferanten wollen sie ersetzen durch eine starke Selbstzentrierung und durch die Nutzung eigener Ressourcen.[866]

Bezogen auf seine drei Variablen erkennt Hartmann im Bereich des realpolitischen Kontextes eine geringe dialogische Grundausrichtung bei den staatlichen Akteuren in Nord und Süd. Aufgrund dieser Ausgangslage konnten neue entwicklungstheoretische Ideen und bisherige Erfahrungen mit Ausnahme der Dependenzia-Theorie nicht ausreichend artikuliert werden.[867] Und auch die Dependenzia-Theorie spielte in der Theoriebildung keine relevante Rolle mehr, nicht nur aufgrund der schwachen Durchsetzungsmacht infolge geringer Verifizierbarkeit, sondern auch weil die geopolitischen Machtrealitäten weiterhin bipolar ausgerichtet waren.

4.3.3.3 1980er- und 1990er- Jahre

Der nächste Wandel in der Entwicklungspolitik erfolgte nicht aufgrund der Reflexion bzw. der Auswertung von Lernerfahrungen der vorhergegangenen Ansätze und Anstrengungen der Grundbedürfnisstrategie, sondern vielmehr – und darin stimmen Rauch und Hartmann überein – wegen neuer wirtschafts-

---

863 Rauch, Theo, 2009, S. 69
864 Nuscheler, Franz, 2012, S. 31
865 Rauch, Theo, 2009, S. 68
866 Rauch, Theo, 2009, S. 69
867 Hartmann, Christoph, 2011, S. 14

politischer Leitideen in den alten Industrieländern.[868] Kontextprägend waren die Wünsche der Kapitaleigner, die Produktionskosten durch internationalen Wettbewerb, Freihandel und Deregulierung zu senken und damit die Gewinne zu maximieren. Hinzu kam eine „Bedrohung des internationalen Finanzsystems durch die wachsende Schuldenkrise"[869]. Nuscheler sieht die Gewichtung anders; er vertritt die Meinung, „zum größten Entwicklungsproblem wurde in den 1980er Jahren die Verschuldungskrise."[870] Dabei können die Grundbedürfnisstrategie und die daraus entstandene Vielzahl an lebensweltlich orientierten kleinen Maßnahmen bzw. deren Finanzierung nicht als Begründung für die Schuldenkrise herangezogen werden. Vielmehr waren, so Hartmann, z. B. politisch relevante Veränderungen der Interessen in den Geberländern ursächlich.[871]

Die Finanzsituation v. a. lateinamerikanischer Staaten nutzten nach übereinstimmender Analyse von Nuscheler, Hartmann und Rauch die westlichen Geberländer, um weltweit die Rolle der Regierungen der Nehmerländer massiv zurückzudrängen durch neoliberale standardisierte Aktionsprogramme in Form von Strukturanpassungsprogrammen (SAP), die unter keinen Umständen mit den Nehmerstaaten dialogisch ausgehandelt waren und nur sehr begrenzt an einzelne Länderrealitäten angepasst wurden. Hauptbestandteile dieser SAP waren Deregulierung der Ökonomie, Liberalisierung des Außenhandels (z. B. Abbau von Importzöllen und Exportsteuern) und Privatisierung von häufig unrentablen Staatsbetrieben.[872]

„Aber die neoliberale Schocktherapie schockte vor allem die Armutsgruppen"[873], stellt Nuscheler als vorrangige Wirkung fest. Ähnliches berichtet Rauch: „So kam es innerhalb vieler Länder zu einer zunehmenden Kluft zwischen den wenigen Gewinnern und den zahlreichen Verlieren dieser Politik."[874] Als Hauptgrund sehen beide Autoren die von außen auferlegten Sparzwänge, die von den Regierungen der Nehmerländer häufig durch Sparkonzepte bei den Sozial-, Bildungs- und Gesundheitsausgaben umgesetzt wurden.[875]

Ein besonderer Aspekt ist für Nuscheler die Tatsache der Umkehrung der Finanzströme in dieser Phase. „Nach 1982 mussten die Entwicklungsländer für einige Jahre mehr Mittel für den Schuldendienst aufbringen, als ihnen aus dem Norden in Form von ODA („Entwicklungshilfe"), öffentlichen und privaten

---

868 Rauch, Theo, 2009, S. 71; Hartmann, Christoph, 2011, S. 14 f
869 Hartmann, Christoph, 2011, S. 14
870 Nuscheler, Franz, 2012, S. 32
871 Hartmann, Christoph, 2011, S. 14 f
872 Nuscheler, Franz, 2012, S. 32; Hartmann, Christoph, 2011, S. 14; Rauch, Theo, 2009, S. 72
873 Nuscheler, Franz, 2012, S. 32
874 Rauch, Theo, 2009, S. 72
875 Nuscheler, Franz, 2012, S. 32 f; Rauch, Theo, 2009, S. 72 f

Krediten zuflossen."[876] Eindeutigkeit herrscht in der Beurteilung dieser Dekade als „verlorenes Jahrzehnt"[877], weil die erhofften Erfolge ausblieben und stattdessen „schwere soziale Flurschäden"[878] festzustellen waren.

4.3.3.4 Ab Mitte der 1990er-Jahre

Bereits Ende der 1980er-Jahre, aber signifikant nach dem Ende des Ost-West-Konflikts und der damit einhergehenden reduzierten bipolaren Weltsicht wurden die oben bereits beschriebenen negativen Effekte der SAPs, welche ein Jahrzehnt lang die herrschende Lehre repräsentierten, wahrgenommen. In der Entwicklungspolitik lernte man daraus. Eine einseitige Option zugunsten eines Wirtschaftswachstums, basierend auf neoliberalen Konzepten ohne staatliche Kontroll- bzw. Regulierungsfunktionen, schien nicht mehr zielführend. Besonders die Rolle der staatlichen Eliten, die weitgehend deckungsgleich sind mit den Regierungen der Nehmerländer, wurde als eine entscheidende Determinante erkannt; schließlich hatten sie die externen Sparzwänge in Gesetze zulasten der schwächeren Bevölkerungsschichten umgesetzt und die Institutionen ausgehöhlt bzw. abgeschafft, die im Zuge der Armutsorientierung für die Armen geschaffen oder ausgebaut worden waren.

Die neue theoretische Grundausrichtung des entwicklungspolitischen Mainstreams dieser Dekade lag in ordnungspolitischen Konzepten, die die Notwendigkeit der sozial- und umweltpolitischen Flankierung und Orientierung der Wirtschaftspolitik akzentuierten.[879] Realpolitischer Ausdruck dieses Verständnisses ist die Vielzahl von internationalen Konferenzen während der 1990er-Jahre.[880] Der Ausbau staatlicher Ressourcen und die Sorge um eine gute Regierungsführung wurden in Folge dieser Grundausrichtung wieder als Teile einer mehrdimensionalen EZ verstanden. Die Wiederentdeckung des Staats beeinflusste auch die entwicklungstheoretische Forschung. Dabei wurde der Zusammenhang von Rechtsstaat und wirtschaftlich-sozialer Entwicklung untersucht.[881]

Vor und zu Beginn dieser von Rauch als „institutionalistische Phase"[882] bezeichneten Dekade wurden auch Konzepte der demokratischen Basispartizipation, die bereits in der Endphase der SAPs praktiziert wurden, weil sie nicht unmittelbar in Widerspruch zu dieser Makro-Theorie standen, von einigen

---

876 Nuscheler, Franz, 2012, S. 32
877 A. a. O., S. 33
878 A. a. O., S. 33
879 A. a. O., S. 33
880 z. B. die Konferenz der UN für Umwelt und Entwicklung in Rio 1992.
881 Hartmann, Christoph, 2011, S. 15
882 Rauch, Theo, 2009, S. 76

Förderern weiterentwickelt. „Dieser Ansatz erwies sich aber als zu zeit-, personal- und transportaufwendig, (…) (er konnte) nur im Rahmen geberfinanzierter Projekte funktionieren (…), nicht aber unter den realen Bedingungen der Partnerländer."[883] Fortgeführt und intensiv weiterentwickelt wurde dagegen die direkte Armutsbekämpfung, vor allem in Form von Frauen- bzw. Genderprojekten und bezogen auf die Nachhaltigkeit.[884] Das Themensetting erfolgte in Form von so genannten Poverty Reduction Strategy Papers (PRSP), bei deren Zustandekommen seit Mitte der 1990er-Jahre auch die Nehmer-Regierungen dialogisch involviert waren. PRSP sind eine Zusammenfassung von praktisch allen jemals erdachten Zielen auf nationaler Ebene, die seit Beginn der Entwicklungspolitik artikuliert wurden. Sie beinhalten z. B. Pläne für die gesamtwirtschaftliche Entwicklung, Ziele für den Ausbau des Agrarsektors, armutsorientierte Projekte usw. Im Idealfall werden die PRSP unter Beteiligung von zivilgesellschaftlichen, wirtschaftlichen und politischen Akteuren gemeinsam ausdiskutiert.[885]

Trotz des kritisch zu hinterfragenden Verzichts der PRSP auf eine eindeutige Prioritätensetzung unter den vielfältigen, nicht immer homogenen Komponenten, ist eine Thematisierung der Menschenrechte (z. B. Gleichberechtigung, Nahrungssicherheit, politische Partizipation, Bildung) als neuer Mainstream in der Entwicklungspolitik zu erkennen und damit auch deren handlungsleitende Relevanz.[886]

4.3.3.5 Seit den 2000er-Jahren

Die SDGs und MGDs sind bereits ausführlich dargestellt, analysiert und bewertet worden.[887] Da sie chronologisch hier anzusiedeln sind und ggf. von späteren Autoren als eine weitere Phase bzw. Dekade dargestellt und in dieses Schema eingepasst werden, werden sie nochmals aufgegriffen, um sie kursorisch mittels der drei Variablen, die auch an die anderen Phasen angelegt wurden, zu erörtern.

Aus der Perspektive der Realpolitik wurde der Krieg gegen den Terror nach den Anschlägen vom 11. September 2001 zum dominanten geostrategischen Paradigma. Die MDGs und die Entwicklungspolitik erhielten in diesem größeren Kontext eine sekundierende Funktion, sie wurden zur „Magd der Sicherheitspolitik."[888] Als Lernerfahrung der bisherigen Dekaden und aus der Kritik

---

883 A. a. O., S. 73
884 Rauch, Theo, 2009, S. 74 ff; Hartmann, Christoph, 2011, S. 15
885 Hartmann, Christoph, 2011, S. 16
886 A. a. O., S. 15 f
887 Vgl. Kapitel 4.2
888 Nuscheler, Franz, 2012, S. 36

an den MDGs und der Pariser Erklärung entstehen Ansätze der Abkehr von der Vorstellung, entwicklungsfördernde Maßnahmen müssten ausschließlich in den Nehmerländern erfolgen. Der Klimawandel und die Migrationsbewegungen sind weitere Faktoren, die diese Sichtweise forcierten.[889]

In der Entwicklungsstrategie sind durch die MDGs der Befähigungsansatz und der Ausbau des sozialen Sektors akzentuiert worden.[890] Dieser Bedeutungszugewinn des Sozialen rechtfertigt u. a. die nähere Befassung mit der ISA als wichtigem Bestandteil der EZ in Kapitel 2 dieser Arbeit.

4.3.3.6 Fazit der Dekaden-Typisierung

Die Bereitschaft, Ressourcen zur Verfügung zu stellen, korreliert unmittelbar mit dem nationalen Eigeninteresse der Geberländer, hängt aber zugleich wesentlich von internationalen Rahmenbedingungen ab; dabei sind die parteipolitische Debatte und die Wählerentscheidung von deutlich nachgeordneter Bedeutung. Die relativ häufig wechselnden Mainstream-Strategien neigen dazu, sich durch extreme Positionen von den Vorläufern abzugrenzen. Allgemein geht der Trend weg von Interventionen auf Mikro-Ebene hin zur Makro-Strukturpolitik.[891] In dieser Perspektive stimmt Rauch mit Nuscheler überein, der am Ende seiner Dekaden-Analyse ausblickend feststellt, die Entwicklungspolitik stehe vor neuen globalen Herausforderungen in Form von Strukturtransformationen.[892] Wichtiger als die mit vielen Projektionen beladenen Phasen, die i. d. R. selten eine Zeitspanne von zehn Jahren umfassten und darum auch nicht als Dekade bezeichnet werden sollten, ist die Einsicht bezüglich der Ursachen von erzielten Fortschritten. Unabhängig vom vorherrschenden Entwicklungsmodell konnte gelernt werden, wie wichtig die Rolle der verantwortungsbewussten staatstragenden Eliten ist. Sie können z. B. die Einnahmen aus dem Ressourcenverkauf nutzen, um in beständige materielle und soziale Infrastruktur einschließlich Bildung zu investieren.[893]

Eine Beständigkeit über alle wechselnden Mainstream-Theorien hinweg diagnostiziert Hartmann. Seiner Meinung nach waren die jeweils vorherrschende Lehren nur neue Akzentsetzungen und ergänzende Zielformulierungen in der Entwicklungspolitik. Weil die Verantwortlichen ihr eigenes Handeln aber als innovativ darstellen wollten, wurden immer neue Begriffe geprägt. Darin liegt seiner Auffassung nach eines der eigentlichen Motive der sprachlichen Diskon-

---

889 Hartmann, Christoph, 2011, S. 17
890 Rauch, Theo, 2009, S. 79
891 A. a. O., S. 83 f
892 Nuscheler, Franz, 2012, S. 39 f
893 A. a. O., S. 36

tinuität.[894] Im Gegensatz zu dieser Bewertung der Phasen der Entwicklungspolitik betont Rauch, dass die Strategieentwicklung von Wechseln bestimmt war, weil die Ansätze i. d. R. ihre Stärken und Potentiale für Entwicklung bzw. Armutslinderung überbewerteten und die der anderen Ansätze unterbewerteten. Lernprozesse und erfahrungsbezogene Theoriebildung fanden kaum statt: „So wurde jeweils ein eindimensionaler Ansatz durch einen ebenso eindimensionalen Ansatz abgelöst, ohne dass der Lern- und Auseinandersetzungsprozess zu einer Synthese in Form eines multidimensionalen Ansatzes geführt hätte."[895]

Büschels eingangs geschilderte grundsätzliche Kritik an der Dekaden-Typisierung ist damit relativiert, weil die Diskontinuität in den Bereichen des realpolitischen Kontexts, der theoretischen Entwicklungsstrategien und der Umsetzung von gemachten Erfahrungen in Lernprozesse nachgewiesen werden konnte. Die Phasen bzw. Etappen beinhalten somit tatsächlich je eine neue Akzentuierung. Dennoch kann jede theoretische Phaseneinteilung nur ein Versuch sein, „eine weitaus komplexere Realität überschaubar zu gestalten."[896] Ein Vorteil der Phasen-Typisierung liegt in den Chancen für die korrespondierende entwicklungsbezogene Bildungsarbeit und marketing-orientierte Spenderkommunikation in den Geberländern. Durch immer neue Ziele kann und soll u. U. eine Extrapolation der Spenderbereitschaft[897] generiert bzw. die Sinnhaftigkeit der weiteren Bereitstellung von Steuergeldern öffentlichkeitswirksam dargestellt werden.

Bilanzierend ist am Ende der Auseinandersetzung mit den Entwicklungsphasen aus theoretischer Perspektive festzustellen: Eine größere Dialogkompetenz z. B. innerhalb der Disziplinen und der Staaten hätte u. a. eine übergreifende Kooperation forcieren können. Arme und mit wenigen Ressourcen ausgestattete Menschen, Länder, Kulturen und Kontinente wären dann u. U. nicht zum Objekt akademisch ausgedachter oder politisch gewollter Paradigmenwechsel geworden.

Mit der Frage nach den in der entwicklungsbezogenen Bildungsarbeit verwendeten Leitmotiven, den Konzepten und dem Wandel derselben befasst sich – nach dem unmittelbar folgenden Ausblick auf in naher Zukunft relevante Diskussionspunkte der EZ – das nächste Kapitel, in dem die Lernprozessen im interkulturellen Management dialogischer Entwicklungsarbeit auf individueller Ebene dargestellt werden.

---

894 Hartmann, Christoph, 2011, S. 16
895 Rauch, Theo, 2009, S. 84
896 A. a. O., S. 67
897 Vgl. Kapitel 4.3.1.4

4.4 Ausblick: Dialogische Entwicklungsarbeit für eine globale Partnerschaft am Ende des Nord-Süd-Paradigmas

Im Folgenden wird, aufbauend auf der Analyse historischer und gegenwärtiger Diskussionsstränge in der EZ in den vorherigen Abschnitten, ein Ausblick auf die Perspektiven der EZ und die Herausforderungen für deren interkulturelles Management unternommen. Im Mittelpunkt steht eine terminologische Neufassung für die gesamte im Wandel befindliche EZ sowie die Formulierung eines entsprechenden Mottos.

1. Die Geberharmonisierung (vgl. Polman / Pariser Erklärung) und die integrale Einbeziehung der einheimischen Experten vor Ort (vgl. Easterly), um einen wirklichen Dialog auf Augenhöhe und *Ownership* der Nehmerländer zu realisieren, sind die ersten grundlegenden Herausforderungen. Sie erheben nicht den Anspruch, innovativ zu sein. Aber sie sind in ihrer grundsätzlichen Tragweite nicht vollumfänglich in der Praxis angekommen. Dazu muss jedes Nehmerland seine gesellschaftlichen Interessen definiert haben.[898] Voraussetzung dafür sind stabile Verhältnisse, die innerhalb des Staates einen geregelten Diskurs und abweichende Meinungen erlauben.

2. An einigen Stellen findet sich in der Literatur bereits der Begriff „Entwicklungsarbeit"[899], allerdings ist dessen unmittelbare Verknüpfung mit dem Adjektiv dialogisch zur *dialogischen Entwicklungsarbeit* innovativ und als eines der wesentlichen Desiderate dieser Arbeit zu betrachten. Fischer verwendet gleichfalls das Adjektiv dialogisch, postuliert allerdings „eine dialogische Kommunikation in der Entwicklungsarbeit"[900]. Der dialogischen Entwicklungsarbeit geht es nicht nur um eine i. d. R. personalisierte dialogische Kommunikation, sondern z. B. auch um eine strukturelle dialogische Grundausrichtung der globalen Transformationsprozesse, ihrer Theorien, Organisationen und Praktiken. Zudem weckt das Begriffspaar gewollte Assoziationen zum dialogischen Prinzip, zur Bildungsarbeit, zur Entwicklungspolitik und zur Sozialen Arbeit. Damit sind mit Ausnahme der Missionstheologie und der Managementtheorien alle in dieser Arbeit untersuchten Disziplinen einbezogen.

Trotz der Etablierung eines neuen Begriffs wird vieles von dem, was unter den bisher verwendeten Begriffen der Entwicklungshilfe und der EZ zusammengefasst war, kontinuierlich fortgesetzt. Weil die geläufigen Begriffe die z. T. von Geberinteressen dominierte Geschichte geprägt haben, ist es angebracht,

---

898 Obama, Auma, 2012, S. 18
899 Macamo, Elisio, 2012, S. 4 Allerdings werden im sonstigen Kontext nur die Begriffe EZ bzw. entwicklungspolitischer Dialog verwendet, so dass durchaus ein Transkriptionsfehler nicht auszuschließen ist
900 Fischer, Wolfgang, 2002, S. 91

durch den neuen Begriff der *dialogischen Entwicklungsarbeit* den stattgefundenen Paradigmenwechsel auch in die Zivilgesellschaft hinein zu signalisieren. Neben den aus der fachspezifischen Diskussion relevanten neuen Sichtweisen auf die notwendigen Schritte zur Generierung einer zukünftigen globalen Lebensrealität der Menschheit unter dem Stichwort der *Transformation*, die eine konsequente Ausrichtung in allen Politikbereichen erfordert, spiegelt sich in diesem Begriff auf einer philosophischen Ebene die für Buber und die Konstitution eines dialogischen Verhältnisses wichtige „gegenseitige Umfassungserfahrung"[901]. Diese Form der Interaktion impliziert zum einen die volle Respektierung der Weltwahrnehmung und der Weltinterpretation des völlig Anderen durch den Einen und umgekehrt ebenso. Sie fördert die Einsicht, jeder benötige den Anderen und dessen Sichtweise, um die Komplexität der Realität angemessener erfassen zu können. Konkret bedeutet das: Die Probleme der Menschheit, die sich im einen Erdteil manifestieren, können nicht ohne das Zutun der anderen Teile abgestellt werden. Die Manifestation wird nur als Symptom verstanden (z. B. Ausbleiben des Monsun-Regens oder Anbau von Soja als Futter statt Anbau von Nahrung), wohingegen die Ursachen dafür außerhalb des Erdteils liegen können. Die kritische Wahrnehmung der kausalen Faktoren im globalen Norden (wie der Ausstoß klimaschädigender Gase oder hoher Fleischkonsum) wiederum kann nur durch die Erfahrung der Interdependenzen erfolgen, die in ihrer negativen Ausprägung nicht originär in diesem Teil der Welt angesiedelt sind. In gleicher Weise verhält es sich auch mit den Wegen zur Überwindung dieser konkreten Wirklichkeiten. Konzepte des Nordens sind zunächst und vor allem Konzepte des Nordens. Nur im Dialog, der im Sinne Bubers die willkürliche selektive Wahrnehmung der Realität durch Akte der Umfassung verhindert[902], sowie unter Wahrung der vollen Subjekthaftigkeit und Eigenverantwortlichkeit jedes Akteurs kann eine globale strukturelle Transformation zur Agenda der Weltgesellschaft werden.

Eine dermaßen offene, lernbereite und veränderungsoffene Grundhaltung wird schließlich zur Folge haben, dass der globale Norden unweigerlich anerkennt, seine einstige De-facto-Dominanz nicht länger begründen zu können. „Die Grenzen zwischen entwickelten Ländern und Entwicklungsländern werden zunehmend unscharf und wir können nicht länger die Welt in den Kategorien von Nord und Süd, Gebern und Nehmern denken."[903]

3. Aufbauend auf Steebs These, wonach Entwicklung sich primär durch Begegnung und Dialog von Menschen entfaltet[904], lässt sich eine Rechtfertigung

---

901 Buber, Martin, 1926, S. 42
902 Vgl. Buber, Martin, 1926, S. 40
903 Dohlman, Ebba, 2013, S. 18
904 Steeb, Michael, 2014, S. 1 f

für den Einsatz von Personen aus dem globalen Norden in den Ländern des globalen Südens begründen, wenn diese nicht als besserwissende Entwicklungshelfer agieren, sondern als dialogische Entwicklungsarbeiter. Diese dialogische Haltung endet nicht mit dem Einsatz im Ausland. Sie impliziert nach der Rückkehr eine wichtige Rolle in den Herkunftsländern, um u. a. in der Bildungsarbeit die Interdependenzen authentisch zu erklären. Dadurch kann auf die Bedeutung der anstehenden globalen Transformationen, die auch Veränderungen im Norden zur Folge haben werden, hingewiesen werden. Damit wären sie wiederum Entwicklungsarbeiter, aber nun in ihren Entsendeländern.

Die konstruktive Kooperation zwischen externen Fachleuten und internen Entwicklungsakteuren entfaltet eine Wechselwirkung, die sich als dialogischer Lernprozess für beide Seiten interpretieren lässt. Die Externen realisieren die Divergenz ihrer Hilfs-Ansätze zu den Bedarfen vor Ort. Die internen Akteure erkennen bei sich selbst, über welche Optionen zur Problemlösung sie verfügen. „Wenn sie sich begegnen, und das ist vielleicht der größte Aha-Effekt des Programms, lernen die einen Bescheidenheit und die anderen entdecken in sich die Fähigkeit, ihre Probleme anzupacken."[905]

4. Unter Rückgriff auf dieses Vokabular könnte ein kurzer und treffender Slogan zur Umschreibung der dialogischen Entwicklungsarbeit formuliert werden, der potentiell den entwicklungspolitischen Dauerbrenner *Hilfe zur Selbsthilfe* abzulösen kann. Neben den öffentlichkeitswirksamen Aspekten liegt ein weiterer Vorteil des im Folgenden vorgeschlagenen Leitworts in der Möglichkeit in gleicher Weise sowohl von den Partnern im Norden wie im Süden verwendet werden zu können. So wird eine höhere Identifikation auf beiden Seiten generiert. Das hier vorgeschlagene Leitwort der dialogischen Entwicklungsarbeit lautet:

Im Norden Bescheidenheit lernen – im Süden die Potentiale entdecken, Probleme anzupacken.

5. Infolge der SDGs und der Wirkungsdebatte wurde deutlich, dass die Akteure in der EZ nicht die alleinige Politik-, Sozial-, Ökonomie-, Gesundheits- und Bildungsgestaltungskompetenz besitzen, sondern vielmehr ein multipolares Interessengemenge vorliegt und sich die unterschiedlichsten Ziele und Zielerlangungsmethoden z. T. konterkarieren können. Bedenkt man den Einfluss, den andere Politikbereiche neben der Entwicklungspolitik auf das Leben der Menschen in den Partnerländern des Südens haben, erhält Politikkohärenz für Entwicklung ihren Stellenwert.[906] Auch darum bedarf es dialogisch gedachter

---

905 Schrader, Christopher, 2013, S. 16
906 Ashoff, Guido, 2013, S. 3

und kohärent praktizierter Zusammenarbeit und dazu befähigter Entscheidungsträger. Denkbar wäre die Entwicklung eines Instrumentariums, um Inkohärenz-Probleme bereits in der Anfangsphase politischer Diskussionen zu antizipieren und so einer strukturellen globalen Transformation Vorschub zu leisten. Die Verantwortung dafür liegt bei den demokratisch legitimierten Instanzen, die von zivilgesellschaftlichen Gruppen begleitet werden.[907] Eine zu hundert Prozent kohärente Politik kann es freilich in pluralistischen demokratischen Ländern nicht geben, denn die Inkohärenz ist nicht zuletzt ein Ausdruck der Existenz unterschiedlicher Interessen innerhalb einer Gesellschaft und auch der Weltgesellschaft, deren legitimem Streben nach politischer Mehrheit und – in Konsequenz daraus – der Notwendigkeit von Kompromissen.

Die dialogische und alle gesellschaftlichen Ebenen umfassende Herstellung einer Lobby für ein solches Instrumentarium ist bisher nicht gelungen trotz des langjährigen und z. T. thematisch fokussierten zivilgesellschaftlichen Bemühens seitens entwicklungspolitischer NGOs und der Kirchen. Dabei wurde viel in die Beschaffung authentischer und fundierter Informationen und deren Vermittlung, d. h. in die entwicklungsbezogene Bildungsarbeit, investiert. Daneben erstreckt sich das Bemühen um entwicklungspolitische Kohärenz auf konzeptionelle, inhaltliche, prozessuale und administrative Fragen.[908] Die aufgeführten Bereiche bilden die Orientierungspunkte für ein Leitungshandeln, das sich nicht mehr einer paternalistischen, sondern einer im weltgesellschaftlichen Dialog entstehenden Konzeption von EZ, kurz der dialogischen Entwicklungsarbeit, verpflichtet fühlt.

6. Eine Optimierung der Aufgabenverteilung ist unter Berücksichtigung intraorganisationaler Kausalketten innerhalb der NGOs angezeigt. Das Gleiche gilt für neue Allianzen mit anderen Gruppen. Um die Wirkung der anwaltschaftlichen Funktion zu stärken muss mit den bisherigen Projektpartnern auch bei politischen Kampagnen auf Augenhöhe kooperiert werden. Die Vernetzung der unterschiedlichen Projektpartner der NGOs im Süden sollte fortgesetzt werden zu Süd-Süd-Allianzen.[909] Die Vernetzungsbereitschaft ist ein Indikator für ein bescheideneres, weniger von Omnipotenz und Omnipräsenz geprägtes organisatorisches Leitbild, das der Grundausrichtung einer dialogischen Entwicklungsarbeit entspricht. Aus der Erkenntnis jeder der Mitgliedsorganisationen, von einer verbesserten Koordination zu profitieren, lässt sich das Durchlaufen eines Lernprozesses ableiten, der die Vorteile des gemeinsamen Dialogs erkennen lässt.

---

907 Bain, Chris; Nilles Bernd, 2012, S. 469 f
908 Ashoff, Guido, 2013, S. 5
909 Bain, Chris; Nilles Bernd, 2012, S. 475 f

Auf Grundlage des Primats der endogenen Entwicklung arrangiert sich die dialogische Entwicklungsarbeit mit einer bescheideneren Rolle. Es ist primär nicht ihre, sondern die Sache der Partnerorganisationen im globalen Süden und z. T. Osten, für die Rechte der Menschen dort einzutreten. Die Partnerorganisationen sollten allerdings dabei durchaus vertraute und vertrauenswürdige Mitstreiter aus den Reihen der NGOs an ihrer Seite haben. Gerade der Abschied von Omnipotenz und Omnipräsenz spiegelt sich im bereits eingeführten Motto der dialogischen Entwicklungsarbeit wieder. Um es noch verkürzter auszudrücken:

hier Bescheidenheit ... dort Potentiale ... entdecken.

7. Büschel verweist auf die notwendigen Forschungsinhalte zukünftiger Untersuchungen, deren Wesensmerkmal in einer tendenziell dialogischen und partizipatorischen Ausrichtung liegen muss, die die Dichotomie von aktiv handelnden Gebern und passiven Nehmern überwindet.[910]

8. Die internationalen Strukturen der EZ befinden sich in einer Phase der Umgestaltung. Neue Plattformen sind dabei, die bisherigen zu ersetzen, wobei sich die Dominanz der traditionellen Geberländer in den neuen Strukturen weniger deutlich abbildet. Die Globale Partnerschaft für wirksame Entwicklungskooperation (GPEDC) und das Development Cooperation Forum (DCF) der UN sind Beispiele dafür. Als Gründe für diese Entwicklung können u. a. aufstrebende neue Akteure und das wachsende Bewusstsein für die globalen Herausforderungen wegen des Klimawandels genannt werden. Die strukturelle Zusammenführung der neuen, z. T. noch inkohärenten, Strukturen zu einer globalen Plattform für das EZ-Management ist noch nicht abgeschlossen. Sie muss legitimiert und wirksam sein, damit ihre Grundsätze und Verfahren für den Wissensaustausch akzeptiert werden.[911]

9. Noch deutlicher wird diese Entwicklung durch die Formulierung des Endes des Nord-Süd-Paradigmas. Indikatoren dafür sind z. B. die Verschiebung des globalen Reichtums hin zu neuen Wachstumspolen, z. B. den Gruppen der wirtschaftlichen Profiteure in den Staaten Brasilien, Russland, Indien und China unter gleichzeitiger Zunahme der Armut in den Ländern mit mittlerem Einkommen. Anstelle der Nord-Süd-Perspektive tritt die Arm-Reich-Dimension. Armut und Reichtum gibt es in allen Ländern der Welt, die Mehrzahl der Armen lebt in Ländern, die zu den in den letzten Jahren wirtschaftlich erfolgreichen Schwellenländern zählen.[912]

---

910 Büschel, Hubertus, 2010, S. 5
911 d·i·e, 2014, S. 1
912 Bornholst, Bernd, 2013, Misereor, 2013, S. 2

10. Welche Dimension der notwendige Konsens über die Soziale Frage des 21. Jahrhunderts, die Frage von Inklusion vs. Exklusion, von voller gesellschaftlicher Partizipation vs. Marginalisierung in prekären Lebenslagen, umfassen muss, wird ersichtlich, wenn man sich vor Augen hält, dass es keinen Automatismus von wirtschaftlichem Fortschritt für alle infolge des Wohlstands weniger gibt. Das Maß an sozialer Ungleichheit nimmt zu. Durch soziale Sicherungssysteme nach Vorbild des sozialen Basisschutzes (Social Protection Floor) erhalten die Armen in allen Ländern eine garantierte Versorgung im Gesundheits- und Bildungsbereich. Ein besonderer Akzent liegt auf dem Schutz der Rechte der besonders vulnerablen Teile einer Gesellschaft, von Frauen und Kindern.[913]

Die Etablierung derartiger kontextbezogener multisektoraler und multidimensionaler Institutionen der sozialen Sicherung stellt ein Instrument der Entwicklung auf Basis der Menschenrechte dar. Eine konsequente Fortsetzung der aus diesen Perspektiven abzuleitenden Herausforderungen ist die fachliche Kooperation mit der ISA, die diesem normativen Ansatz folgt.[914]

11. Für die Organisation der Entwicklungspolitik nach dem Ende des Nord-Süd-Paradigmas liegt ein Vorschlag vor, der die Errichtung eines *Ministeriums für globale Entwicklung* vorsieht. Dabei handelt es sich nicht um ein lediglich um ein paar Zuständigkeiten erweitertes altes BMZ. Dieses Ministerium wäre ein Neuanfang. Seine Hauptaufgabe bestünde in der Identifizierung gemeinsamer Interessen als Basis für eine neuartige globale Zusammenarbeit. Der Schutz globaler Gemeinschaftsgüter wird eine alle Staaten vereinende zentrale Herausforderung jenseits des Nord-Süd- bzw. Geber-Nehmer-Schemas. Beispiele dafür sind der klimaverträgliche Umbau der Energieversorgung, der Schutz des Wassers, die Erhaltung der Biodiversität und die Stabilisierung schwacher Länder.[915]

In einem derart ausgerichteten Ministerium würde man sich um die Kooperation mit Experten des interkulturellen Managements dialogischer Entwicklungsarbeit und deren Institutionen bemühen. Empirisch belegte Daten zur Interaktion mit der Zivilgesellschaft könnten Forschungen erbringen, die unmittelbar nach der Errichtung dieses Ministeriums beginnen.

Zum anderen würden in diesem Ministerium qualifizierte, erfahrene und sicher agierende Akteure, die mit den veränderten globalen Perspektiven bzw. Bedrohungen und der dialogischen Aushandlung von internationalen Interessenkonvergenzen vertraut sind, eine Aussicht auf eine berufliche Karriere finden können, da es keine nationalen Insellösungen mehr für die alle Menschen betreffenden Schlüsselthemen geben wird.

---

913 Misereor, 2013, S. 2
914 Vgl. Kapitel 2.2 und 2.8
915 Faust, Jörg; Messner, Dirk, 2013

Teil II
Lernprozesse auf der Ebene der Person

5 Bildung der Person – andragogische Grundzüge und Konzepte

Im ersten Teil der vorliegenden Arbeit wurden Lernprozesse sozialer Systeme in den für die Forschungsfrage relevanten Feldern exemplarisch analysiert. Für eine gelingende Veränderung des Leitungssystems bzw. des in Organisationen praktizierten Leitungshandelns bedarf es jedoch nicht nur einer personenunabhängigen Speicherung der Erkenntnisse aus Lernprozesse in den Organisationen. Dieses Kapitel besinnt sich daher auf die Grundzüge der andragogischen Forschung und Praxis sowie deren vorherrschende Konzeptionen im Kontext von Internationalität und Solidarität. Auf diese Weise werden Erkenntnisse hinsichtlich personaler Lernprozesse generiert, die eine Grundlage für Veränderungen in Führungsprozessen und für das Lernen von Organisationen sein können.

An der Schnittstelle von Theologie, Entwicklungszusammenarbeit und Sozialer Arbeit lässt sich die Notwendigkeit zur Befassung mit Fragen der Andragogik u. a. wie folgt begründen: Ohne einen individuellen Beitrag wird die Anerkennung der Menschenrechte im globalen Maßstab nicht automatisch erfolgen. Weil sich viele Menschen bei der Ausbreitung und Verwirklichung der Menschenrechtsidee zu sehr auf Institutionen und Organisationen verlassen könnten, bedarf es einer aktivierenden Gegenbewegung, die die Menschenrechtsträger sich selbst entwickeln lässt und durch Bildungsprozesse dazu befähigt, an der Realisierung der Menschenrechte mitzuwirken. Allerdings impliziert die Partizipation an menschenrechtsorientierter Bildungsarbeit keinen höheren Anspruch auf die Menschenrechte im Vergleich zu einem Unbeteiligten oder gar Gegner von Menschenrechten.[916]

5.1 Grundlegende Aspekte einer reflexiven Andragogik

Der Zusammenhang von organisationalem Lernen und individuellem Lernen lässt sich als eine „Synthese von ‚Management' und ‚Bildung'"[917] darstellen. Dieses Zusammenspiel konstituiert sich aus individuellem bzw. kollektivem aufgabenbezogenen Lernen zur Anpassung und Weiterentwicklung sowie den fachlich unspezifischen Bildungsprozessen der Persönlichkeit. Innerhalb einer entsprechend offenen Kultur können solche Lernprozesse auch zu einem Wandel der Organisation bzw. des Systems führen, weil traditionelle Strategien und

---

916 Brieskorn SJ, Norbert, 2000, S. 33
917 Wagner, Dieter, 1998, S. 154

Problemlösungskonzeptionen selbstkritisch hinterfragt werden.[918] Damit haben individuelle Lernprozesse zumindest einen indirekten Einfluss auf das Organisationslernen, auf Abläufe und Strukturen der Organisation und die Organisationskultur.

Die Relevanz einer reflexiven Andragogik innerhalb der Brennpunkte Management und Bildung ergibt sich auch aus der systemischen Interventionsforschung, die zu einer selbstreflexiven Wende geführt hat und Veränderung als Folge von Selbstveränderung postuliert.[919] Impulse und Indikatoren für diese Reflexionsperspektive, die u. a. dem Lehrenden eine neue Rolle innerhalb des Lernprozesses zuweist und das Lernen als einen aktiven emergenten Aneignungsprozess betrachtet, finden sich bei Autoren aus unterschiedlichen zeitlichen und regionalen Kontexten. Einige Impulsgeber und ihre Ansätze sollen im Folgenden untersucht werden.

5.1.1 Röhrs: Friedenspädagogik

Für Röhrs ist die Friedenspädagogik zugleich erziehungswissenschaftliche Disziplin und erzieherische Praxis mit Relevanz für die Humanisierung der Gesellschaft.[920] Friedenserziehung ist kein Parallelprozess zur restlichen Erziehung, sie ist vielmehr Erziehung, reduziert auf humane Ziele.[921] Als eigenständiges Aufgabenfeld überschreitet sie das, was die allgemeine Erziehungswissenschaft, die Soziale Arbeit oder die politische Bildung zu leisten vermögen. Darum definiert Röhrs die Friedenspädagogik als zentral bei der interdisziplinären Kooperation der entsprechenden Disziplinen.[922]

Die Friedenserziehung ist v. a. ein Prozess der Humanisierung bzw. ein anthropologischer Prozess der Befreiung. Abhängig ist dieser emanzipatorische Prozess vom Anderen und der Verantwortung, die man für diesen zu tragen hat. Das Denken orientiert sich nicht am Selbst, sondern es richtet sich an der Perspektive des Anderen aus. Man erkennt also, der Andere spricht einen an bzw. hat etwas zuzurufen.[923] Das setzt ein hohes Maß ethischer Reife voraus. In einer Epoche der Sorge um den Weltfrieden ist die Erziehung des Menschen zu

---

918 Wagner, Dieter, 1998, S. 153 f
919 Arnold, Rolf, 2011, S. 1 f
920 Röhrs, Herrmann, 1994, S. 15
921 A. a. O., S. 17 und S. 19
922 A. a. O., S. 21 f Mit dem Verweis auf die Sozialpädagogik bzw. Soziale Arbeit zeichnet Röhrs die in dieser Arbeit enthaltene interdisziplinäre Verknüpfung von Bildung und Sozialer Arbeit sowie anderen Disziplinen vor.
923 Vgl. Bubers Dialogkonzept in Kapitel 1.3

Friedensbereitschaft, Friedensfähigkeit und Friedensfertigkeit von hoher praktischer Relevanz.[924]

Die Friedenserziehung versteht sich als eine kritische Bestandsaufnahme und Revision der individuellen Verhaltensweisen im Sinne der angestrebten Humanisierung der Gesellschaft. Sie versteht sich als ein Lebensprinzip, ihre Reichweite erstreckt sich auf die gesamte Existenz.[925] Gegenwärtig, unter dem Paradigma der Globalisierung, könnte man in Analogie zu Röhrs eine ganzheitliche Ausdehnung einer pädagogischen Konzeption auf alle Lebensbereiche z. B. für das interkulturelle Lernen bzw. das globale Lernen postulieren. Außerdem impliziert seine Geltung für die gesamte Existenz im Sinne eines selbstreflexiven pädagogischen Konzepts, dass sich die Person des Lehrenden nicht von den gewünschten Veränderungen ausnehmen kann, sondern auch in seiner Person diese Veränderung stattfinden muss.

Friedenserziehung als Schule gestaltendes Prinzip zeichnet sich u. a. auch in den administrativen Instrumenten der Schulverwaltung, Schulordnung und der Art der Schulleitung ab.[926] Dies unterstreicht die geforderte Konvergenz bezüglich der Anwendung des dialogischen Prinzips nicht nur in der entwicklungsbezogenen Bildungsarbeit oder in einzelnen Projekten der dialogischen Entwicklungsarbeit, sondern im gesamten Management der entsprechenden Organisationen. Friedenserziehung wird in der Schule u. a. durch die Einbindung in das internationale Kommunikationsgeschehen realisiert. Dazu können Partnerschule in allen Teilen der Welt, inklusive Schüler- und Lehreraustausch sowie internetbasierte Formen der digitalen Kooperation, beitragen. Neben der Kommunikation bedarf es aber auch einer konkreten Handlungsebene, um das Ziel des friedenspolitisch reifen Menschen zu erreichen.[927]

Für die Professionalisierung der Pädagogik ist die Friedenserziehung ein weiterführender Ansatz, weil sie ein planbarer Weg ist, den Frieden ins Bewusstsein zu bringen. Dabei ist nicht der Inhalt entscheiden, sondern die Art, wie wir lernen.[928] Neben den planbaren schulischen Anfängen der Friedenserziehung können auch negative Erfahrungen wie Kriege und Diktaturen[929] Ausgangspunkte dieser Lernprozesse sein. Menschen können durch derartige existentielle Erfahrungen einen tiefgehenden Impuls erhalten und diesen zunächst mit einem Rückzug in ihr Innerstes verarbeiten. Später können sie u. U. daraus die Kraft zu einer personalen Wende schöpfen.

---

924 Röhrs, Herrmann, 1994, S. 17
925 A. a. O., S. 18 f
926 A. a. O., S. 19
927 A. a. O., S. 21
928 A. a. O., S. 16
929 Zweifelsfrei gehört in diese Kategorie auch die Erfahrung von Flucht, einem der Phänomene Mitte der zweiten Dekade dieses Jahrhunderts.

Als sinnstiftendes Element der menschlichen Existenz kann das Eintreten und Sichern des Friedens gesehen werden.[930] „Nur durch die Verpflichtung auf den Frieden und seine erzieherische Sicherung erhält die Menschheit einen gemeinsamen übernationalen Orientierungspunkt, der allen unmißverständlich die Einheit vor Augen rückt."[931] Die Friedenspädagogik reklamiert den Frieden als zentralen menschheitsverbindenden Wertmaßstab, nicht den ganzen Menschenrechtskatalog.[932] Damit reduziert sie zwar die potentielle Ausgangsbasis für den zu Findenden globalen Konsens, fokussiert sich aber dafür auf den Aspekt, der besonders hohe Chancen hat, allgemein anerkannt zu werden.

Die Friedenspädagogik interpretiert den Wunsch nach Frieden als letzte Dimension der in allen Weltreligionen anzutreffenden Hoffnung auf eine Einheit, die von den Anstrengungen der Vielfalt befreit. Weil dieser über allem anderen stehende Friede global betrachtet aber mit Menschen ausgehandelt werden muss, die einer anderen Kultur und Religion angehören, bedarf die christliche Friedensidee in Weltgesellschaft einer toleranten Ausgestaltung. Frieden kann nur mit dem Anderen zusammen gestiftet, gehalten und gestaltet werden.[933] Unter Einbeziehung des neuen Missionsverständnisses[934] kann resümiert werden, diese Toleranz stelle keine Entkräftung der eigenen Werte dar, sondern deren Relativierung. Konzession und Kompromiss dienen als friedensstiftende Instrumente.

Unter friedenspädagogischem Aspekt ist die internationale Verständigung möglich, wenn die Souveränität der Staaten des globalen Südens in der Entwicklungshilfe gewahrt bleibt und die Beziehungen sich als wirklich partnerschaftlich erweisen. Dazu müssen alle Nationen ihr Konkurrenzdenken überwinden. Der Beitrag der Bildungsarbeit besteht darin, in Schule, Erwachsenenbildung und Jugendarbeit das Interesse zu erzeugen, an diesen Prozessen der Überwindung von Barrieren zu partizipieren. Dafür bedarf es in der Bildungsarbeit der Entwicklung von strukturellen Allianzen in Form von Netzwerken, die dauerhafte persönliche Begegnungen und Beziehungen ermöglichen. Aus den interkulturellen Kontakten ergeben sich Wechselwirkungen, die zum einen Auswirkungen auf das Selbstbild jedes beteiligten Individuums haben und zum anderen zu einer Neuinterpretation seiner eigenen Kultur führen.

Angesichts des Mehrheitsprinzips in Demokratien ist die friedenspolitisch inspirierte Bildungsarbeit nicht nur mit der Aufgabe der Humanisierung der Gesellschaft betraut. Die Einsichten in die komplexen politischen Interessenla-

---

930 Röhrs, Herrmann, 1994, S. 16
931 A. a. O., S. 23
932 Die Gültigkeit der gesamten Menschenrechte ist allerdings angedeutet im „Gesetz der Mitmenschlichkeit". A. a. O. S. 16
933 A. a. O., S. 20
934 Vgl. Kapitel 3.2.1

gen, das Aufzeigen von Handlungsoptionen und die Übernahme politischer Verantwortung müssen als Bildungsziele danebenstehen.[935]

Der hier aufgezeigte personale Charakter der Friedenspädagogik legt den Schluss nahe, die von Individuen getätigten Lernprozesse beim Aufbau des gegenseitigen Vertrauensverhältnisses seien denen der Organisationen ebenbürtig. Die unbedingte Vermeidung von gewalthaltigen Konflikten ist für das interkulturelle Management eine Richtschnur. Sie bezieht sich auf die Auswirkungen der Projekte, die vor Ort nicht zu neuen Spannungen führen dürfen, weil z. B. eine Ethnie gegenüber einer anderen benachteiligt wird und so Missgunst und Neid entstehen könnten. Für die entwicklungsbezogene Bildungsarbeit ist die Einbeziehung schulischer Strukturen in Partnerschaftskonzepte abzuleiten. Schließlich sollte auch die Zusammenarbeit der EZ-Organisationen des Nordens mit ihren Partnern im Süden, von Manager zu Manager, vom Eintreten für den Frieden und seine Sicherung geprägt sein.

5.1.2 Freire: Pädagogik der Unterdrückten

Ausgehend von Erfahrungen mit Lernenden in Brasilien, die aufgrund neoliberaler Grundannahmen reduziert werden zu passiven Bildungsrezipienten und schweigenden Untertanen, die gesellschaftlich-politische Realitäten akzeptieren, formuliert Freire einen Gegenentwurf. Die Institutionen der Erziehung sollen darin nicht länger Konstrukte zur Perpetuierung gesellschaftlicher Hierarchien sein und einem „paternalistischen Sozialisationsapparat"[936] gleichen.

Seine Kritik bezieht sich dabei auf einen positivistischen und lehrerzentrierten Bildungsansatz, der v. a. in den Schulen der nicht privilegierten Bevölkerungsteile die sogenannte „Bankiers-Methode"[937] als Standard betrachtet. Dahinter verbirgt sich die Vorstellung, der Mensch sei einem Bankkonto gleich zunächst leer. Nur durch die darauf durch den Lehrer getätigten Einzahlungen steigt sein Wert. Allerdings sind diese Lerninhalte ohne Bezug zum sozialen und globalen Kontext und darum für den Lernenden keine Hilfe bei der Entwicklung seines autonomen Bewusstseins und ohne Aussagekraft für eine gesellschaftliche Transformation.[938]

Dem gegenüber steht ein Menschenbild, in dem der Einzelne in der Lage ist, sein Wirken und sich selbst, also seine Motive und Grundannahmen, zu hinterfragen. Dadurch verfügt der Mensch über das Potential, Wirklichkeiten zu

---

935 Röhrs, Herrmann, 1975, S. 125–129. Die Aussagen zur Entwicklungspartnerschaft und nationaler Souveränität gehen konform mit den Thesen zur dialogischen Entwicklungsarbeit in Kapitel 4.4.
936 Freire, Paulo, 1973, S. 59
937 Freire, Paulo, 1973, S. 57
938 A. a. O., S. 57 f

verändern, Entwicklungsprozesse zu initiieren und z. B. eine gerechtere globale Realität mitzugestalten. Diese Erkenntnis der Geschichtlichkeit des Menschen ist in Verbindung mit seiner ethischen Verantwortung der anthropologische Grund der Autonomie des Menschen. Er ist nicht nur das passive Produkt der Umstände. Kontext und autonomes Subjekt stehen in einer Wechselwirkung, darum kann der Mensch diese Umstände umformen, wobei er sich i. d. R. an ethischen Maßstäben zu orientieren versucht. Durch den Rekurs auf die Anderen erfährt das autonome Subjekt eine solidarische Korrektur.

Die „problemformulierende Bildung"[939] stellt nach Freire die alternative Methodik dar, durch die die Bildung von kritischer Weltsicht, Selbstreflexion und Weltgestaltung in einer dieser Anthropologie entsprechenden Weise gefördert wird. Sie entspricht dem historisch-dynamischen, unvollendeten Wesen des Menschen und dem ständigen Wandel der gesellschaftlichen Wirklichkeit.[940] Die Entwicklung eines kritischen Bewusstseins ist nur möglich, wenn der Mensch seine Endlichkeit und Unvollkommenheit erkannt hat. Darin liegt laut Freire der Ursprung des intrinsischen Antriebs zu lernen.[941] Zugleich ist dieses Verständnis der Unvollkommenheit der Ausgangspunkt des ethischen Handelns des Menschen, weil dennoch jedem Mensch Respekt und Würde uneingeschränkt zustehen. Im respektvollen Dialog der von Natur aus unterschiedlich defizitären Unvollständigen ereignet sich demnach Lernen und Wachsen.[942]

Eine dialogische Beziehung zwischen Bildenden und Erkennenden führt zu einer Überwindung der klassischen Lehrer-Schüler Konstellation. Beide Seiten lernen und lehren wechselseitig. Im Dialog werden aus Schülern forschende Lerner und kritische Erkennende, die durch die Formulierung ihrer Gedanken zu einem Problem wiederum beim Erziehenden einen Prozess auslösen, bei dem seine Grundannahmen reflektiert werden.[943]

Diese Lernoffenheit setzt Demut voraus, da der Dialog zur gemeinsamen Bewältigung von Herausforderungen nur gelingen kann, wenn keiner sein Gegenüber als weniger qualifiziert betrachtet.[944] Andererseits bedarf eine lebendige Interaktion einer Offenheit und Neugier, die dazu antreibt, immer neue Pro-

---

939 A. a. O., S. 64
940 A. a. O., S. 68
941 Freire, Paulo, 2007b, S. 88
942 Freire, Paulo, 2008, S. 56
943 Freire, Paulo, 1973, S. 64 f
944 A. a. O., S. 73 und Freire, Paulo, 2008, S. 62 f Diese Hervorhebung der Bescheidenheit korreliert mit den aktuellen Paradigmen der EZ, wie sie u. a. in der Pariser Erklärung zum Ausdruck kommen. Vgl Kapitel 4.3.2

blemlösungen zu entwickeln.⁹⁴⁵ Dieses „dialogische Klima"⁹⁴⁶ wird von den Beteiligten selbst geprägt, die nicht nur miteinander im Dialog stehen und daraus beliebig wieder aussteigen können, sondern die den Dialog als existentiell betrachten. Konstitutiv für den Menschen und seine erkenntnisschaffenden Prozesse ist die Kommunikation in einer dialogischen Beziehung mit dem Anderen, diese Kommunikation wiederum kann ohne Dialogizität nicht entfaltet werden.⁹⁴⁷ Die Bewusstseinsbildung ereignet sich folglich in einem kommunikativen dialogischen Geschehen, darum ist Freires Ansatz auch eine Kommunikations-Pädagogik.

Reflexion und Aktion sind für Freire die beiden Dimensionen der befreienden Dialogizität in der Praxis. Beide sind eng miteinander verknüpft und bedingen sich gegenseitig. Dieser doppelte Charakter impliziert die gestalterische Kraft des Dialoges, weil Worte Taten nach sich ziehen sollten und Taten ohne Reflexion blinden Aktionismus auslösen können.⁹⁴⁸ Die politische Dimension des Dialoges als „Akt der Schöpfung"⁹⁴⁹, der die Welt transformiert und humanisiert, führt dazu, den Dialog als einen Bewusstseinsbildungsprozess aufzufassen, der nur im gemeinschaftlichen Bemühen, also auch im interdisziplinären, realisiert werden kann.

Seinem dialogisch-methodischen Vorgehen adäquat ist die dialektische Form der Auseinandersetzung, des Verständnisses und der Interpretation der Welt. Dabei geht es um eine möglichst vielseitige Betrachtung aller Dinge, bei der dem Sowohl-Als-Auch-Gedanken Rechnung getragen wird, gegensätzliche Perspektiven eingenommen und auf ihre Aussagekraft hin analysiert werden. Gleichzeitig geht es um die Erfahrung der Widersprüchlichkeit jeder Existenz, die immer geprägt ist von Licht und Schatten.⁹⁵⁰

Für die mit der dialogischen Entwicklungsarbeit korrespondierende Bildungsarbeit ergeben sich daraus einige Ansatzpunkte:

- Autonomie und deren Rückbindung in gesellschaftliche Realitäten: Die Selbstbildner entwickeln zunächst losgelöst von traditionellen oder ideologischen Vorgaben eigene Problemlösungsansätze, die erst in einem zweiten Schritt mit der bisherigen Praxis in Bezug gesetzt werden.

---

945 Freire, Paulo, 2007b, S. 89. Zur Entdeckung der eigenen Potentiale z. B. der Länder des Südens ist es demnach genauso unverzichtbar, neugierig auf Lösungen zu sein, die über die bisherigen Konzepte hinausreichen.
946 Freire, Paulo, 2007b, S. 95
947 Freire, Paulo, 2007b, S. 87 in Verbindung mit Freire, Paulo, 2007b, S. 95
948 Freire, Paulo, 1973, S. 71
949 A.a.o., S. 72
950 Faschingeder, Gerald, 2012, S. 03-6

- Verbindung der Entwicklung hoffnungsvoller Visionen mit der schöpferischen Kraft des Dialoges: In der Phase der Generierung neuer Ideen sollten durch die Bereitstellung von Dialogpartnern aus anderen Kulturen mit einer anderen Sicht auf die Fragestellung Perspektivwechsel ermöglicht werden.
- Kombination der Freisetzung der Handlungsfähigkeit des Subjekts mit der ethischen Verantwortung: Aus der grundsätzlich denkbaren Vielzahl von neuen Problemlösungsansätzen müssen die Alternativen identifiziert werden, die nicht nur dem Individuum zum Vorteil gereichen, sondern der Notwendigkeit zur Solidarität mit den Mitmenschen und zukünftigen Generationen Rechnung tragen.

Eine Bedeutung von Freires Befreiungspädagogik für das *Globale Lernen* und für die politische Bildung im Rahmen der Erwachsenenbildung liegt in der untrennbaren Verknüpfung von Dialog und Dialektik. Sein Dialog bedarf eines Standpunktes, der allerdings nicht dogmatisch verfestigt ist, sondern sich mit der eigenen Widersprüchlichkeit auseinandersetzt. Dadurch wird der Dialog dialektisch und nur so kann daraus ein dialogischer Lernprozess werden, bei dem jeder lernen und lehren kann. Die Befreiung des Anderen und die Selbstbefreiung seien Teile desselben Prozesses.[951]

Für Konzepte des *Globalen Lernens* und des *Interkulturellen Lernens* bedeutet dieses ethisch-politische Bildungsverständnis einen weitgehenden Verzicht auf theoretische Unterweisungen ohne Praxisbezug und eine Steigerung des Anteils von Bildungskomponenten, die die Eigenaktivität, das gemeinsame Handeln und Reflektieren methodisch präferieren. Trainingsartige Erziehungsansätze, die darauf fokussiert sind, rein technisch und möglichst pragmatisch die nächsten Herausforderungen zu bestehen, sind aus dieser Perspektive weniger geeignet, Persönlichkeiten zu bilden, die in der Lage sind flexibel zu reagieren und als Kultur gestaltende Subjekte zu agieren und Realitäten zu transformieren.[952]

Dahinter steht ein Bildungsbegriff, der die Aufgabe der Erziehung und Bildung nicht darin sieht, die nächste Generation in die Realität einzupassen, sondern darin, deren autonome Subjekte zu befähigen, ihre ggf. neuen generativen Antworten auf die grundlegenden Fragen des Zusammenlebens zu finden. Für die vorliegende Fragestellung nach den Lernprozessen im interkulturellen Management dialogischer Entwicklungsarbeit bedeutet dies u. a. die Einsicht in die Relativität einmal gefundener Antworten. Lösungen sind zunächst nur Lösungen für diese Situation und Zeit. Neue Zeiten können neue Antworten hervorbringen und alte, bewährte Konzepte ablösen.

---

951 A. a. O., S. 03-7
952 Freire, Paulo, 2007b, S. 95 f

Angesichts disparater globaler Realitäten kann die Freiresche Pädagogik auch als eine Pädagogik der Autonomie verstanden werden, die problematische gesellschaftliche Zustände verändern will. Ihr Ziel ist es, auf eine Form des Zusammenlebens hin zu wirken, bei der die Gültigkeit der Menschenrechte und die Freiheit des Individuums vor Unterdrückung respektiert werden. Zugleich muss sich das Individuum seiner Verantwortung für das Gemeinwohl bewusst sein. Freires Thesen sind eine Herausforderung für die Bildungskonzepte, die vor allem die Förderung des Individuums, die unmittelbare ökonomische Verwertbarkeit und die Frage nach der Relevanz für den Arbeitsmarkt in das Zentrum ihrer Überlegungen stellen, weil er den Fokus weitet. Seine Pädagogik ist politisiert, weil er angesichts der globalen Herausforderungen, z. B. Exklusion, Migration, Klimawandel, Armut und interessengeleiteter Medienlandschaft, einen Impuls liefert, diese Realitäten beispielsweise in Schule und Erwachsenenbildung auf ihre politischen Ursachen hin zu hinterfragen und zu verändern.

In Zeiten modernster Kommunikationstechnologien und gleichzeitiger Zunahme der Komplexität deuten Freires Prinzipien von einer Kommunikations-Pädagogik den Beitrag der Pädagogik für eine Demokratisierung und Humanisierung der Gesellschaft an. Nicht zuletzt die Zunahme der gesellschaftlichen Akteure innerhalb der Zivilgesellschaft einer Nation – aber auch in der Weltgesellschaft – werden einen Rekurs auf seine partizipativ-dialogischen Thesen indizieren. Damit ergeben sich z. B. Schnittstellen zu den Bereichen der ISA (Anwalt der Unterdrückten), der Theologie (Werte und Orientierung), der EZ (politische Ursachen der Armut) und des Managements (Aktion und Reflexion), die sich gleichfalls um die Verwirklichung dieser Ziele bemühen.

5.1.3 Illich: Entschulung der Gesellschaft

Illich kritisiert ein auf Schulbildung reduziertes Bildungsverständnis und konstatiert in seiner Ausgangsthese eine Einschränkung des Rechts auf selbstgesteuertes Lernen durch die Pflicht zum Schulbesuch.[953] Er kommt in seiner Analyse zu dem Schluss, die Schule funktioniere als Dialog-Verhinderer, weil sie vorgibt, das kritische Urteilsvermögen zu bilden, gleichzeitig aber den Weg dorthin (zum Kennenlernen des Ichs, des Anderen und des Lebens überhaupt) auf die von ihr festgelegten Verfahren reduziert. Dieses mit der Schulbildung gleichgesetzte Bildungsverständnis sei gesellschaftlich stark internalisiert. Selbst revolutionäre politische Gesellschaftskonzepte blieben in der Annahme verhaftet, durch die Institution Schule würden Befreiungsprozesse initiiert.[954]

---

953 Illich, Ivan, 1981, S. 15
954 A. a. O., S. 59

In der Folge dieser Hegemonie vermag es laut Illich das global betrachtet nach gleichen Mechanismen funktionierende System Schule wie keine andere gesellschaftliche Institution, die Diskrepanz zwischen den sozialen Grundsätzen und der realen sozialen Ordnung in der Welt von heute zu kaschieren und individuelle Aufstiegschancen zu suggerieren. Darum bedürfen die gesamte Gesellschaft und ihre Subsysteme seiner Auffassung nach der Emanzipation von der Fixierung auf die Schule, der *Entschulung*. Die Trennung von Staat und Erziehung sei angezeigt, weil die Schule ihre Dominanz als Instrument der gesellschaftlichen Selbstkontrolle trotz Reformen perpetuieren würde.[955]

„Das revolutionäres Potential der Entschulung"[956] lässt sich allerdings nicht curricular planen und ist i. d. R. nicht an das Wirken eines Lehrenden gebunden. Jedes Individuum trägt selbst die Verantwortung für seine Emanzipation von den alten Leitbildern der Bildung, die eben davon ausgehen, den Anderen durch Belehrung zu seinem Heil manipulieren zu können.[957] Da Lernen und menschliche Reife nur selten das Produkt von curricular strukturiertem Unterricht sind, führt die Methodik der Schulbildung v. a. zu Menschen, die die Verantwortung für ihre Entwicklung nicht übernehmen, so Illich.[958]

Schulkinder im globalen Süden erfahren zudem noch eine zweite Benachteiligung. Die armutsbedingte Frustration verschlimmert sich, sobald aufgrund des Schulversagens, das in den meisten Fällen auf externe Umständen zurückzuführen ist, die vermeintliche individuelle Chance auf eine bessere Zukunft schwindet. Gesellschaft und Schule hingegen verorten die Verantwortung für das schulische Scheitern bei der schon durch die allgemeine Armut benachteiligten Person.[959]

Bildung als Akt geistiger Emanzipation kann nur als eine persönliche Tätigkeit konzipiert und auf persönliches Wachstum ausgerichtet sein.[960] Dazu bedarf es des Austausches mit anderen über das, was Sinn stiftet und Freude bereitet. Statt mit dem Nürnberger Trichter Faktenwissen zu lehren geht es in der Erziehung vielmehr darum, Orientierungspunkte und Beziehungsnetze zu generieren sowie Freiräume und vernetzte Bildungsangebote vorzuhalten, die es ermöglichen, zu jeder Zeit des Lebens lernen zu können. Derartige Institutionen sind von ihrem Grundverständnis her bescheiden und nicht-manipulativ,

---

955 A. a. O., S. 55–62 und S. 83
956 A. a. O., S. 59
957 A. a. O., S. 61 f. Das impliziert im Kontext der in der Entwicklungspolitik angestrebten globalen Transformation die Einsicht, die Verbesserung der wirtschaftlichen, sozialen und politischen Rahmenbedingungen nicht alleinig von einem Ausbau der schulischen Bildung erwarten zu können.
958 A. a. O., S. 70
959 A. a. O., S. 56
960 A. a. O., S. 63

d. h. sie stehen bei Abruf zur Verfügung und halten sich selbst nicht für das Subjekt der Bildungsaktivitäten.[961] Damit ereignet sich eine Umkehr vom bürokratisch geprägten Belehren von Kindern zum Lernen in Unabhängigkeit in allen Altersphasen.

Die Entwicklung einer dialogischen Beziehung des Menschen zu seinen Mitmenschen und der Umwelt insgesamt ist nach Illich einer der zentralen Ansatzpunkte für die Schaffung von „bildenden Beziehungen"[962]. Das Lernen korreliert mit dem jeweiligen sozialen Kontext. Dieser neue Ansatz stellt das selbstmotivierte Lernen in den Mittelpunkt und die Schaffung einer neuen interaktiven Konnektivität mit dem gesamten Umfeld. Er verzichtet hingegen auf den Einsatz von Lehrern, die die Bildungsprogramme leiten. Von besonderer Bedeutung sind stattdessen Dinge, die das Interesse wecken, die Familienmitglieder und andere ältere Vorbilder, die peer-group und der Partner.[963] Die Form der Bildung könnte zu einer Transformation der gesamten Gesellschaft führen. Würde sie in allen Gesellschaften Anwendung finden ist wegen des grundlegenden politischen Einflusspotentials des Schulwesens mit einer Veränderung von Politik und Wirtschaft im Sinne einer globalen Transformation zu rechnen.[964]

Indikatoren für ein geändertes Bildungswesen sind die Zwecke, die es verfolgt. Erstens ist es auf ein lebenslanges Bildungsinteresse ausgelegt und ermöglich jedem, der motiviert ist, den Zugang zu entsprechenden Bildungswegen. D. h. bisher erworbene Abschlüsse werden dabei nicht mehr zu Eintrittskarten in weiterführende Bildungsgänge umfunktioniert. Zweitens haben alle, die ihre Kompetenzen weitergeben wollen, die Möglichkeit, Lernende anzusprechen. Drittens sind öffentliche Foren eingerichtet, die es jeder Person ermöglichen, ein Problem zur Diskussion zu stellen.[965]

Um den systematischen Zugriff auf die neuen Lernpartner und deren Qualität sicherzustellen, erfolgt eine Registrierung, aus der ersichtlich wird, wo welche Lerninhalte und Lernmittel zur Verfügung stehen, bei wem man die Fertigkeiten oder deren Bedingungen erlernen kann, mit wem zusammen man die gleichen Lerninteressen hat und die Profile der Erzieher, auf deren Dienste man zurückgreifen will.[966] Obwohl sich das selbstgesteuerte Lernen mit diesem

---

961 Während Illich noch in der technischen Dimension von Tonbandnetzwerken und Archiven dachte, sind heute mit dem Internet die grundsätzlichen Gegebenheiten in anderer Form vorhanden. A. a. O., S. 85. Allerdings sind zu jeder Zeit Regeln gegen den Missbrauch notwendig.
962 Illich, Ivan, 1981, S. 81
963 A. a. O., S. 84 f
964 A. a. O., S. 82
965 A. a. O., S. 84
966 A. a. O., S. 86 f

neuen Register prinzipiell auf eine gute Infrastruktur stützen kann, darf man nicht, wie in der Schulbildung, dem Trugschluss erliegen, die Ergebnisse von Bildungs- und Entwicklungsprozessen wären planbar.[967] Diese liegen außerhalb der curricularen Verfügbarkeit. Darum sind die Haltungen des Verzichts, der Bescheidenheit und der Demut in diesem Kontext angemessen.

Mit seiner Betonung der Dichotomie von curricularem Lernen und Lehrerzentriertem Lernen in der Schule einerseits und Bildungserwerb als Akt geistiger Selbstaneignung andererseits denkt Illich bereits in Kategorien aktueller Bildungskonzepte.

Wenn Schulbildung – wie beschrieben – zur Generierung oder Festigung von gesellschaftlichen Hierarchien dient, muss sich das interkulturelle Management in der dialogischen Entwicklungsarbeit mit der Frage befassen, ob es sich in demselben Dilemma befindet.[968] Hat es, im Widerspruch zur eigenen Zielsetzung, tendenziell gegen die eigenständige Entwicklung des Individuums und der gesamten Gesellschaft gearbeitet? Diese Frage bezieht sich zunächst auf die Ebene der personalen Bildungskonzepte, die das Management zu verantworten haben, aber auch auf die Struktur der Organisation. Haben sich dadurch Bürokratisierung, Beschwichtigungsmuster und die gesellschaftliche Annahme ausgebreitet, durch Bildung alle Probleme der Gesellschaft beseitigen zu können?

Außerdem müsste sich das interkulturelle Management die Frage stellen lassen, ob in seinen Bildungsaktivitäten durch die Distanz zur Ungerechtigkeitserfahrung bei den Schülern nicht die Überzeugung genährt wird, als Lernender kaum gestaltend handeln zu können. Die Phase der Beteiligung an der Lösung der Probleme wird in diesen Konzepten auf einen späteren Zeitpunkt verschoben, an dem man genügend Kompetenzen erworben hat und sich in einer machtvollen Position befindet, um das ungerechte System zu ändern. Damit wird ausgehend von Illich ein unpolitisches Verständnis von entwicklungsbezogener Bildungsarbeit hinterfragt und auf seine Defizite verwiesen. Gleichzeitig werden die Relevanz von eigenständigem bzw. selbstgesteuertem Lernen, die Verfügbarkeit entsprechender Angebote in allen Lebensphasen und die politisch-gesellschaftliche Dimension (Erkennen von Diskrepanzen und unmittelbare Handlungsfelder) zu Kriterien für die Beurteilung von Bildungskonzeptionen.

---

967 Zur Begrenztheit der Planung in der Entwicklungszusammenarbeit vgl. Kapitel 4.3.1.3
968 Die Frage gilt zumindest solange, bis die Dominanz der Schulbildung durch ein neues Bildungsverständnis abgelöst und sie kein Handlungsfeld der entwicklungsbezogenen Bildungsarbeit mehr ist.

5.1.4 Arnold/Siebert: Kompetenzorientierung und Ermöglichungsdidaktik

Die bildungspolitische Debatte stellt gegenwärtige u. a. die Kompetenzfrage in den Mittelpunkt und relativiert damit die input-zentrierte Lernzielorientierung, wobei der Kompetenzbegriff zuweilen undifferenziert gebraucht wird. Die Wende hin zur Kompetenzorientierung greift u. a. Impulse von Reformpädagogen und kognitionstheoretische Konzepte[969] auf und steht zugleich am vorläufigen Endpunkt einer Bewegung zur Outcome-Orientierung, die aber auch schon in operationalisierten Endverhaltensbeschreibungen während der Phase der Input-Orientierung Teil der Pädagogik war.[970]

Allgemein anerkannt ist die Verwendung des Begriffs Kompetenz als Bezeichnung „eines subjektiven Potenzials zum selbstständigen Handeln in unterschiedlichen Gesellschaftsbereichen. Dieses subjektive Handlungsvermögen ist nicht allein an Wissenserwerb gebunden, es umfasst vielmehr auch die Aneignung von Orientierungsmaßstäben und die Weiterentwicklung der Persönlichkeit."[971] Im Unterschied dazu wird von Qualifikationen gesprochen, wenn die Fähigkeiten eines Mitarbeiters zur beruflichen Aufgabenbewältigung bezeichnet werden sollen. Mit der Formulierung von Kompetenzprofilen wird der Endpunkt einer personalen und fachlichen Entwicklung beschrieben. Sie enthalten eine variantenreiche Beschreibung von markanten Entscheidungs- bzw. Handlungssituationen, anhand derer fachgemäßer Bewältigung sich abzeichnet, über welche Kompetenzen eine Person verfügt.[972]

Da die Entwicklung von Kompetenzen i. d. R. nicht ohne einen inhaltlichen Bezug erfolgt, gibt es für die Lernenden keine Entpflichtung von der Auseinandersetzung mit z. B. fachlichen, kulturellen und politischen Wissensbeständen.[973] Ein solches Wissensverständnis fokussiert sich aber weniger auf vermeintlich objektive Daten und Fakten, sondern vielmehr z. B. auf prozesshafte und kontextuelle Zusammenhänge sowie ethische und biographische, selbst gemachte und zueinander in Beziehung gesetzte Erfahrungen. Mit diesem Wissen gestaltet sich jede Person ihre Welt, schreibt individuell Bedeutsamkeit zu und generiert so ihr subjektives Bewusstsein. Dieses Wissenskonzept kann in Verbindung mit dem individuell generierten Bewusstsein als eine Annäherung an den Kompetenzbegriff verstanden werden.[974] Aus dieser Perspektive ist es für reflexive Lernprozesse konstitutiv, vorher Gelerntes nicht als absolut und unantastbar zu betrachten, sondern es permanent kritisch zu hinterfragen. In

---

969 Arnold, Rolf, 2010b, o. S.
970 Arnold, Rolf, 2012, S. 45 f
971 Arnold, Rolf, 2010c, o. S.
972 Arnold, Rolf, 2012, S. 46 f
973 Siebert, Horst, 2010a, S. 155
974 Siebert, Horst, 2010b, S. 46

diesem Prozess können bisherige Weltinterpretations- und Weltgestaltungspräferenzen, persönliche Gewohnheiten sowie der berufliche Habitus zur Disposition gestellt und – zumindest versuchsweise – weiterentwickelt oder erneuert werden. Von Bedeutung für das interkulturelle Lernen ist es dabei, sich der Relativität des eigenen Wirklichkeitskonzeptes bewusst zu werden. Auf einer zweiten Ebene der Reflexion geht es nämlich dabei nicht um die Beurteilung der neuen und alten Sichtweisen in Bezug auf eine Optimierung z. B. des Kompetenzprofils. Es kommt vielmehr darauf an, den konstruktivistischen Charakter der eigenen und damit einer jeden Wirklichkeitsannäherung zu erfassen. Bisher als selbstverständlich geltende Muster können in derartigen selbstreflexiven Lernprozessen als relativ erkannt und deren Unumstößlichkeit transformiert werden zu einer subjektiven Entscheidung auf der Grundlage von begrenzten subjektiven Wahrnehmungen dessen, was man als Realität zu erfassen glaubt bzw. durch die Interpretation als Phänomen erst erschafft.[975]

Diese von Zweifel geprägte „epistemologische Bescheidenheit"[976] kann damit auf intellektueller Ebene einem ideologischen Fundamentalismus und Radikalismus eine Grundlage entziehen. Sowohl für Individuen als auch für Organisationen und Gesellschaften könnte diese Koppelung von Relativität und Konstruktivität zur Generierung von viablen Konzeptionen dienen, gemäß dem Verständnis von Viabiliät als pragmatisch passender Weg für die Lösung einer Herausforderung.[977] Aus diesen Prämissen ergibt sich die Herausforderung, einen didaktischen Ansatz zu entwerfen, der Kompetenzentwicklungen gemäß konstruktivistischer Leitlinien deutet.

Arnolds Konzept der Ermöglichungsdidaktik basiert auf den Erkenntnissen der Systemtheorie und enthält auf der Gestaltungsebene Aussagen über die sich daraus ergebenden Konsequenzen für Planung und Organisation von Lernprozessen, die zu einer dauerhaften Kompetenzerweiterung beitragen. Zu den erkenntnistheoretischen Grundlagen gehören die Relevanz der selbst erzeugten Kommunikation als Wesenselement sozialer Systeme, die Auseinandersetzung mit der Subjektivität von wissenschaftlichen Beobachtungen einschließlich der empirisch-analytischen Sozialforschung, die begrenzte Reichweite von externen Instruktionen auf Lernende, die zur Autopoiesis führende Selbstreferentialität von Systemen, die Relativität eigener und fremder Wirklichkeitskonstruktionen sowie die strukturelle Koppelung autopoietischer Systeme.[978]

---

975 Arnold, Rolf, 2010a, S. 16
976 Arnold, Rolf; Siebert, Horst, 2006, S. 17
977 A. a. O., S. 103 f
978 Arnold, Rolf, 2010a, S. 14–32

Gemäß dem ermöglichungsdidaktischen Ansatz, der auf systemtheoretischen und konstruktivistischen Erkenntnissen[979] aufbaut, stehen zukünftig im Gestaltungszusammenhang von Lernprozessen nicht mehr die Lerninhalte, deren Auswahl und die Art ihrer Vermittlung an den Lernenden im Mittelpunkt der pädagogischen Verantwortung. Der Lernende wird zum Subjekt, er selbst organisiert als selbstreferentielles System seine Interpretation von neuen Herausforderungen, die Aneignung von Problemlösungsverfahren und deren Verifizierung im Rahmen seiner bereits vorhandenen eigenen Ressourcen und Potentiale. Klassische pädagogische Interventionen von außen durch Lehrende können in Konsequenz dessen nicht erfolgreich sein, da diese z. B. die Vorerfahrungen und Bedürfnislagen des empfangenden Systems, also seine individuelle Logik bzw. „interne Grammatik"[980], zu wenig kennen. Diese Unbelehrbarkeit ist allerdings nicht gleichzusetzen mit einer Lernunfähigkeit. Man kann nicht nicht lernen. Aufgegriffen, angeeignet und nachhaltig gelernt wird demnach dann von einem Impuls, wenn er dem Lernsubjekt für seine Lebenspraxis relevant erscheint.[981] Bei diesem Verständnis wird das Lernen als ein individuelles, autopoietisches Ereignis interpretiert, das durch Lernangebote außerhalb des Individuums nur inspiriert aber nicht vollumfänglich bestimmt wird.[982]

Aus didaktischer Perspektive führt dieser Ansatz zu einem kritischen Verständnis bezüglich des Handelns von Pädagogen und Andragogen jenseits einer technokratisch inspirierten Vermittlungstätigkeit und der Vorstellung, durch perfekte Detailplanung komplexe Situationen managen zu können. Von Anderen geplante Lernschritte sind für den Lernenden lediglich Orientierungspunkte, das Modell der Fremderschließung wird von der aktiven Aneignung und der konstruktivistischen Integration in das Selbstkonzept abgelöst. Bei diesem schöpferisch-evolutionären Vorgang werden durch individuelle Präferenzen neue Varianten geschaffen. Das individualisierte Lernen ist zudem an das kulturelle Milieu und die eigene Biographie gekoppelt.[983] Darum werden Lernarrangements zu Infrastrukturelementen der „Ermöglichungsdidaktik"[984]. Charakteristisch für sie ist es, selbst gesteuertes Aneignen und Lernen zu ermöglichen und zu fördern, indem unterschiedliche Lernanlässe angeboten werden. Von der Struktur her enthalten Lernarrangements für die lernenden

---

979 Zur Differenzierung von systemischen Theorien und Konstruktivismus in diesem Kontext siehe: Siebert, Horst, 2010b, S. 38
980 Arnold, Rolf, 2010a, S. 21. Vgl. Kapitel 6.1.1. Die Kulturdimensionen Hofstedes können als gesellschaftliches Äquivalent zur internen Grammatik eines personalen Kommunikationssystems interpretiert werden in Bezug auf ihre jeweils steuernde Funktion.
981 Arnold, Rolf, 2012, S. 46 und Klemm, Ulrich, 2012. S. 02-5
982 Scheunpflug, Annette, 2007, S. 13
983 Klemm, Ulrich, 2012. S. 02-5
984 Arnold, Rolf, 2010a, S. 14

Subjekte Möglichkeiten, vorhandene Andockstellen für neue Herausforderungen bei sich zu identifizieren bzw. für sich zu konstruieren. Ein ermöglichungsdidaktisches Agieren geht vom Vorhandensein der Potentiale beim Lernenden aus, die notwendig sind, um die eigene Selbstwirksamkeit zu entdecken[985] und Vertrauen in die eigenen Kompetenzen zu entfalten. Die Methodik der externen Hilfestellung durch Professionelle erfährt dadurch einen Wandel, weil die Lernenden selbst die Verantwortung für ihren Lernprozess behalten sollen. Wichtig sind dabei z. B. die Aspekte des Lernens in Vernetzungen und Kooperationen, sei es online oder in realen Arbeitskreisen.

Für den unmittelbaren Kontext der Fragestellung dieser Arbeit könnte man daraus ableiten, dass die dialogische Interaktion mit Menschen aus anderen Kulturkreisen, die andere Wirklichkeitskonstruktionen repräsentieren, zu Lernprozessen führen kann, in denen beide Seiten von- bzw. miteinander lernen. Zudem wäre das Mitwirken von Menschen aus anderen Kulturkreisen ein Beispiel für die mögliche Vielfalt des Lernarrangements. Die Sicherstellung der Interkulturalität in Lernprozessen könnte somit zu einem wesentlichen Aspekt der Verantwortung der Lernbegleitung und der Ermöglichungsdidaktik in Zeiten der Globalisierung werden.[986]

Einrichtungen der EB und die darin Tätigen müssen unter diesen Prämissen ihr eigenes Wirken im Sinne einer „pragmatischen Gelassenheit"[987] relativieren und danach trachten, derartige von kultureller Vielfalt geprägte Lernarrangements zu schaffen. Das Personal begleitet und berät Lernende bei der Aneignung interkultureller Kompetenzen wie ein Coach, in dem es interkulturelle Dialoge ermöglicht und so für neue Anregungen sorgt.[988] Hier zeichnet sich eine Kontingenz ab, da auch im Bereich der Managementbildung diese Funktion Bedeutung gewinnt.[989] Arnold erkennt im Zusammenhang mit den Professionalitätsvoraussetzungen der Lernbegleiter für ihre neuen Aufgaben nicht nur den Bedarf zur Aneignung neuer Methoden und anderen Differenz erzeugenden Schemata. Die Überwindung des traditionellen Belehrungsverhaltens, Divergenztoleranz, Veränderungsoffenheit und den Umgang mit Unsicherheiten kann man nicht durch Belehrung vermitteln. Hierfür bedarf es stattdessen der Selbstwahrnehmung in Selbstermächtigungsprozessen.[990] Zusätzlich sollten auf emotionaler Ebene die individuellen Weltinterpretationspräferenzen hinterfragt werden, da die geänderte Kognition mit gefühlsmäßigen Lernprozessen einhergehen muss. Da v. a. die Unsicherheitsvermeidung als affektives Motiv

---

985 Arnold, Rolf, 2012, S. 47
986 Siebert, Horst, 2009, S. 63
987 Arnold, Rolf; Siebert, Horst, 2006, S. 21
988 Arnold, Rolf, 2010b, o. S.
989 Vgl. Kapitel 6.2.3.2
990 Vgl. dazu die Empowerment-Ansätze in der ISA (Kapitel 2.5) und der EZ (Kapitel 4.3.1.2)

hinter der traditionellen didaktischen Selbstinszenierung steht, sollte diese im Professionalisierungsprozess reflektiert werden.

Indikatoren einer das Handeln bestimmenden ermöglichungsdidaktischen Kompetenz wären demzufolge Impulse, die zum selbstorganisierten Lernen anspornen.[991] Dieses geänderte Format der pädagogischen Aktivität impliziert eine erkenntnisgestützte Gelassenheit und Selbstbescheidung, die nahezu demütig anerkennt, dass die Veränderungen beim Lernenden nicht vorrangig auf das gezielte didaktische Agieren des Lehrenden zurückzuführen sind. Gänzlich irrelevant ist in Arnolds Konzeption das Handeln der Bildenden allerdings nicht, weil es einen Teil der systemischen Umwelt darstellt und es von lernenden Systemen beobachtet werden kann und damit einen relevanten Impuls zur Veränderung beinhaltet, den das lernende System rezipieren kann, wenn es dessen innerer Logik entspricht. Umgekehrt ist auch das Verhalten des lernenden Systems Ausgangsbasis für die Interpretation durch den Lehrenden. Diese didaktische Koppelung folgt der prinzipiellen strukturellen Koppelung von Systemen und der dadurch nur indirekt möglichen gegenseitigen kontextuellen Steuerung in Form von selbst erzeugten Deutungstransformationen.[992]

Für das interkulturelle Management dialogischer Entwicklungsarbeit bedeutet diese Koppelung die Verantwortung zur aktiven Bereitschaft, sich für abweichende Positionen und nicht artikulierte andere Perspektiven zu interessieren. Deren Deutungsmuster kann man als Chance zu begreifen, das zu erkennen, was man bisher noch nicht erkannt hat. Wenn andere Entscheidungsträger und Mitarbeitende keine kritischen Standpunkte und Anfragen artikulieren, sollte dies nicht als Indikator für die Zustimmung zu einer vermeintlich alternativlosen Handlungsstrategie interpretiert werden.

Nach systemischen Erkenntnissen agieren professionell handelnde Führungskräfte nicht mittels direkter Anweisungen, um Veränderungen zu erzielen. Sie bemühen sich aufgrund der Strukturdeterminiertheit des Lernens darum, die z. T. minimalen wechselseitigen Schnittstellen der Systeme genauer zu identifizieren, an denen anschlussfähige Beobachtungen gemacht werden. Diese können in Abhängigkeit u. a. von den kognitiven und emotionalen Strukturen für das eigene System interpretationsverändernde Wirkung erlangen.[993]

In Bezug auf das erkenntnisleitende Interesse kann zudem festgestellt werden, dass die bei Arnold zu Grunde liegenden Annahmen bezüglich der prinzipiellen Selbstreferenz der Systeme und der eingeschränkten Interventionsmöglichkeiten sich auch in der EZ widerspiegeln. Dort wurde bereits auf das Primat der endogenen Entwicklung verwiesen und darum bei der Formulierung eines

---

991 Arnolf, Rolf, 2010a, S. 26 ff
992 A. a. O., S. 28 f
993 Arnolf, Rolf, 2010a, S. 29–32

neuen Leitbilds dialogischer EZ die Notwendigkeit postuliert, den Potentialen der empfangenden Systeme – den Ländern des globalen Südens – mehr zuzutrauen. Auch der Hinweis auf die gewandelte Rolle bzw. die relative Reichweite externer Interventionen, sofern diese nicht kontextsensibel und situationsorientiert konzipiert sind, ist in beiden Handlungsfeldern anzutreffen.[994] Schließlich ist eine Abkehr von einer linearen und allgemein gültigen Wenn-Dann-Logik beiden Konzeptionen zu eigen. Damit einher geht die Relativierung von Detailplanungen. Im Bereich der Andragogik entstehen daraus z. B. vielfältige und flexibel strukturierte Lernarrangements, in der EZ die größere Differenzierung nach Regionen und entsprechend unterschiedlichen Entwicklungen.[995] Auf das in dieser Arbeit fokussierte Zusammenwirken von pädagogischen Erkenntnissen in Bezug auf das selbstgesteuerte Lernen und der ISA im Bereich der EZ, z. B. beim informellen Erwerb von lifeskills weisen Graßhoff, Homfeldt und Schröer hin.[996]

Auch für Lehrende und Forschende bietet die Ermöglichungsdidaktik eine zweite Ebene der Beobachtung. Auf dieser kann man folgendes fragen: Wie beobachtet man die eigenen Lernprozesse? Welche Andockstellen werden besonders häufig herangezogen für die Konstruktion von Selbstwirksamkeitserleben? Wie geht man mit Offenheit und Unsicherheiten im Lehr-Lernprozess um? Schließlich müssen Forschende sich fragen, welche Erkenntnisse sie aufgrund z. B. ihrer kognitiven und emotionalen Prädispositionen überhaupt entdecken können. Ist man sich bewusst, nur das entdecken zu können, was man entdecken und aushalten kann?[997]

5.2 Bildungskonzepte im Wandel von Entwicklungsleitbildern

Wie im vierten Kapitel dargestellt unterliegt die EZ einem Wandel der Leitbilder. Im Unterschied zur ISA verfügt die EZ aber über eine korrespondierende personenbezogene Bildungsarbeit in den klassischen Geberländern, bei denen u. a. die Zielgruppen nicht identisch sind mit den Zielgruppen der EZ in den

---

994 Legt man die Maßstäbe der Systemtheorie an die europäische EZ an, so könnte man selbstkritisch fragen, ob die Akzeptanz chinesischer Aktivitäten z. B. in Afrika darauf basiert, dass China damit – im Unterschied zur europäischen Hilfe – keine weiteren Auflagen, wie z. B. gute Regierungsführung, verbindet. Die europäischen Konditionierungsversuche finden aus dieser Perspektive keinen Anschluss an die Prädispositionen der dortigen Herrschenden und können darum als externe Impulse der Geber keine endogenen Veränderungen in den Empfängerländern zur Folge haben und nachhaltig wirken.
995 Vgl. Kapitel 4.1.1, 4.3.1.3 und 4.4
996 Graßhoff, Gunther; Homfeldt, Hans Günther; Schröer, Wolfgang, 2016, S. 105
997 Arnolf, Rolf, 2010a, S. 22

sogenannten Nehmerländern. Aus der Fortschreibung der EZ-Strategien resultiert bei den mit der EZ in Verbindung stehenden individuellen Bildungskonzepten ein dynamischer Veränderungsprozess. Dieser Lernprozess soll in diesem Kapitel in seinen wesentlichen Elementen nachvollzogen und kritisch diskutiert werden, um abschließend einige Aspekte für das interkulturelle Management von Bildungsvorhaben im Kontext der dialogischen Entwicklungsarbeit abzuleiten. Die ISA könnte sich diese Erkenntnisse zum Anlass nehmen, um über eine Ausweitung ihrer Konzepte in Bezug auf eine Bildungsarbeit im globalen Norden nachzudenken.

Für die ersten Jahrzehnte der Genese der entwicklungsbezogenen Bildungsarbeit in der Bundesrepublik Deutschland gilt die Feststellung von Datta, wonach es keine einheitliche oder ähnlich gelagerte Bildungsarbeit, die sich allmählich verändert, gab und gibt. Vielmehr sind eine Gleichzeitigkeit und ein Nebeneinander gegensätzlicher Ansätze festzustellen. Die unterschiedliche Akzentsetzung erfolgt vor allem entsprechend der Interessen der Träger.[998] Analog zur teilweise latenten Beständigkeit von Zielvorstellungen im Dekaden-Modell des Entwicklungsdiskurses[999] ist es auch nicht möglich, die jeweiligen Bildungsansätze als historisch abgeschlossen bzw. erledigt zu begreifen. Ihre Perpetuierung bzw. Neuetikettierung findet sich bis heute in der pädagogischen Praxis. Das aktuell die Inlandsbildungsarbeit prägende Konzept des *Globalen Lernens* baut auf Konzepten wie die „Dritte-Welt-Pädagogik"[1000] auf, zugleich ist eine begriffliche Abgrenzung zu den gleichfalls verwendeten Konzepten wie *entwicklungsbezogene Bildung*[1001], *Bildung für nachhaltige Entwicklung*[1002] oder auch *Interkulturelles Lernen* nicht trennscharf festzustellen.

Nachfolgend wird der Versuch unternommen, die relevantesten Bildungsansätze und ihre jeweilige Akzentuierung darzustellen und zu analysieren, wobei entsprechend der Kritik an der Einteilung in Entwicklungsdekaden auch die Zuschreibung korrespondierender Bildungsansätze einer kritischen Betrachtung unterzogen wird.

---

998 Datta, Asit, 1992, S. 3
999 Vgl. Kapitel 4.3.3.6
1000 Treml, Alfred K., 1982 Hier ist auf S. 13 auch eine Aufstellung von weiteren damals gängigen Begriffen zu finden, die nicht selten synonym verwendet wurden.
1001 EED, 2008
1002 Die Vereinten Nationen (UN) rufen eine Dekade aus, wenn sie ein weltweit bedeutsames Thema als besonders wichtig einschätzen, bisher aber noch nicht genug dafür getan wurde. Bildung für nachhaltige Entwicklung ist ein solches Thema. Daher haben die UN die Jahre 2005 bis 2014 zur Weltdekade „Bildung für nachhaltige Entwicklung" erklärt. Ihr Ziel: das Leitbild der nachhaltigen Entwicklung in allen Bereichen der Bildung zu verankern.

5.2.1 Bildung im Kontext des Modernisierungs-Leitbilds

Kompatibel zu den Mainstream-Vorstellungen der Modernisierungskonzepte der ersten Dekade waren im Bereich der in Deutschland stattfindenden Bildungsarbeit u. a. der moralisch-appellative und der sozio-ökonomische Ansatz.

5.2.1.1 Der moralisch-appellative Ansatz

Bei diesem Ansatz werden auf dramatische Weise Phänomene der Unterentwicklung dargestellt und thematisiert. Aktionsplakate spielen dabei eine wesentliche Rolle. Sie sollen zum einen die Fundraising-Ergebnisse verbessern und an die Spendenbereitschaft appellieren, zum anderen aber auch nachdenklich stimmen, ein Thema transportieren sowie für Aktionen, Meditationen und Predigten genutzt werden können. Durch ihre Bildsprache werden Lebenslagen von Kindern und Bedürftigen kommuniziert, die oft nur noch aus Haut und Knochen bestehen und den Betrachter mit großen, tiefliegenden Augen im faltenreichen, fragenden Gesicht anschauen und auf diese Weise Mitleid erregen sollen. Hierbei wird vor allem die karitative Mentalität angesprochen; Mitleid und Barmherzigkeit sind die Hauptmotivationen. Man soll bzw. möchte denen helfen, die sich selber nicht helfen können. Aus dieser fatalistischen Perspektive erscheint Armut und Unterentwicklung häufig als unvermeidliche Gegebenheit in dieser Welt. Direkte, unmittelbare Hilfe für die Betroffenen, z. B. in Form von Nahrungsmittelhilfe, steht als Handlungsperspektive im Vordergrund.[1003]

Es geht dabei um eine Aktivität für die Armen, aber diese selbst bleiben passive Objekte des Mitleides und der sozialen Fürsorge. Eine kritisch-reflektierende Betrachtung der Lebensweise der Spender und der Art zu wirtschaften in den Geberländern sind nicht Teil des Bildungskonzepts. Zudem ist eine derartig konzipierte Inlands-Bildungsarbeit i. d. R. nicht darum bemüht, die Relevanz der endogenen Faktoren der Armut in den Empfängerländern zu thematisieren.[1004] Dieses doppelte Defizit kann mit dem entwicklungstheoretischen Erkenntnisstand dieser Dekade erklärt werden.[1005]

Es handelt es sich hier um ein klassisches Konzept der „Dritte-Welt-Pädagogik"[1006], die durch die drei Kriterien Thema, Zielgruppe und Ursprung festgelegt ist. Das Thema sind die Probleme in der damals sogenannten Dritten Welt. Die Zielgruppe sind die Menschen in den Geberländern des Nordens. Auch der Ursprung der Konzeption liegt im Norden.[1007] Davon lässt sich die „Entwick-

---

1003 Mock, Erwin, 1986, S. 10
1004 Behnen, Judith, 2003, S. 7
1005 Vgl. Kapitel 4.3.3.1
1006 Treml, Alfred K., 1982, S. 13
1007 A. a. O., S. 14

lungspädagogik"[1008] abgrenzen. Zwar bleiben Zielgruppen und Ursprung identisch, allerdings ist das Thema bei ihr ein anderes. Sie fokussiert die von ihren Adressaten ausgehenden persönlichen, nationalen und internationalen Entwicklungshemmnisse, einschließlich der politischen und wirtschaftlichen Ebenen. Die Präferenz für die *Dritte-Welt-Pädagogik* innerhalb dieser Dekade könnte man mit deren thematischer Fokussierung begründen, die näher an der Überwindung von Armut angesiedelt zu sein scheint.[1009] Man könnte als plakative Überschrift für die Botschaft dieses Ansatzes an die Menschen in den Geberländern in Anlehnung an ein altes chinesisches Sprichwort formulieren: „*Gib einem Hungrigen einen Fisch.*"[1010]

Mit den begrifflichen und definitorischen Unterscheidungen zwischen *Dritte-Welt-Pädagogik* und *Entwicklungspädagogik* liegen bereits Hinweise für die nächsten Aufgaben im Bildungsbereich vor. Einen Perspektivwechsel hin zu den Fragen der eigenen Verantwortung in den Geberländern zu forcieren, stellt eine inhaltliche Herausforderung dar, derer sich ein dialogisches Management interkultureller Lernprozesse stellen muss. Zweitens kann in der Bildungsarbeit der Wandel von ehemals passiven Hilfeempfängern zu Subjekten der eigenen Entwicklung u. a. durch aktuelle Erkenntnisse aus der ISA verdeutlicht werden.

5.2.1.2 Der sozio-ökonomische Ansatz

Entsprechend der entwicklungstheoretischen Leitidee, durch einen möglichst großen und aktiven Input des entwickelten Nordens – v. a. in Form von Knowhow, Finanzen und modernen Geräten – genügend Entwicklungspotential in ein Land gebracht zu haben, übernimmt dieser Ansatz v. a. die Aufgabe, diese Vorstellungen zur Bekämpfung der Unterentwicklung in den Geberländern zu kommunizieren.[1011]

Diesem Kontext entspricht der Slogan *Hilfe zur Selbsthilfe*, der immanent von einer Überlegenheit des so genannten entwickelten Nordens ausgeht und die von Armut betroffenen Menschen in negative Kategorien einsortiert. Sie sind unterentwickelt, hilflos, ohnmächtig, unfähig, arm und dies nicht nur im materiellen, sondern auch im intellektuellen Bereich. Entsprechend werden von Gebern im Norden Schulen im Süden gebaut und Lehrer dorthin geschickt; Entwicklungshelfer zeigen, wie Felder zu bewässern sind und Maschinen richtig eingesetzt werden. Schließlich exportiert der Norden seine industrielle Produktionsweise und die dazugehörige Mentalität. Wenn man diesem Ansatz eine Variante des alten chinesischen Sprichwortes zufügen möchte, dann lautet

---

1008 A. a. O., S. 13
1009 A. a. O., S. 14 f
1010 Mock, Erwin, 1986, S. 10
1011 A. a. O., S. 10

diese: „*... und lehre ihm fischen.*"[1012] Aus Sicht des Autors dieser Arbeit könnte man ergänzen: *... gibt ihm eine Angel und lehre ihm fischen*. Damit würde der Transfer von Produktionsweisen noch deutlicher impliziert.

Kritisch betrachtet bleiben bei diesem Bildungsverständnis die Kommunikationsstrukturen zu den Menschen im Süden eine Einbahnstraße, sie partizipieren an keinen Entscheidungsprozessen, das Beziehungs- und Machtgefüge bleibt asymmetrisch, sie sind nicht auf Augenhöhe. Wie bereits beim moralisch-appellativen Ansatz bestehen die Defizite u. a. in einer Perpetuierung von paternalistischen Haltungen und eurozentristischer Überheblichkeit. Der globale Süden bleibt ein Objekt des guten Willens des Nordens.[1013] Eine Befähigung zu dialogischen bzw. symmetrischen Handlungsweisen ist durch die Bildungsarbeit dieses Ansatzes nicht vorrangig intendiert. Sie visiert die intellektuelle Vorarbeit einer interkulturellen Offenheit in diese Richtung nicht primär an.

Obwohl bezüglich der Notwendigkeit einer entsprechenden Veränderung heute weitgehend Konsens herrscht, ist es nicht ausgeschlossen, dass einzelne Akteure in der Bildungsarbeit noch immer die alten Konzepte verfolgen, weil sie z. B. damit in ihrer Ausbildung konfrontiert wurden und seitdem nicht an weiteren reflexiven Lernprozessen beteiligt waren.

5.2.2 Bildung in der Zeit der neoliberalen Strukturanpassungsleitbilder

In diesem Abschnitt werden zwei entwicklungsbezogene Bildungsansätze beispielhaft dargestellt, deren Zuordnung als weitgehend unbestritten anzusehen ist, weil sie sich weitgehend als Rezeption der dominierenden Leitbilder dieser Dekade beschreiben lassen.

5.2.2.1 Der ideologiekritische Ansatz

Die entwicklungspolitische Kompetenz der Menschen im Norden wird im ideologiekritischen Ansatz durch die kognitive Vermittlung aufklärender sachlicher Informationen und Fakten angestrebt. In erster Linie geht es um die Einsicht in die Notwendigkeit von Entwicklungshilfe. Es sollen die Strukturen der Unterentwicklung aufgezeigt, die Beziehungen zwischen Industrie- und Entwicklungsländern analysiert und die Dependenz im Weltmaßstab dargestellt werden. Während dieser Dekade tritt die Idee des Neoliberalismus in den ideologischen Vordergrund und prägt die damit korrelierende Bildungsarbeit.

Zentraler Gegenstand in den pädagogischen Programmen ist die umfassende Information und Gegeninformation zu öffentlichen Verlautbarungen, die

---

1012 A. a. O., S. 11
1013 A. a. O., S. 11

unterschlagen, verzerren und Informationen unterdrücken. Dazu werden in Seminaren, Vorträgen und Publikationen Fakten genannt, die zu kritischen Einsichten über die Gesellschaften im Norden führen sollen. Dieser Bildungsansatz wählt einen generalisierenden Zugang: Nicht der Einzelfall steht im Vordergrund, sondern die Herausarbeitung allgemeiner Strukturen und Merkmale. In Veranstaltungen geht es zentral um *die Sache, das Thema*, das durch einen kompetenten Referenten vertreten wird.[1014] Die Variante des Sprichwortes zur Veranschaulichung der Botschaft dieses Bildungsansatzes an die Menschen in den Geberländern müsste entsprechend lauten: ... *Verschmutze nicht länger den Strom; öffne den Fischern den Markt.*[1015]

Die Kritik an diesem Ansatz verweist z. T. auf die grundsätzlichen Defizite deduktiven Vorgehens, denn individuelle Lebenslagen bilden hier nicht das Zentrum der Betrachtung. Auch die emotionalen und aktionsorientierten Dimensionen von Bildungsprozessen sind in diesem Ansatz nicht intensiv ausgeprägt aufgrund der Akzentuierung von erklärenden Theorien und strukturellen Fragestellungen.[1016] Wie bereits u. a. Freire mit seiner Kritik an der Bankiers-Methode gezeigt hat[1017], führt aber Wissen allein nicht automatisch zu einer Verhaltensänderung. Ein Effekt, der aus der informativen Überforderung erwachsen kann, liegt in der selektiven Wahrnehmung und Verarbeitung von Informationen, die im Kontrast zu bisherigen Weltinterpretationspräferenzen stehen. Auch Zweifel an der Neutralität des Informierenden und Abwendung von der Thematik können daraus resultieren. In Folge dessen verfügt der ideologiekritische Ansatz v. a. über das Potential, bereits sensibilisierte Personen zu bestärken.[1018] Für Verantwortliche im interkulturellen Management entwicklungsbezogener Lernprozesse lässt sich damit als Lernertrag aus dieser Phase der Bildungsarbeit festhalten: Die Faktizität allein ist keine ausreichende Dimension in der Bildungsarbeit.

5.2.2.2 Dependenzia-geprägte Pädagogik

Ein Gegenbeispiel zum ideologiekritischen Ansatz ist die von der Dependenzia-Theorie geprägte Pädagogik, weil sie eine stark aktionsorientierte Komponente vorweisen kann. Sie resultiert zudem nicht zuletzt aus der Erfahrung einer geringen gesellschaftlichen Breitenwirkung informativ-aufklärerischer bzw. ideologiekritischer Bildungsarbeit.

1014 A. a. O., S. 11
1015 A. a. O., S. 11 f
1016 A. a. O., S. 12
1017 Vgl. Kapitel 5.1.2
1018 Mock, Erwin, 1986, S. 12 f

Der auch heute noch breiten Bevölkerungsschichten präsente Slogan *Jute statt Plastik* steht exemplarisch für das neu entfachte Bemühen um mehr Veranschaulichung und Versinnlichung. Das Bewusstsein und die Lebenswelten der Adressaten sollen in diesem Bildungskonzept stärker als Ausgangspunkt der Bildungsarbeit dienen. Besonders geeignet schien der Konsum von Produkten aus der damals sogenannten Dritten Welt, wie z. B. Tee, Kaffee, Kakao, Bananen, Baumwolle. Methodisch intendiert war, breite Kreise der Bevölkerung erstmals mit sogenannten Dritte-Welt-Fragen zu konfrontieren. Es entstanden viele Aktionsgruppen und sogenannte Dritte-Welt-Läden,[1019] die z. T. bis heute von den damals motivierten, meist ehrenamtliche tätigen Personen getragen werden. Beispielhaft für diesen Ansatz werden in „Handlungsmodelle in der Dritte Welt-Verantwortung"[1020] alphabetisch geordnet 22 Projekte bzw. Initiativen in (West-)Deutschland vorgestellt, die sich der Aufgabe stellten, dieser Methodik zufolge die Bürger in ihrem Nah- und Erlebnisbereich abzuholen und die spezifischen entwicklungshemmenden Zusammenhänge von Politik und Wirtschaft aufzuzeigen.[1021]

Aber auch dieses Bildungskonzept wirft Fragen auf und birgt Risiken. Zunächst ist zu hinterfragen, ob durch den Verkauf von verhältnismäßig teuren und damals oftmals qualitativ noch nicht äquivalenten Waren breite Schichten von Konsumenten zum Mitmachen, sprich Konsumieren, angeregt werden konnten. Wäre dies der Fall gewesen, gäbe es heute zumindest teilweise eine andere Welthandelsrealität. Somit kann ex post festgestellt werden: Das Ziel der Gewinnung breiter Bevölkerungsschichten wurde nicht realisiert. Des Weiteren besteht z. T. die Gefahr des blinden Aktionismus, bei dem es vorrangig um das Gelingen einer Aktion geht, zu dessen Gunsten der unmittelbare Anlass und das eigentliche Ziel in den Hintergrund treten müssen. Kennzahlen für den Erfolg einer derartigen Bildungsaktion wären z. B. die Summe der verkauften Waren und der finanzielle Umsatz – geführte Dialoge, kritische Fragen, Bewusstseinsbildung wären dabei keine Indikatoren.[1022]

Der Ansatz der von der Dependenzia-Theorie geprägten Pädagogik lässt sich als ein unverzichtbares Element in der Historie entwicklungsbezogener Bildungsarbeit beurteilen, weil durch das aktionsorientierte Lernen und Handeln die Trennung von Alltagshandeln und den vermeintlich fernen Problemen der damals sogenannten Dritten Welt modellhaft überwunden wurde. Die damit vollzogene Wende zu handlungsorientierten Lernmodellen mit der Naherfahrung als Ausgangspunkt konnte eine stärkere und andauerndere Identifika-

---

1019 Bundeskongreß entwicklungspolitischer Aktionsgruppen, 1986, 59 f
1020 Schmied, Ernst A., 1981
1021 A. a. O., S. 13
1022 Rott, Gerhard, 1993, S. 14

tion mit dem Thema erreichen[1023] und ist in aktuellen Konzepten z. B. der *Bildung für nachhaltige Entwicklung* eine Selbstverständlichkeit. Diesen nahezu automatisch eingesetzten didaktischen Impuls in der Bildungsarbeit beizubehalten, methodisch auszubauen und die dafür nötigen Ressourcen bereit zu stellen, liegt in der Verantwortung des interkulturellen Managements.

5.2.3 Bildung vor dem Hintergrund des Nachhaltigkeitskonzepts

Die pädagogische Rezeption des sich am Horizont abzeichnenden Nachhaltigkeit-Paradigmas kann exemplarisch durch die entwicklungsbezogenen Bildungskonzepte *Entwicklungspädagogik* und *Neuer Lebensstil-Ansatz* dargestellt werden. Beide Konzepte finden in gewisser Weise eine Fortschreibung in den Konzeptionen des *Globalen Lernens* bzw. der *Bildung für eine nachhaltige Entwicklung*.

5.2.3.1 Entwicklungspädagogischer Ansatz

Die Entwicklungspädagogik setzt sich mit Entwicklungsproblemen auseinander, die sich als globale Manifestationen der Folgen der westlichen Art zu wirtschaften verstehen lassen können. Sie richtet sich an die Menschen der entwickelten Länder und thematisiert deren individuelle und politische Verantwortung und den Gestaltungsraum für die Bewältigung der globalen Zukunftsfragen.[1024]

Dieses Bildungsmodell bezieht sich, wie erstmals die Dependenzia-geprägte Pädagogik, nicht ausschließlich auf die damals sogenannte Dritte Welt und die dortige Entwicklung, sondern es thematisiert Entwicklungshindernisse in den Industrieländern und zielt darauf ab, die Entwicklung der gesamten Menschheit ins Visier zu nehmen. Von der Beschäftigung mit den Entwicklungsfragen und den darin manifestierten Interdependenzen, die zu fundamentalen Überlebensfragen für Menschen auf dem gesamten Globus geworden sind, ist es nicht mehr weit zu dem in dieser Phase geprägten Begriff der *Einen Welt*. Dieser konnte sich schnell durchsetzen, weil sich in ihm die Wechselwirkungen, gegenseitigen Abhängigkeiten und wirtschaftlichen Verflechtungen sprachlich komprimiert widerspiegeln. Auch der Diskurs um die „Internationale[n] Soziale[n] Frage"[1025] verweist auf die Komplexität der Entwicklungsprobleme und ihren Bezug zu den Industrienationen. Im Kontext der hier untersuchten Fragestellung und des dabei angestellten Vergleiches der Entwicklungen in verschie-

---

1023 Schmied, Ernst A., 1981, S. 13
1024 Treml, Alfred K., 1982, S. 14
1025 Sing, Horst, 1990, S. 13

denen Disziplinen ist dieser Begriff zugleich ein Indikator für das Zusammenwirken von Sozialer Arbeit und EZ.

Die damit korrespondierende *Entwicklungspädagogik* ermöglichte es der entwicklungsbezogenen Bildungsarbeit, sich von den einseitigen, den Süden exkulpierenden Schuldzuweisungen der Dependenzia-Theorie und der von ihr geprägten Pädagogik zu befreien, sowie die realen Vernetzungen für die Bildungsarbeit gewinnbringend zu erschließen.

5.2.3.2 Neuer Lebensstil-Ansatz

Der in den 1990er Jahren entstandene Versuch einer Auseinandersetzung mit den Lebensstil-Fragen baut auf der Annahme von real gegebenen Interdependenzen auf. Demnach kann es keine Entwicklung an einem Ort geben, die nicht zugleich an einem anderen Ort Ursachen oder Auswirkungen hat. Somit erscheint es den Vertretern der hierzu passenden Entwicklungskonzepte angebracht, die Phänomene der Armut in den Ländern des Südens mit der individuellen Lebensweise der Menschen im Norden in eine kausale Verbindung zu bringen. Der *Neue Lebensstil-Ansatz* geht davon aus, die wohlhabenderen Konsumenten des Nordens müssten anders, d. h. einfacher leben, damit die Bevölkerung im Süden überleben kann.

Internationale Solidarität wird in diesem Bildungskonzept zu einem Grundelement eines geglückten Lebens. Wesentliche Phasen dieses Entwurfs für ein gutes Leben, der eine ethische Begründung hat, sind erstens die Fähigkeit zum Mitleid, zweitens eine Analyse der Ungerechtigkeitsstrukturen, in denen die Menschen im Norden diejenigen sind, welche profitieren. Drittens verstärkt eine historische Vergewisserung den Prozess der Anteilnahme und der Bereitschaft, dieses Leiden zu überwinden oder zumindest zu lindern.[1026]

Ein inhärentes Defizit dieses Ansatzes ist der Trend zum individualistischen Fehlschluss bzw. der Mythisierung der eigenen Lebensweise. Dahinter kann ggf. eine Unfähigkeit zum Perspektivwechsel oder eine narzisstische Selbstüberhöhung vermutet werden. Trotz der nicht unwesentlichen Resonanz gerade bei Menschen aus dem Milieu der Postmateriellen auf den *Neuen Lebensstil-Ansatz* gilt es festzustellen, dass sich der eigene Lebensstil nicht dementsprechend radikal, sondern nur partiell nach individuellen Vorlieben und z. T. widersprüchlich verändert.[1027] In Bezug auf die Schwierigkeiten, die sich aus der faktischen Unrealisierbarkeit eines radikal-alternativen, international-solidarischen bzw. ethisch korrekten Lebensstils ergeben, sind die Beobachtungen des Selbstversuchs von Hickman[1028] von nahezu unwiderlegbarer Klarheit. Dieser Ansatz

---

1026 Rottländer, Peter, 1992, S. 29 f
1027 Vgl. Wippermann, Carsten; de Magalhaes, Isabel, 2005, S. 47
1028 Vgl. Hickman, Leo, 2008

muss sich zudem Fragen hinsichtlich seines methodischen Vorgehens stellen. Bei selbstkritischer Hinterfragung der eigenen Reichweite würden seine Vertreter erkennen, dass ihre Adressaten Sympathisanten vorrangig in der Gruppe der bereits Engagierten zu finden sind.

5.2.4 Bildung in Zeiten der Globalisierung: Globales Lernen

Man kann insbesondere mithilfe der international orientierten Bildungsforschung die Entwicklung nachzeichnen, die von den oben beschriebenen Konzepten entwicklungsbezogener Bildung zur heute diskutierten Konzeption des *Globalen Lernens* führt.[1029] Eine der feststellbaren Tendenzen ist eine enge Verknüpfung grundsätzlicher politischer Fragestellungen der EZ mit institutionell besser abgesicherten Ansätzen von interkultureller Bildung und Erziehung.[1030] Zwischen den traditionell getrennten Bereichen *Interkulturelles Lernen* und *entwicklungsbezogene Bildungsarbeit* kann das *Globale Lernen* eine Vermittlerrolle übernehmen, weil dort konzeptionelle Nahtstellen und Integrationsverläufe vorgezeichnet sind.[1031] Zudem haben die Friedens- und Menschenrechtserziehung[1032], Umwelt- bzw. Ökopädagogik sowie die entwicklungspolitische Bildung im *Globalen Lernen* eine gemeinsame Plattform; sie sollten in diesem integralen Konzept in der außerschulischen Jugend- und Erwachsenenbildung über einen entsprechenden Stellenwert verfügen.[1033]

Als Perspektive zeichnet sich die Implementierung dieser globalen Fragestellung in verschiedene Bildungsforschungsbereiche ab, wobei die EB – der Ausgangspunkt dieser Untersuchung – deutlich präferiert wird, allerdings auch die Soziale Arbeit in die Pflicht genommen wird.[1034] Auch Faschingeder sieht diesen Übergang von bisherigen Konzepten entwicklungsbezogener Bildung zum *Globalen Lernen*. Darin kommen z. B. weiterhin die entwicklungspolitischen Bildungsanteile des fairen Handels zum Tragen, die die Rolle des bewussten Konsumenten und seines solidarischen Lebensstils als handlungsorientierte Aktionsform betonen.[1035] Wegen dieser Konvergenzen und den damit sich aufzeigenden Perspektiven ist im Folgenden eine Analyse des Konzeptes der *Globalen Bildung* angestrebt. Anschließend wird auf das *Interkulturelle Lernen* eingegangen.

1029 Overwien, Bernd, 2003, S. 112–123
1030 A. a. O., S. 113 f
1031 A. a. O., S. 118
1032 Vgl. Kapitel 5.1.1
1033 Overwien, Bernd, 2003, S. 121
1034 A. a. O., S. 120 f
1035 Faschingeder, Gerald, 2012, S. 03-5

5.2.4.1 Definitionen

Bei verschiedensten Autoren wird als wichtigste Definition für das *Globale Lernen* die „Maastrichter Erklärung zum Globalen Lernen"[1036] genannt.

„Globales Lernen bedeutet Bildungsarbeit, die den Blick und das Verständnis der Menschen für die Realitäten der Welt schärft und sie zum Einsatz für eine gerechtere, ausgewogenere Welt mit Menschenrechten für alle aufrüttelt. Globales Lernen umfasst entwicklungspolitische Bildungsarbeit, Menschenrechtserziehung, Nachhaltigkeitserziehung, Bildungsarbeit für Frieden und Konfliktprävention sowie interkulturelle Erziehung, also die globalen Dimensionen der staatsbürgerlichen Bildung"[1037]

Die darin u. a. enthaltenen Perspektiven zu Fragen der EZ, der Menschenrechtsarbeit und der interkulturellen Erziehung ermöglichen es, im Sinne der Grundidee der hier vorliegenden Arbeit unmittelbare Verknüpfungen zu den Arbeitsfeldern der EZ bzw. dialogischen Entwicklungsarbeit, zur ISA im Sinne einer Menschenrechtsprofession und natürlich zur EB herzustellen. Gemäß dieser Definition ist das *Globale Lernen* zum einen ein Überbegriff für pädagogischen Konzepte, die sich mit spezifischen Problemen der globalisierten Welt befassen. Zum anderen aber soll durch das *Globale Lernen* die isolierte Betrachtung, Beurteilung und Behandlung der Phänomene zu Gunsten einer integralen Perspektive überwunden werden.

Globales Lernen lässt sich auch als eigenständiges Arbeitsfeld der pädagogischen Theoriebildung und als Begriff für didaktisch unterstützte Lernprozesse definieren, deren Ziel es ist, jedes Individuum in Zeiten globaler Möglichkeiten und Herausforderungen im Sinne der Nachhaltigkeit zu bilden.[1038] Diese Gleichsetzung des *Globalen Lernens* mit Inhalten der *Bildung für eine nachhaltige Entwicklung* wird an entsprechender Stelle[1039] noch aufgearbeitet werden. Andere Definitionen *Globalen Lernens* fokussieren den Erwerb von Kompetenzen zur verantwortlichen Ausrichtung des gesamten Lebens in der gegenwärtigen und zukünftigen Weltgesellschaft.[1040]

1036 O'Loughlin, Eddie; Wegimont, Liam, 2003. In einer Fußnote der Maastrichter Erklärung wird darauf hingewiesen, dass diese Definition auf einer Vorlage beruht, die im Jahr 2001 bei einem internationalen Treffen der Nationalkoordinatoren der *Woche des Globalen Lernens* auf Zypern erarbeitet wurde.
1037 O'Loughlin, Eddie; Wegimont, Liam, 2003, S. 13, Übersetzung durch das Forum Globales Lernen in Bayern des Eine-Welt-Netzwerks Bayern. Online unter www.einewelt netzwerkbayern.de/fileadmin/assets/Globales_Lernen/FGL_Erklaerung_17_Aug_2010.pdf, Zugriff am 20.04.2013
1038 Mitschke, Reinhard; Wick, Alexander, 2012. S. 05-2
1039 Vgl. Kapitel 5.2.4.3
1040 Krämer, Georg, 2007, S. 8

Da die konzeptionelle Weiterentwicklung des *Globalen Lernens* beständig im Gange ist, kann die Frage der Definition nicht abschließend beantwortet werden.[1041] Es handelt sich beim *Globalen Lernen* gegenwärtig nicht um ein klar definiertes pädagogisches Konzept, sondern vielmehr um ein dynamisches, vielfältiges und integrales Verständnis von einer Allgemeinbildung in Zeiten der Globalisierung, die u. a. das Ziel verfolgt, globale Interdependenzen und deren Zusammenhang mit der Lebensrealität der Menschen transparent darzustellen und Handlungsoptionen zu erarbeiten.[1042]

Bezogen auf die Frage nach den Themen des *Globalen Lernens* gilt es die Warnung vor eine Engführung zu beachten. Da in unterschiedlichen zeitlichen und kulturellen Kontexten die für das Überleben und ein gelingendes Gemeinwohl relevanten Fragen variieren werden, werden auch die Themen des Globalen Lernens variabel sein.[1043] Aus dieser grundsätzlichen thematischen Offenheit resultiert ein Kanon an Lerninhalten, der im Wesentlichen die Inhalte einer sehr unspezifischen zeitgemäßen Allgemeinbildung widerspiegelt.

Bereits aus der Zeitabhängigkeit und Kulturkontextualität kann man eine prinzipielle methodische Pluralität des *Globalen Lernens* ableiten. Unter handlungstheoretischer Prämisse ist die Methodik gekennzeichnet durch Vielfalt, Ganzheitlichkeit und Partizipation. Konflikte aufgrund von divergierenden Weltinterpretationspräferenzen sollen durch perspektivische Wechsel besser verstanden werden können. Die sinnliche Entdeckung der primären Umgebung wird ergänzt durch medial ermöglichte Erfahrungen. Es sollen dabei auch positive und kreative Zugänge zu anderen Länder und Kulturen gefunden werden.[1044] Im Folgenden soll die konzeptionelle Weiterentwicklung des *Globalen Lernens* in der ersten Dekade dieses Jahrhunderts skizziert werden, wobei mehrere Diskussionsstränge zu unterscheiden sind.

5.2.4.2 Handlungsorientierung oder Systemtheoretische Akzentuierung

Eine grundlegende Differenz in den verschiedenen theoretischen Konzepten des *Globalen Lernens* ist die Unterscheidung zwischen einerseits handlungstheoretischen und andererseits „evolutionär und systemtheoretisch"[1045] begründeten Ansätze. Die erste Gruppe basiert i. d. R. auf holistischen Menschen- und Weltbildern, die „normative Bildungsziele und Inhalte Globalen Lernens formulieren, die mittels Bildung erreicht werden sollen, wie z. B. solidarisches

---

1041 A. a. O., S. 8
1042 Globales Lernen an lokalen Orten in Botanischen Gärten. Online unter http://glbg.overwien.eu/bne/ – Zugriff am 21.04.2013
1043 Scheunpflug, Annette; Schröck, Nikolaus, 2002, S. 16
1044 Scheunpflug, Annette, 2007, S. 12
1045 A. a. O., S. 13

Handeln, Toleranz, Empathie, ganzheitliche Weltsicht usw."[1046] Zur anderen Gruppe zählen Entwürfe, deren Ziel es ist, „Lernende auf das Leben in einer Weltgesellschaft und einer ungewissen Zukunft vorzubereiten, den Umgang mit Komplexität zu lehren und entsprechende Kompetenzen zu erwerben"[1047].

Die beiden unterschiedlichen Paradigmen entwickelten sich den 1990er Jahren vor dem Hintergrund einer damals aus systemtheoretischer Perspektive stattfindenden kritischen Reflexion von Anspruch und Realität der entwicklungsbezogenen Bildungsarbeit. Festgestellt wurden dabei erstens eine starke Präsenz von normativ begründeten Postulaten und zweitens eine gering ausgeprägte Rezeption der globalen Komplexität seitens der Bildungsarbeit. Als Reaktion auf diese Gegenthesen erfolgte eine Präzisierung der handlungstheoretischen Konzepte.[1048]

Leitbild, Lernziel und das Zusammenwirken von Global und Lokal lassen sich für den handlungsorientierten Ansatz folgendermaßen darstellen: *Globales Lernen* wird als umfassender Auftrag dem Leitbild *Bildung für nachhaltige Entwicklung*[1049] zugeordnet und in Verbindung gebracht mit dem Lernziel einer „solidarischen Handlungskompetenz"[1050], die sich u. a. in der „Parteinahme für die Leittragenden des Globalisierungsprozesses"[1051] ausdrückt. Ökologische Fragen und weltweite soziale Gerechtigkeit werden als zwei miteinander verwobene Zukunftsfragen betrachtet, zu deren Bewältigung Bildung nur beitragen kann, wenn sie neben Wissen auch noch soziale und handlungsorientierte Kompetenzen fördert.[1052] In ganz ähnlicher Weise kann man den Ansatz des *Globalen Lernens* „als die pädagogische Antwort auf die Erfordernisse einer nachhaltigen Entwicklung der Weltgesellschaft und damit als die notwendige Transformation pädagogischen Denkens und Handelns im Kontext einer sich globalisierenden Gesellschaft"[1053] interpretieren.

Die hier anzutreffende Zuordnung von Global und Lokal bezeichnet Scheunpflug als „Glokalität"[1054]. Damit soll zuerst zum Ausdruck kommen, wie unzureichend es ist, die entwicklungsbezogene Bildung auf Darstellungen von Sachlagen in den Ländern des globalen Südens oder vom Norden dort initiierte Hilfsprojekte zu reduzieren. Zweitens soll aufgezeigt werden, welche z. T. starken Auswirkungen lokales Handeln auf andere Länder haben kann. Erreicht

---

1046 A. a. O., S. 11
1047 A. a. O., S. 12
1048 A. a. O., S. 12
1049 UN-Dekade Bildung für nachhaltige Entwicklung (2005–2014)
1050 Scheunpflug, Annette, 2007, S. 12
1051 VENRO, 2000, S. 13
1052 A. a. O., S. 11
1053 Globales Lernen an lokalen Orten in Botanischen Gärten, 2012
1054 Scheunpflug, Annette, 2007, S. 12

werden soll damit u. a. „eine Abkehr vom assistenzialistischen und paternalistischen Entwicklungshilfe-Denken sowie von eurozentrischen Sichtweisen"[1055]. Hilfreich dazu sind die Wahrnehmung der kulturellen Begrenztheit der eigenen Weltinterpretationspräferenzen sowie die Fähigkeit, die Welt ansatzweise aus der Perspektive des Anderen zu sehen.[1056] Diese beiden Aspekte stellen Anknüpfungspunkte zum interkulturellen Lernen und zum dialogischen Konzept dar, die später wieder aufgegriffen werden.

Im Gegensatz zum handlungsorientierten Ansatz betrachten systemtheoretisch begründete Ansätze *Globalen Lernens* die Globalisierung als eine Entwicklung die zu einer hochkomplexen Weltgesellschaft führen wird.[1057] Anhand von drei Dimensionen lässt sich nach Scheunpflug dieses konzeptionelle Verständnis der systemtheoretischen Perspektive beschreiben: Erste Dimension ist die „Komplexität der Weltgesellschaft"[1058], die in der Hauptsache durch die „Entgrenzung des Raums und eine Komplexitätssteigerung in sachlicher, zeitlicher und sozialer Perspektive"[1059] geprägt wird. Für die Pädagogik und ISA von Bedeutung ist Scheunpflugs Feststellung: „Wissen verliert innerhalb immer kürzerer Zeitspannen seine Bedeutung; und durch den beschleunigten sozialen Wandel stoßen Fremdes und Vertrautes im Nahbereich aufeinander. Nur durch abstraktes Denken kann diese unzureichende Problemlösefähigkeit überwunden werden."[1060] Diese Erkenntnis kann durchaus als globalisierungsaffine Begründung für die Notwendigkeit lebenslanger Lernanstrengungen betrachtet werden.

Zweite Dimension ist die „Orientierung im Nahbereich"[1061]: Die Fähigkeit Probleme zu lösen, sowie die Dringlichkeit der Problemlösung zu erfassen, ist auf das soziale Umfeld und die erlebbare Bezugsgruppe hin ausgerichtet, „weil die Wahrnehmungsfähigkeit des Menschen von seiner Natur her auf den Mesokosmos, auf die unmittelbare – sinnlich wahrnehmbare – Umgebung beschränkt ist."[1062] Folglich ist es eine Herausforderung, Kausalketten innerhalb der weltgesellschaftlich-globalen Komplexität zu erfassen, wobei es noch zu klären gilt, ob dies nur für Individuen oder auch für soziale Gruppen bzw. Kulturen und Nationen gilt. Die begrenzte Reichweite menschlicher Wahrnehmung und damit auch die limitierte Fähigkeit, Empathie bzw. Solidarität für den räumlich und temporär entfernten, nicht unmittelbar fass- und erlebbaren

---

1055 VENRO, 2000, S. 10
1056 Scheunpflug, Annette, 2007, S. 12
1057 A. a. O., S. 13
1058 A. a. O., S. 13
1059 A. a. O., S. 13
1060 A. a. O., S. 13
1061 A. a. O., S. 13
1062 A. a. O., S. 13

Mitmenschen mit hoher Eindringlichkeit zu entwickeln und entsprechend ethisch zu handeln, lässt sich als ein Problem erkennen, welches das „Einüben einer abstrakten Sozialität"[1063] erforderlich macht.

Die dritte Dimension des evolutionär-systemischen Konzeptes *Globalen Lernens* bezieht sich unmittelbar auf die konstruktivistische Lerntheorie.[1064] Unter Berücksichtigung derer Erkenntnisse werden Erwartungen relativiert, durch normativ orientierte Bildungsangebote könnten unmittelbare Einstellungs- und Verhaltensänderungen unmittelbar gelernt werden.[1065] Das Modell des *Nürnberger Trichters*, durch den der Lehrende dem Lernenden jedwedes neue Wissen direkt in das Gehirn schütten kann und die sofortige Anwendung der neu hinzu gekommenen Wissensbestände eintritt, wird von den Vertretern dieses systemtheoretischen Ansatzes *Globalen Lernens* als pädagogisch irrelevant betrachtet. Schließlich betont die Gehirnforschung den individuellen, konstruktivistischen Anteil beim Lernen, da seine Struktur nur eine Art Binnenkommunikation mit sich selbst zulässt und externe Impulse nur durch diese Struktur wahrgenommen und integriert werden.[1066] Mit diesem Konzept verfügt die Theorie des *Globalen Lernens* in ihrer systemtheoretischen Akzentuierung wegen ihrer Anschlussfähigkeit an die aktuelle Hirnforschung[1067] über eine moderne Grundlegung.

Die aus der systemtheoretischen Kritik resultierenden Veränderungen im deutschen Bildungswesen im Allgemeinen lassen sich als ein „tiefgreifender Paradigmenwechsel"[1068] bezeichnen, bei dem es um einen geänderten Bildungsbegriff jenseits der Vorstellung einer Vermittlung klar umschriebenen Wissens geht. Zentrales pädagogisches Bemühen soll es nunmehr sein, den Menschen zu eigenverantwortlichem Agieren im Angesicht globaler Herausforderungen zu befähigen.[1069] Dieses neue reflexive Bildungsverständnis wird mit dem Begriff des „Neuen Lernens"[1070] zum Ausdruck gebracht. Die Abkehr von regulierten Lehrplänen und subventionierten Bildungsinstitutionen stehen für eine „neue Phase der Entschulung des Lernens"[1071] und zugleich für eine Aufwertung der

---

1063 A. a. O., S. 13
1064 Vgl. Kapitel 5.1.4
1065 Scheunpflug, Annette, 2007, S. 13
1066 Scheunpflug, Annette, 2001, S. 81
1067 Spitzner, Manfred, 2010, zum Stichwort Neuroplastizität: „Das Gehirn ändert sich laufend mit seinem Gebrauch (…). Aufgrund der Veränderung der Stärke neuronaler Verbindungen durch deren Benutzung entstehen im Gehirn neuronale Repräsentationen", S. 50 f
1068 VENRO, 2010, S. 3
1069 A. a. O., S. 3
1070 A. a. O., S. 3
1071 Siebert, Horst, 2009, S. 59

individuellen Verantwortung zum Lernen in jeder Lebensphase, einschließlich der Etablierung außerschulischer Bildungsmöglichkeiten.[1072]

Das spezifisch Neue an dem damit korrespondierenden Konzept der „neuen Lernkulturen"[1073] ist auf verschiedensten Ebenen angesiedelt. Für die hier untersuchte Fragestellung sind z. T. das gesellschaftliche Lernklima in Zeiten der Globalisierung, die Organisationsformen der Lernorte und die Lernstile, z. B. in Form der Ermöglichungsdidaktik von Bedeutung.[1074] Für diese auch als „non-direktive Lernkultur"[1075] bezeichnete Konzeption ist es typisch, Neugier wecken zu wollen, zu ermuntern, Gewohntes zu hinterfragen und traditionelle Perspektiven experimentell durch neue zu ersetzen, sowie offen zu sein für unkonventionelle Lösungen.[1076]

Globales Lernen und *Neue Lernkultur* stimmen in methodischen und didaktischen Fragen weitgehend überein, weil das *Globale Lernen* in diesen Bereichen bereits vielfältige Entwicklungen vorzuweisen hat, die das *Neue Lernen*, das auf Vielfalt bei den individualisierten Lernformen und selbstständigen Lernarrangements aufbaut, gut implementieren kann.[1077] Schreiber zieht eine Parallele zwischen diesem systemischen Verständnis von Lernen und dem in der EZ propagierten Begriff des *Empowerments*: „Er entspricht ganz weitgehend dem im derzeitigen Diskurs verwendeten Schlüsselbegriff des selbstbestimmten individuellen Lernens."[1078] Weitere Gemeinsamkeiten zwischen systemisch-konstruktivistischer Didaktik und entwicklungsbezogener Bildungsarbeit finden sich in der Verwendung inhaltlich konvergierender Formulierungen: „differenzierterer Blick auf komplexe Entwicklungsfragen"[1079] und „bringt die Südperspektive (...) ein und befördert so die im Neuen Lernen geforderte Kompetenz zum Perspektivenwechsel"[1080].

Diese neue methodisch-didaktische Herangehensweise erfordert bei den Lehrkräften und den Mitarbeitern von NGOs, die z. B. im Zuge der staatlich-zivilgesellschaftlichen Kooperation an Schulen Projekttage mitgestalten, eine entsprechende Kompetenzerweiterung: „In diesem Zusammenhang müssen die Leitungen der entwicklungspolitischen NRO klären, welchen Stellenwert sie einer eigenständigen Bildungsarbeit und der Qualität von an den aktuellen

---

1072 Vgl. Kapitel 5.1.3
1073 Siebert, Horst, 2009, S. 59
1074 A. a. O., S. 62
1075 Siebert, Horst, 2010b, S. 47
1076 Siebert, Horst, 2009, S. 61
1077 VENRO, 2010, S. 3
1078 Schreiber, Jörg-Robert, 2010, S. 38
1079 VENRO, 2010, S. 3
1080 A. a. O., S. 3

Erfordernissen angepassten Bildungsangeboten einräumen wollen."[1081] Im Umkehrschluss sollte es selbstverständlich werden, außerhalb der Schule erworbene Kompetenzen, z. B. im Engagement gegen Kinderarbeit, mit Zertifikaten und Anerkennungen zu versehen, weil Schule nicht der einzige Ort ist, um Wesentliches für das Leben zu lernen.[1082] Ein bisher nicht berücksichtigter Indikator der sich neu etablierenden Lernkultur überwindet diesen klassischen Dualismus: Durch Verbundsysteme werden neue Angebotsformen und flexible Einrichtungsnetzwerke geschaffen, die Schule, Weiterbildung, aber auch Büchereien und Solidaritätsgruppen verknüpfen.[1083]

Aus den bisherigen Überlegungen kann diese Neuausrichtung als ein Desiderat abgeleitet werden, mit dem sich die für interkulturelle und weltkirchliche Lernprozesse zuständigen Leitungs- und Entscheidungsebenen, die sich als dialogisch arbeitendes Management verstehen, auseinandersetzen sollten. Die Bereitstellung entsprechender Ressourcen und die Bereitschaft, die bisherigen Bildungskonzepte unter Berücksichtigung der neurologischen Grundlagen des Lernens weiterzuentwickeln, sind unabdingbare Postulate.

Auch für die Projektpolicy mit den Partnern im globalen Süden ergeben sich Implikationen, die mit den jeweiligen Projektträgern und deren pädagogischen Mitarbeitern dialogisch aufgearbeitet werden müssen, um einen signifikanten und dauerhaften Niederschlag der konstruktivistischen Sicht bei der Neuformulierung der Förderrichtlinien im Bereich Bildung zu realisieren. Als Beispiel könnte die ermöglichungsdidaktisch ausgerichtete Ausbildung von Lehrkräften eine wichtigere Rolle spielen als der Bau von Schulen. Bei einem derartigen Kurswechsel kommt auf das Management die Aufgabe zu, global gültige, neuro-biologische Erkenntnisse mit kulturell divergenten Bildungstraditionen in Einklang zu bringen oder die richtigen Fachkräfte mit dieser Aufgabe zu betrauen.

Wilmsen hat das entwicklungspolitische Bewusstsein empirisch untersucht. Er weist auf die ungenügende Forschungslage diesbezüglich im deutschsprachigen Raum hin. Darüber hinaus macht er auf einige Risiken in der entwicklungspolitischen Bildungs- und Öffentlichkeitsarbeit aufmerksam, die teilweise einen Bezug zu lernpsychologischen Aspekten haben.[1084] Insbesondere die tendenziell negative Konnotation der Berichte bzw. Informationen über die Lage der Menschen und der Natur in den Ländern des globalen Südens haben eine demotivierende Wirkung. Seiner Ansicht nach liegt das größte Hindernis für das *Globale Lernen* als aktueller Konzeption entwicklungsbezogener Bil-

---

1081 A. a. O., S. 5
1082 Siebert, Horst, 2010b, S. 42
1083 Siebert, Horst, 2009, S. 62 f
1084 Wilmsen, Christian, 2012, S. 96–101

dungsarbeit in einer psycho-hygienischen Abwehrreaktion der Lernenden gegenüber Problemlagen, die dauerhaft belastend wirken und sich trotz mehrfacher Bemühungen nicht ins Positive wenden lassen.[1085]

Konsequenterweise setzen darum viele NGOs und auch die staatliche EZ auf eine positive Darstellung der Wirksamkeit. Allerdings kann dies – gerade in den PR-Abteilungen der Hilfsorganisationen und bei weniger mit der Komplexität der Materie vertrauten Personen – zu einer doppelten Überbewertung der EZ führen in Bezug auf ihre Quantität und ihre Erfolgschancen. Diese unzureichende Wahrnehmung der begrenzten Gestaltungsmöglichkeiten und die in diesem Kontext anzutreffenden monokausalen Erklärungsmuster tragen nicht zu einem realistischen Blick auf die EZ bei.[1086] Damit gehen oftmals Attitüden vom allmächtigen Retter und von Weltverbesserei einher. Sie sind Belege für die Vordringlichkeit der pädagogischen Aufgabe, Menschen ohne spezifische entwicklungspolitische Vorkenntnisse einen Perspektivwechsel zu ermöglichen (Omnipotenzproblematik).[1087]

Diese Problemanzeigen für das auf Interkulturalität und Dialog basierende Management von Lernprozessen mit globalen Dimensionen geben eine mögliche Richtung vor. Einerseits geht es in den Bildungskonzepten, die letztlich von diesem Management zu verantworten sind, darum, Menschen v. a. mit good news positiv zu persönlichem Engagement, Verhaltensänderung und ggf. monetärer Solidarität zu motivieren. Andererseits dürfen Bildungskonzepte den Lernenden in Bezug auf die EZ keine kontrafaktische Gestaltungsmacht zu haben vorgeben und somit die Realität verleugnen. Wie bereits in den Ausführungen zur EZ formuliert, wird die Zukunft der Menschen im globalen Süden primär in deren Ländern, also endogen, entschieden. Entwicklungsprozesse werden nur sekundär durch politische Maßnahmen der Industrieländer bzw. der multinationalen Konzerne beeinflusst.

Nachdem zuletzt einige lerntheoretischen Aspekte des *Globalen Lernens* näher untersucht wurden, soll im Folgenden auf die Korrelation zu einem anderen Konzept aus dem Kontext der entwicklungsbezogenen Bildungsarbeit eingegangen werden.

5.2.4.3 Dualität mit der Bildung für eine nachhaltige Entwicklung

Einerseits legt die Analyse der Amsterdamer Definition des *Globalen Lernens* nahe, die Nachhaltigkeitserziehung nur als einen Teilbereich neben anderen zu bezeichnen. Andererseits wurde bereits im vorherigen Abschnitt auf ein Ver-

---

1085 A. a. O., S. 97
1086 A. a. O., S. 99
1087 A. a. O., S. 99

ständnis von *Globalem Lernen* verwiesen, bei dem eine weitgehende Konvergenz mit der *Bildung für eine nachhaltige Entwicklung* festzustellen ist. Die Zuordnung beider Ansätze zueinander lässt sich allerdings differenzierter betrachten. Aus der Sicht der *Bildung für eine nachhaltige Entwicklung* verharrt das *Globale Lernen* häufig in einer unterkomplexen Problemdarstellung, die gekennzeichnet ist von der Fokussierung auf regionale Perspektiven und neben der sozial-ethischen Dimension der Gerechtigkeit andere Dimensionen, wie z. B. die Nachhaltigkeit, zu wenig thematisiert. Damit würde man aber der Herausforderung, Nachhaltigkeit und soziale Gerechtigkeit integrativ zu betrachten, nicht gerecht. Genau gegenläufig dazu besteht bei den aus der entwicklungsbezogenen Bildungsarbeit kommenden Vertretern des *Globalen Lernens* der Vorbehalt, die Fragen der weltweiten Gerechtigkeit könnten durch ein Primat der ökologischen Probleme in der *Bildung für nachhaltige Entwicklung* in den Hintergrund gedrängt werden.[1088]

Die dichotome Sichtweise des systematischen Zusammenspiels beider Bildungskonzepte resultiert z. T. aus politischen Inkohärenzen. Das Beispiel der Einführung des sogenannten Bio-Treibstoffs kann illustrieren, wie sich diese Dichotomie aufheben lässt. Infolge der Einführung des klimapolitischen Instruments waren viele negative soziale Folgen bei der Landbevölkerung weltweit zu verzeichnen, u. a. wurde deren Ernährungssouveränität durch die Flächenkonkurrenz negativ beeinflusst.[1089] Daraus ergibt sich eine Prämisse für nachhaltige Entwicklung, die es entsprechend in der Bildungsarbeit zu berücksichtigen gilt: „Nachhaltig kann nur eine Entwicklung sein, die international verträglich, die im Welthorizont verallgemeinerbar ist, die mithin Maßstäben globaler Gerechtigkeit genügt."[1090] Dieses Verständnis kann dazu beitragen, die Dichotomie aufzuheben.

Neben den fachlich-politischen Abwägungen zwischen Ökologie und sozialer Gerechtigkeit prägen die verschiedenen Ursprungskontexte und die unterschiedliche Integration in Bildungsinstitutionen und Erziehungswissenschaft das Verhältnis zueinander. Die *Bildung für nachhaltige Entwicklung* hat sich nicht nur in Deutschland hauptsächlich aus der Umweltbildungsarbeit heraus entwickelt. Sie hat sich zudem relativ schnell in die staatliche Bildungsadministration integriert, wodurch es z. B. eine Vielfalt an Institutionen gibt, die sich der Umweltbildung angenommen haben.[1091] Im Gegensatz dazu hat das

---

1088 Scheunpflug, Annette, 2007, S. 14
1089 Hees, Wolfgang, Müller, Oliver, Schüth, Matthias, 2007
1090 Seitz, Klaus, 2007, S. 47
1091 Im kirchlichen Kontext sind dagegen Arbeitsstellen, die sich mit der Nachhaltigkeitsproblematik befassen wesentlich später entstanden als die international tätigen Hilfswerke zugunsten internationaler Solidarität. Misereor wurde z. B. bereits 1958 gegründet, Brot für die Welt 1959, in den westdeutschen Bistümern wurden in der Folge der Würz-

Globale Lernen v. a. im europäischen Kontext eine starke historische Anbindung an die entwicklungsbezogene Bildung, die weniger stark in staatlich getragenen Bildungsinstitutionen präsent war. Ihren Träger sind vielmehr im zivilgesellschaftlichen Raum angesiedelt. Auch in der akademischen Erziehungswissenschaft ist die Zuwendung zur internationalen Gerechtigkeitsfrage relativ jung.[1092]

Für die von beiden Seiten angestrebte Kompetenzaneignung der Lernenden sind weniger die primären Lerninhalte relevant, darüber besteht ein Konsens. Das Zusammenwirken der beiden Lager hat auf der Basis dieser gemeinsamen Einsicht an Dynamik gewonnen.[1093] Deshalb ist trotz der historisch belasteten und unscharfen Abgrenzung die gemeinsame Botschaft beider Konzepte unzweifelhaft. Nur wenn Bildung unter der Bezeichnung *Globales Lernen* einen Welthorizont hat und die zukünftige Weltbürger auf die vielfältigen sozialen und ökologischen Herausforderungen des Lebens in einer Weltgesellschaft gleichzeitig gemäß dem Leitbild einer global nachhaltigen Entwicklung vorbereitet, wird sie sich im bildungspolitischen Mainstream positionieren können.[1094]

Eine Analyse in Bezug auf die didaktischen Synergieeffekte der beiden Konzepte meint beim *Globalen Lernen* zunächst ein Defizit zu erkennen. Dort liegen demnach nur wenige didaktische Überlegungen vor, wie man das Leitbild der nachhaltigen Entwicklung schlüssig in Lernprozesse integrieren kann und darüber hinaus die Entwicklung der Kompetenzen forcieren kann, die später auf sich wandelnden Herausforderungen hin modifizierbar sein müssen.[1095] Dennoch ist eine Kohärenz in diesem Bereich gegeben, die sich in dem gemeinsamen Verständnis der Notwendigkeit eines Perspektivenwechsels manifestiert, der ohne eine Kommunikationsbereitschaft über Grenzen hinweg nicht praktiziert werden kann. Weiterhin bedarf es der Fähigkeit, Irritationen zu ertragen, der Offenheit, sich von tradierten, aber problematischen sozialen und ökologischen Vorstellungen zu lösen und der Motivation, stattdessen zukunftsfähige Weltinterpretations- und Weltgestaltungspräferenzen selbst zu generieren.[1096] Diese Übereinstimmung auf der Ebene der zu erwerbenden Kompetenzen und des bevorzugten Weges dorthin führt das *Globale Lernen* direkt zum Dialog. In Anbetracht der sich abzeichnenden Komplexität in der Weltgesellschaft gibt es keine andere legitime Verfahrensform, um gewaltfrei zu Lösungen zu gelan-

---

burger Synode noch in den 1970er Jahren entsprechende Stellen eingerichtet. Die Gründung diözesaner Umweltreferate ist dagegen erst im Jahr 2016 nahezu abgeschlossen.
1092 Seitz, Klaus, 2007, S. 49
1093 A. a. O., S. 51
1094 A. a. O., S. 51
1095 Schreiber, Jörg-Robert, 2010, S. 37
1096 A. a. O., S. 39

gen.[1097] Darum kann das *Globale Lernen* auf den Dialog zum Erlernen einer konstruktiven Streitkultur und letztlich zur Schaffung weltweit gerechter sozialer und ökologischer Realitäten nicht verzichten. Gänzlich vermag diese Feststellung den Dualismus der Konzepte nicht aufzulösen, aber es gelingt, die Debatte neu auszurichten, weil sie sich nicht an den unterschiedlichen Traditionen orientiert, sondern an den zukünftigen gemeinsamen Aufgaben. Auf internationale Bühne hat sich – im Gegensatz zur Debatte im deutschsprachigen Raum – das *Globale Lernen* als Überbegriff durchgesetzt.[1098] Mit fortschreitender Internationalisierung der Debatte wird sich diese Zuordnung voraussichtlich überall weitgehend etablieren.

5.2.4.4 Abgrenzung zu Lobbyarbeit und Anwaltschaftlichkeit

Von seinem Ursprung als Pädagogik einer sozialen Bewegung bzw. einer solidarischen Idee her stellt sich dem *Globalen Lernen* noch immer ein Dilemma: Einerseits versteht es sich als Bildungskonzept, das Lernprozesse mit dem Ziel der politischen Willensbildung in einem demokratischen Rechtsstaat initiieren will und darum an Kriterien wie Perspektivenvielfalt und Überwältigungsverbot gebunden ist, andererseits steht es der Advocacy- und Lobbyarbeit sehr nahe.[1099] Gerade der steigende Spendendruck verleitet manche NGO dazu, bei der Bildungsarbeit an Schulen zugunsten des Fundraisings die Zurückhaltung aufzugeben. Das Überwältigungsverbot allerdings schützt die Teilnehmer an Bildungsangeboten davor, durch geschickten Mittel- bzw. Methodeneinsatz in der freien eigenen Meinungsbildung durch den Referenten beeinträchtigt zu werden. Zweites Kriterium eines demokratischen Bildungskonzepts ist die Perspektivenvielfalt, da nur selten eine Sache oder Entscheidung wirklich alternativlos ist. In der Regel gibt es immer mehrere, durchaus kontroverse Ansichten zu einem Problem und dessen bestmöglicher Lösung, da i. d. R. immer auch unterschiedliche Interessen zugrunde liegen. Darum gilt: Kontroverses muss als kontrovers dargestellt werden.[1100] Scheunpflug betont die didaktischen Vorteile der Darstellung von Problemlagen in den Medien des *Globalen Lernens* wegen der bewussten Befürwortung von Perspektivenvielfalt und kommt zu einer positiven Bewertung des Umgangs mit dem Dilemma.[1101] Durch die Differenzierung zwischen Bildungsangeboten z. B. an Schulen oder Einrichtungen der EB einerseits und andererseits öffentlichkeitswirksamen Kampagnen wird dem Überwältigungsverbot Rechnung getragen. Dennoch wird mit dieser Kon-

---

1097 A. a. O., S. 41
1098 Scheunpflug, Annette, 2007, S. 14
1099 A. a. O., S. 14 f
1100 A. a. O., S. 16
1101 A. a. O., S. 16

struktion auch eine Konsequenz deutlich: Das *Globale Lernen* kann sich aufgrund der institutionellen Verflechtungen nicht von Lobbyarbeit und Anwaltschaftsfunktion eindeutig abgrenzen.

Neben dem institutionellen Aspekt gibt es auch eine inhaltliche Unschärfe. Das *Globale Lernen* nimmt für sich auch in Anspruch, zu einer gesellschaftlichen und globalen Transformation durch Bildung beitragen zu wollen und tritt darum z. T. entwicklungs- und umweltpolitisch profiliert auf und ergreift Partei z. B. für die Armen und von Unrecht betroffene Menschen. Damit setzt es sich dem Vorwurf aus, eine normative Gesinnungspädagogik zu sein.[1102] Dieser Vorwurf greift aber zu kurz, schließlich ist auch eine Nicht-Intervention eine Form von Intervention zugunsten derer, die die Bewahrung des Status quo wollen.

Für das interkulturelle Management dialogischer Entwicklungsarbeit, das u. a. für die Akquise von Spendenmitteln Verantwortung trägt, ergibt sich aus diesen Punkten die große Herausforderung – man kann sogar von einer Gefahr sprechen – bei Missachtung der Kriterien an entscheidenden institutionellen Orten *Globalen Lernens* in Zukunft nicht mehr agieren zu können bzw. die Legitimation zu verlieren, sich dort als Teil der Zivilgesellschaft einbringen zu können. Es bedarf demzufolge in den Entscheidungsebenen einer Fachkompetenz, die um diese Zusammenhänge weiß, und die in der Lage ist, diese grundsätzliche Entscheidung zugunsten des Verzichts auf eine unmittelbare Spendenakquise zu treffen und diese differenzierte und begründete Position schließlich gegenüber anderen starken Akteuren – z. B. aus dem Bereich des Spendenmarketings – argumentativ zu behaupten.

Im Folgenden wendet sich diese Arbeit der Auseinandersetzung um die Implementierung des *Globalen Lernens* in die dialogisch ausgerichtete EB im Allgemeinen zu und zeigt dies anschließend am Beispiel der Personalentwicklung von Unternehmen im Speziellen. Die Verortung innerhalb der EB ist von Relevanz, weil gegen das *Globale Lernen* zuweilen der Vorwurf erhoben wird, es sei ein Konzept der formellen und informellen Bildung aus dem Norden für die nachwachsende Generation der Mittelschicht im Norden.[1103]

5.2.4.5 Globales Lernen in der Erwachsenenbildung

Befasst man sich mit der Situation der Weltgesellschaft und dem *Globalen Lernen* unter der Prämisse, für eine zeitgemäße EB entsprechende Konsequenzen zu eruieren, dann muss man sich damit auseinandersetzen, wie Menschen auf die bereits an anderer Stelle ausreichend beschriebene globale Symptomatik durch Lernprozesse vorbereitet werden können und welche institutionellen

---

[1102] Seitz, Klaus, 2007, S. 49
[1103] Faschingeder, Gerald, 2012, S. 03-3

Rahmenbedingungen dafür vorausgesetzt werden müssen. Die lebenslange Lernfähigkeit des Menschen und sogar seine Lernbedürftigkeit z. B. in Folge seiner biologischen Konstitution werden im Kontext des Ringens um eine angemessene Bildung für die anbrechende Epoche der Weltgesellschaft als Grundlage anerkannt.[1104] Diese Aussagen zur Rechtfertigung der EB an sich und des lebenslangen Lernens sollen an dieser Stelle genügen, da die grundsätzliche Berechtigung der EB bei der hier vorliegenden Fragestellung nicht intensiver untersucht werden kann.

Die in der EB geführte Diskussion um eine neue Lernkultur auf dem Weg zur Weltgesellschaft antizipiert viele Facetten der andragogischen Diskussion um das *Globale Lernen*. Dabei verfügt die EB für die Einführung der neuen Lernkultur bereits prinzipiell über ein institutionelles System mit zumindest temporär ausreichenden Ressourcen, insbesondere formellen und informellen Lernorten, die die Impulse der konstruktivistischen EB und der Ermöglichungsdidaktik[1105] in Bezug auf die Selbstreferentialität des Lernens berücksichtigen könnten. Dennoch unterliegt zumindest die noch traditionell ausgerichtete EB einem Anpassungsdruck, ohne dabei auf bereits jahrelang experimentell bewährte Pilotprojekte zurückgreifen zu können. Die Rezeption dieser Impulse hat in der EB eine Epoche der grundlegenden Veränderung und Neuausrichtung angestoßen.[1106]

Als Beispiel für derartige Pilotprojekte kann im deutschsprachigen Raum auf ein Bildungsprojekt für eine faire Globalisierung verwiesen werden, das am Bundesinstitut für Erwachsenenbildung in Strobl (Österreich) von 2009 bis 2012 unter dem Titel „Menschenwürdige Arbeit für menschenwürdiges Leben"[1107] durchgeführt wurde. Das Projekt richtete sich an NGO-Mitarbeiter, Gewerkschaftsmitglieder und Funktionäre, die sich für Globalisierungsfragen aufgeschlossen zeigten und die bereits international tätig waren oder werden wollten. Ein zentraler Projektbestandteil, die Face-to-face-Kontakte, sind für interkulturell-weltkirchliche Kooperationen besonders relevant: Durch internationale Kooperationspartner und insbesondere die Einbeziehung von Gästen aus Ländern des globalen Südens wurde sowohl ein weltweiter Horizont geschaffen als auch die Lebenswirklichkeit anderer Länder authentisch nachvollziehbar gemacht.[1108] Die Methodik der Einbindung internationaler Gäste hebt den dialogischen Aspekt hervor, weil diese nicht nur als Gastdozenten fungierten, sondern auch aktiv in Reflexionen, Diskussionen und den Austausch von

---

1104 Seitz, Klaus, 2002, S. 272 und Siebert, Horst, 2009, S. 65–72
1105 Vgl. Kapitel 5.1.4
1106 Klemm, Ulrich, 2012. S. 02-4 ff.
1107 Lichtblau, Pia, 2012, S. 11-2
1108 A. a. O., S. 11-5

Erfahrungen eingebunden waren. Dabei hatten sie die Chance für sich zu lernen.[1109] Aus Lehrenden wurden somit Lernende. Den bleibenden Lernerfolg durch diese Methode und diese Kurskonzeption belegt die Tatsache, dass die Teilnehmer sich auch in ihrer Freizeit weiterhin mit den aufgeworfenen Fragestellungen zur Globalisierung kritisch beschäftigten und ihren privaten Lebensstil veränderten.[1110] Offensichtlich führte die personale Begegnung zu einer stärkeren Befassung mit den Problemlagen, die über den reinen Erwerb von Fakten hinausging und zu einer Veränderung der Lebensgewohnheiten führte.

In Ergänzung zu den bereits getroffenen grundsätzlichen Feststellungen zur Methodik und Didaktik der neuen Lernkultur[1111] kann ein Aspekt für eine dialogisch konzipierte interkulturell und internationale EB hinzugefügt werden: Für die konstruktivistische Didaktik ist das Lernen auch ein situativ-emotionaler Vorgang.[1112] Die im Lernarrangement vorherrschende Atmosphäre und die darin z. B. durch die Begegnung mit Menschen aus anderen Kulturkreisen entstehende Emotionalität haben demnach Einfluss auf die Lernprozesse. Die Idee eines Lernens durch Begegnungen und Beziehungen bildet eine Brücke zu Bubers Dialogkonzept.[1113] In Beziehungen ereignet sich die personale Begegnung von Ich und Du, diese wird zum Nucleus der Persönlichkeitsentwicklung. Sie ist verankert in einem konkreten Kontext und ausschließlich selbstreferentiell, also nicht durch einen Lehrenden vermittelt. Gäste aus anderen Kulturkreisen übernehmen damit eine Aufgabe, die sich nicht mehr auf die Darstellung einer Problemlage als Gastdozent beschränkt. Ihre ganze Persönlichkeit ist angefragt, sich in die Begegnung mit Lernenden aus einem anderen Kulturkreis einzulassen und für die Dynamik der sich dort ereignenden Dialoge und Lernprozesse offen zu sein.

Zur neuen Qualität dieser formellen und informellen Lernprozesse in einer veränderten Lernkultur gehören auch veränderte Lernorte, an denen sich Lernen in dieser Ausgestaltung ereignen kann. Diese Lernorte sind nicht mehr ausschließlich institutioneller Natur und wandeln sich zu offenen Räumen und Foren, wodurch sie an Wirkung in der Zivilgesellschaft und Politik gewinnen.[1114]

Diese Öffnung in die gesellschaftliche Realität und in den politischen Raum reicht alleine nicht aus, um dort Relevanz zu erlangen und zu einem Perspektivwechsel beizutragen. Nur wenn in diesen Bereichen die entsprechende Aufgeschlossenheit für Transformationen herrscht, wird die gesellschaftliche Parti-

---

1109 A. a. O., S. 11-7
1110 A. a. O., S. 11-7
1111 Vgl. Kapitel 5.1.4 und 5.2.4.2
1112 Klemm, Ulrich, 2012. S. 02-5
1113 Vgl. Kapitel 1.3
1114 Klemm, Ulrich, 2012, S. 02-6

zipation als Folge des *Globalen Lernens* sich dauerhaft etablieren. In einer Gesellschaft, die sich der emanzipativen Kraft der Bildung verschließt, werden Lernprozesse zur politischen Befähigung pädagogische Konstrukte bleiben.[1115] Der Versuch einer empirischen Nachprüfung dieser These muss von anderer Stelle erfolgen, dazu kann an dieser Stelle nur der Hinweis gegeben werden.

Die dargelegten Hinweise auf eine politische Dimension des *Globalen Lernens* in der EB sind ein Anlass, sich eingehender mit der Frage des politischen Horizonts unter Berücksichtigung der Ansätze Freires[1116] auseinanderzusetzen. Zunächst erscheint aus drei Aspekten heraus die Inkompatibilität des *Globalen Lernens* mit Freires Pädagogik offensichtlich zu sein. Erstens stammen die beiden Ansätze aus unterschiedlichen historischen Entstehungskontexten, zweitens richten sie sich an unterschiedliche Zielgruppen und drittens haben sie unterschiedliche politische Ziele. Die politisch-revolutionäre, radikale Befreiungspädagogik Freires hat das Ziel der Umkehr der sozialen Verhältnisse. Im Gegensatz dazu wirkt das *Globale Lernen* tendenziell apolitisch, da es die Menschen befähigen will, sich selbstgesteuert in die Gestaltung von Globalisierungsprozessen einzubringen, dabei aber jede Ideologieorientierung oder politische Richtungsvorgabe kritisiert.[1117]

Doch diese scheinbar unüberbrückbaren Differenzen wiegen in der heutigen Praxis weniger, da sich der von Freire präferierte dialogische Ansatz als eine tragende Brücke in die polyvalente, alles relativierende Postmoderne erweist und unter Wegfall der ursprünglichen Radikalität in die Gegenwart zu passen scheint. Sowohl Freire als auch das *Globale Lernen* haben das Ziel der Weltgestaltung und bemühen sich deshalb in unterschiedlicher Intensität um eine Reflexion gesellschaftlich-politischer Realitäten. Eine gerechtere Welt von morgen ist der gemeinsame Bezugspunkt beider Ansätze. Gerade weil die anthropologischen Grundannahme des *Globalen Lernens* den Menschen als überfordert von Komplexität und Interdependenzen interpretiert und damit die Entstehung von Gefühlen wie Macht- und Orientierungslosigkeit erklärt, erkennt es den Diskurs über den politischen Kontext der Existenzsicherung als Teil seiner Verantwortung. Unter diesem Aspekt ist das *Globale Lernen* nicht als apolitisch zu betrachten.[1118] Wie Freire will es zur Befähigung der Lernenden beitragen, Ohnmacht und Überforderung zu überwinden durch die Kompetenz, die grundlegenden Strukturen, Prozesse und Interessen zu lesen, sowie ausgehend von

---

1115 Konzett, Bernadette, 2012, S. 07-4
1116 Vgl. Kapitel 5.1.2
1117 Faschingeder, Gerald, 2012, S. 03-2 f
1118 A. a. O., S. 03-4

eigenständig entwickelten Positionen die Transformation der globalen Realitäten aktiv mitzugestalten.[1119]

Nach diesen Überlegungen zur Relevanz des *Globalen Lernens* als Form politischer Bildung innerhalb der EB muss die Rolle der Erwachsenenbildner überdacht werden. Was bleibt noch von der bisher bekannten EB, wenn sowohl die Grenzen der andragogisch gestaltbaren Räume als auch die bisher scheinbar so klare Lehrtätigkeit infrage gestellt werden? Ein Entwurf einer EB auf dem Weg zur Weltgesellschaft enthält als Aufgaben- bzw. Profilbeschreibung für professionelle Erwachsenenbildner die Bereiche Begleitung und Beratung. Für das Follow-up von Erwachsenenbildungsprojekten kann das z. B. die Betreuung engagierter Lernender innerhalb eines Netzwerks bedeuten, zu dessen Entstehung und Erhalt die EB beiträgt.[1120] Netzwerke und Verbünde könnten den von Illich angeregten Foren entsprechen, da sie von der Aufgabenstellung her weitgehend identisch sind. Ein Teil der erweiterten Beratungstätigkeit könnte in diesen Foren durch Lernberatungsgespräche erfolgen, da dadurch die entsprechenden Personen zusammengeführt werden könnten. Das bei Illich postulierte lebenslange Bildungsinteresse ist ein Teil der Grundlegung dieser Neufassung einer andragogischen Berufspraxis im Kontext einer neuen subjektorientierten Lernkultur. Damit ist die Bildungsberatung ein Teil der konstruktivistischen Erwachsenenbildung und der Ermöglichungsdidaktik, weil sie die Selbstorganisation individueller reflexiver Lernprozesse unterstützt.[1121] Die Verwendung des Begriffs Begleitung kann legitimiert sein, insofern die Lernprozessberatung nicht nur einmalig punktuell erfolgt, sondern zu mehreren unterschiedlichen Zeitpunkten.

5.2.4.6 Globales Lernen in der Personalentwicklung in Unternehmen

Ein Argument für den Einsatz des *Globalen Lernens* in der Personalentwicklung von Unternehmen zielt darauf ab, den Zeitpunkt der Lernprozesse enger mit dem Zeitpunkt der Umsetzung zu verbinden. Beim Einsatz in der Schule wird demnach ein unpassender Lebensabschnitt gewählt, weil die Lernenden nicht über die entsprechende Wirkmächtigkeit verfügen und sie noch nicht an den breitenwirksamen Schaltstellen der Karriereleiter sind, um die durch das Globale Lernen angeeigneten Kenntnisse und Kompetenzen effektiv einzusetzen.[1122] Zudem ist mit der Zeit ein Verlust der erworbenen Fähigkeiten zu befürchten, weil diese eigentlich auf unmittelbare Handlung bzw. Anwendung hin orientiert sind, aber durch das Verschieben auf eine unbestimmte spätere Le-

---

1119 A. a. O., S. 03-5
1120 Klemm, Ulrich, 2012, S. 02-7 und Lichtblau, Pia, 2012, S. 11-8
1121 Vgl. Kapitel 5.1.3, Kapitel 5.1.4 und Klein, Rosemarie, Reutter, Gerhard, 2011, S. 11–28
1122 Mitschke, Reinhard; Wick, Alexander, 2012, S. 05-2

bensphase nicht unmittelbare Lebenspraxis werden können und ihre Bedeutung für den Alltag so relativiert wird. Aus der Erkenntnis dieser Problematik lässt sich eine andere Zielgruppe für das *Globale Lernen* postulieren. Entscheidungsträger in wirtschaftlichen, politischen, sozialen, kulturellen und kirchlichen Organisationen und Verbänden sind charakterisiert durch die Möglichkeit, über ihren personalen Rahmen hinaus in der Gegenwart Einfluss zu nehmen auf Entscheidungen, materielle Ressourcen und das Verhalten anderer Personen und Institutionen. Für das *Globale Lernen* ergeben sich damit Zugänge zur beruflichen Weiterbildung und zur Personalentwicklung.[1123]

Ziel der Überlegungen ist eine erfolgreiche Implementierung des *Globalen Lernens* in den Bereich der Ökonomie durch die Integration seiner Leitgedanken in unterschiedliche Arbeitsbezüge, z. B. bei den Formen der Kooperation, die v. a. medial vermittelt erfolgen.[1124] Die Zielgruppe des Ansatzes rekrutiert sich aus denjenigen Multiplikatoren, Moderatoren und Leitungskräften von Arbeitsgruppen und Teams, die bereits eine gewisse Affinität zur Idee des *Globalen Lernens* und den Werten, die damit impliziert werden (Nachhaltigkeit, Offenheit, Gerechtigkeit, Solidarität und aktive Beteiligung), aufweisen.[1125] Handlungsleitend ist der Versuch, die bereits feststellbaren Einstellungen der motivierten Mitarbeiter und die nachgewiesenen Führungstechniken der Teamleiter abzugleichen. Denn durch dieses Zusammenspiel kann das erwartete nachhaltige und effektive Mitarbeiter-Handeln langfristig ermöglicht werden. Dadurch kommt es zu einer konstruktiven Fusion der Nachhaltigkeitsdebatte und Fragen der Wirtschaftlichkeitssteigerung.[1126]

Exemplarisch wurde bei einem mehrphasigen Prozess, an dem u. a. transnationale, aber auch klein- und mittelständische Unternehmen sowie NGOs mitwirkten, der Fokus auf die umsetzungsbezogene Kompetenzentwicklung in interkulturell diversen Kontexten durch berufliche Aus- und Weiterbildung gelegt. Kompetenz ist dabei in Analogie zur konstruktivistischen Pädagogik der „individuelle Organisations- und Funktionsapparat einer Person zur Nutzung und Entwicklung der eigenen Ressourcen bei der aktiven, ziel- und lösungsorientierten Auseinandersetzung mit definierten Lebenssituationen."[1127] Im Ergebnis stellte man fest, dass die Zusammensetzung von Arbeitsgruppen und Teams durch den Einsatz neuer, räumlich entgrenzend wirkender Kommunikationstechniken in der globalisierten Arbeitswelt zunehmend virtueller, multikultureller, unpersönlicher – also weniger durch direkte zwischenmenschliche Inter-

---

1123 A. a. O., S. 05-3
1124 A. a. O., S. 05-3
1125 A. a. O., S. 05-3
1126 A. a. O., S. 05-3
1127 A. a. O., S. 05-4

aktion – geprägt wird. Wenn asynchrone Kommunikation zum Regelfall wird, ergibt sich daraus ein neues, auf diese Indizien hin ausgerichtetes Anforderungsprofil für Teammitglieder und Führungskräfte.[1128] Dessen drei Kernelemente sind erstens intrinsische Motivation und Eigenverantwortlichkeit, zweitens eigenes, aus Gründen der Zeitgemäßheit auch medial unterstütztes Handeln statt eines Memorierens statischer Lerninhalte und drittens die Ermöglichung einer wertegebundenen Reflexion des eigenen Handelns. Deshalb kann das Modell einer freiwilligen berufsbegleitenden Weiterqualifikation als eine Form des *Globalen Lernens* in der beruflichen Bildung betrachtet werden.

Die drei genannten Aspekte können als Grundgerüst für weitergehende konzeptionelle Modellentwicklungen für den Transfer des *Globalen Lernens* in den Wirtschaftssektor dienen, stellen aber alleine keine ausreichende Plattform dar. Zumal die Nachhaltigkeit in der Ökonomie und in vielen Gesellschaftsschichten eine breitere und raschere Akzeptanz erfährt als die globale Solidarität. Nicht zuletzt im inflationären Gebrauch der Vokabel *nachhaltig* z. B. in der Werbung wird dies signifikant. Dennoch ist der Einschätzung bezüglich der potentiellen Relevanz der Harmonisierung von *Globalem Lernen* und Ökonomie eine gewisse Logik inhärent. Durch diesen Prozess, der von EB und Personalentwicklung befördert werden kann, finden die Weltgestaltungspräferenzen, die über einen generationsübergreifenden Weltgemeinwohlhorizont verfügen, Einzug in das Wirtschaftssystem. In der Folge können sich davon inspirierte Transformationen – z. B. bei der Personalauswahl, der Ressourcenbeschaffung, bei Produktionsweisen und Dienstleistungen – zeitnah vollziehen.[1129]

Sollte es den an einer Berücksichtigung von globaler Solidarität, Gerechtigkeit, Transparenz, selbstständigem Handeln sowie zukunftsfähigem Ressourcenverbrauch interessierten Entscheidungsträgern in interkulturellen Lernprozessen und dialogischer Entwicklungsarbeit an Modellen zur betrieblichen, medial gestützten Weiterbildung ihrer Mitarbeitenden fehlen, böte dieses Modell Anknüpfungspunkte. Allerdings ist die Rolle der medial gestützten Weiterbildung durch den Hinweis auf die Face-to-face-Kontakte infrage zu stellen bzw. zumindest zu relativieren.

5.2.4.7 Fazit: Globales Lernen

Die unterschiedlichen theoretischen Ansätze und praktischen Lernarrangements, die sich alle des Begriffs *Globales Lernen* bedienen, lassen eine eindeutige Beurteilung unzulässig erscheinen. Ganz im Sinne von Asbrand ist es demnach obligatorisch, analog zu dem von ihr geforderten Umgang mit Wissen und Nichtwissen im *Globalen Lernen*, vermeintlich sicheres Wissen zu hinter-

---

1128 A. a. O., S. 05-5
1129 A. a. O., S. 05-8

fragen. Dabei müssen – wie bereits bei den Prinzipen der politischen Bildung allgemein eingeführt – „unterschiedliche Perspektiven auf einen Gegenstand berücksichtig und Werteorientierungen und Problemlösungen kontrovers thematisiert werden."[1130]

Aus diesem Grund ist das z. T. postulierte handlungstheoretische Verständnis des *Globalen Lernens* als einer Form der Wissensvermittlung für das Zeitalter der Globalisierung berechtigt. Dieser Position geht es darum, die nächste Generation mittels einer global-umfassenden Allgemeinbildung fit zu machen für die zukünftigen – nicht zuletzt auch wirtschaftlichen – Herausforderungen. Darin kann man einen egoistischen Eigennutzen einer Gesellschaft erkennen. Daneben stehen weiter gefasste evolutionär-systemtheoretische Konzepte. Sie haben den Erwerb von Kompetenzen im Umgang mit Komplexität als Vorbereitung auf die Übernahme von Verantwortung für ein Leben in der modernen Weltgesellschaft zum Ziel. Transformiert man dies auf eine konkrete Ebene wird klar, welche Vorteile im zweiten Verständnis liegen. Ist es z. B. bei der Ausbildung von global agierenden Managern sinnvoll zu vermitteln, wie man sich angemessen in der Kultur A verhält, welchen kulturellen Fallen in Gesprächen man auf welche Art begegnet etc.? Oder ist es nicht eher angezeigt, die grundsätzliche Kompetenz zu vermitteln, sich das jeweils notwendige Verhalten selbst aneignen zu können und in der jeweiligen Situation angemessen zu handeln? Aufgrund der prinzipiell begrenzten menschlichen und zeitlichen Ressourcen, die für derartige Lernprozesse zur Verfügung stehen, macht es aus Sicht der vorliegenden Analyse nur Sinn, auf den konstruktivistisch verstandenen Erwerb derartiger Selbstbildungskompetenzen zu setzen.

Eine qualitativ-empirische Studie, die sich mit dem Umgang Jugendlicher mit globalen Herausforderungen und weltgesellschaftlicher Komplexität befasste, kommt zu dem Ergebnis, dass zumindest Oberstufenschüler nicht nur normative Verhaltensregeln brauchen (z. B. „Der Einkauf von fair gehandelten Produkten ist gut"), sondern vielmehr Interesse daran haben, ethische Fragen selbstreflexiv zu bearbeiten. Das dazu adäquate Lernarrangement stellt die altershomogene Bezugsgruppe dar, in der geänderte Lebensstile erprobt werden und sich ein Kompetenzerwerb ereignet.[1131] Die Peergruppe mit ihren unmittelbaren zwischenmenschlichen Kontakten ist der Ort, an dem für das Leben gelernt wird.

Daraus lassen sich auch Perspektiven für die EB ableiten: Einfache Lösungen und vorschnelle Antworten in dozierter Form sind nicht angebracht, sondern vielmehr Formen der Auseinandersetzung, die auf Augenhöhe unter möglichst Gleichen in nicht medial vermittelter sozialer Interaktion erfolgen.

1130 Asbrand, Barbara, 2007, S. 31
1131 A. a. O., S. 32

Dies ist für die verantwortlichen Gestalter ein wichtiger Hinweis auf die Relevanz von Face-to-face-Kontakten in den interkulturellen Lernprozessen und die Bedeutung von Reisen, die im Sinne der neuen Lernkultur menschliche Begegnungen in anderen globalen Kontexten ermöglichen. Wenn (1) es gelingt, diese Kontakte zu verstetigen, (2) sich daraus dauerhafte zwischenmenschliche Beziehungen bilden und im optimalen Falle (3) sich darüber hinaus noch die Einbindung in bestehende oder die Schaffung neuer adäquater Netzwerke zur kontinuierlichen Begleitung und Beratung ergeben, dann sollte ein hohes Maß an Zielvereinbarungserreichung gefeiert werden können.

Die an der o. g. Studie teilnehmenden Jugendlichen, die in einem internationalen Jugendverband aktiv sind und dabei auch globale Partnerschaft erleben, zeigten einen konstruktiven Umgang mit sozialen und kulturellen Disparitäten. Aufgrund der in diesen Verbandspartnerschaften vorliegenden weltweiten verbindenden Erfahrungs- und Lernarrangements waren sie in der Lagen, für sich eine Weltinterpretationspräferenz zu entwickeln, die der Komplexität der globalisierten Welt angemessenen erscheint.[1132] Damit ist eine weitere Aufgabe für das interkulturelle Management dialogischer Entwicklungsarbeit benannt: Es geht darum, derartige Lernarrangements innerhalb von weltweiten z. B. weltkirchlichen Partnerschaften als integralen Baustein in die Konzeption aufzunehmen.

Alle Akteure des *Globalen Lernens* müssen sich mit den Fragen konfrontiert sehen, die Wilmsen zu Recht unter dem Begriff der „sog. Omnipotenzfalle"[1133] thematisiert. Nehmen wir das Handeln hier nicht zu ernst? Vermitteln Konzepte des *Globalen Lernens* nicht zu leicht den Eindruck, es komme vorrangig auf uns, die Menschen im globalen Norden an, um die Welt zu retten? Entlastet man damit nicht die vorrangig Verantwortlichen in den Ländern, die von Armut, Exklusion und prekären Lebenslagen geprägt sind, bzw. in denen Teile der Bevölkerung in derartigen Situationen leben? Werden damit die autonomen Entscheidungen der Menschen in den Ländern des globalen Südens ihrer Bedeutung beraubt? Wie wirkmächtig sind Lobbyarbeit und Kampagnen verglichen mit den Investitionen z. B. der Werbeindustrie, um immer neue Bedarfe bei den Konsumenten zu wecken?

Für einen wirklichen Perspektivenwechsel, eine symmetrische Kommunikation bzw. einen Dialog auf Augenhöhe, eine Bildungsarbeit im Sinne einer hier postulierten dialogischen Entwicklungsarbeit, sind dies Fragen, denen sich jeder in Verantwortung Handelnde stellen muss, um nicht der Gefahr zu erliegen, durch gut gemeinten, aber blinden Aktionismus mehr geschadet denn

---

[1132] A. a. O., S. 32. Diese konkrete Handlungsorientierung als Teil von internationalen Partnerschaften liegt schon bei Röhrs vor. Vgl. Kapitel 5.1.1
[1133] Wilmsen, Christian, 2012, S. 99

genutzt zu haben. Es geht bei diesen Überlegungen nicht darum, einer schicksalsunterworfenen Gleichgültigkeit das Wort zu reden und denen argumentativ zuzuarbeiten, die am Status quo nichts verändern wollen oder meinen zu können. Es geht vielmehr um eine auf nüchterner Analyse beruhende Authentizität, die all diejenigen verdienen, die sich schon mit viel Lebenszeit, Ressourcen und Engagement in den Dienst einer Transformation der Weltgesellschaft – nicht zuletzt durch Bemühungen im Bildungsbereich – eingebracht haben und zukünftig einbringen werden. Oder um es mit den Worten Faschingeders auszudrücken: „Es sollen keine unrealistischen Hoffnungen geweckt werden. Das *Globale Lernen* will Politik nicht ersetzen: Politisch handeln sollen die Menschen selbst, Pädagogik selbst ist nicht Politik."[1134]

Und schließlich verdient die Forderung Beachtung, die Ansätze zur Fokussierung *Globalen Lernens* auf die Zielgruppe der Entscheider zu kombinieren mit der Idee einer kontinuierlichen Betreuung im Anschluss an das *Globale Lernen*. Eine Art Global-Coaching, das kontinuierlich für selbstreflexive Unterbrechungen im Alltag der Entscheider zur Verfügung steht, könnte einen wesentlichen Beitrag dazu leisten, feststellbare temporäre Fluktuationen bei der Berücksichtigung von im Lernprozess erworbenen, analytisch-interpretativen Kenntnissen und handlungsbezogenen Kompetenzen in ein zeitliches Kontinuum zu transformieren.

5.2.5 Interkulturelles Lernen

Anfang der 1980er-Jahre gerieten die unter der Prämisse der Assimilations-Politik stehenden pädagogischen Konzepte in der Ausländerintegration immer mehr in die Kritik, weil diese von einem defizitorientierten Ansatz ausgingen, wonach Kindern und Jugendlichen mit Migrationshintergrund Entscheidendes fehlt zur vollen gesellschaftlichen Teilhabe. Die defizitäre Kompetenzausstattung wurde vornehmlich als ein Problemfaktor betrachtet. Als paradigmatischer Wandel kann der Wechsel vom defizitorientierten Ansatz zum differenzorientierten Ansatz in der Pädagogik der interkulturellen Erziehung[1135] interpretiert werden, der sich nicht nur an die Kinder und Jugendlichen mit Migrationshintergrund, sondern auch an die Adoleszenten der Majoritätskultur richtet. Neu an der interkulturellen Pädagogik war, dass sie alle zugewanderten Gruppen als permanenten Bestandteil der deutschen Gesellschaft ansah und auch die deutsche Bevölkerung als gleich wichtigen Adressaten ihrer erzieherischen Bemühungen betrachtete. Interkulturelle Erziehung ist eine Antwort auf die durch Migration entstandene kulturelle Vielfalt in der Gesellschaft: „Die

---

1134 Faschingeder, Gerald, 2012, S. 03-5
1135 Synonym wird der Begriff *Interkulturelle Pädagogik* verwendet.

unterschiedlichen Kulturen und Sprachen sollten von nun an als Bereicherung verstanden werden und die Vermittlung über andere Kulturen und Sprachen wurde zu einem Lehrinhalt, der zu mehr Verständigung beitragen sollte."[1136]
Der Begriff „interkulturell" findet sich im Kontext pädagogischer Konzeptionen erstmals 1979 im Titel von Publikationen.[1137] Damit ist er als pädagogisches Prinzip älter als das *Globale Lernen* und im Gegensatz zu diesem in seiner Genese nicht substantiell von der globalen Nachhaltigkeitsdebatte geprägt. Seine Ursprünge liegen – wie bereits ausgeführt – in der Integrationsdebatte. Dennoch ist das *Interkulturelle Lernen* auch beim *Globalen Lernen* von herausragender Bedeutung, schließlich liefert es die Grundlagen für einen Dialog auf Augenhöhe.

Es war die für interkulturelle Herausforderungen offene Pädagogik und nicht die Philosophie, Theologie oder Ökonomie, die sich zuerst mit den negativen Aspekten der von Europa und Nordamerika ausgehenden Globalisierungswelle, dem Eurozentrismus und Kulturrelativismus zum Ende des 20. Jahrhunderts kritisch befasste.[1138] Nicht zuletzt aus diesem Aspekt heraus ist eine Befassung mit dem *Interkulturellen Lernen* im Rahmen dieser Arbeit angemessen.

5.2.5.1 Definitionen

In der Literatur ist keine Definition des *Interkulturellen Lernens* zu finden, über die sich alle Autoren einig sind. Vielmehr existiert eine Vielzahl von aussagekräftigen Definitionen mit jeweils unterschiedlichen Akzenten aus den letzten dreieinhalb Dekaden nebeneinander. Die für die Argumentationsführung dieser Arbeit wesentlichen Definitionen werden im Folgenden aufgegriffen und erschlossen.[1139]

Aus der kulturvergleichenden Psychologie stammt die Definition vom Thomas:

„Interkulturelles Lernen findet statt, wenn eine Person bereit ist, im Umgang mit Menschen einer anderen Kultur deren spezifisches Orientierungssystem der Wahrnehmung, des Denkens, Wertens und des Handelns zu verstehen, es in das eigenkulturelle Orientierungssystem zu integrieren und auf ihr Denken und Handeln im fremdkulturellen Handlungsfeld anzuwenden. Interkulturelles Lernen bedingt neben dem Verstehen fremdkultureller Orientierungssysteme eine Reflexion des ei-

---

1136 Zentrum polis – Politik lernen in der Schule, 2008, S. 8
1137 Staatsinstitut für Schulqualität und Bildungsforschung München, o. J., S. 4
1138 Auernheimer, Georg, 2005, S. 52
1139 Die für das pädagogische Konzept des *Interkulturellen Lernens* notwendige Definition des Kulturbegriffs erfolgte in Kapitel 1.5.1

genkulturellen Orientierungssystems (Normen, Einstellungen, Überzeugungen und Werthaltungen)."[1140]

Damit wird die Bereitschaft zu einer personalen Auseinandersetzung zur Prämisse, um aus einer Interaktion mit Menschen, die über eine andere Weltsicht (Weltinterpretation und Weltgestaltungsentwurf) verfügen, zu einem Lernprozess zu kommen, bei dem die Weltsicht des Anderen zum Bestandteil der verfügbaren Weltsichten der eigenen Person wird. Thomas liefert dadurch einen Hinweis auf die motivationale Grundvoraussetzung des *Interkulturellen Lernens*. Folglich kann es weniger erfolgreich sein, wenn es allein wegen einer dienstlichen Anordnung oder aus Lehrplanvorgaben heraus stattfindet. Für Clapeyron kann in diesem Sinne *Interkulturelles Lernen* „sinnvollerweise nur solange geschehen, wie die Entscheidung zum Kulturkontakt von den jeweiligen Lernenden subjektiv gewollt oder zumindest mit beeinflusst ist."[1141] Dies entspricht der subjektiven Lernmotivation Illichs und der Ermöglichungsdidaktik Arnolds.

Auf dieser Grundlage kann es zur Genese einer Toleranz gegenüber anderen Kulturen kommen, die als Voraussetzung für interkulturell kompetentes Handeln angenommen wird. Die reflexive Betrachtung kultureller Einflüsse auf sich selbst und andere Personen in den Bereichen der Wahrnehmung, der kognitiven und emotionalen Beurteilung, sowie der Weltgestaltungspräferenz sind Teile dieser Kompetenz. Der respektvolle Umgang mit den dabei erkannten Differenzen kann zur Schaffung von gewaltfreien Formen des Zusammenlebens und zur Gestaltung der gemeinsamen Lebenswelt beitragen.[1142] Thomas hofft nicht nur auf Harmonie und Synergien als Resultat, sondern er prognostiziert den Fortbestand von Unvereinbarem und Nicht-zusammen-Passendem, die Gleichzeitigkeit von vermeintlich Ungleichzeitigem. Damit trägt er der menschlichen Realität Rechnung. Ansonsten würde der Einwand erhoben werden können, man wolle sich mit einer assimilatorischen Absicht die anderen Weltsichten zu eigen zu machen, nur um selbst besser die Welt gestalten und damit andere ggf. übervorteilen zu können.

In der Kommunikationstheorie wird das *Interkulturelle Lernen* definiert als

„eine Form sozialen Lernens, das durch die Erfahrung kultureller Unterschiede und in Form kultureller Vergleiche sowohl zu einer genaueren Analyse und Relativierung der eigenen kulturellen Normen und Sozialsysteme, als auch zum Abbau kultureller

---

1140 Thomas, Alexander, 1993, S. 383
1141 Clapeyron, Pauline, 2004, S. 13
1142 Thomas, Alexander, 2003, S. 137

(nationaler) Vorurteile führt, wenn es zu Metakommunikation über kulturelle Normen und Unterschiede kommt."[1143]

Der Reflexion über die erste Ebene der Kommunikation kommt in diesem Modell die Aufgabe zu, die Lernprozesse der Begegnung nicht beim einfachen Vergleich und der unvermittelten synoptischen Nebeneinanderstellung der jeweils eigenen Weltsicht zu belassen. Erst die Kommunikation auf zweiter Ebene der Betrachtung führt zum anvisierten Produkt. *Interkulturelles Lernen* erfolgt demnach nicht durch das Lernen von z. B. geographischen Daten, sondern es basiert als Form des sozialen Lernens auf der gemeinsamen kommunikativen Reflexion der Interaktionen mit Trägern anderer Weltsichten bzw. Individuen anderer Kulturen.

Aus den beiden aufgezeigten Akzenten, der Kommunikation und der Motivation, wird ersichtlich, über welch ein selbstreflexiv-dialogisches Potential das *Interkulturelle Lernen* verfügt und wie es mit einem dynamischen Kulturverständnis korreliert, das die Veränderbarkeit einer Kultur und der kulturell geprägten Weltsicht einer Person positiv wertet.

5.2.5.2 Ziele und Motive

Ausgehend von der dargestellten Relevanz der Motivation ist es naheliegend, nach Motiven bzw. Zielen des *Interkulturellen Lernens* zu fragen. So ist interkulturelle Bildung für Spanhel eine Entwicklungsaufgabe, die sich jedem Individuum während seines Entwicklungsprozesses stellt,[1144] sofern es in einer multikulturell geprägten Gesellschaft heranwächst. In Zeiten der medialen Vermittlung globaler Zusammenhänge ist dies nahezu unausweichlich. Zu den zentralen Zielen *Interkulturellen Lernens* zählt nach Spanhel „die Fähigkeit, angemessen und erfolgreich in einer fremdkulturellen Umgebung oder mit Angehörigen anderer Kulturen zu kommunizieren."[1145]

Mit einem kompetenzorientierten Konzept verbunden lautet die Zielformulierung des Staatsinstituts für Schulqualität und Bildungsforschung München (ISB): „Interkulturelles Lernen ist als Weg zur Entwicklung und Erwerb einer interkulturellen Kompetenz zu bezeichnen."[1146] Bestandteile einer derart verstandenen interkulturellen Kompetenz sind auf der kognitiven Ebene Sachkompetenzen (z. B. Wissen bezüglich eigener und fremder Wertesysteme), auf der kommunikativen Ebene Sozialkompetenzen (z. B. Fähigkeiten wie Empathie), auf der affektiven Ebene Selbstkompetenzen (Reflexion der eigenen kultu-

---

1143 Breitenbach, Diether, 1986, S. 11
1144 Spanhel, Dieter, o. J., S. 2
1145 A. a. O., S. 5
1146 ISB, o. J., S. 9

rellen Verwurzelung) und auf der verhaltensorientierten Ebene Handlungskompetenzen (z. B. Fähigkeit, Fremdbegegnungen gestalten zu können).[1147] Die interkulturelle Kompetenz hat u. a. aus Sicht der Personalwirtschaft einen besonderen Stellenwert, weil international tätige Entscheidungsträger, die über sie verfügen, adäquat auf kritische Situationen im Kontext fremder Kulturen reagieren, bzw. sogar deren Entstehung verhindern können. Verhandlungen, die von interkulturell kompetenten Beteiligten geführt werden, zeichnen sich durch eine ausgeglichene Realisierung der Ziele beider Seiten aus. Zudem beachten sie in angemessener Weise die jeweils unterschiedlichen soziokulturellen Gepflogenheiten. Damit kann man die interkulturelle Kompetenz als eine Weiterentwicklung des klassischen Beurteilungskriteriums der sozialen Kompetenz betrachten.[1148]

Müller/Gelbrich differenzieren die interkulturelle Kompetenz in einem Strukturmodell nach insgesamt 16 affektiven (z. B. Offenheit für Neues), kognitiven (z. B. Wissen über das Land) und konativen (z. B. Ambiguitätstoleranz) Voraussetzungen. Bei den Erfolgsindikatoren unterscheiden sie nach harten (z. B. Geschäftsabschluss, Folgeaufträge, vorzeitiger Abbruch) und weichen (z. B. Wahrung des Gesichts, Arbeitszufriedenheit).[1149] Dieses Strukturmodell bietet für die andragogische Rezeption Ansatzpunkte, um z. B. im Sinne der Ermöglichungsdidaktik Überlegungen anzustellen, mit welchen Deutungsmustern die Lernenden in ihrem selbstreflexiven Lernprozess konfrontiert werden sollten. Außerdem kann das Modell für die Zusammenstellung von Teams als Orientierung dienen. Die besonders gut entwickelten Fähigkeiten einer einzelnen Person decken dabei einen Teil der Indikatoren ab, die weiteren Teammitglieder werden dann so ausgewählt, dass mit dem kompletten Team auch alle anderen Indikatoren zumindest einfach abgedeckt sind. Doppelungen der Indikatoren sind positiv zu bewerten, weil in internationalen Einsätzen mit z. B. klimatisch bedingten Ausfällen Einzelner zu rechnen ist.

Auernheimers Definition der Ziele interkultureller Pädagogik stellt eine Verbindung zum interkulturellen Dialog und zum Verstehen durch Perspektivwechsel her. Das aktive Eintreten zugunsten gleicher Rechte und der Abschaffung struktureller Ungleichheiten geht hier einher mit dem Verstehen des Andersseins. Auf dieser Grundlage kann ein Dialog über kulturelle Differenzen hinweg etabliert werden. Prinzipiell liegt die Abgrenzung von Verstehen und Dialog in deren unterschiedlichen Dimensionen: Das Verstehen bezieht sich auf Weltgestaltungspräferenzen; der Dialog versucht, Sinn und Bedeutung zu durchdringen. Die Trennschärfe der Abgrenzung zwischen Verstehen und

---

1147 Clapeyron, Pauline, 2004, S. 7 f
1148 Müller, Stefan; Gelbrich, Katja, 2014, S. 28 f
1149 A. a. O., S. 29

Dialog kann in der Dynamik eines Kommunikationsprozesses allerdings verloren gehen.[1150]

Das *Interkulturelle Lernen* ist nach der Analyse der Zielbeschreibungen und in Analogie zur interkulturellen Kompetenz u. a. als eine spezielle Variante des sozialen Lernens zu betrachten. Wie bei allen Formen des sozialen Lernens ist von einem Stufenmodell des Kompetenzerwerbs auszugehen.[1151] Ein derart komplexes Ziel kann i. d. R. nicht mittels einer Lehreinheit, einer Maßnahme bzw. eines kurz- oder mittelfristigen Auslandsaufenthalts in einer Art Crash-Kurs erreicht werden. Zur Umsetzung bzw. Realisierung dieser Ziele bedarf es darum einer konzeptionell passenden Methodik.

5.2.5.3 Methodik

Die beschriebenen Zieldimensionen interkulturelle Kompetenzen sind lehr- und lernbar. Dies erfolgt im beruflichen Alltag teils zwangsläufig, unsystematisch sowie ohne professionelle Begleitung und ist dabei i. d. R. dann konstruktiv, wenn die Auseinandersetzung mit Anders-Sein-Erfahrungen, Konflikten und Identitätskrisen erfolgreich gelingt. Ausdrücklich gewarnt wird vor der simplifizierenden Vorstellung, wonach jedweder Kontakt mit anderen Kulturen bereits per se den Beginn eines erfolgreichen Lernprozesses darstelle. Unprofessionell arrangierte Lernprozesse können zur Verfestigung von Stereotypen beitragen.[1152] Eine interaktive und partizipative Methodik kann dagegen im Rahmen derartiger Lernprozesse einen professionellen Beitrag zur Vermittlung interkultureller Handlungskompetenz leisten.[1153]

Neben dem auf Zufälligkeit basierten Sich-Ereignen oder Nicht-Ereignen von interkulturellem Kompetenzerwerb existieren zwei Gruppen von theoriegestützten professionellen methodischen Ansätzen, die sich als „kognitiv ausgerichtete Aufklärungsansätze von erlebnis- und handlungsorientierten Ansätzen unterscheiden (…)."[1154] Die Wahl der Trainingsmethode richtet sich dabei in erster Linie an der unmittelbaren Zieldefinition aus. Dabei werden unter dem Begriff *Training* verschiedene Lernformen subsumiert, die z. B. durch problem-, handlungs- und teilnehmerorientierte Methoden den Kompetenzaufbau gezielt fördern. Sie erzeugen durch die Verschmelzung von kognitiven, affektiven, kommunikativen und handlungszentrierten Methoden eine hohe Lernintensität. Die Reflexion der Lernprozesse und -ergebnisse wird dabei nicht ver-

---

1150 Auernheimer, Georg, 2005, S. 21
1151 A. a. O., S. 124–132
1152 A. a. O., S. 163
1153 Clapeyron, Pauline, 2004, S. 11
1154 Auernheimer, Georg, 2005, S. 158

nachlässigt. Dazu gehören u. a. Simulations- und Rollenspiele, Fallbeispiele und Interaktionsübungen.[1155]

Die Wirksamkeit der unterschiedlichen methodischen Ansätze und der Lernarrangements wird dann als höher eingeschätzt, wenn die Lernenden sich bestärkt fühlen, emotionale Aussagen zu tätigen, und ihre Bedürfnisse reflektiert werden. Positiv auf die Effektivität der Methodik wirkt es sich zudem aus, wenn man gemeinsam einen Konflikt oder eine Herausforderung bearbeitet, die Komplexität der Konstellation keine Überforderung darstellt und die gegenseitigen Erwartungen artikuliert werden.[1156]

5.2.5.4 Erwachsenenbildung als interkulturelle Bildung

In Zeiten der beschleunigten Globalisierung und dem damit einhergehenden häufigeren Zusammentreffen von Menschen, die eine kulturelle Diversität aufweisen, können sich Störungen der Kommunikation potenzieren und bedauernswerte Folgen nach sich ziehen.[1157] Da dieser Megatrend sich sowohl im beruflichen Kontext (z. B. Globalisierung der wirtschaftlichen Produktion und Erschließung neuer Absatzmärkte) wie auch im Sozialen (z. B. wachsende Zahl von Migranten, Europäische Einheit, Auslandsurlaube) immer stärker auszuprägen scheint, muss sich die EB bemühen, eine angemessene Position dazu einzunehmen.

Man kann die Fragestellung nach der interkulturellen Bildung im Rahmen der EB als ein kommunikationstheoretisches Problem erkennen. Die Frage nach der interkulturellen Kommunikationsfähigkeit des Menschen lässt sich nämlich reduzieren auf die Frage, ob der Mensch prinzipiell zu einer Kommunikation auf Grundlage von verständnisvoller Gegenseitigkeit fähig ist, die zu einer friedlichen Koexistenz beitragen kann. Arnold und Siebert fokussieren allerdings weniger die Vision einer gelingenden Kommunikation, sondern versuchen, den von der Kommunikationstheorie aufgezeigten Normalfall der misslungenen Verständigung durch den Hinweis zur Akzeptanz der fremden lebensweltlichen Denk- und Handlungskultur konstruktiv zu wenden. Damit ist in gewisser Weise jede Kommunikation zwischen zwei personalen Systemen eine Form der Interkulturellen Kommunikation.[1158]

Neben den prinzipiellen Problemen bei einem Kommunikationsprozess lassen sich weitere Faktoren benennen, die eine interkulturelle Verständigung zusätzlich erschweren: Durch seine Sozialisation hat jedes Mitglied einer Kultur Teil am gemeinsamen Orientierungssystem, das in nahezu allen Lebensberei-

---

1155 Clapeyron, Pauline, 2004, S. 11
1156 Auernheimer, Georg, 2005, S. 158 und S. 163
1157 Müller, Stefan; Gelbrich Katja, 2014, S. 6 f
1158 Arnold, Rolf; Siebert, Horst, 2006, S. 137 f

chen die Weltsicht prägt. Andere Kulturen, deren Codes und Werte zu verstehen, wird dadurch erschwert. Obwohl die These vom – teilweise unterbewussten – Erwerb komplexer Wertsysteme einen Lernprozess impliziert, der zu kollektiver Geschlossenheit tendiert, ist die vorherrschende Kultur nicht statisch, sondern kann auch durch ihre Mitglieder in ihrer Ausprägung verändert werden. Zudem können sich individuelle Interessen und Präferenzen im Rahmen des von einer Kultur aufgespannten Gestaltungsrahmens entfalten.[1159] Durch die lange Einbindung in die primäre kollektive Navigationsmatrix erscheinen die darin vorherrschenden Koordinaten (Werte, Wissensbestände, Mythen) als die einzig plausiblen Bedeutungszuschreibungen. In dieser unreflektierten Verankerung der kulturspezifischen Vorstellungen z. B. vom richtigen moralischen Leben, liegt eine zweite Herausforderung für das interkulturelle Lernen, weil ihr Aufeinanderprallen im interkulturellen Dialog Konflikte erzeugen kann.[1160]

Aufgabe der EB kann es darum sein, ein selbstreflexives Lernen zu ermöglichen, bei dem die Lernenden sich ihrer kulturellen Verwurzelung bewusstwerden. In einem weiteren Schritt geht es dann um einen Perspektivwechsel, um das zunächst probeweise Verlassen der bisherigen Grundannahmen, um eine Herstellung von Distanz zur eigenen Kulturgebundenheit. Die „systematische interkulturelle Selbstreflexion"[1161] soll dazu beitragen, die eigenen Vorstellungen nicht zu immunisieren gegenüber anderen Deutungsmustern, oder diese gar als absolut zu überhöhen. In diesem Sinne trägt die EB zur Relativierung, zum Ende des Eurozentrismus und des Zentralismus bei. Am Ende derartiger Lernprozesse können neue, anschlussfähige Weltinterpretationspräferenzen stehen, die sich zur Gestaltung der Lebenswelt als tauglich erweisen.

Die hervorgehobene Relevanz der Kontinuität beim unbewussten Erwerb kultureller Prädeterminanten markiert einen wichtigen Aspekt für die Personalentwicklung als Teil der Managementaufgaben. Im internationalen Bereich Tätige benötigen eine längere Einarbeitungsphase mit einem erhöhten Fehlerrisiko aufgrund der kulturell divergenten Annahmen dessen, was als normal zu gelten hat. In dieser Phase der Verunsicherung und der reflexiven Selbstbetrachtung kann es angezeigt erscheinen, eine gezielte andragogische Begleitung zur Verfügung zu stellen, die im Sinne der Lernkultur einer konstruktivistischen Ermöglichungsdidaktik agiert. Dieses Global Coaching kann auch die Aufgabe übernehmen, Führungskräfte immer wieder mit der prinzipiellen Begrenztheit ihrer Interaktionen zu konfrontieren, da deren situativ-kontextu-

---

1159 Müller, Stefan; Gelbrich, Katja, 2014, S. 6 und Engelen, Andreas; Tholen, Eva, 2014, S. 18 f
1160 Arnold, Rolf; Siebert, Horst, 2006, S. 140–142 und Müller, Stefan; Gelbrich, Katja, 2014, S. 5
1161 A. a. O., S. 143

elle Angemessenheit global betrachtet nicht immer vorliegen kann (Kontingenz). Besonders nach einem ersten erfolgreichen internationalen Einsatz kann dies indiziert sein.

Müller und Gelbrich bestätigen diese These anhand eines Beispiels eines Managers. Sein Führungsstil war in einem afrikanischen Land erfolgreich, in einem anderen hingegen kontraproduktiv.[1162] Die Person hatte vor ihrem ersten Auslandseinsatz für sich realisiert, welche Verhaltensweisen auf diesem Kontinent zielführend sein können, allerdings hat sie danach diese Muster zu sehr generalisiert. Vor der Tätigkeit im zweiten afrikanischen Einsatzland hätte sie sich erneut reflexiv mit ihren Weltinterpretationspräferenzen auseinandersetzen müssen, um im dortigen Kontext über viable Muster zu verfügen.

Die prinzipiell längere Verweildauer eines Mitarbeiters in einem internationalen Bereich im Gegensatz zu einer schnellen Länder-Rotation ist damit aus Sicht der interkulturellen Kompetenzaneignung begründet. Die Wertschätzung von Kontinuität im Aufgabenbereich sollte als ein Faktor betrachtet werden, der zur effektiven und nachhaltigen Ausrichtung eines Unternehmens oder einer Organisation beiträgt.

5.2.5.5 Fazit: Interkulturelles Lernen

Bei der Beurteilung des Ansatzes muss zwischen drei Ebenen der Kritik unterschieden werden. Zunächst kann die häufig verwendete generalisierende Stereotypisierung problematisiert werden, wonach z. B. Integrationsprobleme mit der kulturellen Andersartigkeit begründet werden. Damit reduziert sich die Pädagogik auf die Kultur als Analysedimension und wird so der Komplexität der konkreten Person, die mehr ist als nur ein Kulturträger, nicht gerecht. Darum wird eine weniger die Person exkulpierende interkulturelle Pädagogik postuliert, sondern – ausgehend von einem sozialökologischen Analysemodell – eine differenzierte Perspektive, die auch die Relevanz von strukturellen Kategorien (Machtverhältnisse, Arbeitsmarktintegration, Qualifikationsniveau etc.) berücksichtigt. So könnte das Ausblenden des für pädagogische Prozesse grundlegenden Subjektstatus verhindert werden.[1163]

Zweitens kann man die pädagogischen Arrangierbarkeit einer interkulturellen Lernsituation grundsätzlich infrage stellen. Die von Auernheimer im Bereich der interkulturellen Sozialarbeit aufgezeigte institutionelle Machtasymmetrie und die expliziten Gefahren von paternalistisch geprägter, klassischer sozialpädagogischer Theorie und Praxis[1164] können weitgehend analog in den Bereich der interkulturellen Pädagogik transferiert werden. Im Grunde zeichnet

---

1162 Müller, Stefan; Gelbrich, Katja, 2014, S. 496 f
1163 Hamburger, Franz, 2012, S. 51, 187–195
1164 Auernheimer, Georg, 2005, S. 56

sich damit auf der Folie von Pädagogik und Sozialer Arbeit eine bereits von Thiersch reflektierte Grundproblematik ab, nämlich die Frage der unterschwelligen Dominanz von Förderndem bzw. Verstehendem über den Zu-Fördernden bzw. Zu-Verstehenden.[1165] Die Subjekthaftigkeit des Verstehensprozesses bei statushöheren Pädagogen, Sozialarbeitern, Entwicklungshelfern und Theologen führt sowohl bei der Kategorisierung als auch der Deutung von Problemlagen zu nicht symmetrisch ausgewogenen Konstellationen. In Konsequenz aus dieser sehr fundamentalen Kritik am Konzept des *Interkulturellen Lernens* sowie an nahezu jeder pädagogischen Konzeption ist zumindest die Frage berechtigt, ob grundsätzlich eine interkulturelle Situation auf Augenhöhe, ohne Dominanz und manipulativ gebrauchter Macht erfolgen kann. Die abschließende Beantwortung dieser umfänglichen und primär philosophischen Frage muss allerdings einer differenzierten Bearbeitung durch andere überlassen werden.

Schließlich kann man sich auf dritter Ebene kritisch, aber weniger grundsätzlich mit den dargestellten Definitionen, Zielen und der Methodik auseinandersetzen. So sind folgende thesenartige Aussagen zu machen, die zugleich als Orientierungsmaßstab für ein Management derartiger Bildungsprozesse zu betrachten sind:

- Die prozesshafte Aneignung interkultureller Kompetenzen bzw. Fähigkeiten findet i. d. R. nicht durch ein singuläres Ereignis statt. Im Unterschied zu den konstruktivistischen Konzepten und den Vorstellungen der neuen Lernkultur erfolgen diese auch systematisch organisiert und operationalisiert in institutionellen Bildungseinrichtungen.
- Das eingesetzte Personal sollte eigene biografische Zugänge zu interkulturellen Lebenslagen haben und entsprechend professionelle Reflexionen zur Aufarbeitung dieser Diversity-Erfahrungen gemacht haben können.
- Zur gezielten Förderung von Nachwuchskräften sind diese in Form von ggf. familienfreundlichen kurz- und mittelfristen Exposure-Programmen an andersartige Lebenslagen und Weltsichten heranzuführen.
- Kontinuität kann der Überwindung kultureller Differenzen dienen, wenn dabei die selbstreflexive Aufarbeitung von unterschiedlichen Kulturlogiken möglich, angeregt und ggf. begleitet wird.
- Im Kontakt mit Universitäten können sich Studierende bereits frühzeitig über Auslandssemester und Praktika in diesem Arbeitsfeld versuchen, relevante Kontakte aktiv knüpfen und für die Tätigkeit rekrutiert werden. Die bereits an Universitäten Lehrenden stellen dabei eine weitere exponierte, weil multiplikativ wirkende Zielgruppe dar.

1165 Thiersch, Hans, 1984, S. 27

- Die Teams der einzelnen Abteilungen sollten mindestens über eine Person mit interkulturellen Kompetenzen verfügen; diese muss mit den entsprechenden Ressourcen und dienstlichen Kompetenzen ausgestattet werden, um ihr Wissen weiterzugeben. Ziel sollte es sein, dass alle Mitarbeiter über ein Mindestmaß an interkulturellen Kompetenzen verfügen.
- Zum Aufbau und zur Weiterentwicklung eines für interkulturelle Lernprozesse offenen betrieblichen Settings kann es erstrebenswert sein, eine vergleichbare Organisation im Ausland als Partnerorganisation zu gewinnen. Über Job-Rotation-Programme, gemeinsame alternierende Einarbeitungsphasen für neue Mitarbeiter oder Nachwuchsführungskräfte könnte der kompetente Umgang mit einer kulturell divergenten Umgebung sichergestellt werden. Das Bestehen derartiger Konstellationen sollte zum Normalfall und damit zum Bestandteil der individuellen wie kollektiven Identität werden.
- Sprachkurse in Form von Auslandsaufenthalten aber z. B. auch internationale Kochkurse, beides auch für die Familienangehörigen als Teil der Lernkultur, sollten fester Bestandteil des innerbetrieblichen Fortbildungsangebots sein. Durch beide Modelle ließen sich sowohl die Motivation der Mitarbeiter als auch das familiäre Zusammengehörigkeitsgefühl stärken. Letzteres ist von Bedeutung, will man nicht durch die beruflich geförderte Entwicklung nur eines Ehepartners das Auseinanderstreben der Beziehung aufgrund zunehmend ungleicher Weltinterpretationen forcieren.
- Eines der zentralen Kennzeichen der institutionellen Rahmenbedingungen für die Interkulturelle Pädagogik und die interkulturelle Soziale Arbeit ist die Ausprägung der Kooperation und Koordination.[1166] Strategische Abstimmungen über gemeinsame Vorgehensweisen z. B. von NGOs können ein Schlüssel sein, um eine breitere gesellschaftliche Beachtung zu erwirken.

Die letzte These kann bei den für Lernprozesse im interkulturellen Management Verantwortlichen den Blick lenken auf eine weitere Dimension, die über die bisherigen Konsequenzen im Personalbereich hinausweist. Gerade in einem Arbeitsbereich, der durch eine enorme Vielfalt an staatlichen wie nichtstaatlichen, zivilgesellschaftlichen und kirchlichen Akteuren gekennzeichnet ist, ist die Vernetzung untereinander nicht nur auf der pragmatisch ausgelegten Arbeitsebene immer wieder herbeizuführen, sondern auch auf der Ebene der Entscheidungsträger. Der Austausch über die verschiedenen system- bzw. institutionenimmanenten Logiken der eigenen Organisation mit denen der anderen Organisationen stellt in der defragmentierten Realität bereits einen Prozess des interinstitutionellen Lernens für die Entscheidungsträger dar, der in vielen Be-

---

1166 Auernheimer, Georg, 2005, S. 163

reichen mit dem des von ihnen verantworteten *Interkulturellen Lernens* vergleichbar ist.

Allerdings muss die damit einhergehende Netzwerkarbeit in ihrer Reichweite realistisch beurteilt werden. Nur wenn Mitarbeiter, darunter auch die leitenden Mitarbeiter, die Freiräume haben oder bekommen, um in Selbstorganisation ihre sozialen Vernetzungen aufzubauen, werden gegenseitiges Vertrauen und Verantwortung füreinander entstehen. Herrscht hingegen eine starke Aufgabenorientierung vor, können diese ihre positiven Wirkungen auf die Organisationen und deren Zusammenarbeit nicht entfalten.[1167]

5.3 Das Entwicklungspolitische Bildungskonzept der Bundesregierung in der 17. Wahlperiode

Ein Blick auf die Tendenzen innerhalb der entwicklungspolitischen Informations- und Bildungsarbeit (EPIB) in Deutschland während der letzten abgeschlossenen und damit umfänglich analysierbaren Wahlperiode[1168] ist von Bedeutung, weil u. a. die für das *Interkulturelle Lernen* bzw. *Globale Lernen* zur Verfügung stehenden Ressourcen, Strukturen und Institutionen davon abhängen. Diese Indikatoren sind für ein professionelles interkulturelles Management dialogischer Entwicklungsarbeit konzeptionell relevant.

Zwei zentrale Anliegen lassen sich in dem untersuchten Zeitabschnitt feststellen: Erste Intention war es, dem Thema der EZ zu einer breiteren öffentlichen Wahrnehmung zu verhelfen. Dazu wurde das Feld inhaltlich – gemäß den Post-MDG-Überlegungen und den globalen Interdependenzen – ausgeweitet zu einer Zukunftsfrage für das Leben in Deutschland. Die Bürger wurden ermutigt, sich in diesem vielseitigen und der Person Erfüllung stiftenden Bereich gestaltend auf lokaler Ebene zu engagieren.[1169] Bezüglich der Zielgruppen, der Organisationsstrukturen und der Institutionen versuchte man traditionelle Lernorte (Schulen, Universitäten, EB-Einrichtungen) mit innovativen Ansätzen (Lernen am Arbeitsplatz, Internet) zu verbinden. Dabei sollten u. a. auch Selbstständige und Senioren in ihren individuellen Lebensvollzügen angesprochen werden. Kritisch beurteilt wurde die Reichweite der bisherigen Konzepte entwicklungsbezogener Bildungsarbeit. Es sei nicht gelungen, alle gesellschaftlichen Gruppen in Deutschland zu erreichen.[1170]

1167 Fell, Margret, 1994, S. 295
1168 bezogen auf den Zeitpunkt der Abfassung dieser Arbeit
1169 Beerfeltz, Hans Jürgen, 2012, S. 85
1170 A. a. O., S, 86

Von den unterschiedlichen Akteuren erwartete man ein hohes Maß an Koordination und Kooperationsbereitschaft unter dem Dach des BMZ. Damit tritt die zweite Intention zum Vorschein: Die Rolle des Staates wurde neu justiert. Er rückte als zentrale Koordinierungsstelle in den Mittelpunkt des Geschehens. In gewisser Weise wurde der Beitrag kleinerer Einheiten, wie NGOs und kirchlichen Werken, als defizitär betrachtet. Nur im vom Staat koordinierten Zusammenwirken mit anderen wird aus diesen partiellen Leistungen ein vollständiges Ganzes, das effektiver agieren kann, so die Vorstellung. Dadurch soll die gesellschaftliche Legitimation erhöht werden.[1171]

VENRO, der Dachverband der entwicklungspolitischen und humanitären Nichtregierungsorganisationen in Deutschland, formulierte eine zivilgesellschaftliche Gegenposition, die sich der staatlichen Vereinnahmung und Zentralisierung unter Verweis auf das bisher nahezu flächendeckend eigenständig Geleistete zu widersetzen versucht. Man schreibt der Politik die Verantwortung für die niedrige Ressourcen- und Budgetausstattung dieses Sektors der Entwicklungspolitik im Vergleich zu internationalen Empfehlungen zu.[1172] Die staatliche Politik zur Förderung des bürgerschaftlichen Engagements, die stark zentralistische Züge trägt, habe sich nicht ausreichend am Wesensmerkmal zivilgesellschaftlichen Engagements, der Entstehung aus der Mitte der Gesellschaft heraus und seinen „Selbststeuerungs- und Selbstorganisationspotentiale"[1173] orientiert. Folge der Entstehung einer neuen staatlich forcierten und organisierten Parallelstruktur und der Bereitstellung der für ihren Aufbau notwendigen finanziellen Ressourcen ist eine Kürzung der staatlichen Zuschüsse für bisherige nicht-staatliche Akteure.[1174]

Die deutlichste Zuspitzung der von BMZ und VENRO diametral gegensätzlich interpretierten Organisation der Partizipation findet sich in der Formulierung: „Was wir jedoch nicht brauchen, sind Mitmachangebote unter staatlicher Aufsicht."[1175] Die Argumentation gegen die vom BMZ intendierte staatliche Eigenprofilierung vertritt die Auffassung, es komme der Politik im Sinne des Subsidiaritätsverständnisses lediglich zu, sich um die Förderung und Ermöglichung eines pluralen bürgerlichen Engagements zu kümmern, statt es unmittelbar an sich selbst zu binden. Der Auftrag für die Bildungs-Verantwortlichen

---

1171 A. a. O., S. 86 f
1172 Rosenboom, Jana, 2012, S. 94. 1993 haben die Vereinten Nationen empfohlen, 3 % der offiziellen Entwicklungshilfeleistungen (ODA) für die entwicklungspolitische Bildungs- und Informationsarbeit bereitzustellen. Gemäß der Etatplanung für 2012 sollten aber nur 0,28 % der BMZ-Mittel dafür eingesetzt werden. Die UN-Empfehlung ist dokumentiert im UN Human Development Report 1993, S. 8
1173 Spielmans, Heike; Rosenboom, Jana, 2013, S. 33
1174 A. a. O., S. 30
1175 A. a. O., S. 33

kann darum nur lauten: Trägerspezifische Interessen zurückstellen und gemeinsam durch eine breite Lobbyarbeit im politischen Raum die entsprechenden Mittel einfordern unter weitestgehender Wahrung der institutionellen Unabhängigkeit und Trägerpluralität. Dabei sind grundlegende Kenntnisse bezüglich der aus der Katholischen Soziallehre heraus entstandenen Prinzipien, v. a. der Subsidiarität, sicherlich nur von Vorteil.

5.4 Fazit zur entwicklungsbezogenen Bildung der Person

Die entwicklungsbezogene Bildungsarbeit, ein wesentlicher Teil der Inlandstätigkeit das interkulturellen Managements dialogischer Entwicklungsarbeit, befindet sich institutionell betrachtet seit 2013 in einem strukturellen Umbruch. Die politisch gewollte Tendenz weist dabei, bezogen auf die Frage der subsidiären Trägerlandschaft, deutlich auf eine starke zentrale, staatliche Institutionalisierung. Damit einher geht der Kampf um die Freigabe von notwendigen Mitteln für die entwicklungspolitische Informations- und Bildungsarbeit, damit dialogische Entwicklungsarbeit in der Mitte der gesellschaftlichen Öffentlichkeit auf der Ebene der Person überhaupt versteh- und erlebbar gemacht werden kann.

Inhaltlich besteht in der entwicklungsbezogenen Bildungsarbeit ein breiter Grundkonsens, der als das Resultat einer langjährigen qualifizierten Bildungsforschung und -praxis, ausgehend von der Dritte-Welt-Pädagogik bis hin zum *Interkulturellen Lernen* und dem *Globalen Lernen*, verstanden werden kann. Im Zuge einer kritischen Analyse der jeweiligen Bildungskonzeptionen wurden bereits Konsequenzen für das interkulturelle Management von Lernprozessen innerhalb der dialogischen Entwicklungsarbeit in den entsprechenden Kapiteln formuliert; hier werden sie gebündelt und komprimiert zusammengefasst.

Freire geht davon aus, dass jede Person zur selbstbestimmten Lebensgestaltung einer Bildung bedarf, die sie in die Lage versetzt, eine herausfordernde Situation dialektisch aus unterschiedlichen Perspektiven betrachten zu können. Dieser bildungstheoretisch-emanzipatorische Anspruch kann nur realisiert werden, wenn jede Person über mehr als einen Standpunkt verfügt, um – im demütigen Wissen um die Relativität der Lösungsansätze – die Lage reflexiv beurteilen und Handlungsoptionen abwägen zu können. Diese Möglichkeit zum Perspektivwechsel wird auch vom *Globalen Lernen* und *Interkulturellen Lernen* als wichtiger Ansatz zur Etablierung einer neuen Lernkultur betrachtet.

Ein weiterer gemeinsamer Eckpunkt von *Globalem Lernen* und *Interkulturellem Lernen* für den konstruktivistischen Umgang mit der Ungewissheit (Arnold/Siebert) ist die interpersonale Begegnung mit dem Fremden, z. B. durch face-to-face Kontakte, Auslandsaufenthalte, Praktika im Ausland bzw. die Alltäglichkeit der interkulturellen Begegnung in Arbeits- und Lernarrangements.

Personalentwickler haben die Option, Lernprozesse durch die Anwesenheit von Mitarbeitern aus anderen Kulturkreisen zu stimulieren (5.1.4). Tandem-Lösungen und Job-Rotation dienen u. a. der Einarbeitung und sichern Kontinuität ab. Globale Fragestellungen sollte auch Teil der schulischen und akademischen Ausbildung sein (5.2.5.5).

Zur Vermeidung der Tradierung eines von nördlicher Hegemonie geprägten Weltbildes, in dem der globale Süden ein Objekt des guten Willens des Nordens bleibt (5.2.1.2), muss die Frage nach der eigenen Verantwortung forciert werden (5.2.1.1). Die Faktizität allein ist dabei keine ausreichende Basis in der Bildungsarbeit (5.2.2.1), sie bedarf der Ergänzung durch handlungsorientierte Lernmodelle (5.2.2.2.). Allerdings existiert der Trend zur Verabsolutierung des eigenen Lebensstils (5.2.3.2) als vorrangiges Handlungsmodell. Betrachtet man die politische Dimension des Handelns als einen Beitrag zur Transformation der Weltgesellschaft (5.2.4.7), dann ist das ein Schritt zur Generierung von mehr Realismus anstelle von Aktionismus. Eine Art Global-Coaching, das den Alltag der Entscheider kontinuierlich für selbstreflexive Phasen unterbricht, könnte das Verblassen der Relevanz von erlernten analytisch-interpretativen Kenntnissen und handlungsbezogenen Kompetenzen aufhalten. Diese Idee korreliert mit dem Vorschlag einer kontinuierlichen Betreuung im Anschluss an das *Globale Lernen* (5.2.4.7). Vernetzungen und strukturierte Allianzen können für die Bildungsarbeit gewinnbringend erschlossen werden (5.2.3.1). Besonders trägerübergreifende Bildungsagenturen dienen der Optimierung des organisatorischen Rahmens für personale Bildungsprozesse (5.2.4.2, 5.3).

Diese Erkenntnisse sind eine Basis für die Weiterentwicklung der Konzepte und Methoden im Dialog der verschiedenen Akteure auf nationaler und internationaler Ebene.

Teil III
Lernprozesse auf der Ebene des Managements

6 Grundlagen eines dialogisch interkulturellen Management-Ansatzes internationaler sozialer Einrichtungen

Unter Berücksichtigung des in der entwicklungspolitischen Fachdiskussion präferierten Primats der endogen zu leistenden Prozesse ergibt sich die in diesem Kapitel zu untersuchende Fragestellung: Wie muss das Management von Institutionen und Organisationen der ISA, der (kirchlichen) EZ und der dazu gehörenden Hilfswerke ausgestaltet sein, das sowohl in der nördlichen Hemisphäre als auch in den Ländern des globalen Südens, also in völlig unterschiedlichen kulturellen Kontexten, wirksam wird?

Nach Koch umfasst der Begriff *Management* ein komplexes Aufgabenfeld: „Management ist die (laufende) (professionelle) zielorientierte Gestaltung, Steuerung und Entwicklung von (komplexen) Strukturen und Prozessen von Organisationen."[1176] Der Normalfall des Managements als permanenter Vorgang, der Professionalität erfordert und sich auf komplexe Situationen bezieht, wird durch die von Koch in der Definition vorgesehenen optionalen Ergänzungen ausgedrückt. Nach seinem Verständnis besitzt diese Definition auch dann Gültigkeit, wenn nicht alle Kennzeichen gegeben sind.[1177] Sein Managementbegriff umfasst die Dimensionen Fachkompetenz, Prozesskompetenz und Führungskompetenz[1178] sowie Managementtätigkeiten auf unterschiedlichen Hierarchieebenen, bei kurz- und langfristig orientierten Vorgängen und in sehr unterschiedlichen Sach- und Personenbereichen.[1179] Dabei kann die Unterteilung der Funktionen des Managements in die Bereiche Planung, Organisation, Personal, Leitung und Kontrolle als grundsätzliche Folie dienen.[1180]

Weil das Scheitern von Internationalisierungsprozessen allerdings häufig entweder mit kulturellen Differenzen oder der Schwierigkeit, den Entscheidungsträgern interkulturelle Kompetenzen zu vermitteln, begründet wird, ergibt sich für die vorliegende Arbeit eine Fokussierung auf diese Felder.[1181] Darüber hinaus erfolgt dabei eine Beschränkung auf die pädagogischen bzw. andragogischen Aspekte, die in Korrelation mit den Befunden der vorab aufgezeigten Analyse stehen und innovative Erkenntnisse vermitteln.

Mit der Akzentuierung von Lernprozessen innerhalb des Managements und den von ihm verantworteten Bereichen wird einem Verständnis entgegenge-

---

1176 Koch, Eckart, 2012a, S. 38
1177 A. a. O., S. 39
1178 A. a. O., S. 39–45
1179 A. a. O., S. 39
1180 Engelen, Andreas; Tholen, Eva, 2014, S. 15
1181 A. a. O., S. 2

treten, das die kulturelle Prägung der Mitarbeitenden durch ihre Sozialisation in starkem Maße betont.[1182] Ein solches Verständnis negiert die substantielle Bildbarkeit der Person in Bezug auf interkulturelle Kommunikation und die Reichweite der Management-Interventionen bzw. hält diese für gering. Die konstruktivistische EB aber auch andere Ansätze zeigen dagegen Konzepte selbstreflexiver Lernprozesse auf und widerlegen somit ein solches Verständnis.[1183] Dem schließt sich auch die vorliegende Arbeit an.

In diesem Kapitel wird zunächst das Modell des Globalen Managements von Hofstede dargestellt, weil durch dessen Kulturdimensionen eine differenzierte Analyse möglich wird und diese die Basis für weitere Managementmodelle bilden. Des weiteren werden Publikationen zum Management von kirchlichen Einrichtungen, Nonprofit-Unternehmen und Nonprofit-Organisationen (NPO) auf ihre internationale bzw. interkulturelle Reichweite und Anschlussfähigkeit für die personalen und organisatorischen Lernprozesse innerhalb der dialogischen Entwicklungsarbeit untersucht und ggf. modifiziert. Ergänzt wird diese synoptisch-fokussierende Zusammenschau durch die Analyse von Konzepten interkulturellen und dialogischen Managements nach Koch und Petersen. Koch beschäftigt sich dabei mit Implikationen für die EZ und Peterson mit Dialog im Management. Soweit die jeweils in diesem Kapitel untersuchten Autoren nicht andere Definitionen ihren Konzepten zugrunde legen, wird die oben genannte Definition nach Koch wegen ihrer Kompatibilität auf viele Felder des interkulturellen Managements als Arbeitsgrundlage herangezogen.

6.1   Globales Management nach Hofstede

Hofstedes Analyse befasst sich mit unterschiedlichen Organisationskulturen und erforscht die Korrelationen von nationalen Kulturen und Unternehmenskulturen. Er untersucht die inneren „Muster des Denkens, Fühlens und potentiellen Handelns, (…) unserer mentalen Programme"[1184] mit dem Ziel, Probleme in Unternehmen zu verstehen und einer Lösung zuzuführen. Solche Probleme hätten i. d. R. strukturelle und menschliche Ursachen: „Die Menschen, die betroffen sind, reagieren entsprechend ihrer mentalen Software. Teil dieser mentalen Software sind ihre Vorstellungen, wie eine Organisation auszusehen hat."[1185] Unter Rückgriff auf die Analyse der Werke von vier klassischen

---

1182   A. a. O., S. 4
1183   Vgl. Kapitel 5.2.5.4
1184   Hofstede, Geert; Hofstede, Gert Jan, 2011, S. 3
1185   A. a. O., S. 314. Vgl. Kapitel 5.1.4. Auf die Analogie von Hofstedes Software und Arnolds interner Grammatik sei verwiesen.

Organisationstheoretikern[1186] sowie auf aktuelle Organisationsmodelle aus verschiedenen Ländern belegt er seine These, wonach nicht nur Organisationen sondern auch Organisationstheorien kulturbestimmt sind.[1187] So erklärt sich seine relativierende Aussage: „Die Wahrheit in einem Land kann sich als Irrtum in einem anderen Land herausstellen."[1188]

6.1.1 Kulturdimensionen

Ausführlich befasst sich Hofstede mit dem Kulturbegriff, der Vorgeschichte der Kultur, dem kulturellen Relativismus, der kulturellen Selbstreproduktion sowie dem kulturellen Wandel und den Quellen kultureller Vielfalt und Veränderung.[1189] Diese Auseinandersetzung ist die Ausgangsbasis für seine Methodik. Zur besseren Operationalisierung der Vergleiche nationaler Kulturen und der verschiedenen Schulen der Organisationskulturen führt Hofstede seine Kulturdimensionen ein.

Damit kann natürlich nicht jedes Verhalten eines Mitglieds einer Kultur auf dessen mentale Programmierung, die in den entsprechenden Kulturdimensionen zum Ausdruck kommt, verkürzt werden. Es besteht immer die grundsätzliche Möglichkeit, von der kulturell vorgegebenen Logik abzuweichen und sich auf unerwartete neue, konstruktive oder aber auch destruktive Weise zu verhalten. Eine Vorhersage des Verhaltens eines Individuums ist darum nur begrenzt zulässig. Die Kulturdimension ist demnach eine statistische Aussage über die üblicherweise zu beobachtende Reaktion von Menschen, die in dieser Kultur aufgewachsen sind bzw. leben, auf einen Reiz.[1190] Im Folgenden sollen die fünf nach Hofstede zentralen Kulturdimensionen erläutert werden.[1191]

1186 Frankreich (Henri Fayol, 1841–1925), Deutschland (Max Weber, 1864–1920), USA (Frederick Winslow Taylor, 1856–1915) und China (Sun Yat-Sen, 1866–1925)
1187 Hofstede, Geert; Hofstede, Gert Jan, 2011, S. 322
1188 A. a. O., S. 324
1189 A. a. O., S. 6–47
1190 Hofstede, Geert; Hofstede, Gert Jan, 2011, S. 3
1191 Eine sechste Dimension findet sich nur auf der englischsprachigen Homepage des Hofstede-Centre und kann mit Nachgiebigkeit vs. Beherrschung umschrieben werden. Nachgiebige Gesellschaften sind als solche definiert, die ihren Mitgliedern relativ freizügig Ressourcen zur Verfügung stellen, damit diese sich die grundlegenden natürlichen Bedürfnisse erfüllen können, die es erlauben, das Leben zu genießen und Spaß zu haben. Beherrschung dagegen ist signifikant für Gesellschaften, die die Bereitstellung von Ressourcen zur Befriedigung der Bedürfnisse ihrer Mitglieder erschweren und durch strenge soziale Normen regeln. Diese Dimension könnte als ein Indikator für den Grad der Gewährung von Menschenrechten (z. B. nach Zugang zu Bildung oder sozialer Sicherheit) interpretiert werden und damit für die Soziale Arbeit von besonderer Relevanz sein.

6.1.1.1 Machtdistanzindex: Ungleichheit in der Gesellschaft (MDI)

Das Ausmaß der Akzeptanz von ungleicher Machtverteilung definiert Hofstede als Kennziffer für den Indikator Machtdistanz. Dazu muss man herausfinden, mit welcher hierarchischen Distanz zu denjenigen, die für sie entscheiden, die Mitglieder gewohnt sind umzugehen. Bis zu welchem Grad sind sie bereit, auf das Ausüben eigener Macht zu verzichten? Ausgangspunkt dafür ist also das Wertesystem der weniger mächtigen Mitglieder von Institutionen bzw. Organisationen eines Landes. Die Duldung der eigenen Ohnmacht ermöglicht erst die Entstehung von Autorität.[1192]

In Bereichen mit geringer Machtdistanztoleranz existiert eine Abhängigkeit des Mitarbeiters von seinem Vorgesetzten nur in begrenztem Umfang. Prägend für dieses Verhältnis sind dagegen Interdependenzen, die Mitarbeiter werden oft konsultiert, Widerspruch ist möglich. In Ländern mit großer Machtdistanzduldung ist das Gegenteil Realität. Dazu gehört eine große Abhängigkeit der Mitarbeiter von den Vorgesetzten, denen nur selten widersprochen wird.[1193]

Die Ungleichheit zwischen den Menschen auf der Entscheidungsebene und der Arbeitsebene wird u. a. sichtbar im Bildungsniveau und im Berufsleben. Die Bereitschaft, eine große Machtdistanz zu tolerieren bzw. in der eigenen Biografie zu ertragen, wird – genauso wie am anderen Ende der Skala die Ermutigung, das Leben selbst gestaltend in die Hand zu nehmen – in der Familie grundgelegt und in der Schule durch das Verhalten und die Beziehung zu Lehrern weiter ausgeprägt.[1194] Die nationalen Unterschiede in der Machtdistanz sind historisch tief verwurzelt, eine zunehmende globale Konvergenz dieses Indexes ist nicht belegbar.[1195]

6.1.1.2 Individualismus vs. Kollektivismus (IDV)

Die zweite Dimension kombiniert zwei diametrale Pole. Hofstedes Definition lautet:

> „Individualismus beschreibt Gesellschaften, in denen die Bindungen zwischen den Individuen locker sind; man erwartet von jedem, dass er für sich selbst und für seine unmittelbare Familie sorgt. Sein Gegenstück, der Kollektivismus, beschreibt Gesellschaften, in denen der Mensch von Geburt an in starke, geschlossene Wir-Gruppen integriert ist, die ihn ein Leben lang schützen und dafür bedingungslose Loyalität verlangen."[1196]

1192 A. a. O., S. 57 f
1193 A. a. O., S. 57
1194 A. a. O., S. 64–70
1195 A. a. O., S. 93
1196 A. a. O., S. 97

Im Zuge seiner Gesellschaftsbeobachtungen stellen sich individualistische Länder tendenziell als reich heraus, kollektivistische Länder dagegen eher als arm.[1197] Bringt man diese Aussage mit einer anderen Erkenntnis Hofstedes in Korrelation, der zufolge „die überwiegende Mehrheit der Menschen in unserer Welt (…) in Gesellschaften (lebt), in denen das Interesse der Gruppe dem Interesse des Individuums übergeordnet ist,"[1198] so ergibt sich daraus für das interkulturelle Management die große Herausforderung, kulturell bedingte Konflikte innerhalb einer international bzw. interkulturell oder gar global agierenden Organisation mit entsprechend heterogenen Mitarbeitern und Führungskräften zu moderieren, da die Ursachen vieler Missverständnisse in interkulturellen Begegnungen im unterschiedlichen Wertesysteme der Dimension Individualismus-Kollektivismus liegen.[1199]

In einer nach Hofstedes Vorstellungen unter dem Aspekt der Interkulturalität optimal geführten Organisation können „die Mitglieder ihre Fähigkeiten vollständig einsetzen (…), auch solche, die aus ihrer kulturellen Identität stammen – seien diese künstlerischer, sozialer, sprachlicher, mentalitätsmäßiger oder anderer Art."[1200] Offen bleibt dabei aber, wie sich z. B. das Design der Entscheidungsfindungsprozesse darstellt und welche Regulative in einem innerorganisatorischen Streitfall oder einem Konflikt mit einer anderen Organisation wirksam werden. Die aus der begründeten Analyse gefolgerten Handlungsempfehlungen sind zumindest ansatzweise praktikabel. Es bedarf noch der wissenschaftlich fundierten Entwicklung eines Weges zur Entscheidungsfindung und zur Aushandlung von Kompromissen.[1201]

Zweifelsohne zeichnet Hofstede damit ein echtes Dilemma für viele Sozialtheoretiker auf; schließlich ist deren Gegenentwurf zu der von ihnen kritisierten individualistischen Ellenbogengesellschaft i. d. R. auf der Betonung des Gemeinwohls und des u. a. durch staatliche Regeln kollektiv gesicherten, breiten gesellschaftlichen Wohlstands aufgebaut. Zwingend ist dieser Gegensatz aber nicht, schließlich beschreibt Hofstede damit ausschließlich den gesellschaftlichen Ist-Zustand, ohne auf eine Kausalität zu verweisen.

Während Hofstede in den beiden bisher dargestellten Dimensionen nahezu keine Unterschiede zwischen seinen untersuchten Ländern Niederlande und USA messen konnte, zeigten sich große Unterschiede in der Frage, „ob Be-

---

1197 A. a. O., S. 99
1198 A. a. O., S. 95
1199 A. a. O., S. 150
1200 A. a. O., S. 482
1201 A. a. O., S. 490 f Der Hinweis von Hofstede an dieser Stelle auf die Notwendigkeit von mehr Kneipen als Ort des Zuhörens, eines freundschaftlichen Miteinanders trotz Dissens in der Sache entspringt einer praktischen Beobachtung.

stimmtheit (Maskulinität) oder Bescheidenheit (Femininität) im Verhalten wünschenswert ist."[1202]

6.1.1.3 Maskulinität vs. Femininität (MAS)

Bei dieser Dimension der gesellschaftlichen Programmierung handelt es sich in verstärktem Maße um eine emotionale Größenordnung. Indikatoren für Maskulinität sind Bestimmtheit, materielle und quantitative Orientierung. Femininität entspricht den Gegensätzen Bescheidenheit und Ausrichtung an qualitativer Lebensqualität. In maskulinen Gesellschaften werden die Rollen der Geschlechter klar voneinander unterschieden, in femininen kann es zu emotionalen Schnittmengen kommen, d. h. Männer können sensibel und bescheiden sein.[1203] Offen lässt Hofstede in dieser Definition, ob Frauen in einer als feminin bezeichneten Gesellschaft auch hart und bestimmend sein können.

Zur Beschreibung der Maskulinität dienen auch die Attribute „leistungsorientiert"[1204] und „wettbewerbsorientiert"[1205]. Die Männerwelt ist demnach die Welt der Macher und Entscheider, der Weichensteller und Drahtzieher. Diese Machbarkeitshybris konveniert in einem nicht unbeträchtlichen Maß mit dem klassischen Entwicklungsmodell der ersten Dekaden[1206] und dem Einsatz von europäischen Experten als Entwicklungshelfer in den damals so genannten Entwicklungsländern. Die ökologische Bewahrung des menschlichen Lebensraums ist eine der wichtigsten Zukunftsaufgaben der Menschheit. Dafür benötigt man laut Hofstede die femininen Eigenschaften Hegen und Pflegen. Maskulinität ist dagegen eine Triebkraft der Abwärtsspirale von Armut und Hunger.[1207]

Versucht man sich vom maskulin geprägten Konzept der EZ zu lösen und konzeptionell ihre Feminisierung voranzubringen, dann leitet sich daraus ein weiterer Aspekt für das in dieser Arbeit postulierte neuen Leitbild der *dialogischen Entwicklungsarbeit* und seines Mottos *Im Norden Bescheidenheit lernen und im Süden die Fähigkeit entdecken, Probleme anzupacken* ab. Für die Leitung von Institutionen und Organisationen, die sich einem derartigen Leitbild verpflichtet wissen, heißt das nicht, ausschließlich auf den Einsatz weiblicher Führungskräfte zu setzen. Vielmehr kommt es darauf an, Menschen zu finden, die von der Anlage ihrer emotionalen Struktur her bescheiden und sensibel sind und dennoch über Autorität verfügen oder sich diese erwerben können. Zudem

---

1202 Hofstede, Geert; Hofstede, Gert Jan, 2011, S. 152
1203 A. a. O., S. 156
1204 A. a. O., S. 153
1205 A. a. O., S. 153
1206 Vgl. Kapitel 4.3.3
1207 Hofstede, Geert; Hofstede, Gert Jan, 2011, S. 214

werden derartig strukturierte Entscheidungsträger tendenziell weniger Probleme haben, auf die Kompetenzen anderer, speziell der *Kraft der Armen* und deren autochthonen Leitbilder und Umsetzungsstrategien, zu vertrauen. Für die zu den Leitungsaufgaben gehörende professionelle Zusammenarbeit mit den Medien ergibt sich die Herausforderung, in der Öffentlichkeitarbeit und Berichterstattung weniger auf den Helfer aus dem Norden zu setzen als vielmehr auf den einheimischen Problemlöser, der seine Heimat pfleglich und sorgsam voranbringt. Nicht spektakuläre Stories, sondern seriöse Berichte über nachhaltige Erfolge wären ein Indikator für die Umsetzung dieser Gedanken.

6.1.1.4 Unsicherheitsvermeidungsindex: Toleranz gegenüber der Komplexität (UVI)

Ausgehend von der Untersuchung des arbeitsplatzbezogenen Stresses von Mitarbeitern ergibt sich die Unsicherheitsvermeidung als vierte Dimension, in der sich das Niveau der Angst in einer Gesellschaft angesichts einer unsicheren Zukunft darstellt. Der Unsicherheitsvermeidungsindex bringt den Wunsch nach Sicherheit z. B. durch geschriebene und ungeschriebene Regeln zum Ausdruck.[1208]

Länder mit einer schwachen Unsicherheitsvermeidungstendenz schneiden in Hofstedes Untersuchungen in Bezug auf die Toleranz gegenüber z. B. religiösen und ethnischen Minderheiten, Migranten sowie politisch Andersdenkenden signifikant besser ab. Auch in Bezug auf die Akzeptanz der Menschenrechte, Relativismus und Antinationalismus sind Unterschiede zu Ländern mit hoher Unsicherheitsvermeidungstendenz feststellbar.[1209]

Aufgrund der tiefen historischen Verwurzelung dieser kulturellen Unterschiede gibt es kaum Anlass zur Hoffnung auf eine rasche grundsätzliche Änderung, Zudem sind die Ansatzpunkte dafür, mit Ausnahme der Geschichte, unklar. Ein Spielraum für ein veränderndes gestalterisches Leitungshandeln ist nicht erkennbar.[1210] Als Konsequenz wird darauf verzichtet, in einem zeitlich überschaubaren Horizont realisierbare Aufgaben für das interkulturelle Management zu formulieren.

6.1.1.5 Lang- vs. Kurzzeitorientierung (LZO)

In der fünften Dimension unterscheidet Hofstede nach der zeitlichen Orientierung, die entweder langfristig auf die Zukunft und erfolgreiches Handeln dort ausgerichtet sein kann (z. B. Sparsamkeit), oder im Gegensatz dazu Vergangenheit und Gegenwart akzentuiert u. a. durch den Respekt vor Traditionen und

---

1208 A. a. O., S. 220
1209 A. a. O., S. 266
1210 A. a. O., S. 267 f

sozialen Pflichten.[1211] Zur Beschreibung der Kurzzeitorientierung dienen weitere Normenpakete, die z. T. in Spannung stehen mit dem in der ersten Definition enthaltenen Respekt vor Traditionen und darum eine breite Varianz von Verhaltensweisen innerhalb der gleichen mentalen Programmierung erzeugen. Als Beispiel für diese abweichenden Normenpakte kann die Ausrichtung auf eine sofortige Befriedigung von Bedürfnissen, wie z. B. Geld ausgeben oder das Befolgen von aktuellen Konsumtrends betrachtet werden.[1212] Damit wird auf die Unfähigkeit vieler Menschen verwiesen, einen Belohnungsaufschub zu ertragen, bzw. auf die mangelnde Bereitschaft oder Fähigkeit zu einem kontrollierten Triebverzicht.

Für weltkirchlich bzw. entwicklungspolitisch agierende Organisationen aus Europa, die im asiatischen Raum tätig sind bzw. mit Organisationen kooperieren, die aus diesem Kontext stammen oder Mitarbeiter aus diesen Kulturkreisen haben, ist es wichtig, sich der Anzeichen einer Langzeitorientierung in den großen asiatischen Religionen (Hinduismus, Buddhismus) und Ethiken (Konfuzianismus) bewusst zu sein. Die drei großen westlichen Religionen (Judentum, Christentum, Islam) sind der Kurzzeitorientierung zuzuschreiben.[1213] Dies macht Hofstede u. a. an deren Überzeugung fest, im Besitz der alleinigen, letztgültigen Wahrheit zu sein und durch die Trennung von Geist und Materie. Beide Aspekte führen zu einer analytisch-abstrakten Rationalität, die zur Betonung von extremen Positionen führen kann. Das Asien kennzeichnende synthetische Denken erlaubt dagegen die Koexistenz von sich widersprechenden Wahrheitsaussagen A und B, die zusammen zu einer über A und B stehenden Wahrheit führen können.[1214]

Die Relativierung des Glaubens an eine exklusive Verkörperung Gottes in einer Konfession hat das Christentum bereits konzeptualisiert. Papst Franziskus sagt dazu: „Ich glaube an Gott. Nicht an einen katholischen Gott, den gibt es nicht. Gott existiert. Und ich glaube an Jesus Christus, seine Inkarnation."[1215] Wenn es keine absolute Wahrheit gibt, sondern nur Wege der Annäherung daran könnte es eine Zieldimension eines dialogisch strukturierten, interkulturellen Lernprozesses sein, die Vermeidung oder zumindest die Verminderung von auf Kurzfristigkeit beruhenden fundamentalistischen Strömungen anzustreben.

Aus den Ergebnissen seiner Kulturdimensionen zur Einteilung nationaler Kulturen entwickelt Hofstede unter Bezugnahme auf empirische Untersuchun-

---

1211 A. a. O., S. 274
1212 A. a. O., S. 280
1213 Auch die Mehrheit der Kulturen Afrikas ist durch eine Kurzzeitorientierung gekennzeichnet. A. a. O., S. 300–307
1214 A. a. O., S. 301 f
1215 Radio Vatican, Papst Franziskus im Interview, 2013

gen bei Mitarbeitern verschiedenster international tätiger Firmen „sechs völlig neue Dimensionen, d. h. Dimensionen von Praktiken, und nicht von Werten."[1216] Diese für die Frage des interkulturellen Managements relevanten Erkenntnisse sollen im Folgenden dargestellt und untersucht werden.

6.1.2 Sechs Dimensionen von Organisationskulturen

Die Nomenklatur der Dimensionen zum Vergleich der Organisationskulturen folgt der Intention, positive oder negative Interpretationen in den Begriffspaaren nicht zu forcieren. Ausschließlich durch den jeweiligen Rezipienten und seine Auslegung soll die Bewertung der Punktwerte einer Dimension erfolgen. Auch die Reihenfolge enthält keine Aussage bezüglich der Prioritäten.[1217]

6.1.2.1 Prozessorientiert – Ergebnisoffen

Mit dieser Dimension wird unterschieden zwischen einem „Interesse an Mitteln (*prozessorientiert*) (und) einem Interesse an Zielen (*ergebnisorientiert*)."[1218] Während die Mitarbeiter in prozessorientierten Unternehmenskulturen typischerweise dazu neigen, Risiken durch Routine zu vermeiden, nur begrenzt innovativ handeln und sich ihre Tagesabläufe weitgehend gleichen, sind die Mitarbeiter in ergebnisorientierten Organisationen offen gegenüber unbekannten Situationen, bereit außergewöhnliche Verfahren anzuwenden und die Struktur der Arbeitszeiteinteilung täglich dem Bedarf anzupassen.[1219]

Je nach Tätigkeitsfeld des Unternehmens kann eine ergebnisoffene Arbeitsweise als positiv oder negativ beurteilt werden. In einer auf hohe Verlässlichkeit und Reproduzierbarkeit von Qualität angelegten Organisation (z. B. der Automobilproduktion) kann es von zwingender Notwendigkeit sein, den Mitarbeitern in der Herstellung nicht allzu viel Raum zum Improvisieren zu lassen. In einer durch den Umgang mit ständig anderen Zielgruppen geprägten Arbeitssituation (z. B. der Bildungsarbeit) oder in mit Innovationen befassten Entwicklungsabteilungen kann hingegen ein höheres Maß an eigenständiger Problemlösungskompetenz zielführend sein. Aus diesem Grund ist es nicht möglich, einen der beiden Pole als ausschließlich positiv bzw. negativ zu bewerten. Für das Führungshandeln kommt es darauf an, die notwendige Ausrichtung der Aufgabenstellung anzupassen.

1216 Hofstede, Geert; Hofstede, Gert Jan, 2011, S. 382
1217 A. a. O., S. 382 f
1218 A. a. O., S. 383
1219 A. a. O., S. 383

6.1.2.2 Personenorientiert – Aufgabenorientiert

Diese Dimension differenziert zwischen dem personenorientierten Pol des Interesses für Menschen einerseits und dem aufgabenorientierten Pol des Interesses für die Erledigung einer Arbeit andererseits.[1220] Kennzeichnend für personenorientierte Organisationskulturen ist das Gefühl der Mitarbeiter, dass die Organisation sich der Verantwortung für sie bewusst ist, diese wahrnimmt und außerdem über partizipative Entscheidungsprozeduren verfügt. In Abgrenzung dazu empfinden Mitarbeiter in tendenziell aufgabenorientierten Organisationen einen starken Leistungsdruck und erleben hauptsächlich hierarchisch getroffene Entscheidungen ohne vorherige Konsultationen der Belegschaft bzw. der Mitglieder.[1221]

Während es einzelnen Führungskräften durchaus möglich ist, entweder beide Pole in sich zu vereinen oder nur zu einem von beiden oder gar keinem befähigt zu sein, können Organisationskulturen diese Ambiguität nicht aufweisen und richten sich darum immer zu einem der Pole hin aus.[1222] Für die einzelne mit der Leitung einer Organisation betraute Person bedeutet dies, sich der persönlichen Kompetenzen bewusst zu werden, die organisatorischen Entscheidungsfindungsabläufe zu kennen, diese ggf. auch situativ modifizieren zu können, sowie bereit zu sein, sich den Konflikten aus persönlichen Fähigkeiten und organisatorischer Ausrichtung konstruktiv zu stellen. Aus diesem Aspekt heraus könnte eine Erweiterung der Leitungsebene um Mitglieder aus anderen Kulturen in Betracht gezogen werden, um dadurch ein interkulturell gemischtes Führungsgremium zu generieren. Die wissenschaftliche Begleitung eines derartigen organisatorischen Umstellungsprozesses könnte sich als Forschungsaufgabe aus diesen Ausführungen ableiten. Aus deren Ergebnissen könnten Konsequenzen für die Strukturen der dialogischen Entwicklungsarbeit abgeleitet werden.

6.1.2.3 Organisationsgebunden – Professionell

Die Identität von Mitarbeitern kann sich vorwiegend aus der Zugehörigkeit zu der Organisation ableiten, also organisationsgebunden sein, oder sich auf die Art der professionell verrichteten Arbeit beziehen. Diese Unterscheidung wird in der dritten Dimension vorgenommen.[1223] Bei organisationsgebundenen Kulturen herrscht die Ansicht vor, die Normen der Organisation hätten auch im Privatleben Gültigkeit und bei Stellenbesetzungen werden familiäre und

---

1220 A. a. O., S. 384
1221 A. a. O., S. 384 f
1222 A. a. O., S. 385
1223 A. a. O., S. 386

soziale Erwägungen den fachlichen Kompetenzen gleich gestellt.[1224] Mit der organisationsgebundenen Orientierung einhergehen ein formal niedrigerer Bildungsgrad sowie ein eher ortsgebundener, lokaler Bezugsrahmen.[1225]

Während die ersten Charakteristika der Organisationsgebundenheit auf Mitarbeiter kirchlicher entwicklungsbezogener bzw. weltkirchlicher Institutionen bezogen werden können und z. T. durch das kirchliche Arbeitsrecht wirksam sind, kann bezüglich des Bildungsgrades und des lokalen Bezugsrahmens differenziert werden. Schließlich kann ihr Arbeitgeber als Teil eines weltweiten Netzwerkes verstanden werden, dessen Mitglieder über eine kosmopolitische Weltsicht verfügen sollten, die sich durch die berufliche Alltagssituation teils automatisch, teils durch gezielte Einarbeitung und Weiterbildung, bei den einzelnen Mitarbeitern einstellt.

Die Sicherstellung derartiger Mitarbeiterprofile durch gezielte Einstellung und Weiterbildung gehört zu den Aufgaben der Leitungsebene. Innovativen Charakter könnte im Rahmen der Einarbeitung neuer Mitarbeiter eine Art der arbeitgeberübergreifenden bzw. globalen Job-Rotation haben, bei der neue Mitarbeiter einer Organisation temporär in korrespondierende Abteilungen befreundeter bzw. kooperierender Organisationen wechseln. Weitergehend besteht die Option, neue Mitarbeiter bei Partnerorganisationen in anderen Ländern befristet mitarbeiten zu lassen.

Das Personalmanagement kann auch eine Alternative zur Entsendung von Leitungspersonal aus dem Heimatland in ein Einsatzland präferieren. Diese könnte darin bestehen, potentielle Manager aus dem Einsatzland für einige Zeit in das Stammhaus der Organisation zu holen, sie dort mit Unternehmenskultur und Ansprechpartnern vertraut zu machen und anschließend zurückzusenden. Dahinter steht die Annahme, dass Leitungshandeln in einer internationalen Organisation leichter zu lernen ist als sensible kulturelle Spezifika.[1226] Die Zeitspanne des Aufenthalts im Ursprungsland und in der Zentrale der Organisation kann darüber hinaus auch dort, z. B. bei den Kollegen, Lernprozesse auslösen und das Verständnis für Kooperationsprobleme verbessern. Alle drei Alternativen sollen dazu beitragen, einen geweiteten Horizont für Problem- und Lösungsstrategien aufbauen sowie eine professionelle Identität erwerben zu können.

6.1.2.4 Offenes System – Geschlossenes System

Als vierte Dimension zur Unterscheidung der Organisationskulturen nennt Hofstede den Umgang mit neuen Mitarbeitern und neuen Ideen. Offene Sys-

---

1224 A. a. O., S. 386
1225 A. a. O., S. 386
1226 Engelen, Andreas; Tholen, Eva, 2014, S. 5 f

teme und deren Mitarbeiter sind offen für Innovationen, Neulinge und Fremdes. Ohne Konformitätsdruck zu verspüren kann nahezu jeder in der Organisation arbeiten und ist dort nach kurzer Zeit integriert. Geschlossene Systeme und ihre Mitarbeiter wirken verschlossen gegenüber neuen Lösungsstrategien und selbst gegenüber Kollegen. Neue Mitarbeiter benötigen über ein Jahr, um sich integriert zu fühlen.[1227]

Ohne Zweifel legt Hofstede damit ein Problem geschlossener Systeme offen. Die Rekrutierung geeigneter qualifizierter Mitarbeiter – im kirchlichen Kontext auch ehrenamtlicher Mitarbeiter – ist unter den beschriebenen Umständen für ein geschlossenes System eine große und für den zukünftigen Fortbestand vorrangige Herausforderung, für deren Lösung eigentlich nur eine Umorientierung in dieser Dimension zielführend sein dürfte. Langfristig werden sich professionelle und ehrenamtliche Fachkräfte nicht einem Konformitätsdruck stellen, wenn es in der pluralen Arbeitswelt und dem Markt des möglichen Engagements von Ehrenamtlichen fachlich gleichwertige Alternativen gibt. Auch die Erkenntnisse der Sinus-Milieu-Studien[1228] legen z. B. nahe, dass Menschen aus dem Milieu der modernen Performer strukturkonservative Organisationen nicht als Feld des beruflichen bzw. ehrenamtlichen Engagements identifizieren. Ohne eine Öffnung für diese als nicht traditionell zu bezeichnenden gesellschaftlichen Gruppen ist ein Schwinden der Relevanz, Akzeptanz und damit auch der Ressourcenausstattung in Zukunft anzunehmen.

6.1.2.5 Schwache Kontrolle – Strenge Kontrolle

Diese Dimension bemisst sich nach dem Ausmaß der geforderten Uniformität durch die interne Strukturierung einer Organisation. Kennzeichen einer schwach ausgeprägten Kontrolle sind z. B. nicht genau eingehaltene Besprechungstermine und häufige Witze über das Arbeitsumfeld. Hinzu kommt ein gering ausgeprägtes Kostencontrolling. Bei Unternehmen mit strenger Kontrolle treffen die gegenteiligen Kennzeichen zu.[1229]

Kritisch gilt es an dieser Dimension zu hinterfragen, ob das Einhalten von Zeitabsprachen ein Indikator für die Qualität der Ergebnisse von Konferenzen ist und ob der Grad des Humors von Mitarbeitern nicht doch stark mit der landesüblichen Kultur und dem dort praktizierten Umgang mit Autoritäten korreliert. Zweitens müssen Organisationen mit festgelegten Prozeduren zur Kosteneinsparung nicht unbedingt immer die kostengünstigsten Ergebnisse vorweisen können. Der Blick auf die explodierenden Kosten bei öffentlichen Bauten in der Bundesrepublik lässt zumindest Zweifel aufkommen, ob die kos-

---

1227 Hofstede, Geert; Hofstede, Gert Jan, 2011, S. 386 f
1228 Wippermann, Carsten, de Magalhaes, Isabel, 2005
1229 Hofstede, Geert; Hofstede, Gert Jan, 2011, S. 387

tenminimierenden Regulative der öffentlichen Ausschreibung nachhaltig die kostengünstigsten sind.

Auf alle Fälle muss sich eine dem dialogischen Management ambitioniert verschriebene Leitungsperson damit auseinandersetzen, ob sie durch strenge Kontrolle oder vertrauensvolles Miteinander eine effektive und effiziente Organisation aufbauen möchte. Für beide Ansätze gibt es begründete Argumente. Die Reflexion derselben muss ggf. in klar umrissenen temporären Einheiten erneut stattfinden können und entsprechend im System kommuniziert werden.

6.1.2.6 Normativ – Pragmatisch

Über den Grad an Kundenorientierung lässt sich die sechste Dimension zur Erfassung und Charakterisierung von Organisationskulturen definieren. Bei pragmatischen Organisationen liegt eine Marktorientierung vor, während es normativen Einheiten um Erreichung festgelegter und unumstößlicher Regeln geht, die sie in Bezug auf ihre Außenwelt vollziehen.[1230] Die Wahrung der Kontinuität in der Anwendung von systemimmanent tradierten Verfahrensweisen hat eine größere Priorität als die Erlangung spezifischer Ziele. Pragmatischen Organisationen dagegen geht es vornehmlich um die Gewährleistung der Voraussetzungen, die zur Erfüllung externer Erwartungen bzw. Kundenwünschen benötigt werden.[1231] Aus Sicht des interkulturellen Managements kann mit diesen Unterscheidungen die Offenheit für Problemlösungsverfahren, die außerhalb des bisher angewendeten Regel-Kanons liegen und auf dem Hintergrund interkultureller bzw. internationaler Lernprozesse der Organisation zugänglich geworden sind, begründet werden.

6.1.3 Zusammenfassung: Bedeutung für das dialogische Management

Auf den vorherigen Seiten konnten nur die für die Fragestellung dieser Arbeit relevanten Aspekte von Hofstedes Kulturdimensionen-Konzept und dem sich darauf aufbauenden Sechs-Dimensionen-Modell zur Erfassung von Organisationskulturen dargestellt und kritisch untersucht werden. Kritik an Hofstedes Ansatz bezieht sich insbesondere auf seine Untersuchungsmethodik (z. B. Vorwurf des Ethnozentrismus des Forschungsteams, Ex-post-Auswertung), die Gleichsetzung von Nationen und geschlossenen Kulturräumen sowie die aus den Ergebnissen einer Befragung von Mitarbeitern einer Firma abgeleiteten Prognosen bezüglich nationaler Verhaltenspräferenzen. Andererseits werden die auf den Kulturdimensionen basierenden nationalkulturellen Klassifizierun-

---

1230 A. a. O., S. 387
1231 A. a. O., S. 387 f

gen als zuverlässig attestiert. Andere länderbezogene Vergleiche zeigen analoge Ergebnisse, oder basieren auf Hofstedes Vorarbeit.[1232]

Erkenntnisse für die vorliegende Arbeit aus den analysierten Punkten wurden bereits jeweils im Anschluss formuliert und soweit möglich mit anderen Theorien in Verbindung gebracht. Aus diesem Grund folgt hier nur mehr eine thesenartige Zusammenfassung der zentralen Punkte:

- Es gibt keine absolute Wahrheit, nur unterschiedliche Wege zur Annäherung – trotz ihrer wissenschaftlichen Banalität ist diese Erkenntnis für interkulturelle Dialogprozesse eine conditio sine qua non.
- Jedes interkulturelle bzw. internationale Management steht vor der Herausforderung, kulturell bedingte Konflikte innerhalb global agierender Organisationen und zwischen deren entsprechend heterogenen Mitarbeitern und Führungskräften zu moderieren.
- Der verstärkte Einsatz weiblicher Führungskräfte bewirkt keine automatische Veränderung der Organisationskultur. Vielmehr kommt es darauf an, Menschen zu finden, die von der Anlage ihrer emotionalen Struktur her bescheiden und sensibel sind und dennoch über Autorität verfügen bzw. sich diese erwerben können.
- Sowohl Routine als auch Kreativität und Innovation haben Vorteile, die es ausgewogen einzusetzen gilt.
- Die Erweiterung der Leitungsebene auf ein interkulturell gemischtes Führungsgremium stellt eine begründete Option zugunsten der dialogischen Entwicklungsarbeit dar.
- Die Sicherstellung weltoffener Mitarbeiterprofile durch gezielte Einstellung und Weiterbildung gehört zu den Aufgaben der Leitungsebene. Die Einarbeitung von Leitungsfachkräften aus den Einsatz- bzw. Partnerländern in der Organisationszentrale stellt eine weitere Option dar, die das lokale Potential einbindet.
- Langfristig werden sich dringend benötigte Fachkräfte nicht in ausreichendem Maße z. B. an ein weltanschaulich geschlossenes System binden, da fachlich gleichwertige Alternativen auf dem Arbeitsmarkt existieren.
- Problemlösungsverfahren, die außerhalb des bisher angewendeten Kanons liegen, sind auf dem Hintergrund interkultureller bzw. internationaler Lernprozesse der Organisation zugänglich geworden. Sie sind ein wichtiger Indikator für eine gelungene Operationalisierung der dialogischen Entwicklungsarbeit.

1232 Koch, Eckart, 2012b, S. 9 und Engelen, Andreas; Tholen, Eva, 2014, S. 46 und Müller, Stefan; Gelbrich, Katja, 2014, S. 69–73

Bezugnehmend auf das erkenntnisleitende Interesse am interkulturellen Management dialogischer Entwicklungsarbeit lässt sich ein mehrdimensionaler Indikator aus Hofstedes globalem Management-Ansatz ableiten: Ergebnisoffene- und aufgabenorientierte Organisationskulturen, in denen mit professioneller Attitüde innovative Problemlösungsansätze ohne ein ausdifferenziertes Regelwerk zur Kontrolle der Mitarbeiter entwickelt werden können, sind ein Indikator für eine institutionelle Verankerung der dialogischen Entwicklungsarbeit auf Leitungsebene. Auf diese Art und Weise kann nämlich im Ursprungskontext der Hilfe Bescheidenheit über die Reichweite der eigenen Maßnahmen gelernt werden und in den Partnerländern können die Fähigkeit und das Potential entdeckt werden, die Probleme pragmatisch mit den eigenen Mitteln und eigenen Fachkräften zu lösen.

6.2 Nonprofit, Internationalität und Dialogik als Aspekte des Managements

Zunehmend kommt es aus ökonomischer Sicht zu einer Beschäftigung mit dem interkulturellen Management und weniger aus der Perspektive der Nonprofit-Unternehmen. Entgegen diesem Trend werden an dieser Stelle zunächst Konzeptionen dem Diskurs zugeführt, die einen spezifischen kirchlichen bzw. gemeinnützigen Zugang formulieren.

Im Kontext der hier untersuchten Fragestellung nach den Lernprozessen im interkulturellen Management dialogischer EZ sind einige Autoren zu beachten, die sich explizit mit dem Management von Organisationen und Institutionen befasst haben, die innerhalb dieses globalen, solidaritätsbezogenen Tätigkeitsbereichs zu verorten sind. Dazu gehören die Kirchen mit ihren Hilfswerken und andere große zivilgesellschaftliche Akteure. Ganz im Sinne eines Perspektivwechsels zur Generierung einer umfassenderen Problemsicht werden anschließend Managementmodelle untersucht, die ihren Akzent auf dem Bereich der EZ bzw. der Managementbildung legen.

Um die im Folgenden verwendeten Begriffe *Nonprofit, Management* bzw. *Governance* soweit als möglich voneinander abzugrenzen, werden diese zunächst erläutert. Nonprofit-Organisationen (NPOs) sind nach Anheier durch fünf Kriterien gekennzeichnet:[1233]

- Institutionalisierung: Kennzeichen für ein Mindestmaß an formaler Organisation sind beispielsweise die Existenz einer juristischen Person (z. B. Ver-

---

1233 Anheier, Helmut K., 2005, S. 47 ff. Die Übersetzung lehnt sich an bei Dittmer, Judith, 2008, S. 8 f

ein) und geregelter Organisationsstrukturen (z. B. Satzung, Geschäftsordnung) mit klaren Verantwortlichkeiten.
- Private Trägerschaft: Die Unabhängigkeit der Organisationsstrukturen und Entscheidungsabläufe vom Staat muss gegeben sein. Staatliche Zuschüsse, z. B. in Form einzelner Projektfördermittel, sind nicht zwangsläufig ein Ausschlusskriterium, solange dadurch keine finanzielle Abhängigkeit entsteht.
- Selbstständigkeit: Die Selbstverwaltung soll autonom sein, damit die Beschlüsse über die Aktivitäten ohne Druck gefasst werden können.
- Gewinnausschüttungsverbot: Etwaige Gewinne sind ausschließlich und unmittelbar den Organisationszwecken zuzuführen. Unter keinen Umständen ist eine Auszahlung an Organisationsbeteiligte, z. B. Mitglieder oder Vorstände, zulässig.
- Freiwilligkeit: Um zum Nonprofit-Sektor gerechnet werden zu können, muss eine Organisation in signifikantem Umfang das Konzept der Ehrenamtlichkeit in ihre Strukturen, Arbeitsweisen und Finanzen (Spenden) integriert haben. Dennoch ist die freiwillige Tätigkeit einer Mehrzahl der Mitarbeiter nicht zwangsläufig erforderlich. Auch bei den finanziellen Ressourcen müssen die Spenden nicht die Mehrheit darstellen. Eine zweite Abgrenzung erfolgt zur obligatorischen bzw. verpflichtenden Mitgliedschaft z. B. bei Handelskammern.

Diese Typisierung von NPOs lässt Fragen offen, z. B. bei den Kriterien private Trägerschaft und Selbstständigkeit. Können Personen, die im Staat eine Funktion innehaben, oder deren Angehörige ehrenamtlich als Entscheidungsträger in einer NGO mit Nonprofit-Charakter tätig sein? Inwieweit kann es – trotz formaler Autonomie – in solchen Fällen zu Interessenkonflikten kommen? Wo ist eine Grenzziehung in der Kooperation von NPOs mit halbstaatlichen Einrichtungen angezeigt? Auch das Kriterium des Gewinnausschüttungsverbots bietet Interpretationsspielraum: Wie betrachtet man die Möglichkeit, vor der Gewinnermittlung z. B. Sachaufwendungen durch Vorstandsmitglieder abzurechnen? Aufwandsentschädigungen Ehrenamtlicher sind zumindest in einem gewissen Rahmen nicht negativ zu bewerten, weil dadurch auch Personen derartige Ämter übernehmen können, die nicht über die entsprechenden Ressourcen verfügen.

Pauschale Antworten werden den kontextuell bedingten Unterschieden nicht gerecht. Der hohe Bekanntheitsgrad von Politikern bzw. deren Ehepartnern kann z. B. beim Fundraising dienlich sein und somit die finanzielle Autonomie fördern. Anheiers auf viele Bereiche anzuwendende Definition kann dennoch als Arbeitsgrundlage verwendet werden, zumal sich wegen des Kriteriums der Freiwilligkeit eine hohe Anschlussfähigkeit zu den Kirchen und besonders deren institutionell eigenständigen Hilfswerken ergibt.

Bei der Unterscheidung von *Management*- bzw. *Governance*-Konzeptionen nicht gewinnorientierter NGOs im Bereich der EZ wird v. a. nach der zeitlichen und graduellen Wirkung von Entscheidungen differenziert.[1234] Dabei umfasst *Governance* Entscheidungen in Bezug auf die langfristige Ausrichtung einer Organisation und deren Leistungsangebot. Dazu gehören z. B. die Definition der Ziele und Werte, Sicherstellung und Weiterentwicklung der Alleinstellungsmerkmale und die Festlegung des Erscheinungsbilds. Das *Management* hat sich um die daraus abgeleiteten kurzfristigen Programmen und Projekte zu kümmern. Dazu gehört auch die Sorge um die dafür notwendigen personellen, finanziellen und physischen Ressourcen.[1235] Im Gegensatz zu Kochs Definition gehören hier die langfristigen strategischen Abwägungen und Entscheidungen nicht in das Aufgabengebiet des Managements, sondern zur Governance. Da sich die Unterscheidung von Grundsatzentscheidung und Alltagsgeschäft in Forschung und Praxis nicht durchgesetzt hat, werden im Folgenden beide Begriffe synonym verwendet unter Akzentuierung des geläufigeren Begriffs des Managements.[1236]

6.2.1 Kirchenmanagement

Halfar hat zusammen mit Borger eine Analyse kirchlicher Umbruchprozesse vorgelegt. Ihrem Ergebnis zufolge kommt auf beide großen christlichen Kirchen in Deutschland die Herausforderung zu, strategischer, experimenteller und unternehmerischer werden.[1237] Die verantwortlichen Akteure auf allen kirchlichen Entscheidungsebenen sollen darum eine individuell bzw. institutionell variable, aber klare Akzentuierung ihrer Arbeit vornehmen, ihre Aktivitäten stark fokussieren und die dadurch frei werdenden Kapazitäten und Ressourcen nutzen, um die verbleibenden Tätigkeitsbereiche qualitativ zu verbessern. Als Kriterium schlagen Halfar und Borger dabei vor, sich auf die Bereiche kirchlicher Arbeit zu beschränken, die für die Kirchenmitglieder heute besonders wichtig und produktiv sind.[1238]

1234 Judith Dittmer hat nach dem UNICEF-Skandal 2007 im Auftrag des World-Vision-Instituts in Kooperation mit der Unternehmensberatung Booz & Company die terminologischen Unterschiede erfasst und ausgewertet.
1235 Dittmer, Judith, 2008, S. 9
1236 Andere Unterscheidungen versuchen Management und Führung voneinander abzugrenzen. Diese sind argumentativ belegt, leiden aber unter demselben Defizit. Vgl. Häußner, Ludwig Paul, 2009, S. 57–62
1237 Borger, Andrea; Halfar, Bernd, 2007
1238 A. a. O., S. 105

6.2.1.1 Kirche als Organisation

Zusammen mit Unger beschreibt Halfar die Kirche als Organisation, die systemisch betrachtet alle für ihre religiösen Vollzüge wesentlichen Bereiche (Sakramente und Glaubensinhalte, Gesetze und Statuten, Personal, Finanzierung, diakonische Einrichtungen sowie Infrastruktur) umfasst. Sie kann dies aufrechterhalten, obwohl ein Teil der Mitglieder sich zumindest gegenwärtig nicht vollumfänglich mit dem System identifizieren kann.[1239]

Demzufolge wäre es konsequent zu erwarten, dass die Kirche mit ihren aus Erfahrungen und Reflexion gewonnenen Erkenntnissen im Bereich der dialogischen Entwicklungsarbeit auf dem entsprechenden Niveau tätig bleiben wird, auch wenn ein Teil der Getauften sich nicht mehr für die globalen, weltkirchlichen Aufgaben interessiert bzw. dafür spendet. Die doppelte Herausforderung für das Management besteht demnach darin, zum einen den qualitativen Stand der Maßnahmen, Programme, Einrichtungen, des Personals und der Netzwerke zu sichern und zum anderen nach neuen Geldquellen zu suchen, um die dialogische Entwicklungsarbeit mit den entsprechenden Ressourcen auszustatten. Eine weitere Herausforderung für das kirchliche Management liegt in der Überwindung ihrer auf hauptamtliche Mitarbeiter engeführten Organisationsperspektive und die damit verbundenen Handlungsmuster.[1240]

Der Kirchenleitung stehen nur wenige der klassischen Steuerungsinstrumente des Managements zur Verfügung. Dazu zählen „die dienst- und arbeitsrechtlichen Steuerungsmöglichkeiten"[1241] gegenüber den hauptamtlichen Mitarbeitern innerhalb der dienstrechtlichen Hierarchie, „finanzielle Steuerungsmöglichkeiten"[1242] und bezogen auf die Mitglieder: „nur das Wort."[1243]

Vergleicht man diese Typisierung mit der oben dargestellten Nonprofit-Definition, sind viele Übereinstimmungen festzustellen in Bezug auf den hohen Grad der formalen, zugleich staatlich unabhängigen Institutionalisierung, den finanziellen Gewinnausschüttungsgrad an die Mitglieder und auch die Einbeziehung von Freiwilligkeit. Diese Dimension generiert zugleich die Differenz zwischen beiden Konzepten und wird deshalb in den weiteren Untersuchungen nur sehr schwer stringent mit zu beachten sein, da das dazu gehörende Instrumentarium der Verkündigung und Predigt in vielen nicht-kirchlichen Organisationen nicht zum Wesenskern gehört und damit als Beeinflussungsfaktor entfällt. Wenn mit dem Wort allerdings die gesamte Kommunikationskultur

---

1239 Halfar, Bernd; Unger, Verena, 2012, S. 135
1240 A. a. O., S. 137
1241 A. a. O., S. 137
1242 A. a. O., S. 137
1243 A. a. O., S. 137

gemeint ist, sieht der Befund anders aus. In der Folge sollen darum die Besonderheiten der organisierten Kirchen untersucht werden.

6.2.1.2 Alleinstellungsmerkmale der Organisation Kirche

Obwohl die Bereitschaft und die Möglichkeiten von Ehrenamtlichen, bei der Erreichung von generellen Organisationszielen mitzuwirken tendenziell eher gering ausgeprägt ist[1244], gehört die Mitwirkung der ehrenamtlichen Laien in nahezu allen praktischen Vollzügen zu den wesentlichen Merkmalen kirchlichen Handelns und stellt eine wichtige Ressource der Kirche dar.[1245] Darum müssen die Charakteristika der ehrenamtlichen Mitarbeiter in einem kirchlichen Controlling-Instrumentarium berücksichtigt werden.[1246] Die Frage, wo und in welchen Hierarchieebenen fachlich qualifizierte Kräfte zum Einsatz kommen, leitet auf die Effizienzdebatte über, in der zwischen intendierten und nicht intendierten Effizienzverlusten unterschieden wird.

Halfar und Unger zufolge ist das wichtigste Beispiel für den von ihnen festgestellten „gewollten Effizienzverlust"[1247] eine sprachliche Besonderheit der Kirche, weil „die Kirche ihre Spezialisten Laien nennt und die Führungspositionen den anderen zuweist."[1248] Das hinter den Begriffen liegende strukturelle Problem wird sichtbar, sobald sich das Controlling nicht nur mit Umsatzzahlen bzw. Gewinn- und Verlustrechnungen befasst, sondern die Einflüsse von Führungsstrukturen und Führungspositionen auf die Organisation betrachtet.[1249]

In der „pfarrerzentrierten Führungskultur"[1250], die einhergeht mit „einer Entscheidungskultur und unübersichtlichen Gremienlandschaft (…), die zu einer starken Beschäftigung der Kirche mit sich selbst führt"[1251] sind Indizien für nicht intendierte Defizite in Sachen Effizienz erkennbar. Unter Rückgriff auf Tetzlaff[1252] stellen Halfar und Unger zudem fest, dass im Kontext neuer

---

1244 A. a. O., S. 141
1245 Die unmittelbare Gleichsetzung von Bereitschaft und Möglichkeit durch Halfar und Unger erscheint nicht zwingend, da es z. B. viele Felder im Bereich des Ehrenamtes gibt, in denen Ämter mit Gestaltungsspielräumen nicht besetzt werden, weil es keinen Freiwilligen gibt.
1246 Halfar, Bernd; Unger, Verena, 2012, S. 141
1247 Halfar, Bernd; Unger, Verena, 2012, S. 141, Im Text steht der Begriff in Anführungszeichen, allerdings nicht als klassisches Zitat mit einer Quelle versehen, sondern vermutlich um es stilistisch abzuheben.
1248 A. a. O., S. 141
1249 An welchen messbaren Indikatoren die Autoren diese These festmachen, wird von ihnen nicht ausgeführt. Zur Untermauerung der These wird keine empirische Untersuchung angeführt.
1250 Halfar, Bernd; Unger, Verena, 2012, S. 141
1251 A. a. O., S. 141
1252 Tetzlaff, Antje-Silja, 2003, S. 181–224

Herausforderungen „Controllinginstrumente in den befragten Gemeinden so gut wie nicht vorhanden aber dennoch dringend erforderlich"[1253] sind. Konfliktscheue kann als eine der Ursachen dieser unsystematischen Arbeitsweise betrachtet werden. Während in Wachstumsphasen der Konflikt gescheut wird, wenn es um die Verweigerung neuer Stellen geht, wird in Phasen der Reduzierung i. d. R. nicht systematisch vorgegangen. Inhalte sind in beiden Fällen weniger erheblich als bürokratische Aspekte.[1254]

Als weitere Quelle der Ineffizienz benennen Borger und Halfar den impliziten Glauben an die Wirksamkeit von Worten und Beschlüssen, ohne diese konkret „zeitlich, finanziell und inhaltlich als Zielgrößen zu operationalisieren"[1255]. Dies führt zu vielen nach langwierigen Entscheidungsprozessen gefällten Beschlüssen, die keinerlei Wirkung entfalten und keine Konflikte erzeugen.[1256]

Diese Defizite sind nach Ansicht von Halfar und seinen jeweiligen Koautorinnen durch den Einsatz von Steuerungsinstrumenten, die aus der Betriebswirtschaft stammen und für den kirchlichen Bereich zu modifizieren sind, ausgleichbar.

6.2.1.3 Management durch die Balanced Church Card

In Weiterführung der oben beschriebenen Steuerungselemente erarbeiten Halfar und Unger ein Modell qualitätsorientierter Controlling-Instrumente in der Kirche. Dabei kritisieren sie die in kirchlichen Kreisen teils kursierende Auffassung, wonach die Einführung betriebswirtschaftlicher Methoden zur Trennung zwischen irdischer Organisation und geistlicher Gemeinschaft führt. Diese Ansicht erschwere die Implementierung ihres Management-Modells.[1257]

Für Borger und Halfar ist mit der in Industrie, Handel und Dienstleistungssektor bereits etablierten Balanced Score Card das richtige Instrumentarium gegeben. Kaplan hat sich mit der Entwicklung dieses Management-Instruments und seiner Übertragung auf den Nonprofit-Bereich befasst. Er tendiert dazu, bei der Transmission auf Nonprofit-Unternehmen deren Zielformulierung (Mission-Statement) an oberster Stelle zu verorten; an zweiter Stelle stehen gleichberechtigt nebeneinander die Leistungsfinanzierer- und Leistungsempfängerperspektive.[1258] Eine derartige Balanced Score Card komprimiert die Komplexität der Welt. Darin liegt für Borger und Halfar der Vorteil dieses

---

1253 Halfar, Bernd; Unger, Verena, 2012, S. 142
1254 Borger, Andrea; Halfar, Bernd, 2007, S. 46
1255 A. a. O., S. 48
1256 A. a. O., S. 49
1257 Halfar, Bernd; Unger, Verena, 2012, S. 140
1258 Kaplan, Robert. S., 2001, S. 353–370

Management-Instruments für die Kirche, die in einer globalisierten Welt u. a. politisch, sozial, interkulturell, wissenschaftlich und medial herausgefordert ist.[1259]

Aus der Sicht von interkulturell-entwicklungsbezogen agierenden Institutionen kann ein derartiges Managementkonzept einerseits eine Erleichterung darstellen, weil einige der aus unterschiedlichen wissenschaftlichen Disziplinen stammenden Erkenntnisse leichter operationalisierbar gemacht werden können. Andererseits ist eine Reduktion und Komplexitätsverminderung nicht unproblematisch, weil dadurch z. B. individuelle, regionale, soziale, ethische, theologische und finanzielle Aspekte bei Leitungsentscheidungen nicht ausreichend zum Tragen kommen können.

Diesem Einwand begegnet das Konzept der „Balanced Church Card"[1260] (BCC). In ihm werden qualitative und quantitative, wirtschaftliche und inhaltliche Dimensionen verkettet zu einem komplexen mehrdimensionalen Konstrukt, wobei die einzelnen Elemente (z. B. Auftrag, Angebote, Ressourcen, Strukturen, Arbeits- und Leitungsprozesse, Wissen und Entwicklung) offen dargestellt werden, in Bezug und Balance zueinander stehen und sich somit die kirchlichen Zielerreichungsprozesse systematisch in die gewünschte Richtung bewegen lassen.[1261] Zentrum der BCC ist die Formulierung einer strategischen Vision. Dabei handelt es sich nicht um abstrakte normative Zielsetzungen, sondern um eine an den gesellschaftlichen Realitäten ausgerichtete, strategische Orientierungspunkte gebende Absichtserklärung aus christlichen Motiven.[1262]

Daraus ergeben sich in einer sachlogischen Reihenfolge die Zielausrichtung, die Frage nach den Ressourcen und schließlich der entsprechenden effizienten und effektiven Operationalisierung, wobei zwingend jedem geplanten Ziel eine messbare Kennzahl zugeordnet wird. Nur daran lässt sich evidenzbasiert überprüfen, ob ein Ziel faktisch auch erreicht wurde.[1263] Beispiel für Kennzahlen im Bereich des Controllings sind bei den Einnahmen die prozentualen Beiträge der unterschiedlichen Finanzierungsarten oder bei den Ausgaben deren prozentuale Verteilung.[1264]

Unterzieht man den von Halfar und seinen Koautorinnen vorgestellten Ansatz einer kritischen Würdigung, sind Erkenntnisgewinne zu verbuchen:

- Durch die Konzentration auf wesentliche Ziele könnte eine Kontraindikation zu einem blinden Aktionismus in kirchlichen Gemeinden, Verbänden

---

1259 Borger, Andrea; Halfar, Bernd, 2007, S. 101
1260 A. a. O., S. 101
1261 A. a. O., S. 103 f
1262 A. a. O., S. 105
1263 Zur Frage der Steuerung mit Kennzahlen vgl. Borger, Andrea; Halfar, Bernd, S. 118 f
1264 Halfar, Bernd; Unger, Verena, 2012, S. 143

und weiteren Institutionen aufleuchten. Im Rahmen der Frage um das Management dialogischer Entwicklungsarbeit bzw. weltkirchlicher Solidaritätsaktionen ist dieser Aktionismus in einer Form, der so genannten *Projektitis*, anzutreffen. Dabei wird ein Projekt nach dem anderen durchgeführt, ohne Ziele, Methoden und Umsetzungsergebnisse zu reflektieren. Wenn durch die BCC einer zwar gut gemeinten, aber schlecht gemachten und wenig nachhaltigen EZ Einhalt geboten werden könnte, wäre dies ein Gewinn für das auf Partizipation, kulturelle Akzeptanz und Dialog aufbauende weltkirchliche Solidaritätsmanagement.

- Die beispielhaft genannten Kennzahlen lassen sich mit relativ geringem Aufwand aus der Verwaltung der kirchlichen Etats generieren und deren Entwicklung im Laufe eines Haushaltjahres kontrollieren. Dies trägt zur Vergrößerung der Bereitschaft bei, die BCC in der Praxis anzuwenden, weil sich der zu verrichtende zeitliche Aufwand in messbaren Grenzen hält.

Kritisch anzumerken ist gleichzeitig zweierlei: Erstens halten die Autoren die Begriffe *Vision* und die konsekutiv davon abgeleitete *Strategie* nicht ganz stringent auseinander – sie verwischen zur „strategischen Vision"[1265]. Aufgrund der fehlenden Trennschärfe kann es zu Missverständnissen kommen in Bezug auf die jeweils zu erfüllende Funktion im BCC. Zweitens werden die Konsequenzen aus dem Steuerungselement des Dienst- und Arbeitsrechts abschließend nicht einer juristischen Prüfung unterzogen; diese Aufgabe überlassen die Autoren entsprechend qualifizierten Experten aus diesem Fachgebiet.

Um die Relevanz der hier vorgelegten Arbeit über den kirchlichen Raum, der u. a. spezifische arbeitsrechtliche Regelungen und Gerichtsbarkeiten kennt, auszuweiten, sollen ergänzend Erkenntnisse aus dem Bereich der international tätigen nicht-staatlichen und nicht-gewinnorientierten Organisationen hinzugezogen werden.

6.2.2 Nonprofit Governance Ansatz

In ihrer Studie[1266] definiert Dittmer fünf Aspekte für ein Gesamtmodell der NPO-Governance als unerlässlich:

„• Definition der Führungs- und Kontrollstrukturen
• Sicherstellung von effektiver und effizienter Arbeit
• Transparente Kommunikation

1265 Borger, Andrea; Halfar, Bernd, 2007, S. 105
1266 Ihre Methodik bestand in der Sichtung und Analyse der einschlägigen Literatur und zahlreichen Interviews mit Verantwortlichen von nicht gewinnorientierten NGOs aus dem Bereich der EZ.

- Ausgleich aller Stakeholder-Interessen
- Risikomanagement"[1267]

Anschließend reiht sie diese Elemente sachlogisch aneinander, um eine Priorisierung und Operationalisierung zu ermöglichen. Dabei sind die Sicherstellung effektiver und effizienter Arbeit und die transparente Kommunikation Kernaufgaben dieses Management-Ansatzes. Ihr Fehlen kann kaum kompensiert werden, da sie für die Erfüllung der Organisationsziele benötigt werden. Ein Fehlen der Definition der Führungs- und Kontrollstrukturen, des Ausgleichs aller Stakeholder-Interessen und des Risikomanagements kann die Erfüllung der Mission zwar erschweren, ist aber prinzipiell sekundär.[1268] Wie Halfar vertritt damit auch Dittmer die Ansicht, Effizienz und Effektivität seien von Bedeutung für ein zeitgemäßes Leitungshandeln. Es ist deshalb vordringlich für das dialogische Management interkultureller Lernprozesse, sich sowohl auf der Ebene der Projektarbeit wie auch organisationsintern damit auseinander zu setzen.[1269]

Durch die Richtlinien des Deutschen Zentralinstituts für soziale Fragen (DZI) besteht in Deutschland eine klare und allgemein anerkannte normative Vorgabe zur Effizienz.[1270] Organisationen, die mehr als 30 Prozent ihrer Ausgaben für Verwaltung und Werbung verwenden, können kein DZI-Spenden-Siegel erhalten. Eine weitere Befassung mit der organisationsinternen Effizienz der Mittelverwendung ist wegen der gegebenen Klarheit nicht nötig.[1271] Bezüglich des Erkenntnisinteresses dieser Arbeit ist allerdings der Aspekt der Effektivität von Geschäftsführung und Aufsichtsorganen relevant. Laut einer empirischen Untersuchung müssen sich die obersten Aufsichtsorgane mehrheitlich nur vor der i. d. R. jährlich einmal tagenden Mitgliederversammlung rechtfertigen. Mechanismen zur Selbst-Kontrolle oder besseren Binnen-Reflexion in den Aufsichtsorganen sind kaum anzutreffen. Gleiches trifft auf die Zusammenarbeit mit der Geschäftsführung zu.[1272] Überlegungen zur Ausgestaltung dieser

---

1267 Dittmer, Judith, 2008, S. 16 f
1268 A. a. O., S. 18
1269 Der Teilaspekt der Beschäftigung mit der Effektivität, der sich auf Projekte und Programme der EZ bezieht, wurde in der entwicklungspolitischen Diskussion unter dem Stichwort Wirkungsdebatte in Kapitel 4.3.2 bereits nachgezeichnet.
1270 DZI, 2012. Die Richtlinie besagt in Punkt 4. Mittelverwendung, Abschnitt b. wirtschaftliche und sparsame Mittelverwendung, Ziffer 1: Die Werbe- und Verwaltungsausgaben betragen höchstens 30 Prozent der jährlichen Gesamtausgaben.
1271 Allerdings darf sie trotz der sprachlichen Übereinstimmung nicht mit Halfars Effizienz verwechselt werden, dessen Überlegungen finden sich bei Dittmer terminologisch unter Effektivität wieder.
1272 Dittmer, Judith, 2008, S. 48

Reflexionsmechanismen und deren Einsatz in den Organisationen sind weiterführende Forschungsaufgaben. Zur Überwindung der Konzentration der Geschäftsführung auf die alltäglichen Managementprozesse und einer Hinwendung zu Zielfragen wird intensiv über die Anwendung der Balanced Score Card, die aus anderen Bereichen der Wirtschaft bekannt ist, auf den Nonprofit-Sektor nachgedacht.[1273] Deutlich sind die Parallelen vor allem zu Kaplan und zu Halfar, der wie im vorherigen Unterkapitel beschrieben eine vergleichbare Tendenz in den kirchlichen Sektor einzubringen versucht. Dittmer entwickelt aus Kaplans grundsätzlichen Überlegungen eine prototypische nonprofit-kompatible Balanced Score Card.

Abbildung 6: Nonprofit-kompatible Balanced Score Card[1274]

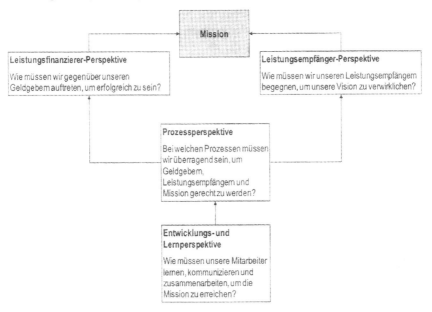

Eine Konsequenz aus der Einführung und Verwendung der Balanced Score Card ist es, einzelnen Prozessen nur eine sekundäre Relevanz zuzuschreiben. Sie erhalten ihre Rechtfertigung vorrangig aus ihrer Bedeutung für die Zielerreichung. Diese Arbeitsweise führt zu einer stärkeren Fokussierung der Aktivitäten im Bereich des Kerngeschäfts einer Organisation. Die Projekte werden zu dem, was sie eigentlich sein sollen, nämlich zu einem Mittel, um einen Zweck zu erfüllen. Konsequenterweise sollte sich deshalb auch der Einsatz von finan-

---

1273 A. a. O., S. 23
1274 A. a. O., S. 23

ziellen und personellen Ressourcen sowie der damit verbunden Verwaltungs- und Leitungsaufwand diesem Zweckcharakter und der Zielerreichungsmaxime unterordnen.

Unter Berücksichtigung des Paradigmas der endogenen Entwicklung und der dialogisch-partizipatorischen Grundausrichtung in der dialogischen Entwicklungsarbeit muss jedoch zumindest eine vertiefte Reflexion im Bereich der Leistungsempfänger-Perspektive eingefordert werden. Es darf nicht die ausschließliche Frage einer in der nördlichen Hemisphäre verankerten NGO sein, wie sie ihren Leistungsempfängern begegnen muss, um die organisationsinterne Vision zu verwirklichen.[1275] Die Absicht, eigene Visionen und damit Interessen verwirklichen zu wollen, deutet nämlich auf eine geringe Bereitschaft hin, vom Süden zu lernen, wie dies bereits als ein Standard in der ISA vorzufinden ist.

Eine weitere Aufgabe der betriebswirtschaftlichen Kompetenzträger innerhalb von EB, NGOs und kirchlichen Hilfswerken könnte in der Verantwortung für die Schaffung der Möglichkeit von kritisch-ökonomischer Reflexion und dialektischer Interpretation volks- und betriebswirtschaftlicher Kennzahlen bestehen. Im Sinne einer ökonomischen Alphabetisierung kommt das Lesen können von Leistungsbilanzen einem emanzipatorischen Bildungsverständnis gleich, weil es dabei um die Decodierung von Interessen und strukturellen Abhängigkeiten geht, die die Handlungsoptionen aller Bürger beeinflussen.[1276] Die Aneignung dieser grundlegenden Fähigkeit kann und muss vermutlich in einem weiteren Schritt über die Ebene der Entscheidungsträger hinausgehen und auf die Ebene der ehren- und hauptamtlichen Mitarbeiter, der Sponsoren und sonstigen Unterstützer und natürlich auch auf die Projektpartner im globalen Süden und Osten extrapoliert werden. Dazu bedarf es ausreichender zeitlicher Ressourcen sowie entsprechender fachlicher, insbesondere auch methodisch-didaktischer Kompetenzen.

Mit diesen kritischen Anmerkungen soll der von World-Vision entwickelte Ansatz nicht in Gänze hinterfragt werden. Vielmehr geht es auch darum, die darin enthaltenen Lernpotentiale durch eine reflektierte Interpretation zu entfalten und so zur Verbesserung der Praxis beizutragen.

6.2.3 Interkulturelles Management nach Koch

Wie das von Hofstede entwickelte Modell des globalen Managements ist auch das von Koch vorgestellte Konzept des *Interkulturellen Managements* im Gegensatz zu den beiden davor analysierten Konzepten des Kirchenmanagements

---

1275 A. a. O., S. 23
1276 Faschingeder, Gerald, 2012, S. 03-7

und der NGO-nahen Nonprofit-Governance-Theorie nicht unmittelbar im Umfeld weltkirchlicher bzw. humanitärer entwicklungsbezogener Bildungsarbeit beheimatet. Von Relevanz ist es vor allem deshalb, weil Koch zusammen mit Speiser über die „Interkulturalität in der internationalen Entwicklungszusammenarbeit"[1277] reflektiert hat und damit in einer inhaltlichen Verbindung zur EZ und ISA steht, deren Träger häufig kirchliche Institutionen bzw. zivilgesellschaftliche NGOs sind. Wegen dieser Schnittstelle und weil Koch auf das Konzept der Kulturdimensionen zurückgreift, um daraus Anknüpfungspunkte für ein kulturübergreifendes, nicht kulturspezifisches Managementmodell abzuleiten, soll auch der Ansatz des *Interkulturellen Managements* hier analysiert werden.

Kochs Managementdefinition ist für die Frage des interkulturellen Managements dialogischer Entwicklungsarbeit anschlussfähig, weil für ihn jedes Management kontextbezogen ist und er diesen Kontextbezug dreifach differenziert betrachtet und damit dem wissenschaftlichen Diskurs zuführt. Erste Variable sind dabei individuelle, soziale und kulturelle Einflüsse, die auf die handelnde Person Einfluss haben. Zweite Einfluss-Variable ist die eine Organisation und damit jeden Entscheidungsträger prägende Organisationskultur. Drittens bestimmt er eine Wirkung des Kontexts außerhalb der Organisation auf diese und auf den Mitarbeiter.[1278] Die erste und die dritte Variable deuten auf weiterführende Forschungsfragen bei den Aspekten Interaktion, Kommunikation bzw. indirekte kontextbezogene Steuerungseffekte und entsprechende Wechselwirkungen hin.

6.2.3.1 Definitionen

Ergänzend zur seiner allgemeinen Managementdefinition[1279] ist für Koch das Kriterium internationalen Managements die Notwendigkeit der „Berücksichtigung verschiedener nationaler Rahmenbedingungen."[1280]

Im Gegensatz dazu ist interkulturelles Management nicht primär durch den Faktor der Überschreitung nationaler Grenzen oder einen höheren Grad an Komplexität im Vergleich zum allgemeinen Management definiert, sondern durch die Tatsache, „dass interkulturelle Aspekte keineswegs nur grenzüberschreitend, sondern auch im nationalen Kontext berücksichtigt werden müssen."[1281] Wesentliches Kriterium zur Definition interkulturellen Managements

---

1277 Koch, Eckart; Speiser, Sabine, 2012
1278 Koch, Eckart, 2012a, S. 47
1279 Vgl. Einleitung zu Kapitel 6
1280 Koch, Eckart, 2012a, S. 50
1281 A. a. O., S. 52

ist für Koch die Tätigkeit „in einem Kontext, der von dem Zusammentreffen von mindestens zwei unterschiedlichen Kulturen geprägt ist."[1282]

So parallel die Definitionen internationalen und interkulturellen Managements zunächst erscheinen, so klar kommt doch durch die Aussagen zur Verortung bzw. Kontextualisierung zum Ausdruck, dass die Definitionen nicht nur Schnittmengen, sondern auch Unterscheidungspunkte haben. Letztlich ist jedes internationale Management, das in zwei Nationen mit unterschiedlichem kulturellem Hintergrund agiert, auch eine Form des interkulturellen Managements. Diese terminologische Präzisierung ist relevant in Bezug auf die Forschungsfrage, weil damit die Verbindung von Interkulturalität und internationaler EZ in der Fragestellung begründet werden kann. Sowohl das *Internationale Management* wie das *Interkulturelle Management* stellen Formen eines kontextbezogenen Managements dar.[1283]

Als unterschiedliche Facetten des *Interkulturellen Managements* benennt Koch erstens ein „Management in anderen Kulturen"[1284], also eine Situation, in der ein Manager im Ausland tätig ist und dort das Führen von Mitarbeitern aus einer anderen Kultur oder auch von Mitarbeitern aus einer weiteren Kultur, z. B. internationale Experten, praktiziert. Zweitens zählt dazu ein „Management für andere Kulturen"[1285], das entweder im Ursprungsland oder in einem anderen Land erledigt wird, verbunden mit dem Hauptaugenmerk auf das Einfühlungsvermögen in die dortigen kulturellen Referenzrahmen, und drittens ein „Management von anderen Kulturen"[1286], welches z. B. gekennzeichnet ist durch die Leitung von multikulturellen Teams.

6.2.3.2 Interkulturelle Managementkompetenz

Aus seiner Definition leitet Koch auch die notwendigen Managementkompetenzen im interkulturellen Kontext ab. Entsprechend der erfolgten terminologischen Klärung sind diese Überlegungen aber nicht nur für das Management interkultureller Lernprozesse beachtenswert. Vielmehr sind interkulturelle Kompetenzen und Kenntnisse für alle Manager „von erheblicher, zum Teil sogar von ausschlaggebender Bedeutung"[1287]. Zu diesen Kompetenzen zählt

---

1282 A. a. O., S. 57
1283 Ähnlich fassen dies Engelen und Tholen aus dem betriebswirtschaftlichen Kontext heraus auf: Ihnen zufolge befasst sich das internationale Management mit Aktivitäten im Ausland. Das interkulturelle Management dagegen reflektiert u. a. den Einfluss nationaler Kulturen auf das Leitungshandeln und bildet so eine Grundlage für das internationale Management. (vgl. Engelen, Andreas; Tholen, Eva, 2014, S. 14).
1284 Koch, Eckart, 2012a, S. 62
1285 A. a. O., S. 63
1286 A. a. O., S. 65
1287 A. a. O., S. 52

Koch die Selbstreflexion bezüglich eigener kultureller Weltinterpretationspräferenzen, die Relativierung derer Erklärungs- und Gestaltungskonzepte, die Offenheit für die Wahrnehmung anderer Welterklärungskonzepte, die Bereitschaft, diese zu dekodieren und schließlich die Fähigkeit, Aspekte daraus in das eigene Interpretationskonzept implementieren zu können, um es dadurch weiterzuentwickeln und in interkulturellen Managementsituationen erfolgreich agieren zu können.[1288]

Während eine Tendenz der gegenwärtigen Globalisierung in der produktionsstandortunabhängigen und damit kulturübergreifenden bzw. kulturneutralen Standardisierung der Managementmethoden bei der Produktion von Waren und Dienstleistungen festzumachen ist, ist auf der anderen Seite beim interkulturellen Management eine Form der Spezialisierung gefordert, die eine Annäherung an unterschiedliche lokale Gegebenheiten ermöglicht, also eine kultursensible Strategie.[1289] Beide Tendenzen bilden die Pole zwischen denen sich interkulturelle Managementkompetenzen entwickeln und bewähren müssen.

Zur Messung der interkulturellen Managementkompetenz schlägt Koch u. a. die bereits dargestellte Balance Score Card vor.[1290] Diese Duplizität der Postulate belegt die These, wonach durch eine synoptische Zusammenschau verschiedener grundlegender Entwicklungen in den Bereichen Management, Interkulturalität, Sozialer Arbeit und kirchlicher EZ parallele Entwicklungen aufgezeigt werden können, die sich interdisziplinär bestärken können.

6.2.3.3 Interkulturelle Steuerungsgrundsätze für Entwicklungskonzepte

Koch entwirft auch Lernprozesse für interkulturelle Steuerungsansätze von Entwicklungskonzepten, weil die national und kulturell heterogene Zusammensetzung der Mitarbeiterschaft und des leitenden Personals in den Projekten bzw. Programmen derartig komplexer Strukturentwicklungsprozesse dies erfordern.

Ergänzend zum einem allgemeinen Managementverständnis benötigen die verantwortlichen Leiter entwicklungsbezogener interkultureller Lernprozesse zur erfolgreichen Gestaltung und Durchführung der Projekte und Programme einen Managementbegriff, der über Vorstellungen ihres kulturellen Kontextes hinausreicht. Damit in Zusammenhang steht ihre Kompetenz, mit den unterschiedlichen Kooperationspartnern anschlussfähige Dialog führen zu können.[1291] Interkulturelle Offenheit, interkulturelles Wissen und interkulturelle

---

1288 A. a. O., S. 56
1289 Vgl. A. a. O., S. 85
1290 Vgl. Kapitel 6.2.1.3
1291 Jahn, Walter, 2012, S. 49

Handlungskompetenz sind in der Kommunikation mit Kooperationspartnern der dialogischen Entwicklungsarbeit förderlich, um deren Interessen und Handlungsoptionen begreifen und um tragfähige Abschlüsse gemeinsam aushandeln zu können.[1292] Die Konzeption eines solchen Managementbegriffs soll nicht auf Standards des Westens bzw. Nordens aufbauen, um mit möglichst vielen Kulturen kompatibel zu sein. Zum anderen sollen seine Bausteine aber bekannt sein und zu den persönlichen, d. h. westlich geprägten Präferenzen der Manager passen.[1293] Derartige Managementgrundsätze sind folglich nach Koch pragmatisch, weil sie kulturelle Unterschiede nicht negieren, und standardisiert, weil sie nicht auf ein ausschließlich erfahrungsgeleitetes oder intuitives (Re-)Agieren reduziert sind, das kaum verallgemeinerbar und nur begrenzt intersubjektiv vermittelbar wäre. Eine abgehobene, ausschließlich auf Länderkunde bzw. Kulturwissen gestützte akademische Konzeption eines Managementbegriffs lehnt Koch ab, da die notwendige Ausdifferenzierung der Lernangebote aufgrund der vielfältigen Subkulturen nicht realisierbar sei. Auch von klassischen Trainingssettings grenzt sich das Konzept ab, weil es nicht nur vereinfachende Verhaltensregeln vermitteln will. Aus all dem resultiert ein Ansatz, der „für multikulturelle Projektsituationen, parallele unterschiedliche kulturelle Konstellationen oder wechselnde kulturelle Kontexte sinnvoll eingesetzt werden kann."[1294]

Als *Managementstil* definiert Koch schließlich einen thematisch zusammenhängenden, miteinander verknüpften, für den Managementerfolg mitverantwortlichen, erweiterbaren Katalog von ergänzenden Handlungsmodulen."[1295] Die unter der Bezeichnung „Managementstil Süd (MSS)"[1296] subsummierten interkulturell kompatiblen Managementgrundsätze verstehen sich als „vielseitig und flexibel einsetzbar, veränderungs- und ergänzungsfähig und (...) (sie lassen, E. d. d. V.) sich mit dem ‚persönlichen Managementstil' verknüpfen."[1297] Der MSS soll laut Koch vor allem in der EZ zum Einsatz kommen, da er kompatibel erscheint zu den dort identifizierten Rahmenbedingungen, die gekennzeichnet sind durch eine partnerschaftliche Kooperation von Organisationen aus verschiedenen Ländern. Strukturen und Anforderungen an das Management in diesem Kontext seien mit denen in hierarchisch strukturierten Organisationen kaum zu vergleichen.[1298]

1292 A. a. O., S. 45
1293 Koch, Eckart, 2012b, S. 7
1294 A. a. O., S. 2
1295 A. a. O., S. 3
1296 Koch, Eckart, 2012a, S. 193
1297 Koch, Eckart, 2012b, S. 2
1298 A. a. O., S. 2

Die Definition des MSS verzichtet auf Indikatoren zur Messung eines Managementerfolgs und schafft Raum für weitere am Managementerfolg beteiligte Faktoren, z. B. eine organisationsgebundene Haltung der Mitarbeiter und die Fähigkeit der Manager, im fremden Kontext relevante Aspekte zu identifizieren und ihre Handlungsmodelle entsprechend zu modifizieren. Außerdem korreliert der Erfolg mit der Fähigkeit der steuernden Akteure, die Potentiale aufzugreifen, die Individuen und Gruppen selbst besitzen.[1299]

Hingewiesen werden kann in diesem Zusammenhang auf die Parallelität zu den Erkenntnissen in der ISA, insbesondere bezogen auf die Relevanz der richtigen Erfassung und Wertschätzung von funktionalen Äquivalenten. Damit sind kultur- bzw. landestypische Reaktionen auf eine soziale Notlage gemeint, die u. U. völlig anders ausfallen, als sie von Akteuren bzw. Managern aus anderen Kulturkreisen aufgrund ihrer unreflektierten und deshalb auch nicht relativierten Präferenzen und ihrer nicht ausgeprägten bzw. untrainierten Kultursensibilität erwartet wurden. Die funktionalen Äquivalente können durch solche unqualifizierten Akteure nicht dechiffriert werden und wurden darum i. d. R. nicht in die Projektkonzeption integriert.[1300]

Für den kulturadäquaten, situationsabhängig-selektiven und kontextsensiblen Einsatz des MSS sind drei Kernkompetenzen grundlegend. Durch ihre Konkretion können in einem interkulturellen Aufgabenfeld zielorientierte Lösungen entstehen.

„Bewusste Offenheit für Neues"[1301] ist auf der Einstellungsebene die Kernkompetenz. Dafür symptomatisch ist u. a. ein Interesse für die Lebensweisen in anderen Kulturen, an Kontakten zu Menschen aus anderen Kulturen und daran, die Welt aus einer anderen Perspektive zu sehen. Grundlegend dafür sind eine Lernbereitschaft und die Fähigkeit, möglichst vorurteilsfrei beobachten, zuhören und mit neuen komplexen Konstellationen umgehen zu können.[1302] *„Intelligente Flexibilität"*[1303] stellt die Handlungsleitlinie im Umgang mit nicht vertrauten Situationen und deren Gestaltung dar. Sie kommt z. B. als Kompromissbereitschaft und in einer ausgeprägten Ambiguitätstoleranz zum Ausdruck. Als dritte Kernkompetenz ist *„respektvolle Freundlichkeit"*[1304] das diesem Managementverständnis adäquate Verhalten. Dahinter verbirgt sich die Offenheit und Befähigung mit den aus den anderen Kulturen stammenden Co-Akteuren und Partizipierenden eine symmetrische Kommunikation zu führen.

1299 A. a. O., S. 4
1300 Vgl. Kapitel 2.7
1301 Koch, Eckart, 2012b, S. 8 (Hervorhebung im Original)
1302 A. a. O., S. 8
1303 A. a. O., S. 8 (Hervorhebung im Original)
1304 A. a. O., S. 8 (Hervorhebung im Original)

Für Koch bedeutet das, „auf Augenhöhe und mit Respekt vor ihrer Persönlichkeit und Kultur freundlich und angemessen humorvoll zu interagieren."[1305]

6.2.3.4 Managementstil Süd und Kulturdimensionen

Im MSS werden Länder mit der Bezeichnung „Länder des Südens"[1306] zusammengefasst, die vergleichbare Werte in den Kulturdimensionen *„hohe Kontextbedeutung, große Machtdistanz, starke Unsicherheitsvermeidung und Polychronie"*[1307] haben. Nach Koch korreliert der Grad der Ausprägung von Kulturdimensionen mit dem Entwicklungsstand eines Landes.[1308] Das MSS-Modell greift hierbei auf das von Hofstede entwickelte Konzept der Kulturdimensionen zurück und zieht Konsequenzen aus den bis zu 70 Prozentpunkte betragenden Länder-Unterschieden bezüglich der Dominanz traditioneller oder säkular-rationaler Werte sowie von Überlebenswerten oder Selbstverwirklichungswerten. Im klassischen Sinne entwickelte Länder haben hohe Skalenanzeigen bei der Ausprägung säkular-rationaler Werte und bei der Selbstverwirklichung. Genau gegenläufig sind die Ergebnisse bei den traditionell als unterentwickelt bezeichneten Ländern.[1309]

Diese übereinstimmenden mentalen Muster wirken sich auf das dort präferierte Handeln der Manager aus. Als Konsequenz für den MSS lassen sich verschiedene, im Führungshandeln zu berücksichtigende strategische Leitlinien ableiten. Erste MSS-Facette ist die Einsicht in die Wichtigkeit sozialer, interpersonaler Beziehungen, die in diesen Ländern als gleichwertig zur Sachebene betrachtet werden müssen. Diese „hohe Kontextbedeutung"[1310] ließe sich auch mit – in unserem Sprach- und Kulturkreis vertrauten – Begriffen wie z. B. der Beziehungspflege und informellen Netzwerken in Verbindung setzen. Es geht nicht nur darum, ein Geschäft abzuschließen bzw. erfolgreiche Verhandlungen zu führen, sondern auch um das personale Gegenüber.[1311] Daraus folgt aus der Sicht derjenigen, die aufgrund ihrer Herkunftskultur weniger auf den Kontext bezogen sind, eine kaum nachvollziehbare undifferenzierte Vermischung von Geschäftlichem und Privatem.

Als zweite Facette, in der sich deutlich südliche von nördlichen Konzepten unterscheiden, gilt ein Prinzip, das auch mit christlichen Maßstäben korreliert,

---

1305 A. a. O., S. 9. Humorvollen Umgang hat der Verfasser in den beruflich bedingten interkulturellen und internationalen Erfahrungen als beziehungsfördernd erfahren.
1306 A. a. O., S. 9
1307 A. a. O., S. 29 (Kursiv im Original)
1308 A. a. O., S. 13
1309 A. a. O., S. 13
1310 A. a. O., S. 15
1311 Z. B. die besorgte Frage des Verkäufers, wem er eigentlich sein Produkt verkauft, oder des Unterhändlers, mit wem er eine Vereinbarung getroffen hat.

wonach „Personen, nicht Funktionen in den Mittelpunkt (zu) stellen"[1312] sind. Weil in der entsprechenden Ländergruppe nahezu alle Managementinteraktionen in z. T. familienhaften Beziehungsstrukturen eingebettet sind und deren Kommunikations- und Machtkonstellationen Einfluss ausüben, müssen diese Aspekte berücksichtigt werden, wenn man ein handlungsorientiertes Managementsystem generieren möchte.

Der Aufbau persönlicher Beziehungen zur Generierung eines Vertrauensverhältnisses ist auch für das Management weltkirchlicher Solidaritätsarbeit und das interkulturelle Management dialogischer Entwicklungsarbeit im Allgemeinen zu beachten.[1313] Ohne diese zwischenmenschliche Basis wird es kaum eine Plattform geben, auf der vorhandene fachliche Kompetenzen zur Entfaltung kommen können. Darum dürfen die jeweiligen Akteure nicht einer zu häufigen Stellen-Fluktuation unterworfen sein. Die Kontinuität einer nicht nur geschäftlichen Beziehung wird zum fundamentalen, stabilisierenden Faktor.[1314] Mit Zeitverträgen ausgestattete Mitarbeiter können darum – auch bei unbestritten vorhandener fachlicher Qualifizierung – höchstens ergänzend in ein Steuerungsteam aufgenommen werden. Die gegenseitige Verlässlichkeit der Interaktionsteilnehmer gilt es zu wahren. Die zunehmende Geschwindigkeit der Austauschvorgänge u. a. im Personalbereich führen hingegen tendenziell zu Unverbindlichkeit, Abnahme der Loyalität und einer schwindenden Vertrauensbasis. Sie können als ein Zeichen der Enthumanisierung der technologiegebundenen Globalisierung verstanden werden, die die Originalität und Spontanität eines Menschen für austauschbar und ersetzbar erachtet.[1315]

Längere Verweildauern von Mitarbeitern an entsprechenden Positionen mit interkulturellen bzw. internationalen Verantwortlichkeiten sind in diesem Zusammenhang von Vorteil, weil durch die längere Interaktionsdauer – eine gelungene Kooperation vorausgesetzt – die emotionale und beziehungsbezogene Basis durch positive Verstärkung gefestigt wird. Diese *stabilitas loci* sollte für die entsprechenden Mitarbeiter und Führungskräfte in der weiteren Karriereplanung kein Malus sein. Nachzudenken wäre sogar über ein spezielles Förderungs- oder Bonifikationssystem für diese partner-, kommunikations- und dialogstabilisierende Arbeitsplatzkontinuität.[1316] Bei einem unvermeidbaren Personalwechsel sind in der Phase der Übergabe nicht nur wichtige Dokumente und Abläufe innerhalb der eigenen Organisation zu kommunizieren, sondern

---

1312 Koch, Eckart, 2012b, S. 16
1313 A. a. O., S. 17
1314 Vgl. Kapitel 2.1. Rosenfeld erkennt eine vergleichbare Tendenz.
1315 Brieskorn SJ, Norbert, 2000, S. 27
1316 Zu den Vorzügen der Kontinuität in Bezug auf die selbstreflexiven Lernprozesse vgl. Kapitel 5.2.5.4

auch Begegnungen mit den Süd-Partnern einzuplanen, damit das gewachsene Vertrauensverhältnis zumindest ansatzweise auf neue Akteure übergehen kann. Die mit internationalen bzw. interkulturellen Kontakten beauftragten Arbeitsstellen einer Organisation sind deren Brückenköpfe, die mit ihren funktional äquivalenten Counterparts in den Organisationen der Länder des Südens miteinander kultursensibel agierende Schnittstellen darstellen. Grundsätzlich sollte sämtliche Kommunikation und Kooperation zwischen den beiden Organisationen über diesen Kanal konzipiert und abgewickelt werden. Keine andere Abteilung bzw. Hierarchieebene der Organisation kann ohne Rücksprache und ohne Einbezug der dort vorhandenen Sachexpertise sowie der personalen Verbindungen in dieses interkulturelle Arbeitsfeld involviert werden bzw. von sich aus dort aktiv werden. Das Harzburger Führungskonzept gibt unter dem Stichwort *Management by delegation* entsprechende Hinweise.[1317] Im Falle einer extremen Arbeitsbelastung kann dieser Kanal natürlich auch zum engen Flaschenhals werden; dennoch ist aus Respekt vor der Kultur der Partner diese negative Konsequenz eher zu präferieren als ein belastender Überraschungsmoment in Form einer nicht ebenen- bzw. hierarchiekonformen – und damit per se kulturunsensiblen – Kommunikation.

Neben dem hohen Einfluss des Kontexts ist eine weitere Determinante ausschlaggebend für das MSS-Konzept. In den südlichen Partnerländern ist die Machtdistanz nicht nur zu Höhergestellten und Vorgesetzten ausgeprägt, sondern auch zu älteren Personen. Das Alter ist für die Stellung wichtiger als Bildungsabschlüsse und bisherige Leistungen.[1318] Die real existierenden Hierarchien müssen angemessen in die Konzeption eingebunden werden.[1319] Erfolgversprechend kann demzufolge kulturell sensibles Managementhandeln u. a. dann sein, wenn es in selbstverständlicher Weise die bei den Kooperationspartnern im globalen Süden vorhandenen Machtstrukturen und damit assoziierten Projektionen aufgreift, die eigene Autorität durch unmissverständliche Entscheidungen zum Ausdruck bringt und gleichzeitig die Partizipation der Mitarbeiter durch die Schaffung von Freiräumen innerhalb dieser Richtlinien fördert.

Im Regelfall stimmen die Kulturen der Länder des Südens in der Dimension der starken Unsicherheitsvermeidung überein. Die daraus abzuleitenden Konsequenzen für das interkulturelle Management übertragen ihm u. a. die Verantwortung klare Verfahren durchzuführen, die vereinbarten Prozeduren einzuhalten, um die Entstehung von Unsicherheiten bei den Partnern zu reduzie-

---

1317 Höhn, Reinhardt, 1985
1318 Koch, Eckart, 2012b, S. 17
1319 A. a. O., S. 18

ren und den konstruktiven Umgang mit Fehlern zu einem Teil der Kooperation werden zu lassen.[1320]

Die letzten Elemente der MSS-Theorie resultieren aus der „Polychronie"[1321]. Damit sind nicht-lineare Zeitbegriffe umschrieben, die parallele Prozesse und unvorhergesehenen spontanen Ereignissen ohne Widerspruch integrieren können. Das Abweichen vom vereinbarten Zeitplan aufgrund einer überraschenden Entwicklung wird nicht als Problem erfasst.[1322] Das MSS kann daran anknüpfend eine weniger starre Gestaltung von Prozessen und deren regelmäßiges Monitoring begründen. Der Einsatz von nicht-linearen Planungskonzepten ist ein Beispiel für die Ausnutzung der Synergieeffekte aufgrund der kulturellen Pluralität.[1323]

Nach Kochs Vorstellung lässt sich die interkulturelle Managementkompetenz in einem Vierer-Schritt erwerben. Die von ihm so bezeichneten Basiskompetenzen, die es im ersten Schritt zu erlangen gilt, liegen dabei sowohl im Bereich der persönlichen, nur begrenzt erwerbbaren Eigenschaften (wie z. B. Neugierde und Flexibilität), als auch bei fachlichem Grundwissen.[1324] Im zweiten Schritt soll Wissen bezüglich der die Unterschiede generierenden kulturellen Spezifika erworben werden. Der dritte Schritt besteht aus der Verknüpfung dieser Erkenntnisse mit Management- und sozialen Fähigkeiten zu einer interkulturellen Handlungskompetenz. Der vierte Schritt wird in der Praxis vollzogen, dabei können die Handlungskompetenzen zu einer interkulturellen Managementkompetenz komprimiert und elaboriert werden.[1325]

Der Beschreibung dieses Prozesses kann man ein lineares Verständnis eines Lernprozesses entnehmen, Reflexion oder Experimentieren sind nicht intendiert. Andererseits betont Koch beim vierten Schritt die Notwendigkeit einer die Praxis begleitenden Weiterbildung, eines „speziellen Trainings und/oder Coaching"[1326]. Auf das Coaching als neue Handlungsform wurde bereits im Zusammenhang mit der Ermöglichungsdidaktik und unter Bezug auf das *Globale Lernen* in der EB, speziell die weiterführende Begleitung durch Netzwerke[1327], hingewiesen.

Die Einführung des MSS-Managementansatzes erfolgt in einem Vier-Phasen Modell, bestehend aus den Phasen Analyse, Erkenntnis, Lernen/Anpassung

---

1320 A. a. O., S. 22
1321 A. a. O., S. 22. Eine unmittelbare Entsprechung zu Hofstedes Kurzzeitorientierung ist diese Dimension nicht, da bei Koch u. a. die Beachtung der Tradition nicht so relevant ist.
1322 A. a. O., S. 22
1323 A. a. O., S. 23
1324 Vgl. Koch, Eckart, 2012a, S. 103–106
1325 A. a. O., S. 84
1326 A. a. O., S. 101
1327 Vgl. Kapitel 5.1.4 und 5.2.4.5

und schließlich Umsetzung. Hierfür stellt Koch auch eine Palette von praxisorientierten Beispielen zur Verfügung.[1328] Diese Lernprozesse sind individuell von den jeweiligen Leitungskräften zu bewerkstelligen und somit dem Bereich der Managementbildung zuzuordnen. In einem weiteren Sinn erfolgt durch die derart qualifizierten Manager aber auch eine Umstrukturierung der gesamten Organisationskultur, womit sich letztlich ein Lernprozess auf der Ebene der Organisation abzeichnet.

6.2.3.5 Zusammenfassung: interkulturell-dialogisches Management

Einige der Erkenntnisse von Koch sind überaus wertvoll, weil diese klare Begründungen liefern und Ausblicke gewähren, z. B. in Bezug auf die Verweildauer von Mitarbeitern auf den entsprechenden Positionen, den Mechanismen bei einem unvermeidbaren Personalwechsel und die Rolle der Brückenköpfe bzw. Schnittstellen. Zudem ist die Palette der (Re-)Aktionsressourcen, die Koch für das weite Feld der Herausforderungen artikuliert, die aufgrund der unterschiedlichen Zeitvorstellungen entstehen, klar strukturiert. Als Konsequenz auf die ungenaue „Einhaltung von zeitlichen Vorgaben, von Planungsschritten und (…) (der) Beachtung der Verbindlichkeit von Abmachungen"[1329] empfiehlt er, „Strukturen und Ordnungen vorzugeben, diese aber unbedingt flexibel zu handhaben."[1330] Der Wunsch nach klaren Strukturen und Verfahrensregeln für das interkulturell-dialogische Management entspricht den im deutschen Kulturkreis ausgeprägten kulturellen Präferenzen nach Unsicherheitsvermeidung und Fachorientierung.[1331]

6.2.4 Dialogisches Management nach Petersen

Die wachsende Komplexität und die immer schneller werdende Wandelbarkeit der gesellschaftlichen und globalen Rahmenbedingungen diagnostiziert Petersen als Herausforderungen, die eine Neuformulierung der klassischen Managementkonzeptionen notwendig machen.[1332] Diese beiden Tendenzen konvergieren mit den wesentlichen Aufgaben, die sich für die Verantwortung tragenden Akteure und Organisationen der EZ, die darauf bezogene entwicklungsbezogene Bildungsarbeitsarbeit, die ISA und die Theologie stellen. Darum ist es sinnvoll, Petersens Forschungsergebnisse in die Konzeption interkulturellen Managements dialogischer Entwicklungsarbeit einzubeziehen. Im Folgenden

---

1328 Vgl. Koch, Eckert, 2012b, S. 24–28
1329 A. a. O., S. 22
1330 A. a. O., S. 23
1331 Jahn, Walter, 2012, S. 46–48
1332 Petersen, Jendrik; Olesch, Jens-Rüdiger, 2011, S. 9

werden Voraussetzungen, Definition, Aufgaben und Ziel des „Dialogischen Managements"[1333] kritisch untersucht.

6.2.4.1 Definition, Aufgaben und Ziel des Dialogischen Managements

Der Begriff der „Managementbildung"[1334] spielt eine zentrale Rolle in Petersens Management-Theorie. Erst durch einen Paradigmenwechsel innerhalb der Wirtschaftsunternehmen und unter den Managern konnten die bis dahin nicht kompatiblen Bereiche Bildung und Management zusammengeführt bzw. die Dimension der Bildung in das Management implementiert werden[1335].

Managementbildung umschreibt eine reflexive Grundhaltung im Nachdenken über sich selbst und das eigene Handeln als Manager. Durch ein derartiges Nachdenken können neue Handlungsorientierungen generiert werden. Es ist ein selbstkritischer Akt in Bezug auf die Interaktion mit anderen und der sozialen Umwelt. Da es keinen normativen Orientierungsrahmen gibt, an dem sich der Einzelne ausrichten könnte, kann diese Reflexion nicht autark erfolgen, sondern sie bedarf des Anderen, des Dialogs mit ihm.[1336]

Dem Dialog wird die Potenz zugeschrieben, bisherige Positionen – egal, ob es sich dabei um bewährte oder im Diskurs befindliche handelt – einer Revision zuzuführen. Der Dialog hat in diesem Verständnis eine funktionale Zuschreibung, er ist das Instrument zur „Auseinandersetzung des Managers und des Managements mit sich, den betrieblichen und globalgesellschaftlichen Bedingungen und ihren Entwicklungsmöglichkeiten".[1337]

Die Konditionalität von Managementbildung, Dialog und Handlungsorientierung wird in der Definition des *Dialogischen Managements* aufgegriffen. Sie lautet:

> „Im ‚Dialogischen Management' – ermöglicht durch Managementbildung – wird zunächst einmal von der Grundannahme ausgegangen, dass sich der Dialog als gemeinsame Wahrheitssuche im Austausch zwischen Führungskräften und Mitarbeitern auszeichnet, da es nicht ‚die' von vornherein (monologisch) festgestellte und allgemeingültige Wahrheit i. S. eines ‚one best way' (mehr) geben kann."[1338]

Gemäß dieser Definition folgt auf die Managementbildung mit ihrer selbstreflexiven Komponente in einer dialogischen innerbetrieblichen Kommunikation zwischen den Akteuren verschiedenster Hierarchie- und Angestelltenebenen

---

1333 Petersen, Jendrik, 2003
1334 Petersen, Jendrik; Olesch, Jens-Rüdiger, 2011, S. 8
1335 Vgl. Lehnhoff, Andre, 1997
1336 Petersen, Jendrik; Olesch, Jens-Rüdiger, 2011, S. 9
1337 A. a. O., S. 9 f
1338 A. a. O., S. 10 (Klammern im Original)

die Identifikation und verbindliche Definition der betrieblichen bzw. institutionellen Gestaltungsintentionen. In diesem Verständnis des *Dialogischen Managements* ist der außerbetriebliche „*Dialog mit Betroffenen des unternehmerischen Handelns im Unternehmen und des Unternehmens*"[1339] kein Bestandteil. Dies könnte auf den Bedarf der Konstruktion einer Schnittstelle vom *Dialogischen Management* zur dialogischen Entwicklungsarbeit hinweisen, weil diese die Partizipation der Betroffenen außerhalb der Organisation bzw. der Übergabe der Verantwortung an diese im Sinne des Ownership-Ansatzes als entwicklungspolitische Grundsätze postuliert.

In Konsequenz aus der Fokussierung des *Dialogischen Managements* auf die innerbetriebliche Dimension ist das Leitungshandeln für die Entstehung und den Fortbestand von Dialogen mit den Mitarbeitern verantwortlich. Kreative und z. T. auch riskante Lösungsalternativen können in dieser offenen Atmosphäre entstehen, weil Mitarbeiter und Arbeitsgruppen zu selbstbewusstem und eigenständigem Denken animiert werden.[1340] Da es in Teams oder Abteilungen zur Verfestigung von bestehenden Denk- und Handlungsabläufen und zur Bildung von Substrukturen kommen kann, gehört es im *Dialogischen Management* zu den Aufgaben der Leitung, diese durch kritische Fragen konstruktiv aufzubrechen.[1341]

Durch eine transparente Kommunikationskultur, die auch die Weitergabe aller relevanten Informationen beinhalten muss, sollen Lösungen für die sich zeitlich immer schneller neu stellenden Herausforderungen und Probleme dialogisch erarbeitet werden können. Letztlich ereignet sich dadurch ein tieferes und sich ständig aktualisierendes Verstehen des Anderen, seiner Weltwahrnehmung, seinen zentralen Problemdefinitionen und der von ihm (bisher) präferierten Lösungsansätze. Ideal typisch werden derartige Lern- und Reflexionsprozesse bereits begonnen, bevor ein unmittelbarer Handlungsdruck die Organisation bzw. das Unternehmen zwingen, sich damit auseinanderzusetzen.

Offenkundig sind die Konvergenzen von Petersens *Dialogischem Management* mit dem Feld der interkulturellen Philosophie bei der Akzeptanz der Existenz verschiedener Orientierungsmuster. Diese können außerhalb des bisher im System Gedachten liegen und sollten vom eigenen Konzept wahrgenommen werden. Die Missachtung dieser bis dato nicht im Mainstream liegenden Denktraditionen würde die Gefahr mit sich bringen, in der von der Gleichzeitigkeit des vermeintlich Ungleichzeitigen geprägten Zukunft alternativlos zu sein. Damit wäre die Organisation nicht mehr in der Lage, neue, ggf. adäquatere Optionen zu formulieren.

1339 A. a. O., S. 9 (Kursiv im Original)
1340 A. a. O., S. 10
1341 A. a. O., S. 11

Im Sinne einer auf Zukunftsfähigkeit bedachten Verantwortung impliziert Petersens Konzept eine Perspektive für eine „innovative Organisationsgestaltung durch Dialogisches Management."[1342] Damit weitet der Ansatz des *Dialogischen Managements* sich von einer individuellen Managementbildung zum Lernen der gesamten Organisation. Die gesamten Managementprozesse der Organisation auf einer Meta-Ebene zu reflektieren um Veränderungsbedarf und Entwicklungspotentiale zu erkennen, ist das eigentliche Ziel des *Dialogischen Managements*.[1343]

Ohne den Begriff zu verwenden umschreibt Koch damit die Kulturdimensionen und organisationskulturelle Differenzierung des *globalen Management*-Ansatzes und Grundzüge der interkulturellen MSS-Konzeption. Es zeichnen sich zudem Schnittstellen zu Easterlys Suchern[1344] ab. Deren Charakterisierung setzt aus einer kritisch-selbstreflexiven Perspektive heraus die kultursensible Suche nach neuen Wegen im Dialog voraus.

Die Aufgabenstellung des *Dialogischen Managements* geht über die Gestaltung betrieblicher bzw. organisatorischer Abläufe hinaus und umfasst die Demokratisierung der gesamten Gesellschaft. Die in den Betrieben und Organisationen angewandte Praxis wirkt impulsgebend auf die Gesellschaft und fördert deren Mitgestaltung im Dialog.[1345] Tendenziell reklamiert das *Dialogische Management* dabei eine in Richtung einer Humanisierung der Gesellschaft gehende Aufgabe für sich. Über die Mitgestaltung werden die sozialen Systeme weiterentwickelt und dabei den humanen Bedürfnissen angepasst.[1346]

Wenn das Management dialogischer Entwicklungsarbeit diese Position für sich übernimmt, kann es daraus Impulse für interkulturelle Lern- und Veränderungsprozesse in den Ländern des globalen Südens ableiten. Dieser Managementkonzeption und ihrer praktischen Ausformung käme eine Art Vorbildfunktion zu. Aus ihr könnten Mitglieder anderer Organisationen und Staaten ablesen, wie kontrafaktische Entwicklungsmöglichkeiten in einem konstruktiv-vertrauensvollen Umfeld entstehen können. Dadurch werden die eigenen Potentiale zur Problemlösung entdeckt.

6.2.4.2 Instrumente des Dialogischen Managements

Ein Instrumentarium zur Umsetzung der theoretischen Grundlagen des *Dialogischen Managements* ist das „Management Development Center (MDC)"[1347].

1342 Petersen, Jendrik; Olesch, Jens-Rüdiger, 2011, S. 3–20
1343 A. a. O., S. 11
1344 Vgl. Kapitel 4.3.1.3
1345 Petersen, Jendrik, 2003, S. 409
1346 Petersen, Jendrik; Olesch, Jens-Rüdiger, 2011, S. 14
1347 Petersen, Jendrik; Lehnhoff, Andre, 2005, S. 224

Das MDC greift die postulierte neue Kultur bezüglich Leitung und Management auf und will ein klassisches Führungsmodell ablösen, bei dem:

- es eine klare Trennung zwischen der Entscheidungs- und der Ausführungsebene gibt,
- sowohl das Know-how langjähriger Mitarbeiter als auch das Feedback derjenigen, die im unmittelbaren Kontakt mit Kunden bzw. Kooperationspartnern stehen, aber nicht in der Hierarchieebene der Entscheider angesiedelt sind, in sträflicher Weise ignoriert wird,
- dessen Befürworter sich nicht selten wundern, dass die von ihnen beschlossenen Konzepte nicht realisiert werden können, weil die Realität bereits eine andere geworden ist und
- am Ende die Entscheider nicht sich selbst für das Scheitern verantwortlich machen, sondern die Exekutierenden, die nicht an der Entscheidung partizipiert haben.

Aus Sicht eines in Theorie und Praxis dem Dialog verschriebenen Managements muss eine nur semipermeable Trennlinie zwischen den Ebenen von Entscheidung und Ausführung, die nur von Oben nach Unten Informationen durchlässt und kritische Rückmeldungen in die andere Richtung nicht, als potentiell den Unternehmenserfolg gefährdend betrachtet werden. Die in den Mitarbeitern liegenden Potentiale werden durch den Verzicht auf die kritische Reflexion nicht ausgeschöpft. Das MDC fordert zudem einen gesellschaftlichen Fortschritt: Mitarbeiter sind nicht nur durch eine Funktion und den ökonomischen Nutzen definiert, sondern zuerst durch ihre Würde als Person.

Problemlösungskompetenzen der Subalternen aus hierarchischen Gründen zu ignorieren, zeugt nicht von zukunftsfähigem bzw. dialogischem Management. Um derartige Modelle überwinden zu können, bedarf es einer (nicht unbedingt im biografischen Sinne) neuen Generation von Führungskräften, die sich einem mehr moderierenden Berufsverständnis verschrieben hat, die dafür ausgesucht und in diese Richtung qualifiziert wurde. Bei der Rekrutierung sollte zumindest in Ansatzpunkten die Konformität der erkennbar vorhandenen Kompetenzen eines potentiellen Nachwuchsmanagers mit dieser Philosophie beachtet werden.[1348] Zwangsläufig stellt sich daher u. a. die Herausforderung, wie ein Unternehmen die Potentiale der Mitarbeiter bzw. künftigen Führungskräfte besser identifizieren und weiterentwickeln kann. Genau für diese Dimension der Personalentscheidung und -entwicklung bietet das MDC ein Instru-

---

1348 Sind sie vollständig diametral wird der Ressourcenaufwand für den entsprechenden Lernprozess sehr hoch einzuschätzen sein.

mentarium. Es macht in anforderungsspezifischen Übungen das relevante Problemlöseverhalten sichtbar.[1349]

Dabei ist es von Bedeutung, die Auswahl der Rekruten für Nachwuchsförderungsprogramme nicht nur durch den unmittelbaren Vorgesetzten auf einer tendenziell subjektiven Ebene vorzunehmen. Additiv soll eine erfahrene Führungsperson hinzugezogen werden, die sich aus der standardisierten Beobachtung in simulierten, aber realitätsnahen und auf die Organisationskultur abgestimmten Arbeitsvollzügen während des MDC ein differenziertes Urteil bilden kann. Diese überaus wichtige Aufgabe stellt erstens einen Anreiz für die aktuellen Führungskräfte dar, aktiv an der Weiterentwicklung der Organisation mitzuwirken und zweitens entsteht während der Vorbereitung auf die Beobachteraufgabe ein indirekter Lern- und Selbstreflexionsanreiz in Bezug auf das eigene Leitungsverhalten.[1350] Somit trägt der MDC zur Verkürzung der Umstellungszeitspanne zum *Dialogischen Management* bei, weil es aufgrund des Lernprozesses der gegenwärtigen Manager in ihrer Funktion als Beobachter bereits in ihrer Generation Veränderungen geben wird weg vom klassischen Hierarchie-Konzept hin zum kritikoffenen, Partizipation fördernden und fordernden Management. Die Didaktik MDC entspricht einem Viererschritt aus Input, Übungen, Gruppenfeedback und Reflexion.[1351] Diese Struktur hat sich in vielen Bildungsmaßnahmen bewährt und stellt keine Herausforderung in der Umsetzung dar.

Verlässt man die Frage der Nachwuchsrekrutierung und versucht, ganz allgemeine Führungsinstrumente zu benennen, die es einem Entscheidungsträger ermöglichen, gemäß dem Konzept des *Dialogischen Managements* seine Mitarbeiter in der Ausnutzung und Erweiterung ihrer Problemlösungspotentiale und Problemlösungsverantwortung, sowie der dabei stattfindenden Lernprozesse zu unterstützen und zu begleiten, lassen sich fünf Instrumente benennen, wobei diese durchaus konfliktbehaftet sein können:

1. „*Zielvereinbarungen*"[1352]: Durch den Mitarbeiter werden vorab Ziele festgelegt, deren Erreichung ex post validiert werden kann.
2. „*Lernaufgaben in Gestalt von Arbeitsaufträgen*"[1353]: Gemeint ist die Beschäftigung mit dem größten, vom Mitarbeiter noch unbewältigten Lerninhalt. Von den Vorgesetzten erhält er einen Lösungsinput. Daraus kann sich der Bedarf an zusätzlichen Lernaufgaben abzeichnen.

1349 Petersen Jendrik; Lehnhoff, Andre, 2005, S. 224
1350 A. a. O., S. 225
1351 A. a. O., S. 226
1352 Petersen, Jendrik; Olesch, Jens-Rüdiger, 2011, S. 12
1353 A. a. O., S. 12

3. *„Geschäftsordnungsinterventionen"*[1354]: Falls unproduktive Abläufe und Arbeitsorganisationen eine optimale Problemlösung infrage stellen, intervenieren die Vorgesetzten.
4. *„Beratung"*[1355]: Intendiert ist, durch kritisches Hinterfragen bei den Mitarbeitern selbst die Idee zu wecken, wie organisatorische Operationalisierungen effektiver und effizienter gestaltet werden können. Tendenziell ist diese Form der Frage als Provokation zu interpretieren.
5. *„Konfrontation"*[1356]: Ohne diplomatische Schönfärberei wird dem Mitarbeiter eine unmittelbare Rückmeldung gegeben bezüglich seines Auftretens und Agierens sowie den damit einhergehenden Folgen.

Ergänzt werden muss diese Praxis durch den Abbau von asymmetrischen Machtstrukturen, nur dann ist es den Mitarbeitern nämlich möglich, ihre Sicht ungehemmt zu artikulieren. Dabei geht es u. a. um den Verzicht auf arbeitsrechtliche Konsequenzen:

> „Hierbei gilt es zu bedenken, dass eine derartige Qualität des Dialoges *eben nicht* möglich wäre, wenn die Mitarbeiter aufgrund beibehaltener Sanktionspotentiale und Machtverhältnisse befürchten müssen, dass Einwände gegenüber den Vorstellungen der Führungskräfte mit Missbilligung, Abmahnungen, Nichtbeförderungen oder gar Entlassungen sanktioniert werden, weil die Führungskraft sich möglicherweise in ihrer Autorität und Kompetenz bedroht fühlt."[1357]

Damit ist auf ein Risiko der Dialog-Konzeption, das Vertrauen in die Verlässlichkeit des Dialogpartners bzw. der Partnerorganisation, hingewiesen. Nur

---

1354 A. a. O., S. 12
1355 A. a. O., S. 12. Petersen verwendet dazu den aus der EZ stammenden Terminus technicus der *Hilfe zur Selbsthilfe*
1356 A. a. O., S. 12
1357 A. a. O., S. 13 Nahezu unverändert ergibt diese Formulierung eine Aussage für die dialogische Entwicklungsarbeit im Allgemeinen und im Speziellen für ein dialogisches Management interkultureller, entwicklungsbezogen-solidarischer Lernprozesse und weiterer Kooperationsfelder, wenn man in dem Zitat den Begriff *Mitarbeiter* durch *Leitungsebene der Nehmerorganisation* ersetzt und die Terminologie *Führungskräfte* ergänzt wird um die Beifügung *der Geberorganisation* und man statt Entlassung den Begriff *Fördermittelentzug* verwendet: Hierbei gilt es zu bedenken, dass eine derartige Qualität des Dialoges eben nicht möglich wäre, wenn die Leitungsebenen der Nehmerorganisation aufgrund beibehaltener Sanktionspotentiale und Machtverhältnisse befürchten müssten, dass Einwände gegenüber den Vorstellungen der Führungskräfte der Geberorganisation mit Missbilligung, Abmahnungen, Nicht(be)förderung oder gar Fördermittelentzug sanktioniert werden, weil die Führungskraft der Geberorganisation sich möglicherweise in ihrer Autorität und Kompetenz bedroht fühlt.

wenn beide Seiten die Interdependenz verinnerlicht haben, werden sie füreinander vertrauenswürdig.[1358]

Betrachtet man die globalen Zusammenhänge und wechselseitigen Abhängigkeiten, die in diesem Jahrzehnt aufgrund des Klimawandels und der damit einhergehenden Wetterphänomene, aber auch aufgrund der engen weltwirtschaftlichen Verflechtungen jedermann an jedem Ort dieser Welt erkennbar werden, so ist aus der gegenseitigen Interdependenz sogar eine unabänderliche globale Schicksalsgemeinschaft geworden, die die Dringlichkeit bzw. Alternativlosigkeit des Dialogs nur verschärft.

6.2.4.3 Zusammenfassung: Durch Dialog transformiertes Management

Petersen begründet betriebswirtschaftlich und pädagogisch die Unerlässlichkeit neuer Managementkompetenzen, die durch dialogische Aspekte nicht nur ergänzt, sondern vollumfänglich transformiert werden. Damit sind seine Argumente Teil des Fundaments dieser Arbeit. Die Vorbildfunktion des *Dialogischen Managements* als Keimzelle einer gesellschaftlichen Transformation hat eine über die unmittelbare Managementtheorie im nationalen Kontext hinausgehende Aussagekraft für die Entwicklung zivilgesellschaftlicher Kräfte in anderen Ländern. Gerade die Organisationen der EZ haben mit ihren Kooperationspartnern im globalen Süden und Osten hier eine Handlungsperspektive.

Ruft man sich den in der entwicklungspolitischen Fachdiskussion gegenwärtig vorherrschendes Primat der endogenen Entwicklung ins Gedächtnis, so kann eine Dominanz der Geberorganisationen, die i. d. R. in der nördlichen Hemisphäre beheimatet sind, als kontraproduktiv realisiert werden.[1359] Daraus folgt der Schluss, dass die Problemlösungskompetenz der Betroffenen/Armen/Mitarbeiter nicht vergessen werden darf und ihre Stimme in den Dialog einfließen muss.

Bereits hingewiesen wurde auf die Verbindungslinien zu anderen analysierten Management-Theorien und zu entsprechenden Aspekten der aktuellen Debatte in der EZ. Beispielhaft kann die teilweise Deckungsgleichheit von Petersens Konzept mit einigen Thesen Hofstedes herausgearbeitet werden. Dazu gehören die Relativierung vermeintlich absoluter Wahrheiten im Bereich der Management-Theorien, die Notwendigkeit der Öffnung der Problemlösungsverfahren und die Moderation von kulturell bedingten Konflikten innerhalb der Organisation. Beim Erwerb interkultureller Kompetenzen durch das *Dialogische Management* bezieht sich Petersen sogar direkt auf Hofstede.[1360] Die bei Hofstede diskutierten Aspekte der multikulturellen Teamkonfiguration und der

---

1358 A. a. O., S. 13
1359 Vgl. Kapitel 4.3.2
1360 Petersen, Jendrik, 2003, S. 398 f

gezielten Förderung der weiblichen Mitarbeiterinnen werden von Petersen dagegen nicht erörtert. Auch die im Anschluss an Koch postulierten Management-Bemühungen zur Extension der Verweildauer von Mitarbeitern finden sich nicht bei Petersen. Ursächlich könnte dafür in erster Linie Petersens nationaler Forschungskontext sein, da dieses Postulat sich aus der Kooperation mit Kulturen ergibt, die die Beziehungsebene wesentlich stärker betonen.[1361]

[1361] Zu Recht kann hier darauf verwiesen werden, dass die Kooperation mit Menschen aus anderen Kulturkreisen auch im nationalen Kontext, z. B. bei der Sozialen Arbeit mit Migranten oder allgemein wegen des Fachkräftemangels und der zunehmenden Internationalisierung auch im Management, bereits Realität ist.

7 Neuer, multireferentieller Ansatz internationalen Managements als Leitungsmodell dialogischer Entwicklungsarbeit: MRAGM

Die interdisziplinäre Erweiterung des Aufgabenfeldes von Leitungskräften im System der internationalen Hilfeleistungen reflektiert letztlich eine umfassende Transformation der gesamten Rahmenbedingungen. Fachliche Kompetenz z. B. im Bereich der EZ alleine wird für die leitenden Akteure nicht ausreichen, um die transformativen Aufgaben erfolgreich bewerkstelligen können; sie benötigen darüber hinaus die Fähigkeit, auf die aufgezeigten andragogischen Implikationen im betrieblichen Führungshandeln (1.2) zurückgreifen zu können, um diesen paradigmatischen Wechsel, der verbunden ist mit einer Ausweitung der kontextuellen Komplexität, gestalten zu können.

Aus der Synopse der im vorherigen Kapitel untersuchten Management-Ansätze kann ein multireferentiell-interdisziplinäres Modell für ein zeitgemäßes, zukunftsorientiertes, sich immer schneller wandelnden Herausforderungen stellendes interkulturelles Management dialogischer Entwicklungsarbeit und der damit verbundenen individuellen und organisatorischen Lernprozesse generiert werden. Die Interdisziplinarität entfaltet sich durch die Einbeziehung der gewandelten Paradigmen in den davor untersuchten wissenschaftlichen Fachdisziplinen: der Theologie, der EZ, der ISA und der Pädagogik. Weiterhin können sich in dem Modell die in diesem Kontext zum Einsatz kommenden pädagogischen Konzeptionen und deren Erkenntnisse in Bezug auf das *Globale Lernen* und das *Interkulturelle Lernen* adäquat abbilden. Somit verfügt das *multi-referential approach of global management* (MRAGM) genannte Modell über ein robustes Bezugssystem und operative Indikatoren. Es soll für Entscheidungsträger in Unternehmen und Organisationen, die im globalen Kontext der staatlich, kirchlich oder zivilgesellschaftlich getragenen interkulturellen Bildungs- und Solidaritätsarbeit tätig sind, impulsgebend und reflexionsanregend wirken.

Einzelne Aspekte für ein interkulturell-dialogisches Management, die sich aus der Befassung mit den aus unterschiedlichsten wissenschaftlichen Disziplinen stammenden Autoren ableiten lassen, wurden bereits ausführlich unmittelbar im Kontext ihrer Genese dokumentiert und kritisch diskutiert, z. B. in den Abschnitten 1.3.3, 1.4.3, 1.5.6, 2.8, 3.2.3, 4.4, 5.2.4.7, 5.2.5.5, 5.4,6.1.3, 6.2.3.5 und 6.2.4.3. In der Konstruktion eines Modells wird nun der Versuch unternommen, daraus wiederum Essentielles zu komprimieren. Damit die ausführlichen Herleitungen der Aussagen nachvollziehbar bleiben, werden die jeweiligen Kapitelnummern angegeben.

Die Aspekte des MRAGM-Modells sind unterschiedlichen Charakters. Einige dienen eher der Optimierung bisheriger Abläufe und Prozesse, andere sind tendenziell innovativ und könnten Anregungen geben, um völlig neue Wege und Praktiken zu erproben. In der Sprache des Marketings wäre die erste Gruppe für die Marktdurchdringung, die zweite für die Markterweiterung anwendbar. Da die Anwendung allerdings immer organisationsspezifisch erfolgen muss, ist die Einteilung eine subjektive Aufgabe, der sich die Leitungshandelnden individuell stellen müssen.

Ähnlich einer kreisrunden Tribüne hat das MRAGM-Modell verschiedene Ebenen, die strukturell übereinander positioniert werden. Wie in der Forschungsfrage angenommen, konnte in allen vier untersuchten Fachdisziplinen eine richtungsgebende Wirkung der Dialogik, hin zur Relativierung der subjektiven Position und gleichzeitigen Aufwertung des Anderen als gleichwertigem Partner, der aber u. U. eine andere Kontextualität mit sich bringt, nachgewiesen werden. Die Ableitungen aus der Dialogik bilden darum auf der ersten Ebene der Tribüne den anthropologischen Kern des Modells, der fundamentale Überlegungen zum Wesen des Menschen beinhaltet. Auf der zweiten Ebene werden die Anregungen und Aufgaben für ein internationales Management gleichwertig nebeneinander zusammengefasst, die aus den aktuellen Forschungsständen der vier analysierten Fachdisziplinen gewonnenen wurden. Ebene drei repräsentiert den Bereich des Managements. Hier sind die Elemente des Modells angesiedelt, die dazu beitragen können, die im forschungsleitenden Interesse implizierten Defizite (asymmetrische Kommunikations- und Organisationsstrukturen, ethnozentristisches Management) durch ein dialogisch inspiriertes Leitungshandeln zu verändern. Diese Ebene ist eine farbliche Mischung der darunterliegenden Ebene, weil dadurch die umfassende Reichweite der disziplinären Postulate der zweiten Ebene in Bezug zu den auf der dritten Ebene liegenden Management-Implikationen dargestellt wird.

Die grafische Darstellung als Tribüne illustriert, dass man – im Gegensatz zu einer Pyramidenform, die eine gewisse Hierarchie impliziert – von jedem Platz aus die Möglichkeit hat, jede andere Position zu sehen und mit ihr in Verbindung zu treten. Damit sollen die im MRAGM-Modell verbesserte Transparenz, Partizipation, Kommunikation, Vernetzung und interdisziplinäre Kohäsion zum Ausdruck kommen.

Bei der Betrachtung der einzelnen Ebenen und Segmente der Tribüne ergibt sich ein differenzierteres Bild. Die einzelnen Aspekte werden im Folgenden systematisch dargestellt, wobei es eine gewisse Trennschärfenproblematik gibt, da die Begründungsstränge einiger Aspekte in verschiedenen Disziplinen herausgearbeitet werden konnten.

Abbildung 7: Gesamtdarstellung des MRAGM-Modells

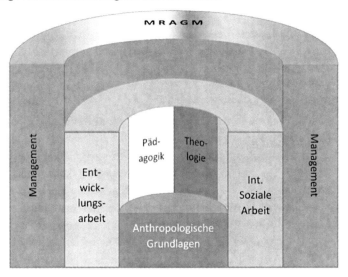

7.1 Anthropologische Grundlagen des MRAGM-Modells

Drei fundamentale Überlegungen zu grundlegenden Wesensmerkmalen des Menschen charakterisieren die anthropologische und unterste Ebene des MRAGM-Modells:

- *Dialog, Partizipation, Transparenz und Konstanz als Basis*

Wenn, wie ausführlich bei der Analyse des Buberschen Ansatzes dargelegt, alles Leben Beziehung ist (1.3.1), ist die Pflege der Beziehungen auch in der Arbeitswelt prioritär, nicht zuletzt bezogen auf das Management-Mitarbeiter-Verhältnis und jenes zu externen Kooperationspartnern. Diesem Paradigma hat sich folglich das gesamte Leitungshandeln unterzuordnen, z. B. mit entsprechenden Konsequenzen für die Organisation inner- sowie außerbetrieblicher Kommunikation und Kooperation. Hinzu kommen Partizipation und Transparenz von Entscheidungsprozessen und schließlich die im internationalen Kontext besonders hervorzuhebende Wahrung der Kontinuität des Personals, das in einem gewachsenen Vertrauensverhältnis mit den Kooperationspartnern steht und gleichzeitig Anspruch auf Weiterentwicklung hat. Auch die ISA akzentuiert die für diese Art von Arbeit notwendige, weil Beständigkeit, Berechenbarkeit und Stabilität gewährende, personale Konstanz (2.1).

- *Reflexion des Verhältnisses von Mensch und System*

Die nächste Betrachtung befasst sich mit der Frage, ob Transformationsprozesse vorrangig vom System oder vom Menschen ausgehen. Knoll plädiert unter Bezug auf historische Fehleinschätzungen für das Primat der Person, weil Systeme nicht unabhängig von den handelnden Menschen sowie deren Interessen funktionieren und Systemveränderungen nicht durch das Umlegen eines Schalters oder das Kopieren einer erfolgreichen Vorlage erfolgen, sondern durch unterschiedlichste zwischenmenschliche Kommunikationsprozesse.[1362] Demzufolge benötigt man sowohl für eine strukturelle Transformation der EZ zur kohärenten dialogischen Entwicklungsarbeit als auch bei der Implementierung des Globalen Lernens in alle Handlungsebenen der Pädagogik zunächst Persönlichkeiten an systemrelevanten Schaltstellen, deren Horizont in Bezug auf unterschiedliche Weltinterpretations- und Weltgestaltungspräferenzen weit und deren Reflexionsniveau hoch ist. Allerdings legt der begrenzende Einfluss von organisatorischen und kulturellen Rahmenbedingungen auf die Reichweite individueller Kompetenzen bei der Gestaltung von Transformationsprozessen eine weniger polarisierende Sichtweise als die von Knoll formulierte nahe.

Die Erlangung eines ausreichenden Maßes an Übereinstimmung zwischen den Qualifikationen eines Entscheidungsträgers zur Initiierung und Etablierung von interkulturellen Lernprozessen in der dialogischen Entwicklungsarbeit und dem Grad des Interesses zur Weiterentwicklung bzw. zur Systemveränderung innerhalb einer Organisation könnte dabei ein Indikator für einen Ausgleich zwischen dem Primat der Person und dem Einfluss des Kontexts sein.

Da bisher ausgebildete Manager nur begrenzt auf dieses neue, auch mit Fragen der Andragogik und interkultureller Philosophie verknüpfte Aufgabenfeld vorbereitet wurden, sollten entsprechende Studienangebote an Universitäten und berufsbegleitende Lernarrangements bzw. Coachings für bereits im aktiven Berufsleben stehende Verantwortliche entwickelt werden. Zu den Merkmalen entsprechender Facilitatoren, also Prozess- bzw. Dialogbegleitern, gehören u. a. „eine umfassende reflexive-eigenständige (individuelle und soziale) *Lernfähigkeit und -bereitschaft*, (…) der *Mut*, neue Wege zu gehen, (…) die *Zivilcourage*, diese auch gegen Widerstand dialogisch zu vertreten"[1363], sowie eine aus der Interdisziplinarität und der Hermeneutik der Begegnung generierte Bescheidenheit. Derartig interkulturell qualifizierte Manager sind durch ihre Kenntnis der spezifischen Codes interdisziplinär dialogfähig, ohne sich selbst in jedem Feld anderen Experten gegenüber überlegen zu fühlen (1.5 und 1.5.2). Wer sich seiner prinzipiellen professionsbezogenen Unvollständigkeit bewusst ist, kann

---

1362 Knoll, Joachim, 2014, S. 21
1363 Petersen, Jendrik, 2003, S. 409

eher eine weitere, komplementäre oder divergente Meinung ertragen als der, der glaubt, im Vollbesitz der Erkenntnis zu sein. Dies entspricht einem konstruktivistischen Verständnis der EB, die relativiert und disziplinäre Vielfalt in der interkulturellen Deutung bearbeitet.[1364]

- *Selbstrelativierende Bescheidenheit und Demut*

Man muss sich selbst ständig verdächtigen, dem Irrtum, bzw. dem unvollständigen, wenn nicht gar verwirrten Blick auf die Wirklichkeit, der ideologisch-philosophischen Selbsttäuschung erlegen zu sein. Darum ist es unerlässlich, demütig und bescheiden zu sein und entsprechend zu entscheiden. Selbstrelativierende Bescheidenheit und erkenntnistheoretisch begründete Demut (1.5.2, 1.5.5) sollten grundlegende individuelle Kompetenzen von Managern, Pädagogen, Theologen, Sozialarbeitern und Entwicklungshelfern sein, die ihr Handeln unter den Primat des Dialoges und des konstruktivistischen Umgangs mit Ungewissheit stellen möchten (5.1.2, 5.1.3, 5.1.4). Dies stellt sowohl eine Anregung für die grundlegende Forschung als auch eine Aufforderung für die davon abgeleitete Praxis dar, bei der fach- und bedarfsgerechten Artikulation eines ausdifferenzierten, ermöglichungsdidaktisch konzipierten, interdisziplinären Studien-, Fortbildungs-, und Persönlichkeitsentwicklungsarrangements an entscheidender Stelle mitzuwirken.

- *Verfahrenskompetenz (intern)*

Ein Management, das sich auf Bohms Dialogverständnis zu beziehen versucht, muss sich um ein hohes Maß an Verfahrenskompetenz (1.4.3) bemühen; schließlich ist die Aufrechterhaltung einer eigenen Fachkompetenz i. d. R. nur schwer zu bewerkstelligen, da nach Bohm alle Erkenntnis, solange sie nicht im Dialog entstand, fragmental und inkohärent ist. Jede Entscheidung, die durch traditionelle Verantwortungsträger gefällt wird, ist mit vielen darauf zurückzuführenden Defiziten ausgestattet. Für Bohm liegt die einzige Lösung in der Verfahrenskompetenz, also die richtigen Prozesse zur richtigen Zeit anzubahnen und mit den entsprechenden Ressourcen auszustatten und zu begleiten, sei es im Unternehmen oder der Organisation. Allerdings muss eine derartige Aufgabe für ein einzelnes Individuum fast immer zur Überforderung werden, insbesondere, wenn es im interkulturellen bzw. internationalen Kontext agieren soll. Folglich kann ein Leitungsteam indiziert sein.

1364 Arnold, Rolf; Siebert, Horst, 2006, S. 132 und S. 145

- *Verfahrenskompetenz (extern)*

Aus der interkulturellen Philosophie stammt die Herleitung der Kontextabhängigkeit jeder Weltsicht, sowohl was deren rückwärtsgewandte Welterklärungs- als auch die perspektivische Weltgestaltungsdimension betrifft. Speziell für die in Europa stark institutionell ausgeprägten und für interkulturelle Lernprozesse relevanten Disziplinen der Sozialen Arbeit, der EZ und der Theologie ergibt sich daraus auch eine Limitierung der Reichweite ihrer Analysen und Konzepte. Während Mall ein relativ statisches Modell bezüglich der noch nicht vollumfänglich entdeckten, aber bereits in allen Weltanschauungen verborgenen Wahrheit vertritt, ist Fornet-Betancourt offen für die Schaffung ganz neuer gemeinsamer Weltinterpretationen durch den gemeinsamen Dialog unterschiedlicher Kulturen. Für das Leitungshandeln bedeutet dies, dass es beim interkulturellen Management dialogischer Entwicklungsarbeit nicht nur darum gehen kann, in einem Erdteil bzw. Kulturkreis etablierte Modelle bzw. Systeme richtig zu transferieren. Es bedarf einer Offenheit für die – mit Partnern aus anderen Kulturkreisen in einem reziproken, gewaltfreien (5.1.1) Prozess mögliche – Entwicklung ganz neuer Vorstellungen und Manifestationen des Leitungshandelns.

- *Sprachkompetenz*

Die Frage nach der Sprache des Dialogs und davon abgeleitet die Frage nach der Rolle und Funktion von Dolmetschern als Teil des Dialogs im Kontext des internationalen und interkulturellen Managements tauchte innerhalb der kritischen Auseinandersetzung mit Bohm erstmals auf (1.4.3). In der Konsequenz seiner Dialogkonzeption geht es nicht nur um das Finden der richtigen Wörter, sondern vielmehr um die durch die Begriffe transportierten kulturell geprägten Muster von Weltsichten und Weltinterpretationspräferenzen des Gegenübers. Wenn es zur beruflichen Praxis gehört, mit mehreren Fremdsprachen zu operieren, benötigen Leitungshandelnde, die sich dieser Herausforderung stellen (müssen), eine zusätzliche Qualifikation zur Kooperation mit Dolmetschern. Eine grundlegende Studie zum Einsatz und den damit verbundenen Implikationen von Dolmetschern im interkulturellen Management könnte hier gewinnbringend sein. Der Anspruch, ein Leitungshandelnder sollte mehrere Fremdsprachen dialogsicher – und das ist mehr als verhandlungssicher – beherrschen, kann i. d. R. nur zu Lasten anderer Kompetenzen realisiert werden. Wenn zudem noch eine gewisse Konstanz in der Pflege der Beziehungen erforderlich ist, erscheint eine Begrenzung auf weniger Fremdsprachen und dafür mehr soziale, interkulturelle, internationale und v. a. dialogische Kompetenzen zukunftsfähiger. Letztlich nicht völlig auflösbar ist das Dilemma bezüglich der Dominanz, die einem jeden Verstehensprozess aus der Sicht dessen, der verstanden wird, inhärent sein kann, da sich der Verstehende damit per se als überlegen definiert, insofern der, der verstanden wird, nicht zur umgekehrten Leistung als Verstehender des Verstehenden in der Lage ist (5.2.5.5). Auf Bohm lässt sich auch der Hinweis zurückführen, wie wichtig der Humor sein kann, um verfahrene Situationen oder Anspannungen auch ohne Sprachkenntnisse zu lösen und ganz neue Perspektiven zu gewinnen.[1365]

7.2 Disziplinär begründete Implikationen des MRAGM-Modells

Auf der zweiten Ebene des MRAGM-Modells werden die Aufgabenfelder für ein internationales Management dargestellt, die aus den aktuellen Forschungsständen der vier analysierten Fachdisziplinen gewonnenen wurden. Schnittmengen und gleichlautende Erkenntnisse werden der Übersichtlichkeit halber nur an einer Stelle benannt und anschließend darauf verwiesen.

7.2.1 Ableitungen aus der ISA

Als erstes Segment der zweiten Ebene des MRAGM-Modells werden diejenigen Aufgabenstellungen benannt, die sich nach der Implementierung des Dialoggedankens in die Soziale Arbeit für eine partielle Beantwortung der vorliegenden Forschungsfrage aus den Wissensbeständen der ISA induktiv generieren lassen. Sie betreffen u. a. die kritische Selbstreflexion, die Chancen zum Erkenntnisgewinn durch eine internationale Perspektive und den Ressourcenbedarf für die Suche nach funktionalen Äquivalenten.

- *Von Objekten zu Subjekten durch Systemreflexion*

Krause und Rätz-Heinisch weisen auf mehrfache Lernprozesse des Systems der Sozialen Arbeit nach der Einführung des Dialogischen hin. Sie belegen dies z. B. mit dem heute anzutreffenden selbstreflexiven Verständnis der professionellen Akteure bezüglich der asymmetrischen Machtstrukturen. Auch die Decodierung der unterschiedlichen Logiken bei Helfendem und Geholfenem deutet auf eine differenziertere Befassung des System Hilfe-Nichthilfe mit den Realitäten hin (2.1). In letzter Konsequenz kommt es zu einem veränderten Ansatz: Die Omnipotenz des traditionellen Hilfe-Apparats wird negiert, die früheren Objekte fremdorganisierter Hilfe werden zu eigenständigen Subjekten, ihre Kompetenzen sind der Ausgangspunkt der neuartigen Hilfsprozesse (2.1).

1365 Vgl. Bohm, David, 2011, S. 90

- *Interkulturelle Differenz als Erkenntnispotential*

Ein von unmittelbarer betriebswirtschaftlicher Gewinnmaximierung befreiter, im Gegenzug die Zwiefältigkeit der Welt (1.3) akzeptierender Dialog stellt ein Instrumentarium im Sinne eines zusätzlichen Sinnesorganes dar, das es dem Management ermöglicht, sich wertvolle Einsichten zu erschließen, die auf keinem anderen Wege gewonnen werden können. Darauf könnte ein verantwortliches Leitungshandeln angesichts der zunehmenden globalen Komplexität für die Praxis begründet sein. In einem konstruktiven Umgang mit Interkulturalität liegt demnach ein beachtliches Potential um neue Wissenszusammenhänge zu produzieren, weil sie zur Relativierung der eigenen Sicht führt und sowohl eine universale (2.2), als auch eine kontextuelle (2.3) Betrachtung der ISA ermöglicht. Methodisch bedeutet das, einen Perspektivwechsel vorzunehmen, wodurch man die Sichtweise des Anderen einnehmen kann. (2.3). Noch weiter gehen Rehklau/Lutz, die nicht nur den methodischen Perspektivwechsel fordern, sondern eine Indigenisierung der ISA postulieren, um die diagnostizierte Dominanz der Konzepte aus der nördlichen Hemisphäre zu beenden und gleichzeitig im Norden eine modifizierte Selbsterkenntnis bzw. Selbstreflexivität zu generieren (2.4). Salustowicz verbindet mit der Ethnisierung (2.4) allerdings auch die Problematik einer unkritischen Idealisierung der im Süden eigenständig entwickelten Ansätze.

- *Ressourcen für die Erforschung indigener Äquivalente*

Pfaller-Rott/Rott legen in ihren Ausführungen keinen Fokus auf das Management; lediglich indirekt lässt sich aus der von ihnen aufgestellten Forderung nach der Suche von kontextgetreuen funktionalen Äquivalenten (2.7) die unspezifisch bleibende Aufgabe für das Management ableiten, dafür die nötigen Ressourcen zur Verfügung zu stellen. In Verbindung mit der aktuell gültigen Definition von Sozialer Arbeit (2.0), die die indigenen Wissensbestände als eine Ressource betrachtet, ist die Erforschung dieser indigenen Äquivalente eine systemrelevante Aufgabe.

7.2.2 Ableitungen aus der Missionswissenschaft

Zweites Segment der zweiten Ebene ist die Theologie, insbesondere die Missionstheologie. In dieser liegen weniger explizite Auseinandersetzungen zum interkulturellen Management dialogischer Entwicklungsarbeit vor, obwohl die beiden großen christlichen Kirchen national wie international zu den größten Akteuren innerhalb der EZ gehören. Dennoch ist es möglich, einige Aussagen aus ihr für das MRGAM-Modell abzuleiten und in den Diskurs einzubringen.

- *Netzwerke als Lerngemeinschaft*

Das Bekenntnis zur Weltkirche als einer kommunikativen, interkulturellen, interreligiösen, interekklesialen Lerngemeinschaft (3.2) mit Potential zur Solidaritätsarbeit (3.2.3) stellt eine Ausgangsbasis für Netzwerkarbeit (5.2.3.1)dar. Durch Pluralisierung, Individualisierung, Endstandardisierung sowie einer neuen Mobilität infolge der Globalisierung kommt es weltweit zum Ende der bisher anzutreffenden homogenen Kulturräume, zu mehr gesellschaftlicher und religiöser Inhomogenität und damit zu neuen Herausforderungen für die Pastoral bzw. die darin verortete ganzheitliche Sorge um den Menschen in allen seinen Lebenslagen (3.2.3).

- *Interreligiöse Dialog-Struktur*

Auf der Grundlage von Bubers Dialogkonzept, das für die Transzendenz offenen ist (1.3.2), kann der dringend notwendige und unerlässliche interreligiöse Dialog innerhalb der ISA, der EZ, der Theologie sowie auch interdisziplinär weiterentwickelt werden, weil Buber nicht bei der menschlichen Selbstreferentialität zur Beantwortung der Sinnfrage stehen bleibt, sondern eine metaphysische Sphäre des Dialogs hervorhebt. Somit ist er für die Weltreligionen prinzipiell anschlussfähig und nicht konfliktiv. Die neue Offenheit für den Anderen und das Fremde stellt eine nicht zu unterschätzende Herausforderung und Verantwortung für die Akteure dar, die den interkulturellen und interreligiösen Dialog auf Augenhöhe gestalten wollen. Implizit wird die Schaffung eines konzeptionellen und institutionellen Rahmens, der es auch Nicht-Experten ermöglicht, am Dialog ebenen-adäquat teilhaben zu können, zur Grundvoraussetzung ihres Wirkens und dessen gesellschaftlicher Relevanz werden (3.2.1).

- *Organisationsentwicklung*

Historisch belegt ist zudem die Heterogenität der Akteure, wobei die Relevanz der Rolle der Laien im Sinne von Nicht-Klerikern (3.1.1) zu beachten ist. In der Gegenwart kommt diese Tatsache u. a. in den Bemühungen um eine kollaborative Leitung, die eine Partizipation der Laien an Entscheidungsprozessen (3.2.2) beinhaltet, zum Ausdruck. In Verbindung mit den Gedanken von Buber zum Primat der Beziehung/Begegnung (1.3.1) und den Überlegungen von Bohm zur unerlässlichen Verfahrenskompetenz (1.4.3) bei der Gestaltung eines Dialogs, an dem mehr als zwei Personen beteiligt sein sollen, wird die Relevanz einer Strukturkompetenz bzw. der unmittelbare Wert einer qualifizierten Organisations- und Prozessstruktur deutlich. Ihr kommt es zu, den unmittelbaren Kontakt sowohl mit den interessierten Fachleuten und ausgewiesenen Experten als auch mit Menschen aus allen Bevölkerungsschichten zu gewährleisten und diese mit größtmöglicher Partizipation einzubinden. Die fortlaufende Verbesserung der Gestaltung dieses institutionell-organisatorischen Rahmens sowie die Notwendigkeit des Aufbaus von strategischen Netzwerken aufgrund der eigenen Kontingenz (2.1, 4.4) bedingen einen kontinuierlichen selbstreflexiven Lernprozess auf der Ebene des Managements.

7.2.3 Ableitungen aus der Entwicklungszusammenarbeit

Im dritten Segment der zweiten Ebene sind die Aufgabenfelder für das MRAGM-Konzept aus dem Bereich der Entwicklungszusammenarbeit zusammengefasst. Sie beziehen sich u. a. auf die Zusammenarbeit der Träger, die globalen Zielsetzungen und Begründungen einer angestrebten sozialen Entwicklung sowie die Öffentlichkeitsarbeit.

- *Strukturierte Allianzen*

Die Grenze zwischen den Systemen der ISA und EZ hebt Hecker nahezu komplett auf. Weil die Expertise der Sozialen Arbeit u. a. in der Schaffung geeigneter Kommunikationsprozeduren liegt, die z. B. Lernprozesse und Erkenntniszuwachs durch die internationale Kooperation, die Relativierung der eigenen, d. h. nördlichen Betrachtungsweise erlauben, muss sie ein relevanter Teil der EZ sein bzw. werden (2.5). In Folge dessen kann es zu einer neue Phase der Indigenisierung der EZ kommen.

In der Beurteilung des im Augenblick teilweise noch etablierten Paradigmas einer Sozialen Arbeit des Nordens gehen auch Homfeldt/Schmitt (2.6) konform. Zugleich wird die Ablösung der bisherigen westlichen Konzept-Dominanz diagnostiziert, insbesondere durch das Auftreten transnationaler Problemlagen und nichtstaatlicher Akteure in Feldern der ISA. Speziell unter diesem Aspekt sieht Homfeldt in der Schaffung multilateraler Netze bzw. Allianzen eine der wichtigsten Aufgaben für ein von der Sache her angemessenes Leitungshandeln in der Organisation und die Steuerung von interkulturellen Lernprozessen. Damit befindet er sich im Gleichklang mit Krause/Rätz-Heinisch (2.1) und Rosenfeldt (2.1).

- *Globale Partnerschaften statt Omnipotenz*

Die EZ liefert seit fünf Dekaden einen beständig sich erneuernden Vorrat an Theorien bezüglich der bestmöglichen Wege, das Weltgemeinwohl zu verbessern. Es konnte aufgezeigt werden, dass die Vorstellung davon, was unter Entwicklung, Entwicklungshilfe bzw. Entwicklungszusammenarbeit verstanden wird, historisch teilweise Veränderungen unterliegt. In der gegenwärtigen Phase der SDGs scheint es unter dem Aspekt der globalen Partnerschaft zu einer grundsätzlicheren Neuausrichtung zu kommen (4.4). Unter dem Leitbild der globalen strukturellen Transformation (4.2) soll v. a. die Nord-Dominanz (vgl. 1.5, 2.1, 2.5, 4.4) bzw. die Dichotomie von Gebern und Nehmern überwunden werden. Damit verabschiedet man sich von einem durch Omnipotenz und Omnipräsenz geprägten Nord-Süd-Paradigma. Die partizipatorische Ausrichtung kann noch intensiver vorangetrieben werden (vgl. 2.1, 4.1.1) und schließlich die Entwicklungspolitik durch eine Optimierung der Politikkohärenz (4.4) zu einer Querschnittsaufgabe aller Politikbereiche werden. Für dieses neue Verständnis wird der Begriff der dialogischen Entwicklungsarbeit in die Diskussion eingeführt (4.1.2, 4.4). und mit dem Leitwort „Hier Bescheidenheit lernen – dort die Fähigkeit, Probleme anzupacken" plakativ umschrieben (4.4). Bereits mehrfach wurde die relativierende Einschätzung der eigenen Potentiale hervorgehoben, wobei z. B. Hofstede vorrangig auf das moderate Verhalten des Individuums abzielt. In der aktuell vorherrschenden EZ müssen hingegen die organisatorischen Omnipotenzvorstellungen einer veränderten Sichtweise weichen.

- *Menschenrechtsorientierung*

Global betrachtet sind die Menschenrechte zum kleinsten gemeinsamen Nenner für die ethische Untermauerung von Entwicklungskonzepten geworden (4.1.1). Dieser Prozess ist vergleichbar zur Begründung der ISA (2.2). Eine diesbezüglich neukonfigurierte dialogische Entwicklungsarbeit hat zunächst unmittelbare Auswirkungen auf das damit einhergehende interkulturelle Management und führt an dieser Stelle zu Lernprozessen im Leitungshandeln. Das bisherige handlungstheoretische Wissen des Managements um die bestmögliche Ausgestaltung von Projekten ist weiterhin relevant, aber nicht mehr ausreichend. Es bedarf u. a. einer Ergänzung um systemtheoretische Aspekte (5.1.4) und um den Kohärenzansatz (4.4). Staub-Bernasconi formuliert die Aufforderung an die Leitungsverantwortlichen in international tätigen NGOs, Lernprozesse innerhalb ihrer Organisationen zu etablieren bzw. zu forcieren, die es ermöglichen, die Umsetzung und Vertiefung dieser Menschenrechtsorientierung mit den Mitarbeitern im Dialog zu entfalten. Derartiges Lernen betrachtet sie als erste Voraussetzung für den Aufbau internationaler Beziehungen zur Generierung sozial innovativer Prozesse, die den Menschenrechten ihre universale Geltung ermöglichen (2.2).

- *Konfliktmoderation*

Eine zentrale Herausforderung innerhalb global agierender Organisationen mit entsprechend heterogener Zusammensetzung von Mitarbeiterschaft und Führungskräften liegt in der Moderation von kulturell bedingten Konflikten (6.2.3). Zum Gelingen der Moderation trägt dabei einerseits eine bescheidene und sensible emotionale Grundstruktur der Leitungshandelnden bei, andererseits deren natürliche oder erworbene Souveränität in konfliktiven Situationen. Zudem ist eine Balance zwischen beharrenden Tendenzen (Routine) und innovativen Kräften (Kreativität) indiziert. Sichergestellt werden diese Indikatoren u. a. durch kulturell gemischte Leitungsteams.

- *Öffentlichkeitsarbeit*

Der in einigen Teilen der EZ feststellbare Rückgang der Spendenerträge und die mediale Erwartung spektakulärer Bilder bzw. leicht vermittelbarer Erfolgsgeschichten werden zum verstärkten Ausbau der Kooperation mit den Medien führen. (4.3.1.4). Damit fällt allen in diesem Bereich tätigen Hilfsorganisationen ein doppeltes Mandat zu: einerseits die effektive Hilfe im globalen Süden und andererseits – zur wirklichkeitsnahen Vermittlung globaler Interdependenzen – die Förderung des *Globalen Lernens* auf individueller Basis im eigenen Land. Zu letzterem gehört auch die Wahl eines adäquaten Kommunikations-, Medien- und Öffentlichkeitsarbeitsmodells. Eine darauf fokussierte Studie unter Einbeziehung der Kommunikationswissenschaften ist unerlässlich, geht es doch hierbei nicht nur um eine Ausrichtung auf monetäre Erfolge. Ebenso wie um Spendenmarketing und Fundraising geht es um die öffentliche Kommunikation globaler Problemlagen, zu der auch die Lobbyarbeit für notwendige gesellschaftliche Transformationen gehört, z. B. bei der Frage des Klimawandels und der damit verbundenen Handlungsoptionen.

Knaup (4.3.1.4) erkennt einen Vorteil innerhalb der kirchlichen Trägergruppe, da diese wegen der z. T. noch immer zur Verfügung stehenden Kirchensteuermittel nicht vergleichbar aggressiv am Spendenmarkt kurzfristige Effekte generieren müssen, sondern ausgewählte, vor allem am langfristigen strukturellen Aufbau nachhaltiger Erfolge ausgerichtete Projekte fördern können und sich dabei partizipatorischer bzw. partnerorientierter Ansätze bedienen können. Die Vorzüge dieses strukturellen Vorteils gilt es in der kirchlichen dialogischen Entwicklungsarbeit und deren Management präsent zu halten und binnenkirchlich alles daran zu setzen, diesen zumindest zu bewahren, wenn nicht sogar auszubauen.

7.2.4 Ableitungen aus der Pädagogik

Das vierte Segment der zweiten Ebene fokussiert die pädagogischen Implikationen organisatorischen Leitungshandelns. Quantität und Qualität der Anforderungen zeigen die Relevanz der pädagogischen Dimension des Managements auf, die von verantwortlich Handelnden aufgegriffen werden sollte.

- *Etablierung einer neuen Lernkultur: Perspektivwechsel*

Von Bedeutung ist die Schaffung von Lernsituationen, die einen Wechsel des Erlebens und der Beurteilung einer Situation bzw. Problemlage und die kontroverse Diskussion darüber ermöglichen. Dieser Perspektivwechsel oder genauer diese Perspektivenerweiterung führt letztlich zu einer Neubewertung dessen, was das Individuum bisher für Wissen und Nichtwissen hielt und welche Relevanz für die Weltinterpretation und Weltgestaltung es diesem zuschreibt. Wenn dieser Lernprozess eine dauerhafte Veränderung der Problemsicht bewirkt hat, ist es legitim, von einer Perspektivenerweiterung zu sprechen, da die Ausgangsperspektive nicht mehr eingenommen werden kann. Sie hat sich durch die Ergänzung der neuen Perspektive verändert (1.5.6, 2.3, 5.1.2, 5.2.4.7, 5.2.5.4, 6.2).

Dabei geht es dem evolutionär-systemtheoretischen Konzept des *Globalen Lernens* nicht um eine global-umfassende Wissensvermittlung an die nächste Generation bezüglich des richtigen ökonomischen Verhaltens in Zeiten der Globalisierung, sondern um die reflexive Vorbereitung auf die Übernahme von Verantwortung für ein Leben in der modernen, von Komplexität und Interdependenzen geprägten Weltgesellschaft. Für das interkulturelle Management bedeutet dies – aufgrund der prinzipiell begrenzten menschlichen und zeitlichen Ressourcen, die für derartige Lernprozesse zur Verfügung stehen – z. B., auf kulturelle Trainings der Mitarbeiter zu verzichten, die vorwiegend länderspezifisch-reflexartige Verhaltensweisen, einfache Lösungen und vorschnelle Antworten in dozierter Form vermitteln. Stattdessen sollte insbesondere bei Mitarbeitern, die in mehreren internationalen bzw. interkulturellen Kontexten agieren, der Erwerb von konstruktivistischen Selbstbildungskompetenzen in einer Lernkultur gefördert werden, die eine soziale Interaktion auf Augenhöhe zwischen allen Beteiligten präferiert (5.2.4.2 und 5.2.5.5). Der Einsatz von ausländischen Gastreferenten kann hier ein erster Schritt sein, um Interkulturalität als Bestandteil von Lern- und Arbeitsarrangements dauerhaft zu etablieren.

- *Planung individueller Lernprozesse: Face-to-face-Kontakte*

Exemplarisch für Lernprozesse auf individueller Ebene, die von einem missionstheologisch sowie andragogisch inspiriertem und interkulturell wirkendem Management initiiert werden könnten, ist zum einen die Etablierung von Lernarrangements, in denen die Bildungsteilnehmer nicht mit exotischen Fremden, die aus anderen Ländern berichten, konfrontiert werden, sondern mit den Fremden, die in der unmittelbaren Nachbarschaft leben. Ziel davon sollte sein, den Kultur- oder zumindest Milieugrenzen übergreifenden Kontakt zu einem geglückten alltäglichen Ereignis und damit zur gelebten Praxis werden zu lassen. Lernangebote in Form von Auslandsaufenthalten junger Erwachsener, z. B. durch internationale studentische Praktika oder Freiwilligenprogramme, sollten forciert angeboten und qualifiziert durchgeführt werden. Besonders für Berufseinsteiger, die i. d. R. familiär noch flexibler sind, könnten darüber hinaus mehrmonatige Auslandsaufenthalte angeboten werden, die einen hohen selbstreflexiven Anteil beinhalten. Mittels eines Revers-Programms, bei dem Mitarbeiter bzw. Kollegen aus dem Ausland für eine Zeit in Arbeitsgruppen in Deutschland mitarbeiten, lässt sich ein Multiplikationseffekt konstruieren, da mehrere Einheimische mit dem Neuen konfrontiert werden (5.2.5.5). Schließlich könnten bei interkulturellen Zusammensetzungen von Arbeitsgruppen mehrere Kulturen gleichzeitig vertreten sein, wodurch eine noch größere Vielfalt erzeugt wird (5.2.5.5).

Durch reflektierte Auslandserfahrungen z. B. in Freiwilligeneinsätzen in kirchlicher Trägerschaft kann es gelingen, einerseits Jugendliche, die aus traditionellen kirchenaffinen Milieus stammen, mit einer größeren Weite existentieller Realität zu konfrontieren oder sogar vertraut zu machen und so eine Perspektivenvielfalt zu erzeugen. Andererseits können diese Lernarrangements experimentierfreudigen Jugendlichen ohne Kirchenbindung zu einer positiven Erfahrung mit kirchlichen Akteuren verhelfen (3.2.3). Der Beitrag der unmittelbaren sozialen Begegnung ist ein Hinweis für die Leitungsebene auf die unersetzbare Relevanz von Face-to-face-Kontakten in interkulturellen Lernprozessen und auf die Bedeutung von Reisen, die im Sinne der neuen Lernkultur menschliche Begegnungen in anderen globalen Kontexten ermöglichen. Wenn (1) es gelingt, diese Kontakte u. a. auch durch den Einsatz neuer, so genannter *Social Media* zu verstetigen, (2) sich daraus dauerhafte zwischenmenschliche Beziehungen bilden und im optimalen Falle (3) darüber hinaus sich auch noch die Einbindung in bestehende oder die Schaffung neuer adäquater Netzwerke zur kontinuierlichen Begleitung und Beratung ergeben, ist ein Maß an Zielvereinbarungserreichung gegeben.

- *Realismus statt Aktionismus*

Für die entwicklungsbezogene Bildungsarbeit lässt sich unter der Prämisse der Gültigkeit des gewandelten Paradigmas in der EZ (4.4) u. a. bezüglich der Letztverantwortlichen für die Sicherstellung von Entwicklung eine weitere Konsequenz ableiten. Aus der Erkenntnis der eigenen Begrenztheit heraus, nicht von einem Punkt aus die Welt retten zu können, und der damit einhergehenden Notwendigkeit des Anderen, des Du's, des globalen Partners (4.2), ist es nicht legitim, in der Bildungsarbeit den Eindruck zu suggerieren, es komme zur Lösung der globalen Probleme vorrangig auf die Menschen im globalen Norden an (5.2.3.2). Jeder Verantwortungsträger sollte vermeiden, durch gut gemeinten, aber blinden Aktionismus mehr zu schaden, als zu ermöglichen. Es geht mit diesen Überlegungen um die Schaffung einer Authentizität von Person und Organisation, die auf der Basis von nüchternen Analysen beruht und die denen gerecht wird, die sich u. a. im Bildungsbereich durch den Einsatz von Lebenszeit, Ressourcen, Kreativität und Engagement in den Dienst der Transformation der Weltgesellschaft schon eingebracht haben und sich zukünftig einbringen werden. (5.2.4.7).

- *Personalrekrutierung und Personalentwicklung*

Die Personalführung und Personalentwicklung in der dialogischen Entwicklungsarbeit (4.3.1.4) sollte u. a. die optimale Dauer der Auslandseinsätze mittels spezifischer Untersuchungen eruieren lassen. Die Einrichtung eines Zweier- bzw. Tandem-Rotationsprinzips für Fachkräfte in der EZ muss in Fortsetzung des Gedankens der Job-Rotation bei der Einarbeitung diskutiert werden (5.2.5.5), um zum einen der individuellen Entwurzelung aus dem Entsendeland entgegenzuwirken und gleichzeitig zum anderen die Präsenz vor Ort aufrechtzuerhalten. Beide Rotationsmitglieder haben dabei abwechselnd für Kontinuität und Stabilität zu sorgen. Als Lerninfrastruktur innerhalb einer neuen Lernkultur (5.2.4.2) bieten Tandem-Lösungen für Organisationen die Möglichkeit, Know-How-Verluste beim Ausscheiden eines Mitarbeiters zu reduzieren.[1366]

Für die in Leitungsverantwortung stehenden Personen an der Spitze von Organisationen, die ihr Handeln an spirituell-religiösen Leitbildern ausgerichtet haben, wie z. B. die kirchlichen NGOs, scheint diese Orientierung eine wichtige Unterstützung zu sein, um in einer immer hektischer werdenden Zeit mit immer neuen, oftmals kurzlebigen Zielformulierungen ein unverkennbares, eigenständiges Profil und Kontinuität wahren zu können (4.2)

Auch aus dem globalen Management-Konzept lassen sich Herausforderungen für die Personalrekrutierung und -entwicklung ableiten. Qualifizierte Nachwuchskräfte werden sich in Zukunft nicht mehr langfristig an Arbeitgeber binden, die von ihrem Selbstverständnis, ihrer Firmen- bzw. Organisationskultur her keine Offenheit für neue Problemlösungsverfahren haben, da es auf dem Arbeitsmarkt entsprechende Alternativen gibt. Für alle Mitarbeiter sollte es Bildungsangebote geben, die es ermöglichen, bisherige Denk- und Verfahrensschemata zu reflektieren und sich für neue Problemlösungsansätze zu öffnen. Dazu gehört z. B. die Befähigung der Mitarbeiter, ökonomische und globale Sachverhalte differenziert interpretieren zu können und entsprechende Konsequenzen zu entwickeln, wie dies z. B. das *Globale Lernen* in der EB intendiert (5.2.4.5) und für die Leitungskräfte in Netzwerken sowie durch ein spezielles *Coaching* realisiert werden kann.

- *Globales Coaching*

Unter dem Begriff *Global Coaching* (5.2.4.7) könnte im Sinne eines Follow-up-Programms eine kontinuierliche Begleitung, z. B. der Entscheidungsträger, während der weiteren Phasen eines Lernprozesses, d. h. bei der im Dialog reflektierten Umsetzung und Anwendung erfolgen (5.2.5.5). Ziel sollte sein, die im Entscheider-Alltag feststellbaren temporären Schwankung hinsichtlich der

---

1366 Siebert, Horst, 2009, S. 63

Berücksichtigung von im primären Lernprozess erworbenen analytisch-interpretativen Kenntnissen und handlungsbezogenen Kompetenzen zu reduzieren. Auf diese Weise könnte das Global Coaching einen Beitrag dazu leisten, diese Kenntnisse und Kompetenzen in die Entscheidungsroutinen und -verfahren dauerhaft zu implementieren. Koch liefert einen weiteren Hinweis auf ein – im Detail durch weitere Forschungsarbeiten zu generierendes – *Global Coaching*-Konzept, das allerdings die Autonomie des Subjekts und das Primat der Selbstreflexion in angemessener Weise berücksichtigen muss (6.2.3.4)

- *Trägerübergreifende Bildungsagentur*

Der Erkenntniszuwachs im interkulturellen Management dialogischer Entwicklungsarbeit verlangt von den Leitungshandelnden die Erstellung bzw. Weiterentwicklung einer klaren Konzeption der Inlands-Bildungsarbeit für ihre Organisation (5.2.4). Sollte es nicht schon der Fall sein, so müsste der Aufbau von Bildungsabteilungen erfolgen, die sich der Aufgabe stellen, entwicklungs- bzw.- transformationsbezogene Bildungsarbeit zu organisieren.

Perspektivisch ist von der Leitungsebene die Bereitstellung der notwendigen Ressourcen für eine trägerübergreifende Bildungsagentur, ggf. in Kooperation mit anderen Trägern zu erwarten. Dies wäre eine Ausdrucksform der postulierten kompatiblen strategischen Allianzen. Da es aus pädagogischen Gründen dabei nicht um eine Spendengenerierung gehen kann (5.2.4.2), sollte es nicht unmöglich sein, hier zu Trägerverbünden und damit zu einer größeren Präsenz in der Fläche und einer besseren Abstimmung oder gar Harmonisierung der Bildungskampagnen zu kommen. Eine Kooperationsverweigerung ist dagegen ein Indikator dafür, dass mit der Bildungsarbeit doch eine verdeckte Agenda zur Spendenakquise bzw. zur Bindung der Spender an die eigene Organisation verfolgt wird. Somit wäre das doppelte Mandat in diesem Bereich nicht im eigentlichen Sinne erfüllt (5.2.5.4 und 5.3).

- *Globales Lernen als Teil der akademischen Ausbildung*

Nicht nur in der beruflichen EB sollte die Forderung Beachtung erfahren, die Generation derer, die bereits jetzt als Entscheider tätig sind, als Zielgruppe des *Globalen Lernens* verstärkt in den Blick zu nehmen (5.2.4.6). Zukunftsweisend könnte dabei eine Kombination mit dem aus der neuen Lernkultur erwachsenden Postulat nach einer kontinuierlichen Betreuung im Anschluss an das *Globale Lernen* (5.2.4.5) sein. Zu einem ähnlichen Fazit kommt man beim *Interkulturellen Lernen*: Auch hier wird eine Zuwendung zu den Nachwuchskräften und den Universitäten gefordert, zwei Bereiche, die unmittelbar vor der Übernahme von Führungsaufgaben stehen bzw. darauf vorbereiten (5.2.5.5).

7.3 Managementtheoretische Erkenntnisse für das MRAGM-Modell

Aus der vergleichenden Betrachtung von Autoren, die sich im Umfeld der Forschungsfrage mit dem Versuch positioniert haben, ein jeweils in sich stimmiges Konzept für das globale bzw. interkulturelle bzw. dialogische Management zu formulieren, ergeben sich weitere Facetten bzw. Aufgabenfelder für das MRAGM-Modell, das sowohl den institutionellen Erfordernissen als auch der individuellen Ausrichtung interkultureller Lernprozesse gerecht wird.

- *Umgang mit ehrenamtlichen Mitarbeitern*

Explizite Überlegungen zum Umgang mit und der Rolle von Ehrenamtlichen finden sich u. a. bei Hofstede und Petersen nicht. Allerdings verfügen ehrenamtliche Mitarbeiter über eine gewisse Relevanz für viele weltkirchliche und andere Nonprofit-NGOs im Umfeld der EZ, die weit über die Spenderfunktion hinausgeht, weil sie u. a. in Kampagnen als Multiplikatoren zum Einsatz kommen. Halfar verweist auf die fehlenden Steuerungsmöglichkeiten von Ehrenamtlichen durch Dienst- und Arbeitsrecht. Da auch finanzielle Anreize entfallen bleibt die motivierende Funktion des Wortes als strategisches Mittel in der Hand der Leitungshandelnden, um zukunfts- und richtungsweisend zu agieren (6.2.1.1). Die Beziehung zwischen den Vertretern der Leitungsebene und den Ehrenamtlichen, die Form und Gestaltung ihrer Begegnung, lässt sich reduzieren auf die dialogische Situation im Buberschen Sinne zwischen zwei Personen, womit sämtliche dafür formulierten Postulate Bedeutung gewinnen.

- *Selbstreflexionskompetenz der Entscheidungsträger*

Das *Interkulturelle Management* geht von einer dreifachen Kontextualität des Leitungshandelns aus, da dieses immer zum einen von den individuellen Weltinterpretations- und Gestaltungspräferenzen des jeweiligen Entscheidungsträgers, zum zweiten von der in der Organisation vorherrschenden Kultur und drittens von den außerhalb der Organisation liegenden staatlichen und kulturellen Rahmenbedingungen beeinflusst wird (6.2.3). Eine entscheidende Kompetenz für ein *Interkulturelles Management* in anderen Kulturen, für andere Kulturen bzw. von anderen Kulturen ist daher die Selbstreflexionskompetenz der Entscheidungsträger, die so in die Lage versetzt werden, ihre persönlichen Weltinterpretations- und Gestaltungspräferenzen als solche zu erkennen und zu relativieren. Hinzu kommt die Bereitschaft, andere Welterklärungskonzepte kennen zu lernen, dabei deren Codes und innere Logik zu decodieren und schließlich die Offenheit und Fähigkeit, daraus gewonnene neue Aspekte in die eigenen Problemlösungsansätze zu implementieren (6.2.3.2).

Wie im globalen Management-Konzept ergibt sich auch bei Koch aus dem Bedarf einer Selbstreflexion die Notwendigkeit der gezielten Schulung dieser interkulturellen Managementkompetenzen. In einem schematischen Vierer-

Schritt-Modell erfolgt der Kompetenzerwerb. Erst durch die reflektierte bzw. von einem Coach begleitete Anwendung in der Praxis verdichten sich diese Eigenschaften und Wissenselemente zur endgültigen interkulturellen Managementkompetenz und zur Fähigkeit, den für EZ-Projekte entwickelten Managementstil anzuwenden(6.2.3.4).

- *Bewusste Offenheit, intelligente Flexibilität und freundlicher Respekt*

Der *Managementstil Süd* (MSS) nach Koch ist deshalb für EZ-Projekte besonders geeignet, weil diese i. d. R. strukturell als Kooperationsprojekte angelegt sind und sich deren Anforderungen von jenen in einfachen, hierarchisch strukturierten Organisationen unterscheiden. Der MSS betrachtet bewusste Offenheit, intelligente Flexibilität sowie respektvolle Freundlichkeit als Kernkompetenzen (6.2.3.3). Koch berücksichtigt ähnlich wie Hofstede im Süden relevante Kulturdimensionen (6.2.3.4). Beispielhaft kann dies verdeutlicht werden an der Notwendigkeit, internationale und interkulturelle Kontakte auf Kontinuität hin anzulegen. Im Süd-Kontext sollte darum auf personelle Kontinuität und die Wahrung dieser kultursensiblen Schnittstellen als strategische und operative Brückenköpfe bezüglich sämtlicher Kommunikation und Kooperation geachtet werden. Ein anderer Bereich, in dem die Beachtung der Unterschiede bei den Kulturdimensionen zum Tragen kommen kann, ist die unbedingt notwendige Respektierung von im Süden vorhandenen Machtstrukturen. Mit diesen Autoritäten bzw. Entscheidungsträgern vereinbarte Prozeduren sind einzuhalten, ggf. auch in Form nicht-linearer Planungskonzepte.

- *Innovationsfreundliche Organisationsentwicklung durch Selbstreflexion*

Das von Petersen eingeführte Modell des *Dialogischen Managements* (6.2.4) will einen Beitrag zur innovativen Organisationsgestaltung leisten und ist deshalb darum bemüht, Bildung – im Sinne der Selbstbildung durch Reflexion des Managementhandelns – als einen Teil des Managements zu etablieren (6.2.4.1). Das Management wird somit dazu befähigt, die in Zeiten der Globalisierung anstehenden Aufgaben bewältigen zu können. Diesem Managementkonzept zufolge sind die Leitungshandelnden nach diesem ersten selbstreferentiellen Dialog in der Lage, einen zweiten Dialog zu führen, diesmal mit den Mitarbeitern und allen Betroffenen des unternehmerischen Handelns. In dieser rein funktionalen Anwendung des Dialogs löst sich Petersen von der eigentlichen Dialogidee Bubers; die nachrangige Integration der Betroffenen in den Dialog ist zudem nicht kompatibel mit den in der EZ relevanten Prinzipien der Partizipation, des Ownerships und dem Vertrauen auf die Problemlösungskompetenz der Armen.

Petersen schreibt dem *Dialogischen Management* die Aufgabe einer Humanisierung der Gesellschaft an sich zu, wobei er die globale Dimension der Weltgesellschaft nicht fokussiert. Damit geht er über die ursprünglich intendierte betriebliche bzw. organisatorische Innovationsermöglichung hinaus. Das *Dialogische Management* verzichtet auf die klare Trennung der Entscheidungs- und Ausführungsebene; es wertschätzt und integriert das Know-how langjähriger Mitarbeiter und das Feedback von Kooperationspartnern. Zentrales Instrument der Personalrekrutierung und -entwicklung ist ein als *Management Development Center* (MDC) bezeichnetes Verfahren, das didaktisch – ähnlich wie bei Koch – als Vierer-Schritt (Input, Übungen, Gruppenfeedback, Reflexion) konzipiert ist (6.2.4.2). Amtierende Führungskräfte sind dabei als Mentoren und als gezielt geschulte Beobachter tätig, wodurch sie aktiv an der Auswahl der nächsten Führungskräftegeneration beteiligt sind. Zur Charakterisierung dieser Beteiligung verwendet Petersen die aus der EZ bekannte Formel der *Hilfe zur Selbsthilfe*. Hier nimmt eine Managementtheorie in doppelter Hinsicht eine Anleihe bei der EZ: begrifflich und inhaltlich. Damit soll eine weitgehende Nivellierung von Machtasymmetrien und hierarchischen Unterschieden zum Ausdruck kommen, weil beiden Seiten eine Problemlösungskompetenz zugestanden wird.

- *Vertrauen, Verlässlichkeit und gegenseitige Abhängigkeit*

Beim Zusammenwirken von Leitungshandelnden verschiedener Organisationen, insbesondere von Geber- und Nehmerorganisationen, ist zu bedenken, dass eine auf Augenhöhe konzipierte, dialogische Kooperation nicht möglich wäre, so lange die Leitungsebene der Nehmerorganisation aufgrund beibehaltener Sanktionspotentiale und Machtverhältnisse befürchten müsste, ihre Einwände gegenüber den Vorstellungen der Führungskräfte der Geberorganisation würden mit Missbilligung, Abmahnungen, Nicht(be)förderung oder gar Fördermittelentzug sanktioniert werden, weil die Führungskräfte der Geberorganisation sich möglicherweise in ihrer Autorität und Kompetenz durch Kritik bedroht fühlen. Trotz Einsatz formeller Regelungsmöglichkeiten, gemeinsamer Strategiepapiere und gegenseitiger Absichtserklärungen wird es u. a. für die Entscheidungsträger von NGOs und weltkirchlich-solidarischen Organisationen dennoch notwendig sein – nicht zuletzt auch auf der Ebene der menschlichen Begegnung und der partnerschaftlich-dialogischen Beziehungen – aktiv gestaltend zu wirken. Vertrauen in die Verlässlichkeit und Ehrenhaftigkeit bilden die Basis für jede langfristige Kooperation, die das gemeinsame Wohl im Auge hat. Ein globales Gemeinwohl lässt sich auch in Zeiten der Globalisierungskritik ohne die Einsicht in die gegenseitigen Abhängigkeiten kaum mehr denken (6.2.4.2).

8 Fazit und Ausblick

Die menschenwürdige Ausgestaltung der Globalisierung liegt u. a. in den Händen derer, die sich um das Weltgemeinwohl kümmern, unabhängig von der Ebene, auf der sie wirken. Das Scheitern von Projekten u. a. in der EZ wird häufig mit einer gewissen Umsetzungsproblematik begründet. Dahinter steckt die Annahme, dass das fachliche Konzept aufgrund seiner hohen Professionalität – es wurde schließlich z. B. von Sozialarbeitern, Theologen, Pädagogen oder Entwicklungshelfern erstellt – nicht verkehrt gewesen sein kann; die Erkenntnislage gilt weithin als gesichert. Es bleibt der Schluss: Es lag an den Akteuren auf der Umsetzungsebene. Die Verantwortung aber bei den Verantwortungsträgern zu suchen, kommt seltener vor. Ausgangspunkt der vorliegenden Arbeit war darum die Frage, ob eine richtungsgebende Wirkung der Dialogik im Bereich des Managements der EZ als Bedingung für ein erfolgreiches internationales Agieren festzustellen bzw. beschreibbar ist? Welche Auswirkungen auf die Ausgestaltung des Managements hat sie?

8.1 Über die Analyse mehrschichtiger Lernprozesse zu einem multireferentiellen und interkulturellen neuen Managementmodell

Ein empirischer Zugang konnte zur Beantwortung der Forschungsfragen nicht gewählt werden. Derartige Verfahren sind global betrachtet nicht überall und nicht in allen Wissenschaftskulturen gleich anerkannt. Außerdem wollte der Autor die problematische Relativierung von Beobachtungen erster Ordnung in empirischen Studien vermeiden. Als angemessene Methode blieb somit nur ein hermeneutisches Vorgehen zur Interpretation der Beobachtung internationaler und interkultureller Differenzen.

Der Dialogansatz wurde als theoretische Ausgangsbasis gewählt, da er prägend für die mit der EZ eng verbundenen Bereiche der ISA, der Missionstheologie und der Pädagogik war und ist. Dies wurde im ersten und zweiten Teil der Arbeit, differenziert nach den Ebenen der Organisation und der Person, herausgearbeitet. Zweitens bewirkt die Dialogik eine Relativierung der subjektiven Position, verbunden mit der gleichzeitigen Aufwertung des Gegenübers zum gleichwertigen Partner, der aber z. B. in der ISA und EZ in eine andere kulturelle Kontextualität eingebunden ist. Durch die Perspektive des Anderen ist die Generierung von interkulturell passenden Lösungen möglich, die bisher nicht im Erkenntnishorizont lagen. Derartige selbstreflexive Lernprozesse befähigen das Management internationaler und interkultureller Organisationen, die Dominanz des vorherrschenden westlichen bzw. nördlichen Ansatzes und von Management-Theorien, die nicht kultursensibel sind, zu erkennen und kritisch damit umzugehen. Schließlich beschränkt sich die relativierende Funktion nicht nur auf Individuen, sondern auch auf Kulturen. Sie können sich dadurch weiter entwickeln, sind nicht statisch, sondern dynamisch.

Auf Grundlage dieser Methodik und theoretischen Basis konnten auf den in der Arbeit untersuchten Ebenen der Organisation (Teil I) und der Person (Teil II) vom Dialoggedanken inspirierte Lernprozesse nachgewiesen werden, die zu paradigmatischen Wechseln führten. Die ISA hat das Wissen der indigenen Bevölkerung als Teil ihrer Fundierung anerkannt und sieht in der internationalen bzw. interkulturellen Vielfalt ein Erkenntnispotential; die Theologie hat eine positive Sicht anderer Religionen und Kulturen entwickelt und sucht darum den interreligiösen Dialog; die EZ wendet sich vom Modell des überlegenen Entwicklungshelfers aus dem Norden ab und bemüht sich um mehr Politikkohärenz und einen globalen Strukturwandel. Die Pädagogik schließlich geht weg von einem klassischen Lehrer-Schüler Modell hin zum Lernbegleiter in selbstreflexiven, konstruktivistischen Lernarrangements. Das alles wäre ohne die Idee von einem Gegenüber, der mir etwas Wichtiges geben kann, das ich selbst nicht im Stande bin zu generieren, nicht möglich gewesen.

Ernüchternd fällt die Bilanz bezüglich der Ausgestaltung der theoretischen Fundierung des Managements dialogischer Entwicklungsarbeit in Teil III aus. Die Literaturrecherche zeigt: Zwar existiert eine Reihe von Publikationen z. B. zum kirchlichen Management im Allgemeinen, allerdings liegen keine spezifischen Überlegungen zu den Fragestellungen des dialogischen Managements globaler kirchlicher Solidaritätsarbeit in publizierter Form vor. Die aus dem Bereich der NGOs vorliegenden Schriften enthalten wiederum keine expliziten Überlegungen bezüglich religiös motivierten Träger. In den Standardwerken zum internationalen Management spielen die Aktivitäten der ISA und der kirchlichen Hilfswerke keine Rolle, obwohl von ihnen jährlich mehrstellige Millionenbeträge transferiert werden und dort viele Mitarbeiter tätig sind.

Auf der anderen Seite ist bei den für die praktische Ausführung entworfenen Maßnahmenkonzeptionen der ISA und EZ die Betonung der partizipativen, gleichberechtigten Einbindung aller Akteure und Beteiligten de facto zum Standard geworden, hinter den keine Organisation mehr zurück gehen sollte. Diese Entwicklung zugelassen oder gar gefördert zu haben ist ein Verdienst der Leitungskräfte. Internationale Partnerschaften und die wechselseitigen Lernprozesse mit Projektpartnern, z. B. in schulischen und außerschulischen Bildungsarrangements, sind gegenwärtig kein Alleinstellungsmerkmal mehr, weil diese mittlerweile von vielen Trägern praktiziert werden. Allerdings beziehen sie sich auf den Dialog mit den internationalen Partnern. Die Frage der Dialogik in der Mitarbeiterführung als Teil der wertschätzenden Betriebskultur ist ein weiterer relevanter Aspekt, der durch das MRAGM Modell in die Managementkonzeption einbezogen wird. Auch die Ausgestaltung einer interdisziplinären Dialogik, die sich in der verstärkten Kooperation z. B. von global agierenden Hilfsorganisationen mit Universitäten darstellen könnte, ist nur anfänglich erkennbar.

Der Dialog hat demnach einen gewissen richtungsgebenden Einfluss auf das Management der EZ, allerdings noch nicht in allen Bereichen. Alle rezipierten und relevanten Modelle bleiben mangelhaft für die spezifische Anwendung im Bereich der dialogischen Entwicklungsarbeit, weshalb anstelle einer klassischen Zusammenfassung der Erkenntnisse ein neues multireferentielles Managementmodell kreiert wurde. In ihm werden verschiedene Wissenschaftsdisziplinen und die Ebenen des Lernens berücksichtigt. Es soll somit nicht nur die Theorie, sondern auch die Praxis befruchten. Durch die in der vorliegenden Arbeit angefertigte systematische Zusammenschau der Erkenntnishorizonte der unterschiedlichen Disziplinen und Perspektiven war es überhaupt erst möglich, die Notwendigkeit eines multireferentiellen Ansatzes für das internationale Management als Leitungsmodell dialogischer Entwicklungsarbeit zu erkennen und ihn zu entwickeln. Dabei prägt der interdisziplinäre Charakter der hermeneutischen Untersuchung auch die im MRAGM-Modell enthaltenen Eckpunkte. Das MRAGM Modell macht die Korrelationen der drei zentralen Quellen, Anthropologie, Fachwissen und Managementtheorien, deutlich und kombiniert diese zu einem neuen Ansatz für das internationale Management dialogischer Entwicklungsarbeit.

8.2   Forschungsausblick

Im Zuge der Abfassung der vorliegenden Arbeit haben sich verschiedene weiterführende Forschungsaspekte aufgetan, von denen an dieser Stelle die zentralen dargestellt werden sollen, um weitere Forschung in diesem Bereich anzuregen und so auch zu einer verbesserten Managementpraxis der EZ beizutragen.

Denkbar sind verschiedene empirische Studien zur Implementierung des dialogischen Prinzips als Schlüssel zur Optimierung des Managements von international organisierter Hilfe insbesondere in den Managementfeldern Personal und Organisation. Bezüglich der Personaleinarbeitung gilt es zu untersuchen, ob bei der Einführung neuer Mitarbeiter auf ein System der Job-Rotation zurückgegriffen wird, bei dem auch Phasen der Tätigkeit in anderen Organisationen integriert sind, mit denen in Netzwerken zusammengearbeitet wird. Liegt für das trägerübergreifende Konzept der Mitarbeitereinarbeitung und thematischen Fortbildung eine strukturelle Vereinbarung vor? Der Faktor Kontinuität und Verlässlichkeit ließe sich mittels der Erhebung des Prozentsatzes von Mitarbeitern abbilden, die schon länger als fünf Jahre die gleiche internationale Kooperation betreuen. Von Interesse wäre auch deren Zufriedenheit bezüglich der Anerkennung ihrer beruflichen Leistung. Im Bereich der Personalentwicklung / Mitarbeiterfortbildung kann analysiert werden, inwiefern und wodurch die Doppelfunktion von Öffentlichkeitsarbeit im Sinne von Fundraising und Bewusstseinsbildung über globale Zusammenhänge differenziert thematisiert wird.

Für den Bereich der Kommunikation zeichnen sich zwei Fragekomplexe ab. Hinsichtlich der Binnenkommunikation: Wird in der Organisation der Aspekt „wir helfen" betont, der die Organisation selbst als Nukleus von Entwicklung erscheinen lässt, oder werden die Menschen vor Ort als die Akteure der Gestaltung des Weltgemeinwohls kommuniziert? Hinsichtlich der Außenkommunikation: Wird der Aspekt „wir helfen" betont, der den staatlich-kulturelle Ursprungskontext der Hilfsorganisation als wichtigsten Faktor von Entwicklung erscheinen lässt, oder werden die Menschen vor Ort als die Akteure der Gestaltung des Weltgemeinwohls kommuniziert? Werden Bildungskampagnen von trägerübergreifenden Bildungsagenturen, die tendenziell weniger von spezifischen Trägerinteressen tangiert sind, oder von Abteilungen der eigenen Organisation konzipiert?

Auch die in der Organisation praktizierte Diversity-Strategie kann kritisch betrachtet werden. Mittels der Erhebung zweier Indizes könnte untersucht werden, wie hoch der Anteil von nicht aus der NGO-Ursprungskultur stammenden (oder über Jahre in einer anderen Kultur gearbeitet habenden) Leitungskräften auf der höchsten Ebene einerseits und andererseits Fachkräften auf der zweiten und dritten Hierarchie-Ebene ist. Zu erforschen wäre auch noch der Prozentsatz von kulturell gemischten Teams, die sich die Verantwortung für eine internationale Kooperation teilen.

Eine weiterführende empirisch angelegte Studie könnte die Fragestellung untersuchen, ob es eine messbare Korrelation gibt zwischen der Vielfalt anerkannter theologischer Positionen in einem Land und der gesamtgesellschaftlichen Toleranz Anderen bzw. Fremden gegenüber.

Abkürzungsverzeichnis

AGEH	Arbeitsgemeinschaft für Entwicklungshilfe e. V.
BIBB	Bundesinstitut für Berufsbildung
BCC	Balanced Church Card
BMZ	Bundesministerium für wirtschaftliche Zusammenarbeit und Entwicklung
BNE	Bildung für nachhaltige Entwicklung
BWL	Betriebswirtschaftslehre
CIDSE	Coopération International pour le Développement et la Solidarité
COMSIC	Collaboration Competencies for Media Supported Intercultural Workgroups – Projekt am Institut für Bildungswissenschaft der Universität Heidelberg
CSsR	Congregatio Sanctissimi Redemptoris, Redemptoristenorden
DAC	Development Assistance Committee (der OECD)
DBK	Deutsche Bischofskonferenz
DBSH	Deutscher Berufsverband für Soziale Arbeit e. V.
DCF	Development Cooparation Forum der UN
dgl.	dergleichen
DGSA	Deutsche Gesellschaft für Soziale Arbeit
d.i.e	Deutsches Institut für Entwicklungspolitik
DIE	Deutsches Institut für Erwachsenenbildung e. V., Leibniz-Zentrum für Lebenslanges Lernen
DZI	Deutsche Zentralinstitut für soziale Fragen
EB	Erwachsenenbildung
edp	Entwicklungspolitischer Informationsdienst des Evangelischen Pressedienstes
EED	Evangelischer Entwicklungsdienst, seit dem 30. August 2012 fusioniert mit dem Diakonischen Werk der EKD, seiner Aktion Brot für die Welt und der Diakonie Katastrophenhilfe
EKD	Evangelische Kirche Deutschlands
EMW	Evangelisches Missionswerk in Deutschland e. V.
EPIB	Entwicklungspolitische Informations- und Bildungsarbeit
ERASMUS	European Action Scheme for the Mobility of University Students
EZ	Entwicklungszusammenarbeit
GdWZ	Grundlagen der Weiterbildung; Praxis, Forschung, Trends; Zeitschrift für Weiterbildung und Bildungspolitik im In- und Ausland
GKKE	Gemeinsame Konferenz Kirche und Entwicklung

GPEDC	Globale Partnerschaft für wirksame Entwicklungskooperation
HLF	High Level Forum on Aid Effectiveness unter dem Dach der OECD
IASSW	International Association of Schools of Social Work
ICSW	International Council on Social Welfare
IDV	Individualismus vs. Kollektivismus (Hofstede)
IFSW	International Federation of Social Work
ILO	International Labour Organisation, UN-Unterorganisation, bei der neben Vertretern der Regierungen auch Arbeitgeber und Arbeitnehmer mitwirken
INGO	International Non-Governmental Organisation
ISA	Internationale Soziale Arbeit
ISB	Staatsinstitut für Schulqualität und Bildungsforschung München
JP	Deutsche Kommission Justitia et Pax
KEB	Katholische Erwachsenenbildung
KU	Katholische Universität Eichstätt-Ingolstadt
LZO	Lang- vs. Kurzzeitorientierung (Hofstede)
MAS	Maskulinität vs. Femininität (Hofstede)
MDC	Management Development Center (Petersen)
MDG	Millennium Development Goals
MDI	Machtdistanzindex: Ungleichheit in der Gesellschaft (Hofstede)
MONGO	My Own NGO
MRAGM	*m*ulti-*r*eferential *a*pproach of *g*lobal *m*anagement
MSS	Managementstil Süd (Koch)
NGO/NRO	Non Governmental Organisation / Nicht-Regierungs-Organisationen
NPO	Non Profit Organisation
ODA	Official Development Aid
OECD	Organisation for Economic Cooperation and Development
OFMCap	Ordo Fratrum Minorum Capuccinorum, Kapuzinerorden
PRSP	Poverty Reduction Strategy Paper
SAP	Strukturanpassungsprogramm
SDG	Sustainable Development Goals
SJ	Societas Jesu, Jesuitenorden
SPF	Social protection floor
UN	United Nations / Vereinte Nationen
UNICEF	United Nations International Children's Emergency Fund, seit 1953 United Nations Children's Fund, Kinderhilfswerk der UN
USA	United States of America, Vereinigte Staaten von Amerika

UVI	Unsicherheitsvermeidungsindex: Toleranz gegenüber der Komplexität (Hofstede)
VENRO	Verband Entwicklungspolitik deutscher Nichtregierungsorganisationen e. V.
VHS	Volkshochschule
WHO	World Health Organization
ZdK	Zentralkomitee der deutschen Katholiken
ZGO	Zivilgesellschaftliche Organisation
zmr	Zeitschrift für Missionswissenschaft und Religionswissenschaft

Abbildungsverzeichnis

Abbildung 1: Darstellung der Anknüpfungspunkte an Healys ISA Definition	75
Abbildung 2: Ebenen dialogischer Ausrichtung der EZ nach Homfeldt/Schmitt	101
Abbildung 3: Sustainable Development Goals	333
Abbildung 4: MDGs in der um mehr Indikatoren ergänzten Form von 2008	334
Abbildung 5: Der Rahmen der Pariser Deklaration über die Wirksamkeit der Hilfe – die fünf Prinzipien in Beziehung zueinander.	164
Abbildung 6: Nonprofit-kompatible Balanced Score Card	269
Abbildung 7: Gesamtdarstellung des MRAGM-Modells	291

Literatur

Abastoflor Montero, Edmundo: Weltkirchliche Partnerschaft und Kirchenverständnis. Ekklesiologische Grundlagen weltkirchlicher Zusammenarbeit und Wechselwirkungen. In: Konferenz der Diözesanverantwortlichen für weltkirchliche Aufgaben (Hrsg.): Weltkirche lernen und leben – Diözesane Partnerschaften, Tagungsdokumentation. Ohne Ort: 2010.

Abteilung Weltkirche der Erzdiözese München und Freising (Hrsg.): Wir reichen uns die Hände – 50 Jahre Partnerschaft zwischen der Erzdiözese München und Freising und der Katholischen Kirche Ecuadors. München: 2012.

Acemoglu, Daron; Robinson James A.: Warum Nationen scheitern – Die Ursprünge von Macht, Wohlstand und Armut. Frankfurt/M.: 2013.

Alliance Sud: Nach der Globalisierung. Entwicklungspolitik im 21. Jahrhundert. Zürich: 2004.

Alliance Sud (Hrsg.), Niggli, Peter: Der Streit um die Entwicklungshilfe. Mehr tun – aber das Richtige! Zürich: 2008.

Alt SJ, Jörg: Mit den Armen – Für die Armen. In: Sánchez, Jorge Gallegos; Luber, Markus (Hg.): Eine arme Kirche für die Armen. Regensburg: 2015.

Akimoto, Tatsuru: What is International Social Work? Its contribution to social work in a global society. In: IASSW (Hrsg.): Social Dialogue, Hong Kong: 5/2013.

Amalados SJ, Michael: Das Konzil fordert uns heraus – bis heute! Eine indische/asiatische Perspektive. In: missio Aachen; Verlag Herder (Hrsg.): Forum Weltkirche. Freiburg: 6/2012.

Andersen, Uwe: Die Millennium-Entwicklungsziele – eine Standortbestimmung. In: Andersen Uwe (Hrsg.): Entwicklungspolitik – eine Zwischenbilanz. Schwalbach/Ts.: 3/2011.

Andersen, Uwe (Hrsg.): Entwicklungspolitik – eine Zwischenbilanz. Schwalbach/Ts.: 3/2011.

Anheier, Helmut K.: Nonprofit Organizations. London: 2005.

Aquino Júnior, Francisco: Eine arme Kirche für die Armen. In: Sánchez, Jorge Gallegos, Luber, Markus (Hrsg.): Eine arme Kirche für die Armen. Regensburg: 2015.

Arnold, Rolf: Systemtheoretische Grundlagen einer Ermöglichungsdidaktik. In: Arnold, Rolf; Schüßler, Ingeborg (Hrsg.): Ermöglichungsdidaktik. Baltmannsweiler: 2010a².

Arnold, Rolf: Ermöglichungsdidaktik. In: Arnold, Rolf; Nolda, Sigrid; Nuissl, Ekkehard (Hrsg.): Wörterbuch Erwachsenenbildung. Stuttgart: 2010b². Online unter: http://www.wb-erwachsenenbildung.de/online-woerterbuch/?tx_buhutbedulexicon_main%5Bentry%5D=54&tx_buhutbedulexicon_main%5Baction%5D=show&tx_buhutbedulexicon_main%5Bcontroller%5D=Lexicon&cHash=7a5eeacdfa18693ca9da36dd6640a275. Zugriff am 07.02.2016.

Arnold, Rolf: Kompetenz. In: Arnold, Rolf; Nolda, Sigrid; Nuissl, Ekkehard (Hrsg.): Wörterbuch Erwachsenenbildung. Stuttgart: 2010c². Online unter: http://www.wb-erwachsenenbildung.de/online-woerterbuch/?tx_buhutbedulexicon_main%5Bentry%5D=123&tx_buhutbedulexicon_main%5Baction%5D=show&tx_buhutbedulexicon_main%5Bcontroller%5D=Lexicon&cHash=c6a5bf48c2aa3f9b775f9bc2c9ff8903. Zugriff am 07.02.2016.

Arnold, Rolf: Veränderung durch angewandte Erkenntnistheorie. In: Arnolf, Rolf (Hrsg.): Veränderung durch Selbstveränderung – Impulse für ein Changemanagement. Baltmannsweiler: 2011.

Arnolf, Rolf (Hrsg.): Veränderung durch Selbstveränderung – Impulse für ein Changemanagement. Baltmannsweiler: 2011.

Arnolf, Rolf: Ermöglichungsdidaktik – die notwendige Rahmung einer nachhaltigen Kompetenzreifung. In: BIBB (Hrsg.): Berufsbildung in Wissenschaft und Praxis: Bielefeld: Nr. 2/2012.

Arnold, Rolf; Nolda, Sigrid; Nuissl, Ekkehard (Hrsg.): Wörterbuch Erwachsenenbildung. Stuttgart: 2010². Online unter: http://www.wb-erwachsenenbildung.de/online-woerterbuch/. Zugriff am 09.09.2015.

Arnold, Rolf; Schüßler, Ingeborg: Wandel der Lernkulturen. Darmstadt: 1998

Arnold, Rolf; Schüßler, Ingeborg (Hrsg.): Ermöglichungsdidaktik. Baltmannsweiler: 2010².

Arnold, Rolf; Siebert, Horst: Konstruktivistische Erwachsenenbildung. Baltmannsweiler: 2006⁵.

Arntz, Norbert: Für eine dienende und arme Kirche. Der Katakombenpakt als geheimes Vermächtnis des II. Vaticanums: In: missio Aachen; Verlag Herder (Hrsg.): Forum Weltkirche. Freiburg: Nr. 6/2012.

Asbrand, Barbara: Wie erwerben Jugendliche Wissen und Handlungsorientierung in der Weltgesellschaft? In: VENRO (Hrsg.): Jahrbuch Globales Lernen 2007/2008. Bonn: 2008.

Asche, Helmut im Gespräch mit Grefe Christian, Pinzler, Petra: Gut gemacht oder nur gut gemeint? In: DIE ZEIT, Hamburg: 31.10.2012.

Ashoff, Guido: Politikkohärenz für Entwicklung – Die Wirksamkeit der Entwicklungspolitik hängt auch von anderen Politiken ab. In: GKKE (Hrsg.): Politikkohärenz für Entwicklung – Ein Dossier der Gemeinsamen Konferenz Kirche und Entwicklung (GKKE). Frankfurt/M., Nr. 2/2013.

Auernheimer, Georg: Einführung in die Interkulturelle Pädagogik. Darmstadt: 2005⁴.

Bain, Chris; Nilles, Bernd: Die globalen Krisen als Chance – katholische Hilfswerke setzen neue Akzente. In: Schreijäck, Thomas; Bröckelmann-Simon, Martin; Antkowiak, Thomas; Biesinger, Albert; Fuchs, Ottmar (Hrsg.): Horizont Weltkirche. Erfahrungen – Themen – Optionen und Perspektiven. Ostfildern: 2012.

Bar-On, Dan: Die »Anderen« in uns. Dialog als Modell der interkulturellen Konfliktbewältigung. Aktualisierte Neuauflage. Hamburg: 2006.

Barceló, Pedro: Von den Katakomben zu den Kathedralen: Zum Höhenflug der frühen Kirche. In: KEB im Bistum Eichstätt (Hrsg.): Info-Erwachsenenbildung mit dem Titel: Kirche in der Welt von heute – Studientag zu Ehren von Herrn Dr. Bertram Blum am 03. Oktober 2012 im Bistumshaus Schloss Hirschberg. Eichstätt: 2013.

Bartosch, Ulrich; Gansczyk, Klaudius (Hrsg.): Weltinnenpolitik für das 21. Jahrhundert. Münster: 2007.

Bauer, Christian: Kirche der Armen? Mit Papst Franziskus nach Essen-Katernberg. In: missio Aachen; Verlag Herder (Hrsg.): Forum Weltkirche. Freiburg: 4/2013.

Beck, Ulrich: Die Risikogesellschaft. Frankfurt/M.: 1986.

Beck, Ulrich: Die Erfindung des Politischen. Frankfurt/M.: 1993.

Beck, Ulrich: Was ist Globalisierung, Frankfurt/M.: 1999⁶.

Beck, Ulrich: Weltrisikogesellschaft, Frankfurt/M.: 2008.

Beerfeltz, Hans Jürgen: Bildungs- und Öffentlichkeitsarbeit für eine moderne Entwicklungszusammenarbeit. In: VENRO (Hrsg.): Jahrbuch Globales Lernen 2012, Bonn: 2012.

Behnen, Judith: Bildsprache im Wandel der Zeit. In: Misereor aktuell, Nr. 4: 2003.

Bender, Walter; Groß, Maritta; Heglmeier, Helga (Hrsg.): Lernen und Handeln. Eine Grundfrage der Erwachsenenbildung. Schwalbach/Ts.: 2004.

Bernhard, Armin; Kremer, Armin; Rieß, Falk (Hrsg.): Kritische Erziehungswissenschaft und Bildungsreform. Band 2. Hohengehren: 2003.

BIBB (Hrsg.): Berufsbildung in Wissenschaft und Praxis. Bielefeld. Nr. 2/2012.

Biesel, Kay: Vom Fehlerverdruss zum Dialoggenuss in der Sozialen Arbeit – ein Plädoyer für eine Organisationskultur der Fehleroffenheit. In: Krause, Hans Ullrich; Rätz-Heinisch, Regina (Hrsg.): Soziale Arbeit im Dialog gestalten. Farmington Hill: 2009.

Birkenbeil, Edward-Jack: Erziehungsphilosophie des Dialogischen. Ein Beitrag zur Grundlagendiskussion im Bereiche der Erziehungswissenschaft. Frankfurt/M.: 1984.

Bischöfliche Aktion Adveniat (Hrsg): Blickpunkt Lateinamerika. Essen: 2012a

Bischöfliche Aktion Adveniat (Hrsg.): Kirchliche Basisgemeinden in Lateinamerika – Grundlagenartikel zur Adveniat-Aktion. Essen: 2012b

BMZ: Mehr Wirkungen erzielen. 4. Hochrangiges Forum zur Wirksamkeit der Entwicklungszusammenarbeit in Busan 29.11.-1.12.2011. Bonn: 2011. Online unter: http://www.bmz.de/de/publikationen/themen/entwicklungspolitik_allgemein/Materialie216_Informationsbroschuere_09_20111.pdf, Zugriff am 01.05.2014.

BMZ, UN High-level Panel on the Post-2015 Development Agenda: A new global partnership: eradicate poverty and transform economies through sustainable development. Kurzzusammenfassung des Reports Post-2015 durch Sherpa Dr. Rödiger-Vorwerk für Bundespräsident a. D. Prof. Dr. Horst Köhler, Berlin: 2013. Online unter: http://www.bmz.de/de/zentrales_downloadarchiv/grundsaetze_und_ziele/13_06_05_Kurzzusammenfassung-des-HLP-Berichts.pdf, Zugriff am 02.03.2014.

BMZ: Religionen als Partner in der Entwicklungszusammenarbeit. Bonn: 2016

BMZ: Die Agenda 2030 für nachhaltige Entwicklung. Bonn: 2017. Online unter: http://www.bmz.de/de/ministerium/ziele/2030_agenda/index.html, Zugriff am 26.10.2017.

BNE: Globales Lernen an lokalen Orten in Botanischen Gärten. Online unter: http://glbg.overwien.eu/bne/, Zugriff am 01.05.2014.

Bohm, David: Der Dialog. Das offene Gespräch am Ende der Diskussion. Lee Nichol (Hrsg.). Stuttgart: 2011[6].

Bolzan, Natalie; Gale, Fran: Transformative Social Resilience in Disaster Management. In: IASSW (Hrsg.): Social Dialogue, Hong Kong: 6/2013.

Borger, Andrea; Halfar, Bernd: Kirchenmanagement, Baden-Baden: 2007.

Bornholst, Bernd: Die Nord-Süd-Brille reicht nicht mehr. Online unter: http://venro.org/index.php?id=1171, Zugriff am 12.07.2013.

Borrmann, Alex; Stockmann, Reinhard: Evaluation in der deutschen Entwicklungszusammenarbeit, Band 1, Münster/New York/München/Berlin: 2009a.

Borrmann, Alex; Stockmann, Reinhard: Evaluation in der deutschen Entwicklungszusammenarbeit, Band 2, Münster/New York/München/Berlin: 2009b.

Borrmann, Stefan; Klassen, Michael; Spatscheck, Christian (Hrsg.): International Social Work. Social Problems, Cultural Issues and Social Work Education. Opladen: 2007.

Braumann, Randolph: Afrika wird totgefüttert. München: 1988.

Breitenbach, Diether: Faltprospekt des Christlichen Friedensdienstes über das Projekt Interkulturelles Lernen. In: Döbrich, Peter; Kodron, Christoph: Interkulturelles Lernen in internationalen Jugendbegegnungen. Frankfurt/M.: 1986.

Brieskorn SJ, Norbert: Menschenrechte. Eine historisch-philosophische Grundlegung. Stuttgart u. a.: 1997.

Brieskorn SJ, Norbert: Die Menschenrechtskultur in der Zeit der Globalisierung, der Unverbindlichkeit und der Unsicherheit. In: Fornet-Betancourt, Raúl (Hrsg.): Menschenrechte im Streit zwischen Kulturpluralismus und Universalität. Frankfurt/M.: 2000.

Bröckelmann-Simon, Martin: Der Mensch im Mittelpunkt – Wie zukunftsfähig ist die kirchliche Entwicklungszusammenarbeit? In: Herder Korrespondenz, Freiburg: 7/2010.

Brose, Hanns-Georg: Das Gleichzeitige ist ungleichzeitig. Über den Umgang mit einer Paradoxie und die Transformation der Zeit. In: Soeffner, Hans-Georg (Hrsg.): Unsichere Zeiten. Herausforderungen gesellschaftlicher Transformationen. Verhandlungen des 34. Kongresses der Deutschen Gesellschaft für Soziologie in Jena 2008. Wiesbaden: 2010.

Brot für die Welt (Hrsg.): Brot für die Welt, Fünf Jahrzehnte kirchlicher Entwicklungszusammenarbeit Wirkungen – Erfahrungen – Lernprozesse, Frankfurt/M.: 2008.

Buber, Martin: Rede über das Erzieherische, Berlin: 1926.

Buber, Martin: Rede anlässlich der Verleihung des Friedenspreises des Deutschen Buchhandels 1953. Online unter: http://www.friedenspreis-des-deutschen-buchhandels.de/sixcms/media.php/1290/1953buber.pdf, Zugriff am 08.02.2014.

Buber, Martin: Das dialogische Prinzip. Ich und Du. Gütersloh: 2012[12]a.

Buber, Martin: Das dialogische Prinzip. Elemente des Zwischenmenschlichen. Gütersloh: 2012[12]b.

Buber, Martin: Das dialogische Prinzip. Zwiesprache. Gütersloh: 2012[12]c.

buber.de: Biographie. Online unter: http://buber.de/de/biographie, Zugriff am 01.05.2014.

Büschel, Hubertus: Geschichte der Entwicklungspolitik, Version: 1.0. In: Docupedia-Zeitgeschichte, 11. Nr. 2: 2010. Online unter: https://docupedia.de/zg/Geschichte_der_Entwicklungspolitik?oldid=84614, Zugriff am 29.08.2014.

Bundeskongreß entwicklungspolitischer Aktionsgruppen (Hrsg.): Aktionshandbuch Dritte Welt. Wuppertal: 1986, 7. überarb. Auflage
Bundeszentrale für politische Bildung (Hrsg.): Aus Politik und Zeitgeschichte Entwicklungszusammenarbeit, 65. Jahrgang. Bonn: 2015
Clapeyron, Pauline: Interkulturelle Kompetenz in der sozialpädagogischen Arbeit. In: Flüchtlingsrat Schleswig-Holstein e. V. (Hrsg.): Interkulturelle Kompetenz in der pädagogischen Praxis. Kiel: 2004.
Coudray SJ, Henri: Zu einem „missionarischen Dialog". In: Sekretariat der Deutschen Bischofskonferenz (Hrsg.): WeltMission – Internationaler Kongress der Katholischen Kirche. Bonn: 2006b.
Cox, David; Pawar, Manohar: International Social Work, Issues, Strategies, and Programs, Thousand Oaks: 2006.
D'Sa SJ, Francis X.: Die Mission im Dialog – Zur Ortsbestimmung der Problematik im heutigen interkulturellen Kontext. In: Schreijäck, Thomas; Wiedenhofer, Siegfried (Hrsg.): Mission – ein Dialog. Zürich/Berlin: 2008.
Datta, Asit: Von Flaschenkindern zu Dschungel-Bürgern. Veränderungen in der entwicklungspolitischen Bildungsarbeit im Spiegel entwicklungspolitischer Filme. In: Zeitschrift für Entwicklungspädagogik, Tübingen/Hamburg, 15. Jg., 3/1992.
Deutsche Kommission Justitia et Pax (Hrsg.): Süße Früchte – gut für alle? Ländliche Entwicklung durch Selbstorganisation, Wertschöpfungsketten und soziale Standards. Eine Handreichung für den Dialog mit Agrarpolitik, Agrarwirtschaft und Agrarhandel. Schriftenreihe Gerechtigkeit und Frieden, Nr. 126, Bonn: 2012.
Deutsche Kommission Justitia et Pax: Post-MDG- und/oder SDG-Prozess? Wege zu einer gerechteren, nachhaltigeren und friedlicheren Welt. Bonn: 2013.
Deutsche Welthungerhilfe e. V.: Brennpunkt Nr. 4. Die Entdeckung der Wirksamkeit: Die Paris Declaration on Aid Effectiveness auf dem Prüfstand. Bonn: 2008.
Deutsche Welthungerhilfe e. V.: Brennpunkt Nr. 24. Wirksamkeit – Bilanz und neue Weichenstellung. Bonn: 2011.
Deutsches Institut für Entwicklungspolitik: Wie soll Entwicklungszusammenarbeit gestaltet werden? Die Globale Partnerschaft und das Development Cooperation Forum, Analysen und Stellungnahmen Nr. 5, Bonn: 2014.
Deutsches Institut für Erwachsenenbildung e. V. (Hrsg.): REPORT Literatur- und Forschungsreport Weiterbildung. Theoretische Grundlagen und Perspektiven der Erwachsenenbildung, 28. Jg., Bielefeld: 1/2005.
Deutsches Zentralinstitut für soziale Fragen: DZI Spenden-Siegel Leitlinien. Berlin: 2012. Online unter: http://www.dzi.de/wp-content/uploads/2011/11/DZI-Spenden-Siegel-Leitlinien-2011.pdf, Zugriff am 07.04.2013.
Dittmer, Judith: Nonprofit Governance – Vergleich der Entwicklungstendenzen in Wissenschaft und Praxis. World Vision Institut für Forschung und Entwicklung. Friedrichsdorf: 2008.
Döbrich, Peter; Kodron, Christoph: Interkulturelles Lernen in internationalen Jugendbegegnungen. Frankfurt/M.: 1986.
Dohlman, Ebba: Kohärenz in einer sich verändernden Welt. In: GKKE (Hrsg.): Politikkohärenz für Entwicklung – Ein Dossier der Gemeinsamen Konferenz Kirche und Entwicklung (GKKE). Frankfurt/M.: 2/2013.
Dowling, Kevin: Es gibt keine Alternative zur echten Evangelisierung! In: Forum Weltkirche. Freiburg: 2/2014.
Dusel, Enrique: Zur Architektur der Befreiungsethik – Über materiale Ethik und formale Moral. In: Fornet-Betancourt, Raúl (Hrsg.): Armut, Ethik, Befreiung, Aachen: 1996.
Easterly, William: Wir retten die Welt zu Tode. Frankfurt/M./New York: 2006.
Eberlei, Walter: Afrikas Wege aus der Armutsfalle. Frankfurt/M.: 2009.
Eine Welt Netzwerk Bayern e. V (Hrsg.): Entwicklungspolitik in Bayern – Analysen und Perspektiven. Augsburg: 2013[7]
Eggers, Philipp: Erziehung und Gesellschaft heute. Stuttgart/Berlin/Köln/Mainz: 1970.

Engelen, Andreas; Tholen, Eva: Interkulturelles Management. Stuttgart: 2014.
Erath, Peter: Sozialarbeit in Europa. Fachliche Dialoge und transnationale Entwicklungen. Stuttgart: 2012.
Erath, Peter; Sing, Horst: Ist das (west)europäische Wohlfahrtsstaatsmodell universalisierbar? In: Fornet-Betancourt, Raúl: Neue Formen der Solidarität zwischen Nord und Süd: Gerechtigkeit universalisieren Frankfurt/M.: 2006.
Estermann, Josef; Heidemanns, Katja; Nagler, Norbert: Mission – ganzheitliches Heil für alle. Vorabexemplar für die Konferenz der missio-Diözesandirektoren in Deutschland 08/09. April 2002.
Evangelischer Entwicklungsdienst: Rahmenplan für entwicklungsbezogene Bildung und Publizistik. Bonn: 2008.
Evangelisches Missionswerk in Deutschland e. V., Internationales katholisches Missionswerk missio: Mission Respekt – Christliches Zeugnis in einer multireligiösen Welt, Studienausgabe zum ökumenischen Dokument. Hamburg/Aachen: 2014.
Faschingeder, Gerald: Radikal dialogisch. Reflexionen zum Globalen Lernen aus der Perspektive der Pädagogik Paulo Freires. In: Grobbauer, Heidi; Gürses, Hakan; Vater, Stefan (Hrsg.): Magazin erwachsenenbildung.at. Ausgabe 16 Globales Lernen. Wien: 2012. Online unter: http://www.erwachsenenbildung.at/magazin/12-16/meb12-16.pdf., Zugriff am 01.06.2013.
Faust, Jörg; Messner, Dirk: Die Neuerfindung der Entwicklungspolitik: Wir brauchen ein Ministerium für Globale Entwicklung. Bonn: 10.10.2013. Online unter: http://www.diegdi.de/CMS-Homepage/openwebcms3.nsf/%28ynDK_contentByKey%29/MRUR-9CCAPP?Open&nav=expand%3APresse\Die%20aktuelle%20Kolumne\Zusatzdokumente%3Bactive%3APresse\Die%20aktuelle%20Kolumne\Zusatzdokumente\MRUR-9CCAPP, Zugriff am 12.10.2013.
Fell, Margret: Andragogische Implikationen betrieblichen Führungshandelns – Ein Plädoyer für Dialogische Führung im Betrieb. In: Fell, Margret; Hablitzel, Hans; Wollenschläger, Michael (Hrsg.): Erziehung · Bildung · Recht, Beiträge zu einem interdisziplinären und interkulturellen Dialog. Festschrift für Philipp Eggers zum 65. Geburtstag am 09. Juli 1994. Berlin: 1994.
Fell, Margret: Gegen ein Ausblenden bildungstheoretisch-anthropologischer Bezüge in der betrieblichen Weiterbildung. In: Grundlagen der Weiterbildung e. V. (Hrsg.), GdWZ. Hagen: 3/2003.
Fell, Margret; Feuerlein-Wiesner, Eva: Weiterbildung als Orientierungshilfe. In: Grundlagen der Weiterbildung e. V. (Hrsg.), GdWZ. Hagen: 2/2002.
Fell, Margret; Feuerlein-Wiesner, Eva; Korn, Tanja: Dialogisches Lernen zur Kultivierung des Umgangs mit Perspektivenvielfalt in Betrieb und Familie. In: Bender, Walter; Groß, Maritta; Heglmeier, Helga (Hrsg.): Lernen und Handeln. Eine Grundfrage der Erwachsenenbildung. Schwalbach/Ts.: 2004.
Fell, Margret; Hablitzel, Hans; Wollenschläger, Michael (Hrsg.): Erziehung · Bildung · Recht, Beiträge zu einem interdisziplinären und interkulturellen Dialog. Festschrift für Philipp Eggers zum 65. Geburtstag am 09. Juli 1994. Berlin: 1994.
Finger, Heinz (Hrsg.): Geschichte der Kirche in Japan, Köln: 2004.
Fink, Nicole: The social protection floor. In: International Association of Schools of Social Work (IASSW): SocialDialogue. Nr. 4, Hong Kong: 2013.
Fischer, Wolfgang: Kultureigene Entwicklung als Herausforderung. In: Köß, Hartmut: Entwicklungsethische Konkretionen. Münster: 2002.
Flüchtlingsrat Schleswig-Holstein e. V. (Hrsg.): Interkulturelle Kompetenz in der pädagogischen Praxis. Kiel: 2004.
Fornet-Betancourt, Raúl (Hrsg.): Armut, Ethik, Befreiung. Aachen: 1996.
Fornet-Betancourt, Raúl: Philosophische Voraussetzungen des interkulturellen Dialogs, 1998. Online unter: http://them.polylog.org/1/ffr-de.htm, Zugriff am 23.06.2013.
Fornet-Betancourt, Raúl (Hrsg.): Menschenrechte im Streit zwischen Kulturpluralismus und Universalität. Frankfurt/M.: 2000.

Fornet-Betancourt, Raúl (Hrsg.): Neue Formen der Solidarität zwischen Nord und Süd: Gerechtigkeit universalisieren. Denktraditionen im Dialog: Studien zur Befreiung und Interkulturalität, Band. 26. Frankfurt/M./London: 2006.

Fornet-Betancourt, Raúl (Hrsg.): Begegnung der Wissenskulturen im Nord-Süd Dialog. Frankfurt/M./London: 2008.

Fornet-Betancourt, Raúl: Die Bedeutung der Erde in den Kulturen. Zum Dialog der Kosmologien vor der ökologischen Herausforderung. Aachen: 2009.

Fornet-Betancourt, Raúl: Kapital, Armut, Entwicklung. Aachen: 2012.

Fornet-Ponse, Raúl: Freiheit und Befreiung – Eine philosophische Biographie von Raúl Fornet-Betancourt. In: Steffens, Elisabeth; Meuthrath, Annette (Hrsg.): Utopia hat einen Ort. Beiträge für eine interkulturelle Welt aus vier Kontinenten. Frankfurt/M./London: 2006.

Franger, Gabriele: Menschenrechtsprofession und zivilgesellschaftliche Akteurin. In: Sozialmagazin, Weinheim: 36. Jg., 10/2011, S. 27.

Freire, Paulo: Pädagogik der Unterdrückten. Bildung als Praxis der Freiheit. Hamburg: 1973.

Freire, Paolo: Unterdrückung und Befreiung. Herausgegeben von Schreiner, Peter; Mette, Norbert, Oesselmann, Dirk; Kinkelbur Dieter. Münster/New York/München/Berlin: 2007a.

Freire, Paolo: Bildung und Hoffnung. Herausgegeben von Schreiner, Peter; Mette, Norbert, Oesselmann, Dirk; Kinkelbur Dieter. Münster/New York/München/Berlin: 2007b.

Freire, Paolo: Pädagogik der Autonomie. Herausgegeben von Schreiner, Peter; Mette, Norbert, Oesselmann, Dirk; Kinkelbur Dieter. Münster/New York/München/Berlin: 2008.

Füllkrug-Weitzel, Cornelia; Sacher, Danuta: Einleitung. In: Brot für die Welt (Hrsg.): Brot für die Welt, Fünf Jahrzehnte kirchlicher Entwicklungszusammenarbeit Wirkungen – Erfahrungen – Lernprozesse. Frankfurt/M.: 2008.

Gansczyk, Klaudius: Einführung in das Buch. In: Bartosch, Ulrich; Gansczyk, Klaudius (Hrsg.): Weltinnenpolitik für das 21. Jahrhundert. Münster: 2007.

Gauck, Joachim: Bundespräsident Joachim Gauck beim Festakt zu 50 Jahren entwicklungspolitischer Zusammenarbeit von Staat und Kirchen am 6. September 2012 in Bonn. Online unter: http://www.bundespraesident.de/SharedDocs/Reden/DE/Joachim-Gauck/Reden/2012/09/120906-Bonn.html, Zugriff am 08.11.2012.

Geiser, Christine: Der Dialog nach David Bohm. Eine Einführung. Vortrag im transdisziplinären Studiengang „Wissenschaft und Weisheit". Uni Zürich: 2000. Online unter: http://www.gfk-institut.ch/pdf/a_cg_einf-bohm.pdf, Zugriff am 06.01.2014.

Geißler, Harald: Umrisse einer Grundlagentheorie des Organisationslernens. In: Geißler, Harald; Lehnhoff, Andre; Petersen, Jendrik (Hrsg.): Organisationslernen im interdisziplinären Dialog. Weinheim: 1998.

Geißler, Harald; Lehnhoff, Andre; Petersen, Jendrik (Hrsg.): Organisationslernen im interdisziplinären Dialog. Weinheim: 1998.

Geißler-Piltz, Brigitte; Räbiger, Jutta (Hrsg.): Soziale Arbeit grenzenlos. Festschrift für Christine Labonté-Roset. Opladen/Farmington Hills: 2010.

Gemeinsame Konferenz Kirche und Entwicklung: Globalisierung der Solidarität – Erklärung der GKKE zum Weltwirtschaftsgipfel 1999 in Köln, GKKE Schriftenreihe, Nr. 25. Bonn: 1999.

Gemeinsame Konferenz Kirche und Entwicklung (Hrsg.): Politikkohärenz für Entwicklung – Ein Dossier der Gemeinsamen Konferenz Kirche und Entwicklung (GKKE). Frankfurt/M.: 2/2013.

Gerth, André: Allen Völkern sein Heil. Die Mission der Weltkirche. Zum Wort der deutschen Bischöfe vom 23. September 2004, Manuskript. München: 2004.

Gerth, André; Rappel, Simone (Hrsg.): Global message – Weltmission heute. München: 2005.

Ghosh, Jayati: Erstaunlich und frustrierend. In: DIE ZEIT Nr. 50, 06.12.2012.

Globales Lernen an lokalen Orten in Botanischen Gärten: BNE – Globales Lernen, 2012. Online unter: http://glbg.overwien.eu/bne/, Zugriff am 20.04.2013.

Glück, Alois: »Einen neuen Aufbruch wagen« – Die Zukunftsfähigkeit unserer Gesellschaft und unserer Kirche. In: Schreijäck, Thomas; Bröckelmann-Simon, Martin; Antkowiak, Thomas; Biesinger, Albert; Fuchs, Ottmar (Hrsg.): Horizont Weltkirche. Erfahrungen – Themen – Optionen und Perspektiven. Ostfildern: 2012a.
Glück, Alois: Wie der Dialog gelingen kann. In: ZdK (Hrsg.): Salzkörner. Bonn: 18. Jg., 4/2012b.
Gohl, Eberhard: Veränderungen sichtbar machen: Wirkungsbeobachtung in der Entwicklungszusammenarbeit. In: Brot für die Welt (Hrsg.): Brot für die Welt – Fünf Jahrzehnte kirchliche Entwicklungszusammenarbeit. Wirkungen – Erfahrungen – Lernprozesse. Frankfurt/M.: 2008.
Gracias, Oswald: Misereor und die Kirche in Indien. In: Schreijäck, Thomas; Bröckelmann-Simon, Martin; Antkowiak, Thomas; Biesinger, Albert; Fuchs, Ottmar (Hrsg.): Horizont Weltkirche. Erfahrungen-Themen-Optionen und Perspektiven. Ostfildern: 2012.
Graßhoff, Gunther; Homfeldt, Hans Günther; Schröer, Wolfgang: Internationale Soziale Arbeit – Grenzüberschreitende Verflechtungen, globale Herausforderungen und transnationale Perspektiven. Weinheim/Basel: 2016.
Greding, Daniel: Rezension vom 05.06.2008 zu: Borrmann, Stefan; Klassen, Michael; Spatscheck, Christian (Hrsg.): International Social Work. 2007. In: socialnet GmbH (Hrsg.): Rezensionen. Bonn: ohne Jahr online unter: http://www.socialnet.de/rezensionen/4712.php, Zugriff am 01.10.2012.
Grobbauer, Heidi; Gürses, Hakan; Vater, Stefan (Hrsg.): Magazin erwachsenenbildung.at. Ausgabe 16 Globales Lernen. Wien: 2012.
Großmaß, Ruth: Soziale Arbeit – eine Menschenrechtsprofession? Zur ethischen Dimension der beruflichen Praxis. In: Geißler-Piltz, Brigitte; Räbiger, Jutta (Hrsg.): Soziale Arbeit grenzenlos. Festschrift für Christine Labonté-Roset. Oplanden/Farmington Hills: 2010.
Gutiérrez, Gustavo: Die Pluralität der Religionen – eine Herausforderung. In: Schreijäck, Thomas; Bröckelmann-Simon, Martin; Antkowiak, Thomas; Biesinger, Albert; Fuchs, Ottmar (Hrsg.): Horizont Weltkirche. Erfahrungen-Themen-Optionen und Perspektiven. Ostfildern: 2012.
Habermas, Jürgen: Theorie des kommunikativen Handelns, Band 1. Frankfurt/M.: 1981.
Habermas, Jürgen: Die neue Unübersichtlichkeit. Frankfurt/M.: 1987[6].
Hablitzel, Hans: Subsidiarität und Interdisziplinarität, In: Weber, Albrecht: Währung und Wirtschaft. Baden-Baden: 1997.
Hagemann, Hildegard: Warum ein Dialog? – Einführung in die Thematik. In: Deutsche Kommission Justitia et Pax (Hrsg.): Süße Früchte – gut für alle? Ländliche Entwicklung durch Selbstorganisation, Wertschöpfungsketten und soziale Standards. Eine Handreichung für den Dialog mit Agrarpolitik, Agrarwirtschaft und Agrarhandel, Schriftenreihe Gerechtigkeit und Frieden, Nr. 126. Bonn: 2012.
Hagemann, Hildegard: Statement bei der JP-Jahrestagung in Würzburg am 14.02.2014, unveröffentlichtes Skript.
Halfar, Bernd (Hrsg.): Erfolgspotentiale der Kirche: ein Blick aus dem Management. Baden-Baden: 2012.
Halfar, Bernd; Unger, Verena: Controlling in der Kirche. In: Halfar, Bernd (Hrsg.): Erfolgspotentiale der Kirche: ein Blick aus dem Management. Baden-Baden: 2012.
Hamburger, Franz: Abschied von der interkulturellen Pädagogik. Weinheim und Basel, 2012[2].
Hartmann, Christoph: Entwicklungspolitik im Wandel. „Neuerfindung" oder neue Bescheidenheit? In: Andersen Uwe (Hrsg.): Entwicklungspolitik – eine Zwischenbilanz. Schwalbach/Ts.: 2011.
Häußner, Ludwig Paul: Dialog, Führung und Zusammenarbeit. Karlsruhe: 2009.
Healy, Lynne: International Social Work. New York: 2008.
Healy, Lynne: Handbook of International Social Work. Oxford/New York: 2012.
Heberling, Michael; Sing, Horst; Rott, Gerhard (Hrsg.): Inkulturation als Herausforderung und Chance. Dokumentation des 1. Dialogforums der Partnerdiözesen Poona und Eichstätt. Grundfragen. Pastorale Herausforderungen. Erfahrungen aus Partnerschaften. Aachen: 2001.

Hecker, Sebastian: Soziale Arbeit in der Entwicklungszusammenarbeit. Bedeutung, Herausforderung und Verantwortung systemisch-konstruktivistischer Hilfe. Oldenburg: 2010.

Heerde-Hinojosa, Eva-Maria; Jablowsky, Thomas: Die Eine Welt-Arbeit der Katholischen Kirche in Bayern. In: Eine Welt Netzwerk Bayern e. V (Hrsg.): Entwicklungspolitik in Bayern – Analysen und Perspektiven. Augsburg: 2013[7].

Hees, Wolfgang; Müller, Oliver; Schüth, Matthias (Hrsg.): Volle Tanks – leere Teller: Der Preis für Agrokraftstoffe: Hunger, Vertreibung, Umweltzerstörung. Freiburg: 2007.

Hentschel, Werner: Ein prägender Architekt des Konzils. In: Bischöflicher Stuhl Eichstätt (Hrsg.): Kirchenzeitung für das Bistum Eichstätt. Nr. 52/53. Eichstätt: 2012.

Herrera, María Luz Mejía: Erziehung, Kultur, Werte: Eine notwendige Triade angesichts der Herausforderungen unserer Zeit. Handout zum Gastvortrag an der KU am 10.10.2013.

Heuser, Andreas: Unentdeckte Theologien. In: Wiegand Peter (Hrsg.): Mission Eine Welt – Zeitschrift von Mission Eine Welt – Centrum für Partnerschaft, Entwicklung und Mission der Evangelisch-Lutherischen Kirche in Bayern, Neuendettelsau: 23. Jg. 4/2012.

Hickman, Leo: Fast nackt – Mein abenteuerlicher Versuch, ethisch korrekt zu leben. München: 2008.

Hickmann, Christoph: Kopfsache. In: Süddeutsche Zeitung, 14.11.2012.

Höhn, Reinhardt: Führungsbrevier der Wirtschaft. Bad Harzburg: 1985[12].

Hofstede, Geert: Dimensions. Online unter: http://geert-hofstede.com/dimensions.html. Zugriff am 13.10.2013.

Hofstede, Geert; Hofstede, Gert Jan: Lokales Denken, globales Handeln Interkulturelle Zusammenarbeit und globales Management. München: 2011[5].

Homfeldt, Hans Günther; Reutlinger Christian (Hrsg.): Soziale Arbeit und Soziale Entwicklung. Baltmannsweiler: 2009.

Homfeldt, Hans Günther (Hrsg,): Soziale Arbeit als Entwicklungszusammenarbeit. Baltmannsweiler: 2011.

Homfeldt, Hans Günther; Schmitt, Caroline: Transnationale Forschung und Schaltstellen zu einer transnationalen Sozialen Arbeit als Entwicklungszusammenarbeit. In: Homfeldt, Hans Günther; Schmitt, Caroline: Soziale Arbeit als Entwicklungszusammenarbeit. Baltmannsweiler: 2011.

Homfeldt, Hans Günther; Schmitt, Caroline: Soziale Arbeit als Entwicklungszusammenarbeit. Baltmannsweiler: 2011.

Homfeldt, Hans Günther; Schröer, Wolfgang; Schweppe, Cornelia: Vom Adressaten zum Akteur – eine Einführung. In: Homfeldt, Hans Günther; Schröer, Wolfgang; Schweppe, Cornelia (Hrsg.): Vom Adressaten zum Akteur. Soziale Arbeit und Agency. Opladen/ Farmington Hills: 2008a.

Homfeldt, Hans Günther; Schröer, Wolfgang; Schweppe, Cornelia: Transnationalität, soziale Unterstützung und agency. In: Homfeldt, Hans Günther; Schröer, Wolfgang; Schweppe, Cornelia (Hrsg.): Soziale Arbeit und Transnationalität, Herausforderungen eines spannungsreichen Bezugs, Weinheim und München, 2008b.

Homfeldt, Hans Günther; Schröer, Wolfgang; Schweppe, Cornelia (Hrsg.): Vom Adressaten zum Akteur. Soziale Arbeit und Agency. Opladen/Farmington Hills: 2008c.

Homfeldt, Hans Günther; Schröer, Wolfgang; Schweppe, Cornelia (Hrsg.): Soziale Arbeit und Transnationalität, Herausforderungen eines spannungsreichen Bezugs, Weinheim und München, 2008d.

Hubner, Markus: Coaching als Aufgabe der Erwachsenenbildung. Berlin: 2007.

Huntington, Samuel P.: The clash of civilizations and the remaking of world order. New York: 1996.

IFSW; IASSW; Global Definition of Social Work, 2014. Online unter: http://ifsw.org/policies/ definition-of-social-work/, Zugriff am 25.05.2015.

IFSW; IASSW; ICSW: The Global Agenda, 2012. Online unter: http://cdn.ifsw.org/assets/ globalagenda2012.pdf, Zugriff am 28.03.2013.

Illich, Ivan: Entschulung der Gesellschaft. Hamburg: 1981[6].

ILO: Employment, Growth and Basic Needs: a One World Problem. Genf: 1976.

ISB (Hrsg.): Interkulturelles Lernen – eine kurze Einführung in die Thematik, München: ohne Jahr.

International Council on Social Welfare, International Federation of Social Workers: International Social Work. London, Thousand Oaks, New Delhi, Singapore, Washington DC: 56. Jg., 2/2013.

Jahn, Walter: Kultur und Entwicklung in der deutschen Entwicklungszusammenarbeit: Bedeutung erkannt, konzeptionell durchdacht, praktisch kaum gemacht. In: Koch, Eckart; Speiser, Sabine (Hrsg.): Interkulturalität in der internationalen Entwicklungszusammenarbeit. München/Mering: 2012.

Kaigama, Ignatius: Interreligiöser Dialog in Nigeria. In: Schreijäck, Thomas; Bröckelmann-Simon, Martin; Antkowiak, Thomas; Biesinger, Albert; Fuchs, Ottmar (Hrsg.): Horizont Weltkirche. Erfahrungen-Themen-Optionen und Perspektiven. Ostfildern: 2012.

Kaplan, Robert. S.: Strategic Performance Measurement and Management in Nonprofit Organizations. In: Wiley, John & Sons, Inc.: Nonprofit Management & Leadership. New York: Volume 11, 3/2001.

Karl-Rahner-Stiftung (Hrsg.): Selbstvollzug der Kirche. Ekklesiologische Grundlegung praktischer Theologie, Band 19. Freiburg: 1995.

Karrer, Leo: Plädoyer für eine Pastoral des Säens – Zwischen Vision und Wirklichkeit: Mut zum langen Atem. In: Schreijäck, Thomas; Bröckelmann-Simon, Martin; Antkowiak, Thomas; Biesinger, Albert; Fuchs, Ottmar (Hrsg.): Horizont Weltkirche. Erfahrungen-Themen-Optionen und Perspektiven. Ostfildern: 2012.

Katholischer Fonds für weltkirchliche und entwicklungsbezogene Bildungs- und Öffentlichkeitsarbeit: Jahresbericht 2016. München: 2017.

KEB im Bistum Eichstätt (Hrsg.): Info-Erwachsenenbildung mit dem Titel: Kirche in der Welt von heute – Studientag zu Ehren von Herrn Dr. Bertram Blum am 03. Oktober 2012 im Bistumshaus Schloss Hirschberg. Eichstätt: 2013.

Kesselring, Thomas: Licht und Schatten im europäischen Menschenrechts-Konzept. In: Fornet-Betancourt, Raúl (Hrsg.): Menschenrechte im Streit zwischen Kulturpluralismus und Universalität. Frankfurt/M.: 2000.

Klein, Ansgar; Sprengel, Rainer; Neuling Johanna: Jahrbuch Engagementpolitik 2013. Schwalbach: 2013.

Klein, Rosemarie; Reutter, Gerhard: Begründungen für Lernberatung und konzeptionelles Verständnis. In: Klein, Rosemarie; Reutter, Gerhard. (Hrsg.): Die Lernberatungskonzeption. Göttingen: 2011^2. Online unter http://bbb-dortmund.de/jobbb2/Klein_Reutter_Lernberatung.pdf. Zugriff am 29.03.2016

Klein, Rosemarie; Reutter, Gerhard. (Hrsg.): Die Lernberatungskonzeption. Göttingen: 2011^2. Online unter http://bbb-dortmund.de/jobbb2/Klein_Reutter_ Lernberatung.pdf. Zugriff am 29.03.2016

Klemm, Ulrich: Globales Lernen – Erwachsenenbildung auf dem Weg zur Weltgesellschaft? In: Grobbauer, Heidi; Gürses, Hakan; Vater, Stefan (Hrsg.): Magazin erwachsenenbildung.at. Ausgabe 16 Globales Lernen. Wien: 2012. S. 02-5. Online unter: http://www.erwachsenenbildung.at/magazin/12-16/meb12-16.pdf. Zugriff am 30.05.2013.

Kleve, Heiko: Postmoderne Sozialarbeit. Ein systemtheoretisch-konstruktivistischer Beitrag zur Sozialarbeitswissenschaft. Wiesbaden: 2007^2.

Klinger, Elmar: Gutachten zur Verleihung der Ehrenpromotion an Herrn Prof. Dr. Francis X. D'Sa SJ. In: Schreijäck, Thomas; Wiedenhofer, Siegfried (Hrsg.): Mission – ein Dialog. Zürich/Berlin: 2008.

Knaup, Horand: Hilfe, die Helfer kommen – Karitative Organisationen im Wettbewerb um Spenden und Katastrophen. München: 1996.

Kniffki, Johannes: Referenzrahmen transnationaler Sozialer Arbeit in Studium und Praxis. In: Geißler-Piltz, Brigitte; Räbiger, Jutta (Hrsg.): Soziale Arbeit grenzenlos. Festschrift für Christine Labonté-Roset. Opladen; Farmington Hills: 2010.

Knoll, Joachim: Stichwort: »Internationale Impulse«, In: DIE Zeitschrift für Erwachsenenbildung, Bonn, Nr. I/2014. Online unter: http://www.die-bonn.de/zeitschrift/12014/internationale-erwachsenenbildung-01.pdf. Zugriff am 05.05.2014.

Koch, Eckart: Interkulturelles Management. Konstanz/München: 2012a.

Koch, Eckart: Managementstil Süd: Überlegungen zu interkulturellen Steuerungsgrundsätzen für Entwicklungsprojekte. In: Koch, Eckart; Speiser, Sabine (Hrsg.): Interkulturalität in der internationalen Entwicklungszusammenarbeit. München/Mering: 2012b.

Koch, Eckart; Speiser, Sabine (Hrsg.): Interkulturalität in der internationalen Entwicklungszusammenarbeit. München/Mering: 2012.

Köß, Hartmut: Entwicklungsethische Konkretionen. Münster: 2002.

Körner SJ, Felix: Kontextuelle Theologien für die Weltkirche. In: Forum Weltkirche, Freiburg: 131 Jg., 2/2012.

Konferenz der Diözesanverantwortlichen für weltkirchliche Aufgaben (Hrsg.): Weltkirche lernen und leben – Diözesane Partnerschaften, Tagungsdokumentation. Ohne Ort: 2010.

Konferenz Weltkirche: c/o Sekretariat der Deutschen Bischofskonferenz Bereich Weltkirche und Migration: Jahresbericht Weltkirche 2016. Bonn: 2017.

Konzett, Bernadette: Einmal wird's gelingen. Die Grenzen des Globalen Lernens. In: Grobbauer, Heidi; Gürses, Hakan; Vater, Stefan (Hrsg.): Magazin erwachsenenbildung.at. Ausgabe 16 Globales Lernen. Wien: 2012. S. 07-4. Online unter: http://www.erwachsenenbildung.at/magazin/12-16/meb12-16.pdf. Zugriff am 30.05.2013.

Krämer, Georg: Was ist und was will „Globales Lernen"? In: VENRO (Hrsg.): Jahrbuch Globales Lernen 2007/2008. Bonn: 2007.

Krätzl, Helmut: Das Potential des Konzils ist noch nicht ausgeschöpft – Die Konzilsväter hatten Mut zu wirklich Neuem. In: Landeskomitee der Katholiken in Bayern, Gemeinde creativ. München: Nr. 5/2012.

Krause, Vera: Für eine dienende und arme Kirche. In: Bischöfliche Aktion Adveniat (Hrsg.): Blickpunkt Lateinamerika, Essen: Nr. 4/2012a.

Krause, Vera: Gemeinsam auf dem Weg für eine lebendige Kirche vor Ort! In: Bischöfliche Aktion Adveniat (Hrsg.): Kirchliche Basisgemeinden in Lateinamerika – Grundlagenartikel zur Adveniat-Aktion. Essen: 2012b.

Krause Hans-Ulrich; Rätz-Heinisch, Regina: Einleitung. In: Krause, Hans Ullrich; Rätz-Heinisch, Regina (Hrsg.): Soziale Arbeit im Dialog gestalten. Theoretische Grundlagen und methodische Zugänge einer dialogischen Sozialen Arbeit. Farmington Hill: 2009a.

Krause, Hans Ullrich; Rätz-Heinisch, Regina (Hrsg.): Soziale Arbeit im Dialog gestalten. Theoretische Grundlagen und methodische Zugänge einer dialogischen Sozialen Arbeit. Farmington Hill: 2009b.

Kropac, Ulrich; Langenhorst, Georg (Hrsg.): Religionsunterricht und der Bildungsauftrag der öffentlichen Schulen. Babenhausen: 2012.

Kruse, Elke (Hrsg.): Internationaler Austausch in der Sozialen Arbeit, Entwicklungen – Erfahrungen – Erträge, Heidelberg, 2015.

Kukah, Matthew: Gott ist Afrikaner geworden! Die Bedeutung des II. Vatikanischen Konzils aus afrikanischer Perspektive. In: missio Aachen; Verlag Herder (Hrsg.): Forum Weltkirche, Freiburg: 6/2012.

Kutz, Susanne: Trotz alledem: Ohne Gespräch kein Frieden, In: Bar-On, Dan: Die »Anderen« in uns. Dialog als Modell der interkulturellen Konfliktbewältigung. Aktualisierte Neuauflage. Hamburg: 2006.

Landeskomitee der Katholiken in Bayern (Hrsg.): Gemeinde creativ. München: Nr. 5/2012.

Landeskomitee der Katholiken in Bayern (Hrsg.): Gemeinde creativ. München: Nr. 6/2012

Lang-Wojtasik, Gregor: Inklusion in die Weltgesellschaft durch Schule. In: Kropac, Ulrich; Langenhorst, Georg (Hrsg.): Religionsunterricht und der Bildungsauftrag der öffentlichen Schulen. Babenhausen: 2012.

Lehnhoff, Andre: Vom Management-Development zur Managementbildung. Frankfurt/M. u. a: 1997.

Lichtblau, Pia: Global denken, global handeln – global lernen. Ein Bildungsprojekt für eine faire Globalisierung. In: Grobbauer, Heidi; Gürses, Hakan; Vater, Stefan (Hrsg.): Magazin erwachsenenbildung.at. Ausgabe 16 Globales Lernen. Wien: 2012. S. 11-2. Online unter http://www.erwachsenenbildung.at/magazin/12-16/meb12-16.pdf. Zugriff am 30.05.2013.
Lorenz, Walter: Social Work in a Changing Europe. London/New York: 1994.
Luber SJ, Markus (Hrsg.): Kontextualität des Evangeliums – Weltkirchliche Herausforderungen der Missionstheologie. Regensburg: 2012.
Macamo, Elisio: Statement beim Entwicklungspolitischen Dialog der Landesregierung am 14.04.2012 in Stuttgart, dokumentiert unter: Evangelische Akademie Bad Boll, Staatsministerium Baden-Württemberg (Hrsg.): Welt:Bürger gefragt! Online unter: http://www.evakademie-boll.de/fileadmin/res/otg/EZ-Dialog/Bericht_von_der_Auftaktveranstaltung_am_14_04_2012_in_Stuttgart.pdf, S. 4, Zugriff am 04.03.2014.
Mall, Ram Adhar: Das Konzept einer interkulturellen Philosophie, 1998. Online unter: http://them.polylog.org/1/fmr-de.htm#s3, Zugriff am 01.07.2013.
Mall, Ram Adhar: Ghandis Evangelium der Gewaltlosigkeit (Ahimsa) und die Probleme der ‚heutigen' Globalisierung. In: Bartosch, Ulrich; Gansczyk, Klaudius (Hrsg.): Weltinnenpolitik für das 21. Jahrhundert. Münster: 2007.
Mapp, Susan: Human rights and social justice in a global perspective – an Introduction to International Social Work. New York: 2008.
Martin Buber-Gesellschaft: Biographischer Überblick. Online unter: http://buber-gesellschaft.de/biographie, Zugriff am 19.01.2014.
Marty, Paula: Wege aus der globalen Krise – eine Übung im Perspektivwechsel. In: Wendekreis, Bethlehem Mission Immensee (Hrsg.), Luzern: 10/2013.
Marx, Reinhard: Von der Bruderhilfe zur Partnerschaft zwischen unseren Diözesen. In: Abteilung Weltkirche der Erzdiözese München und Freising (Hrsg.): Wir reichen uns die Hände – 50 Jahre Partnerschaft zwischen der Erzdiözese München und Freising und der Katholischen Kirche Ecuadors. München: 2012.
Mayadas, Nazneen S.; Watts, Thomas, D.; Elliott, Doreen: International Handbook on social work theory and practice. Westport/Connecticut/London: 1997.
Mayer, Bernhard: Die Friedensbotschaft Jesu – Zusage und Anruf. In: Möde Erwin; Müller, Stephan E.; Zapff, Burkhard M. (Hrsg.): Jesus hominis salvator. Regensburg: 2006.
Meyer, Hans Joachim: Bischof in dieser Zeit. In: ZdK (Hrsg.): Salzkörner, Bonn: Nr. 1, 2014.
Misereor: Leitbild Online unter: http://www.misereor.de/ueber-uns/auftrag-struktur/leitbild.html, Zugriff am 01.11.2012.
Misereor: Entwicklungspolitik in globaler Verantwortung. Aachen: 2013.
Misereor; Institut für Gesellschaftspolitik an der Hochschule für Philosophie (Hrsg.): Weltgemeinwohl. Neue Ansätze zu Postwachstum und globaler Gerechtigkeit. In: Verein zur Förderung der entwicklungspolitischen Publizistik (Hrsg.): Welt.Sichten. Frankfurt/M.: 12/2013-01/2014.
missio Aachen; Verlag Herder: Dokumentation Der Katakombenpakt:»Für eine dienende und arme Kirche«. In: missio Aachen; Verlag Herder (Hrsg.): Forum Weltkirche. Freiburg: 6/2012.
missio Aachen; Verlag Herder (Hrsg.): Forum Weltkirche. Freiburg: 2/2012.
missio Aachen; Verlag Herder (Hrsg.): Forum Weltkirche. Freiburg: 6/2012
missio Aachen; Verlag Herder (Hrsg.): Forum Weltkirche. Freiburg: 4/2013.
missio Aachen; Verlag Herder (Hrsg.): Forum Weltkirche. Freiburg: 2/2014
Mittelstrass, Jürgen: Stichwort Interdisziplinarität. Basel: 1996.
Mittelstrass, Jürgen: Transdisziplinarität – wissenschaftliche Zukunft und institutionelle Wirklichkeit. Konstanz: 2003.
Mitschke, Reinhard; Wick, Alexander: Globales Lernen als Kriterium für Erwachsenenbildung und Personalentwicklung in Unternehmen. In: Grobbauer, Heidi; Gürses, Hakan; Vater, Stefan (Hrsg.): Magazin erwachsenenbildung.at. Ausgabe 16 Globales Lernen. Wien: 2012. S. 05-2. Online unter: http://www.erwachsenenbildung.at/magazin/12-16/meb12-16.pdf. Zugriff am 01.06.2013.

Mock, Erwin: Entwicklungsbezogene Bildungs- und Öffentlichkeitsarbeit – Aufgaben und Grenzen. Referat anlässlich des Symposiums der katholischen Männerbewegung der Diözese Linz zum Thema „Perspektiven" von ‚Brüder in Not'. Aachen: 1986.
Möde Erwin; Müller, Stephan E.; Zapff, Burkhard M. (Hrsg.): Jesus hominis salvator. Regensburg: 2006.
Moyo, Dambisa: Dead Aid Why Aid Makes Things Worse and How There is Another Way for Africa. London: 2009. Auf Deutsch erschienen unter den Titel: Dead Aid. Warum Entwicklungshilfe nicht funktioniert und was Afrika besser machen kann. Hamburg: 2011.
Müller, Franziska; Ziai, Aram: Eurozentrismus in der Entwicklungszusammenarbeit. In: Bundeszentral für politische Bildung (Hrsg.) Aus Politik und Zeitgeschichte Entwicklungszusammenarbeit, 65. Jahrgang. Bonn: 2015.
Müller SJ, Johannes: Entwicklungspolitik als globale Herausforderung. Stuttgart, Berlin, Köln: 1997.
Müller SJ, Johannes: Weltkirche als Lerngemeinschaft – Modell einer menschengerechten Globalisierung? In: Verlag Herder (Hrsg.): Stimmen der Zeit, Freiburg, Nr. 5/1999.
Müller SJ, Johannes: Millenniumsziele der Vereinten Nationen. In: Verlag Herder (Hrsg.): Stimmen der Zeit, 223, Freiburg: 7/2005.
Müller SJ, Johannes: Advokaten des Weltgemeinwohls – Organisationen mit religiösem Hintergrund treten für weltweite Gerechtigkeit und Nachhaltigkeit ein. In: Misereor; Institut für Gesellschaftspolitik an der Hochschule für Philosophie (Hrsg.): Weltgemeinwohl, Neue Ansätze zu Postwachstum und globaler Gerechtigkeit, Das Dossier ist Beilage zu: Verein zur Förderung der entwicklungspolitischen Publizistik (Hrsg.): Welt.Sichten. Frankfurt/M.: 12/2013-01/2014.
Müller, Siegfried; Otto, Hans-Uwe (Hrsg.): Verstehen oder kolonialisieren? Grundprobleme sozialpädagogischen Handelns und Forschens. München: 1984.
Müller, Stefan; Gelbrich, Katja: Interkulturelle Kommunikation. München: 2014.
Neuner SJ, Josef: Der indische Josef. Feldkirch: 2005.
Nichol, Lee (Hrsg.): Vorwort. In: Bohm, David: Der Dialog. Das offene Gespräch am Ende der Diskussion. Hrsg. von Lee. Stuttgart: 2011[6].
Niebel, Dirk: Vertrauen auf die Kraft der Armen, Rede von Bundesentwicklungsminister Dirk Niebel zum Festakt „50 Jahre entwicklungspolitische Zusammenarbeit zwischen Staat und Kirchen". Bonn: 06.09.2012, unter: http://www.bmz.de/de/presse/reden/minister_niebel/ 2012/September/20120906_rede_festakt_kirchen. html. S. 2. Zugriff am 08.11.2012.
Niggli, Peter: Der Streit um die Entwicklungshilfe. Mehr tun – aber das Richtige. Zürich: 2008.
Noggler OFMCap, Ottmar: Handout zum Missionsverständnis im Grundkurs Weltkirche. Ohne Jahr. Ohne Ort.
Nohlen, Dieter; Nuscheler, Franz (Hrsg.): Handbuch der Dritten Welt. Band 1. Bonn, 1992[3].
Nothelle-Wildfeuer, Ursula: Freude und Hoffnung, Trauer und Angst – Zuwendung zu ‚den Armen und Bedrängten' als Kennzeichen der Kirche im Konzil bestätigt. In: Landeskomitee der Katholiken in Bayern (Hrsg.): Gemeinde creativ, München: 6/2012.
Nuscheler, Franz: Entwicklungspolitik. Bonn: 2012[7].
Nussbaum, Martha; Sen, Amartya: The Quality of Life. Oxford: 1999.
O'Loughlin, Eddi; Wegimont, Liam: Global Education in Europe to 2015 Strategy, policies, and perspectives – Outcomes and Papers of the Europe-wide Global Education Congress Maastricht, The Netherlands 15th-17th November, 2002, Hrsg. im Auftrag des North-South Centre of the Council of Europe. Lissabon: 2003.
Obama, Auma: Geschäfte auf Augenhöhe funktionieren noch nicht. In: Süddeutsche Zeitung, 19.12.2012.
OECD, HLF: Erklärung von Paris über die Wirksamkeit der Entwicklungszusammenarbeit, Eigenverantwortung, Harmonisierung, Partnerausrichtung, Ergebnisorientierung sowie gegenseitige Rechenschaftspflicht. Paris: 2005. Online unter: http://www.oecd.org/ dac/aideffectiveness/35023537.pdf, Zugriff am 06.01.2013.
OECD, HLF: Aktionsplan von Accra. Accra: 2008. Online unter: http://www.oecd.org/ dac/aideffectiveness/42564567.pdf, Zugriff am 01.05.2014.

OECD, HLF: Busan Partnership for Effective Development Cooperation. Busan: 2011 (deutsche Übersetzung: Busan Partnerschaft für eine wirksame Entwicklungszusammenarbeit). Online unter: http://www.oecd.org/dac/aideffectiveness/49650173.pdf. Zugriff am 06.01.2013.

Ostermann, Martin, Zweites Vatikanisches Konzil – ein epochales Ereignis. Vortragsfolie für die Vollversammlung des Diözesanrats der Katholiken im Bistum Eichstätt am 22.09.2012.

Overwien, Bernd: Von der „Dritte-Welt-Pädagogik" zum globalen Lernen? In: Bernhard, Armin; Kremer, Armin; Rieß, Falk (Hrsg.): Kritische Erziehungswissenschaft und Bildungsreform. Band. 2. Hohengehren: 2003.

Papst Franziskus: Evangelii Gaudium. Vatikan: 2013. Online unter: http://www.vatican.va/ holy_father/francesco/apost_exhortations/documents/papa-francesco_esortazione-ap_ 20131124_evangelii-gaudium_ge.pdf, Zugriff am 08.12.2013.

Papst Franziskus: Enzyklika Laudato Si von Papst Franziskus über die Sorge für das gemeinsame Haus, Vatikan: 2015. Online unter: http://w2.vatican.va/content/francesco/de/ encyclicals/documents/papa-francesco _20150524_enciclica-laudato-si.html, Zugriff am 25.08.2015.

Parks, Bradley; Rice, Zachary; Custer, Samantha, Executive Summary of Marketplace of Ideas for Policy Change: Who do Developing World Leaders Listen to and Why? Williamsburg, VA: AidData and The College of William and Mary, 2015, Online unter: http://www. aiddata.org/marketplace-of-ideas-for-policy-change, Zugriff am 25.05.2015.

Pesch, Otto Hermann: Handout zum Vortrag am 17.11.2012 im Kloster Plankstetten.

Pesch, Otto Hermann: Das Zweite Vatikanische Konzil. Vorgeschichte – Verlauf – Ergebnisse – Nachgeschichte. Würzburg: 1994².

Petersen, Jendrik: Dialogisches Management. Frankfurt: 2003.

Petersen, Jendrik; Lehnhoff, Andre: Neue Trends im Bildungsmanagement. In: Deutsches Institut für Erwachsenenbildung e. V. (Hrsg.): REPORT Literatur- und Forschungsreport Weiterbildung. Theoretische Grundlagen und Perspektiven der Erwachsenenbildung, 28. Jg., Bielefeld: 1/2005.

Petersen, Jendrik; Olesch, Jens-Rüdiger: Innovative Organisationsgestaltung durch Dialogisches Management. In: Petersen, Jendrik; Olesch, Jens-Rüdiger (Hrsg.): Dialogisches Management und Organisationslernen – Research in Progress. München/Mering: 2011.

Petersen, Jendrik; Olesch, Jens-Rüdiger (Hrsg.): Dialogisches Management und Organisationslernen – Research in Progress. München/Mering: 2011.

Pfaller-Rott, Monika; Rott, Gerhard: Millenniumsziele – Weltsicht im Klassenzimmer – Wir können die Zukunft gestalten. In: Andersen, Uwe (Hrsg.): Entwicklungspolitik – eine Zwischenbilanz. Schwalbach/Ts.: 3/2011.

Pfaller-Rott, Monika; Rott, Gerhard: Vorwort In: Rott, Gerhard; Pfaller-Rott, Monika (Hrsg.): Internationale/Interkulturelle Soziale Arbeit – Beiträge zum Verständnis Sozialer Arbeit in unterschiedlichen Kontexten. Aachen: 2012a.

Pfaller-Rott, Monika; Rott, Gerhard: Soziale Arbeit in unterschiedlichen Kontexten. In: Rott, Gerhard; Pfaller-Rott, Monika (Hrsg.): Internationale/Interkulturelle Soziale Arbeit – Beiträge zum Verständnis Sozialer Arbeit in unterschiedlichen Kontexten. Aachen: 2012b.

Piepel, Klaus: Lerngemeinschaft Weltkirche. Aachen: 1993.

Platon: Der Staat (Politeia). Stuttgart: 1958.

Polman, Linda: Die Mitleidsindustrie – Hinter den Kulissen internationaler Hilfsorganisationen. Frankfurt/M./New York: 2010.

Potsdam-Institut für Klimafolgenforschung; Institut für Gesellschaftspolitik München: Global aber gerecht – Klimawandel bekämpfen, Entwicklung ermöglich. S. 21–55. München: 2010.

Pries, Ludger; Soziologie – Schlüsselbegriffe – Herangehensweisen – Perspektiven. Weinheim: 2016, 2.überarbeitete Auflage

Priller, Eckhard; Alscher, Mareike; Droß, Patrick J.; Paul, Franziska; Poldrack, Clemens. J.; Schmeißer, Claudia; Waitkus, Nora: Dritte-Sektor-Organisationen heute: Eigene Ansprüche und ökonomische Herausforderungen. Ergebnisse einer Organisationsbefragung. Berlin: 2012, online unter: www.wzb.eu/org2011. Zugriff am 24.08.2015.

Radio Vatican: Überraschung: Papst-Interview in der „La Repubblica" vom 01.10.1013. Online unter: http://de.radiovaticana.va/news/2013/10/01/%C3%BCberraschung:_papst-interview_in_%E2%80%9Ela_repubblica %E2%80%9C/ted-733261, Zugriff am 03.10.2013.

Rahner, Karl: Grundprinzipien der heutigen Mission der Kirche. In: Karl-Rahner-Stiftung (Hrsg.): Selbstvollzug der Kirche. Ekklesiologische Grundlegung praktischer Theologie, Band 19. Freiburg: 1995.

Rauch, Theo: Entwicklungspolitik. Braunschweig: 2009.

Reder, Michael: Weltgemeinwohl – Eine ethische und politische Orientierung für die Weltgemeinschaft. In: Misereor; Institut für Gesellschaftspolitik an der Hochschule für Philosophie (Hrsg.): Weltgemeinwohl. Neue Ansätze zu Postwachstum und globaler Gerechtigkeit. Das Dossier ist Beilage zu: Verein zur Förderung der entwicklungspolitischen Publizistik (Hrsg.): Welt.Sichten, Frankfurt/M.: 12/2013-01/2014.

Rehklau, Christine; Lutz Roland: Andere Welten andere Lösungen. In: Rehklau, Christine; Lutz Roland (Hrsg.): Sozialarbeit des Südens, Band 1. Zugänge. Oldenburg: 2007a.

Rehklau, Christine; Lutz Roland, Sozialarbeit des Südens. Chancen, Dialoge und Visionen In: Rehklau, Christine; Lutz Roland (Hrsg.): Sozialarbeit des Südens, Band 1. Zugänge. Oldenburg: 2007b.

Rehklau, Christine; Lutz Roland (Hrsg.): Sozialarbeit des Südens, Band 1. Zugänge. Oldenburg: 2007c.

Rehklau, Christine; Lutz, Roland (Hrsg.): Sozialarbeit des Südens, Band 2. Schwerpunkt Afrika. Oldenburg: 2007d.

Rehklau, Christine; Lutz, Roland: Partnerschaft oder Kolonisation? Thesen zum Verhältnis des Nordens zur Sozialen Arbeit des Südens. In: Wagner, Leonie; Lutz, Ronald (Hrsg.): Internationale Perspektiven Sozialer Arbeit. Dimensionen – Themen – Organisationen. Wiesbaden: 2009²a.

Rehklau, Christine; Lutz, Roland: Sozialarbeit des Südens. Entwicklung und Befreiung. In: Homfeldt, Hans Günther; Reutlinger Christian (Hrsg.): Soziale Arbeit und Soziale Entwicklung. Baltmannsweiler: 2009b.

Reichel, Jürgen: Mission und Entwicklung. In: Weigand, Peter (Hrsg.): Mission EineWelt – Zeitschrift von Mission EineWelt – Centrum für Partnerschaft, Entwicklung und Mission der Evangelisch-Lutherischen Kirche in Bayern, Neuendettelsau: 24. Jg., 1/2014.

Reinert, Erik S.: How rich countries got rich and why poor countries stay poor. New York: 2007, Reprint on paperback 2009.

Röhrs, Herrmann: Die Friedenspädagogik im Modell der Internationalen Gesamtschule. Hannover, Dortmund, Darmstadt, Berlin: 1975.

Röhrs, Herrmann: Die Friedenspädagogik – eine erziehungswissenschaftliche Disziplin von praktischer Relevanz für die Humanisierung des Lebens. In: Fell, Margret; Hablitzel, Hans; Wollenschläger, Michael (Hrsg.): Erziehung · Bildung · Recht, Beiträge zu einem interdisziplinären und interkulturellen Dialog. Festschrift für Philipp Eggers zum 65. Geburtstag am 09. Juli 1994. Berlin: 1994.

Rosenboom, Jana, Anmerkungen zur entwicklungspolitischen Bildungsarbeit des BMZ. In: VENRO (Hrsg.): Jahrbuch Globales Lernen 2012. Bonn: 2012.

Rosenfeld, Jona M.: Bündnisse bilden – eine Aufgabe der Sozialen Arbeit. In: Krause, Hans Ullrich; Rätz-Heinisch, Regina (Hrsg.): Soziale Arbeit im Dialog gestalten. Opladen/ Farmington Hill: 2009.

Rott, Gerhard: Anspruch, Wirklichkeit und Perspektiven entwicklungsbezogener Bildungsarbeit in einem katholischen Jugendverband. Diplomarbeit. Eichstätt: 1993.

Rott, Gerhard; Pfaller-Rott, Monika (Hrsg.): Internationale/Interkulturelle Soziale Arbeit – Beiträge zum Verständnis Sozialer Arbeit in unterschiedlichen Kontexten. Aachen: 2012.

Rottländer, Peter: Dritte Welt – wohin? Analysen und Orientierungen (Sonderdruck für Misereor). Herzogenrath: 1992.
Sachs, Wolfgang: Zur Archäologie der Entwicklungsidee. In: edp-Entwicklungspolitik – Aktueller Beitrag. Frankfurt/M.: 1/1989.
Salustowicz, Piotr: Internationale Soziale Arbeit zwischen Kolonialisierung, Ethnisierung und Transnationalisierung. In: Wagner, Leonie; Lutz, Roland (Hrsg.): Internationale Perspektiven Sozialer Arbeit. Dimensionen – Themen – Organisationen. 2. Auflage, Wiesbaden: 2009.
Sánchez, Jorge Gallegos, Luber, Markus (Hg.), Eine arme Kirche für die Armen. Regensburg: 2015.
Scannone SJ, Juan Carlos: Die Argentinische Theologie des Volkes und die Pastoraltheologie von Papst Franziskus. Manuskript zum öffentlichen Vortrag an der KU in Eichstätt am 13.03.2014.
Schäffter, Ortfried: Organisation. In: Arnold, Rolf; Nolda, Sigrid; Nuissl, Ekkehard (Hrsg.): Wörterbuch Erwachsenenbildung. Stuttgart: 2010². Online unter http://www.wb-erwachsenenbildung.de/online-woerterbuch/?tx_buhutbedulexicon_main%5Bentry%5D= 168&tx_buhutbedulexicon_main%5Baction%5D=show&tx_buhutbedulexicon_main %5Bcontroller%5D=Lexicon&cHash=33686e294c9842a0bef6f5e446a31818. Zugriff am 09. 09.2015.
Scheunpflug, Annette: Biologische Grundlagen des Lernens. Berlin: 2001.
Scheunpflug, Annette: Die konzeptionelle Weiterentwicklung des Globalen Lernens. Die Debatten der letzten zehn Jahre. In: VENRO (Hrsg.): Jahrbuch Globales Lernen 2007/2008. Bonn: 2007.
Scheunpflug Annette; Schröck, Nikolaus: Globales Lernen. Einführung in eine pädagogische Konzeption zur entwicklungsbezogenen Bildung, Hrsg. Hauptgeschäftsstelle des Diakonischen Werkes der Evangelischen Kirche in Deutschland (EKD) für die Aktion BROT FÜR DIE WELT., Stuttgart: 2002².
Schindhelm, Michael: Zweite Hilfe. In: Süddeutsche Zeitung, 11.12.2012.
Schmied, Ernst A.: Handlungsmodelle in der Dritte Welt-Verantwortung. München/Mainz: 1981.
Schneider, Martin: Was heißt Sozialraum in der Sozialpolitik und Sozialarbeit? In: Landeskomitee der Katholiken in Bayern (Hrsg.): Gemeinde creativ, München: 1/2014.
Schrader, Christopher: Die Vereinfacher. In: Süddeutsche Zeitung, 13.08.2013.
Schreiber, Jörg-Robert: Das Globale Lernen in der Dekade „Bildung für nachhaltige Entwicklung" – Halbzeitbilanz und Perspektiven. In: VENRO (Hrsg.): Jahrbuch Globales Lernen 2010. Bonn: 2010.
Schreijäck, Thomas; Bröckelmann-Simon, Martin; Antkowiak, Thomas; Biesinger, Albert; Fuchs, Ottmar (Hrsg.): Horizont Weltkirche. Erfahrungen – Themen – Optionen und Perspektiven. Ostfildern: 2012.
Schreijäck, Thomas; Wenzel, Knut: Die Vielfalt der Glaubenskontexte und der Universalitätsanspruch. In: Schreijäck, Thomas; Wenzel, Knut (Hrsg.): Kontextualität und Universalität. Stuttgart: 2012.
Schreijäck, Thomas; Wenzel, Knut (Hrsg.): Kontextualität und Universalität. Stuttgart: 2012.
Schreijäck Thomas; Wiedenhofer Siegfried (Hrsg.): Mission – eine Dialog: Zürich/Berlin: 2008.
Schweppe, Cornelia: Internationalität als Erkenntnispotential in der Sozialen Arbeit. In: Neue Praxis, Lahnstein: 6/2005.
Seitz, Klaus: Bildung in der Weltgesellschaft – Gesellschaftstheoretische Grundlagen Globalen Lernens. Frankfurt/M.: 2002.
Seitz, Klaus: Klimawandel in den Köpfen – Zur Rolle des Globalen Lernens in der „Bildung für nachhaltige Entwicklung". In: VENRO (Hrsg.): Jahrbuch Globales Lernen 2007/2008. Bonn: 2007.
Seitz, Volker: Afrika wir armregiert oder Wie man Afrika wirklich helfen kann. München: 2011⁵.
Sekretariat der DBK: Die eine Sendung und die vielen Dienste. Bonn: 2000.

Sekretariat der DBK: Allen Völkern sein Heil. Bonn: 2004.
Sekretariat der DBK: Statut der Päpstlichen Missionswerke. Verlautbarungen des Apostolischen Stuhls, Nr. 175. Bonn: 2006a.
Sekretariat der DBK (Hrsg.): WeltMission – Internationaler Kongress der Katholischen Kirche. Bonn: 2006b.
Sen, Amartya: Capability and Well-Being. In: Nussbaum, Martha; Sen, Amartya: The Quality of Life. Oxford: 1999.
Siebert, Horst: Didaktisches Handeln in der Erwachsenenbildung. Didaktik aus konstruktivistischer Sicht. Augsburg: 2009[6].
Siebert, Horst: Methoden für die Bildungsarbeit. Bielefeld: 2010a[4].
Siebert, Horst: Konstruktivistische Leitlinien einer Ermöglichungsdidaktik. In: Arnold, Rolf; Schüßler, Ingeborg (Hrsg.): Ermöglichungsdidaktik. Baltmannsweiler: 2010b[2].
Sievernich, Michael: Missionarisch Welt-Kirche sein – Konturen des heutigen Missionsverständnisses. In: Gerth, André; Rappel, Simone (Hrsg): Golbal message – Weltmission heute. München: 2005.
Sievernich, Michael: Welt-Kirche und Welt-Mission vor den Zeichen der Zeit. In: zmr, St. Ottilien: 3–4/2010.
Sievernich, Michael: An seiner Sendung teilhaben. Online unter: http://www.weltkirche.katholisch.de/de/weltkirche/themen_2/mission.php, Zugriff am 22.10.2012.
Simsa, Ruth: Rezension vom 20.04.2011 zu: Polman, Linda: Die Mitleidsindustrie. Frankfurt: 2010. In: socialnet GmbH (Hrsg.): Rezensionen. Bonn: ohne Jahr. Online unter: http://www.socialnet.de/rezensionen/10953.php, Zugriff am18.12.2012.
Sing, Horst: Hilfe für die Armen in der Dritten Welt? Der Beitrag der katholischen Kirche in der Bundesrepublik Deutschland zur Bewältigung der „Internationalen Sozialen Frage". Eichstätt: 1990.
socialnet GmbH (Hrsg.): Rezensionen. Bonn: ohne Jahr. online unter: http://www.socialnet.de/rezensionen.
Soeffner, Hans-Georg (Hrsg.): Unsichere Zeiten. Herausforderungen gesellschaftlicher Transformationen. Verhandlungen des 34. Kongresses der Deutschen Gesellschaft für Soziologie in Jena 2008. Wiesbaden: 2010.
Sondermann, Elena: Was kommt nach den MDGs? Die Debatte über Konzepte und Ziel von Entwicklung im Wandel. In: Stiftung Entwicklung und Frieden; Institut für Entwicklung und Frieden (Hrsg.): Globale Trends 2013. Frankfurt/M.: 2012.
Spanhel, Dieter: Interkulturelle Bildung. Wie kann Schule dieses Bildungsziel verwirklichen? Online unter: http://www.kompetenz-interkulturell.de/userfiles/Grundsatzartikel/Interkulturelle_Bildung.pdf, S. 3 f, Zugriff am 15.09.2013.
Spielmans, Heike; Rosenboom, Jana: Mitmachen – oder Mit-Gestalten? Die Engagementpolitik des BMZ. In: Klein, Ansgar; Sprengel, Rainer; Neuling Johanna: Jahrbuch Engagementpolitik 2013. Schwalbach/Ts.: 2013.
Spitzner, Manfred: Medizin für die Bildung. Heidelberg: 2010.
Springer Gabler Verlag (Hrsg.): Gabler Wirtschaftslexikon, Stichwort Organisation. Wiesbaden: Ohne Jahr. online unter: http://wirtschaftslexikon.gabler.de/Archiv/773/organisation-v6.html. Zugriff am 20.08.2015.
Staatsinstitut für Schulqualität und Bildungsforschung München: Interkulturelles Lernen – eine kurze Einführung in die Thematik. Online unter: http://www.kompetenz-interkulturell.de/userfiles/Grundsatzartikel/Interkulturelles Lernen.pdf, Zugriff am 15.09.2013.
Staub-Bernasconi, Silvia: Soziale Arbeit auf dem Weg zur Weltgesellschaft. Implikationen für die Sozialarbeitswissenschaft. Online unter: 2003http://w3-mediapool.hm.edu/mediapool/media/fk11/fk11_lokal/forschungpublikationen/lehrmaterialen/dokumente_112/sagebiel_1/STB-2003-SA_auf_d_Weg_zur_ Weltgesellschaft.pdf, Zugriff am 26.09. 2012.
Staub-Bernasconi, Silvia: Ein Blick in die Zukunft – zur Transnationalisierung Sozialer Arbeit. In: Staub-Bernasconi, Silvia: Soziale Arbeit als Handlungswissenschaft. Systemtheoretische Grundlagen und professionelle Praxis – Ein Lehrbuch. Bern/Stuttgart: 2007.

Staub-Bernasconi, Silvia: Soziale Arbeit als Handlungswissenschaft. Systemtheoretische Grundlagen und professionelle Praxis – Ein Lehrbuch. Bern/Stuttgart: 2007.

Steeb, Michael: Der Beitrag der personellen Zusammenarbeit zu einer nachhaltigen Entwicklungsagenda, Handout vom 16.06.2014 bei der Jahrestagung Weltkirche und Mission in Würzburg.

Steffens, Elisabeth; Meuthrath, Annette (Hrsg.): Utopia hat einen Ort – Beiträge für eine interkulturelle Welt aus vier Kontinenten. Frankfurt/M./London: 2006.

Stiftung Entwicklung und Frieden; Institut für Entwicklung und Frieden (Hrsg.): Globale Trends 2013. Frankfurt/M.: 2012.

Straub, Ute: Neues aus dem Süden, Indigenisierte und indigene Soziale Arbeit – was ist das? In: Sozialmagazin. Weinheim: 37. Jg, 10/2012, S. 48–55.

Tadden von, Elisabeth: Wenn Vertrauen schwindet. In: Die ZEIT, Hamburg, Nr. 13, 21.03.2013.

Tandon, Yash: Entwicklungshilfe hat keine Legitimität mehr. In: Welt-Sichten, Nr. 2, 2012.

Tetzlaff, Antje-Silja: Führung in der evangelischen Kirche – eine empirische Studie in evangelischen Gemeinden. In: Weber, Jürgen; Kunz, Jennifer: Empirische Controllingforschung: Begründung, Beispiele, Ergebnisse. Wiesbaden: 2003.

Thiersch, Hans: Verstehen oder Kolonialisieren? Verstehen als Widerstand. In: Müller, Siegfried; Otto, Hans-Uwe (Hrsg.): Verstehen oder kolonialisieren? Grundprobleme sozialpädagogischen Handelns und Forschens. München: 1984.

Thiersch, Hans: Die Erfahrung der Wirklichkeit, Perspektiven einer alltagsorientierten Sozialpädagogik, Weinheim/München, 1986

Thomas, Alexander (Hrsg.): Kulturvergleichende Psychologie. Göttingen: 1993.

Thomas, Alexander: Interkulturelle Kompetenz – Grundlagen, Probleme und Konzepte. In: Erwägen – Wissen – Ethik. 14. Jg., 1/2003.

Treml, Alfred K.: Pädagogik-Handbuch Dritte Welt. Wuppertal: 1982.

Trippen, Norbert: Die Anfänge der Partnerschaft der Erzbistümer Köln und Tokyo 1954–1964. In: Finger Heinz: Geschichte der Kirche in Japan. Köln: 2004.

UN: Human Development Report 1993. Online unter: http://hdr.undp.org/en/media/hdr_1993_en_overview.pdf, Zugriff am 27.01.2013.

UN: Millennium Development Goals. New York: 2008. Online unter: http://mdgs.un.org/unsd/mdg/Resources/Attach/Indicators/OfficialList2008.pdf, Zugriff am 01.05.2014.

UN: A New Global Partnership: Eradicate Poverty and Transform Economies Through Sustainable Development. New York: 2013. Online unter: http://www.un.org/sg/management/pdf/HLP_P2015_Report.pdf, Zugriff am 01.03.2014.

VENRO: Globales Lernen als Aufgabe und Handlungsfeld entwicklungspolitischer Nichtregierungsorganisationen. Grundsätze, Probleme und Perspektiven der Bildungsarbeit des VENRO und seiner Mitgliedsorganisationen, Arbeitspapier Nr. 10. Bonn: 2000.

VENRO: Globales Lernen trifft neue Lernkultur, Arbeitspapier Nr. 19. Bonn: 2010.

VENRO: Eckpunktepapier für eine BMZ-Strategie zur Zusammenarbeit mit der Zivilgesellschaft. Bonn: 2011.

VENRO: Die Weichen richtig stellen – Für eine zukunftsfähige Entwicklungs- und Nachhaltigkeitsagenda nach 2015, Bonn 2013.

VENRO (Hrsg.): Jahrbuch Globales Lernen 2007/2008. Bonn: 2007.

VENRO (Hrsg.): Jahrbuch Globales Lernen 2010. Bonn: 2010.

VENRO (Hrsg.): Jahrbuch Globales Lernen 2012. Bonn: 2012.

Verein zur Förderung der entwicklungspolitischen Publizistik (Hrsg.): Welt.Sichten. Frankfurt/M.: 2/2012

Verein zur Förderung der entwicklungspolitischen Publizistik e. V. (Hrsg.): Vertrauen auf die Kraft der Armen – 50 Jahre Kooperation von Staat und Kirchen in der Entwicklungszusammenarbeit. Ein Dossier von Misereor, EED und BMZ in Zusammenarbeit mit der Redaktion von Welt-Sichten, Beilage zur Zeitschrift Welt-Sichten, Frankfurt/M.: 6/2012.

Verein zur Förderung der entwicklungspolitischen Publizistik (Hrsg.): Welt.Sichten. Frankfurt/M.: 12/2013-01/2014.

Vyslozil, Wilfried: Wenn Hilfe nicht hilft. In: Süddeutsche Zeitung, 22.08.2012.
Wagner, Dieter: Organisationslernen und Managementbildung. In: Geißler Harald; Lehnhoff, Andre; Petersen, Jendrik (Hrsg.): Organisationslernen im interdisziplinären Dialog. Weinheim: 1998.
Wagner, Leonie: Warum Internationale Soziale Arbeit notwendig ist. In: Kruse, Elke (Hrsg.): Internationaler Austausch in der Sozialen Arbeit, Entwicklungen – Erfahrungen – Erträge, Heidelberg, 2015.
Wagner, Leonie; Lutz, Ronald (Hrsg.): Internationale Perspektiven Sozialer Arbeit. Dimensionen – Themen – Organisationen. 2. Auflage, Wiesbaden: 2009.
Waldenfels SJ, Hans: Zur Hermeneutik interkultureller Begegnung. In: Fell, Margret; Hablitzel, Hans; Wollenschläger, Michael (Hrsg.): Erziehung · Bildung · Recht, Beiträge zu einem interdisziplinären und interkulturellen Dialog. Festschrift für Philipp Eggers zum 65. Geburtstag am 09. Juli 1994. Berlin: 1994.
Watts, Thomas, D.: An Introduction to the world of social work. In: Mayadas, Nazneen S.; Watts, Thomas, D.; Elliott, Doreen: International Handbook on social work theory and practice. Westport/Connecticut/London: 1997.
Weber, Albrecht: Währung und Wirtschaft. Baden-Baden: 1997.
Weber, Jürgen; Kunz, Jennifer: Empirische Controllingforschung: Begründung, Beispiele, Ergebnisse. Wiesbaden: 2003.
Weigand, Peter (Hrsg.): Mission EineWelt – Zeitschrift von Mission EineWelt – Centrum für Partnerschaft, Entwicklung und Mission der Evangelisch-Lutherischen Kirche in Bayern, 24. Jg., 1/2014.
Welzer, Harald: Blind in die Apokalypse. In: Süddeutsche Zeitung, 31.12.2012/01.01.2013.
Wiedenhofer, Siegfried: Theologie interkulturell und interreligiös. In: Schreijäck Thomas; Wiedenhofer Siegfried (Hrsg.): Mission – ein Dialog: Zürich/Berlin: 2008.
Wilhelm, Elena: Abschied von der großen Erzählung. Stand und Zukunftsperspektiven der Theoriebildung in der Sozialen Arbeit. In: Schweizerische Zeitschrift für Soziale Arbeit. 1. Jg., Nr. 1/2006.
Wilmsen, Christian: Empirische Untersuchungen zum entwicklungspolitischen Bewusstsein. In: VENRO (Hrsg.): Jahrbuch Globales Lernen 2012. Bonn: 2012.
Wippermann, Carsten; de Magalhaes, Isabel: Zielgruppenhandbuch Religiöse und kirchliche Orientierung in den Sinus-Milieus 2005 – Eine qualitative Studie des Instituts Sinus Sociovision zur Unterstützung der publizistischen und pastoralen Arbeit der Katholischen Kirche in Deutschland im Auftrag der Medien-Dienstleistung GmbH und der Katholischen Sozialethischen Arbeitsstelle. München/Heidelberg: 2005.
Wissenschaftliche Arbeitsgruppe für weltkirchliche Aufgaben der Deutschen Bischofskonferenz (Hrsg.): Partnerschaft mit den Armen – Wechselseitige Verpflichtungen in der entwicklungspolitischen Zusammenarbeit. Bonn: 2004.
Wissenschaftliche Arbeitsgruppe für weltkirchliche Aufgaben der Deutschen Bischofskonferenz: Den Hunger bekämpfen. Bonn: 2012.
Wolff, Jürgen H.: Kritik an der Entwicklungshilfe – eine Skizze. In: Andersen, Uwe (Hrsg.): Entwicklungspolitik – eine Zwischenbilanz. Schwalbach/Ts.: 3/2011.
Zentralkomitee der deutschen Katholiken (Hrsg.): Salzkörner. Bonn: 4/2012.
Zentralkomitee der deutschen Katholiken (Hrsg.): Salzkörner. Bonn: 1/2014
Zentrum polis – Politik lernen in der Schule (Hrsg.): Interkultureller Dialog Interkulturelles Lernen. Wien: 2008.
Zweites Vatikanisches Konzil: Lumen Gentium Dogmatische Konstitution über die Kirche. Online unter: http://www.vatican.va/archive/hist_councils/ii_vatican_council/documents/vat-ii_const_19641121_lumen-gentium_ge.html, Zugriff am 01.05.14.

Anhang

Abbildung 3: Sustainable Development Goals

Aus: BMZ, 2017

Abbildung 4: MDGs in der um mehr Indikatoren ergänzten Form von 2008

Official list of MDG indicators

All indicators should be disaggregated by sex and urban/rural as far as possible.

Effective 15 January 2008

Millennium Development Goals (MDGs)	
Goals and Targets (from the Millennium Declaration)	**Indicators for monitoring progress**
Goal 1: Eradicate extreme poverty and hunger	
Target 1.A: Halve, between 1990 and 2015, the proportion of people whose income is less than one dollar a day	1.1 Proportion of population below $1 (PPP) per day[a] 1.2 Poverty gap ratio 1.3 Share of poorest quintile in national consumption
Target 1.B: Achieve full and productive employment and decent work for all, including women and young people	1.4 Growth rate of GDP per person employed 1.5 Employment-to-population ratio 1.6 Proportion of employed people living below $1 (PPP) per day 1.7 Proportion of own-account and contributing family workers in total employment
Target 1.C: Halve, between 1990 and 2015, the proportion of people who suffer from hunger	1.8 Prevalence of underweight children under-five years of age 1.9 Proportion of population below minimum level of dietary energy consumption
Goal 2: Achieve universal primary education	
Target 2.A: Ensure that, by 2015, children everywhere, boys and girls alike, will be able to complete a full course of primary schooling	2.1 Net enrolment ratio in primary education 2.2 Proportion of pupils starting grade 1 who reach last grade of primary 2.3 Literacy rate of 15-24 year-olds, women and men
Goal 3: Promote gender equality and empower women	
Target 3.A: Eliminate gender disparity in primary and secondary education, preferably by 2005, and in all levels of education no later than 2015	3.1 Ratios of girls to boys in primary, secondary and tertiary education 3.2 Share of women in wage employment in the non-agricultural sector 3.3 Proportion of seats held by women in national parliament
Goal 4: Reduce child mortality	
Target 4.A: Reduce by two-thirds, between 1990 and 2015, the under-five mortality rate	4.1 Under-five mortality rate 4.2 Infant mortality rate 4.3 Proportion of 1 year-old children immunised against measles
Goal 5: Improve maternal health	
Target 5.A: Reduce by three quarters, between 1990 and 2015, the maternal mortality ratio	5.1 Maternal mortality ratio 5.2 Proportion of births attended by skilled health personnel
Target 5.B: Achieve, by 2015, universal access to reproductive health	5.3 Contraceptive prevalence rate 5.4 Adolescent birth rate 5.5 Antenatal care coverage (at least one visit and at least four visits) 5.6 Unmet need for family planning
Goal 6: Combat HIV/AIDS, malaria and other diseases	
Target 6.A: Have halted by 2015 and begun to reverse the spread of HIV/AIDS	6.1 HIV prevalence among population aged 15-24 years 6.2 Condom use at last high-risk sex 6.3 Proportion of population aged 15-24 years with comprehensive correct knowledge of HIV/AIDS 6.4 Ratio of school attendance of orphans to school attendance of non-orphans aged 10-14 years
Target 6.B: Achieve, by 2010, universal access to treatment for HIV/AIDS for all those who need it	6.5 Proportion of population with advanced HIV infection with access to antiretroviral drugs
Target 6.C: Have halted by 2015 and begun to reverse the incidence of malaria and other major diseases	6.6 Incidence and death rates associated with malaria 6.7 Proportion of children under 5 sleeping under insecticide-treated bednets 6.8 Proportion of children under 5 with fever who are treated with appropriate anti-malarial drugs 6.9 Incidence, prevalence and death rates associated with tuberculosis 6.10 Proportion of tuberculosis cases detected and cured under directly observed treatment short course

Goal 7: Ensure environmental sustainability	
Target 7.A: Integrate the principles of sustainable development into country policies and programmes and reverse the loss of environmental resources	7.1 Proportion of land area covered by forest 7.2 CO_2 emissions, total, per capita and per $1 GDP (PPP) 7.3 Consumption of ozone-depleting substances 7.4 Proportion of fish stocks within safe biological limits
Target 7.B: Reduce biodiversity loss, achieving, by 2010, a significant reduction in the rate of loss	7.5 Proportion of total water resources used 7.6 Proportion of terrestrial and marine areas protected 7.7 Proportion of species threatened with extinction
Target 7.C: Halve, by 2015, the proportion of people without sustainable access to safe drinking water and basic sanitation	7.8 Proportion of population using an improved drinking water source 7.9 Proportion of population using an improved sanitation facility
Target 7.D: By 2020, to have achieved a significant improvement in the lives of at least 100 million slum dwellers	7.10 Proportion of urban population living in slums[b]
Goal 8: Develop a global partnership for development	
Target 8.A: Develop further an open, rule-based, predictable, non-discriminatory trading and financial system Includes a commitment to good governance, development and poverty reduction – both nationally and internationally Target 8.B: Address the special needs of the least developed countries Includes: tariff and quota free access for the least developed countries' exports; enhanced programme of debt relief for heavily indebted poor countries (HIPC) and cancellation of official bilateral debt; and more generous ODA for countries committed to poverty reduction Target 8.C: Address the special needs of landlocked developing countries and small island developing States (through the Programme of Action for the Sustainable Development of Small Island Developing States and the outcome of the twenty-second special session of the General Assembly) Target 8.D: Deal comprehensively with the debt problems of developing countries through national and international measures in order to make debt sustainable in the long term	*Some of the indicators listed below are monitored separately for the least developed countries (LDCs), Africa, landlocked developing countries and small island developing States.* Official development assistance (ODA) 8.1 Net ODA, total and to the least developed countries, as percentage of OECD/DAC donors' gross national income 8.2 Proportion of total bilateral, sector-allocable ODA of OECD/DAC donors to basic social services (basic education, primary health care, nutrition, safe water and sanitation) 8.3 Proportion of bilateral official development assistance of OECD/DAC donors that is untied 8.4 ODA received in landlocked developing countries as a proportion of their gross national incomes 8.5 ODA received in small island developing States as a proportion of their gross national incomes Market access 8.6 Proportion of total developed country imports (by value and excluding arms) from developing countries and least developed countries, admitted free of duty 8.7 Average tariffs imposed by developed countries on agricultural products and textiles and clothing from developing countries 8.8 Agricultural support estimate for OECD countries as a percentage of their gross domestic product 8.9 Proportion of ODA provided to help build trade capacity Debt sustainability 8.10 Total number of countries that have reached their HIPC decision points and number that have reached their HIPC completion points (cumulative) 8.11 Debt relief committed under HIPC and MDRI Initiatives 8.12 Debt service as a percentage of exports of goods and services
Target 8.E: In cooperation with pharmaceutical companies, provide access to affordable essential drugs in developing countries	8.13 Proportion of population with access to affordable essential drugs on a sustainable basis
Target 8.F: In cooperation with the private sector, make available the benefits of new technologies, especially information and communications	8.14 Fixed telephone lines per 100 inhabitants 8.15 Mobile cellular subscriptions per 100 inhabitants 8.16 Internet users per 100 inhabitants

The Millennium Development Goals and targets come from the Millennium Declaration, signed by 189 countries, including 147 heads of State and Government, in September 2000 (http://www.un.org/millennium/declaration/ares552e.htm) and from further agreement by member states at the 2005 World Summit (Resolution adopted by the General Assembly - A/RES/60/1, http://www.un.org/Docs/journal/asp/ws.asp?m=A/RES/60/1). The goals and targets are interrelated and should be seen as a whole. They represent a partnership between the developed countries and the developing countries "to create an environment – at the national and global levels alike – which is conducive to development and the elimination of poverty".

[a] For monitoring country poverty trends, indicators based on national poverty lines should be used, where available.
[b] The actual proportion of people living in slums is measured by a proxy, represented by the urban population living in households with at least one of the four characteristics: (a) lack of access to improved water supply; (b) lack of access to improved sanitation; (c) overcrowding (3 or more persons per room); and (d) dwellings made of non-durable material.

Aus: UN, 2008